3중 딜레마에 빠진 김정은의 핵무장,

대한민국의 전략은?

최승우

박영사

머리말 _ PREFACE

문재인 정부의 평화, 비핵화 노력에도 불구하고 북한 핵에 대한 국제사회와 핵 전문가들의 견해는 비관적이다. 스웨덴 스톡홀름국제평화연구소는 북한 핵이 2018년, 2019년 연속 10여개 가량 증가하여 2021년 1월 기준 40~50개로 추정하였다. 미국의 랜드연구소와 한국의 아산정책연구원 소속 핵 전문가들은 2017년 이후 북한의 핵무기 보유량은 연간 12개에서 18개씩 증가하고 있을 것으로 평가하였다.

김정은의 핵무장은 임계점을 넘어서고 있다. 한국 정부는 한-미 동맹과 국제 공조 체제하에서 이 문제를 해결하기 위해 많은 노력을 기울였으나 성과를 거두지 못하고 있다. 북한의 고도화된 핵 능력은 한국에 가장 크고 당면한 실체적인 위협이다.

이러한 상황을 타개하기 위해서는 두 가지 관점의 분석과 설명이 필요하다. 먼저 북한의 핵무장에 대한 설명과 분석으로 북한의 핵무장을 정책 차원에서 살펴보고 합리성이 없는 정책을 지속하는 이유는 무엇인지, 그 결과 현재 어떤 상태에 처해 있는지를 알아야 한다. 다른 하나는 한국 정부의 북한 핵 대응정책에 대한 분석과 설명이다. 장기적이고 과학적인 분석을 통해 정책의 합리성을 평가하고 정책 목표달성을 위한 정부조직들의 활동 결과를 분석하여 북한핵 억제에 실패한 원인을 종합적으로 살펴보고 그 결과를 토대로 대안이 마련되어야 한다.

딜레마 이론에 의하면 김정은의 핵무장은 3중 딜레마에 직면해 있다. 첫째 합리성을 결여한 북한의 핵무장 정책은 외부로부터는 체제보장을 담보한 것으로 보이지만, 내부로부터의 체제불안 요인이 증가하는 정책 딜레마에 빠져 있다. 둘째 체제보장을 위한 핵무장이 일본과 한국의 안보 불안을 야기하여 오히려 북한의 안보를 위태롭게 하는 전통적 안보 딜레마에 처해 있다. 셋째 미국의 핵 위협을 명분으로 삼은 북한의 핵전략은 한국과 일본의 반발을 일정 부분 완화하고 핵무장 문턱에 도달했으나 국제 비확산체제의 제재와 미국의 핵 위협제거라는 논리상 달성 불가능한 목표 앞에서 전략적 딜레마에 직면해 있다.

역대 한국 정부의 북한 핵 대응정책은 통일 열망의 그늘 속에서 방치되었으며 미국의 확장억제전략에 전적으로 의존하게 되어 제공된 핵우산에 안주해 왔다고 평가할 수 있다. 한국 정부가 일관되게 비핵화 목표를 추구한 점은 합리적이지만, 이를 달성하기 위한 수단(전략)이 부재하여 전략−능력의 불균형 현상을 초래하였다. 대통령의 오인식, 민족적 감성과 통일 열망이 북한 핵 대응 정책의 합리성을 제약하였다.

한국 정부의 북한 핵 대응 관련 주요 산출물들을 분석하면 다음과 같은 결과에 이르게 된다. ① 북한 핵 위협인식 편차가 정부별로 존재했으며 ② 북한 핵 대응 전력건설은 재래식 위주로 이루어졌고 국방예산은 점증주의적 행태를 보였다. ③ 남－북 정치·군사회담에서 주도권을 갖지 못하였고 핵을 의제에서 제외하거나 진지하게 다루지 않아 실질적 성과를 내지 못했다. ④ 한－미 동맹 강화를 통해 미국의 확장억제정책에 의한 핵우산을 지속적으로 보장받았으나 북한 핵 해결에 대한 대미 의존도를 심화시켰다.

북한 핵 대응정책 관련 부서로 볼 수 있는 청와대, 통일부, 외교부, 국방부의 정책 선호가 달랐으며 정책 결정 과정에 밀고 당기기와 정치적 활동에 의한 갈등이 존재하고 있음을 알 수 있다. 가장 중요한 정책결정자인 대통령의 북한 핵에 대한 정치적 책임성이 국내 정치보다 크지 않았으며 북한이 민주화된 한국 정부의 속성과 정권교체가 갖는 취약점을 전략적으로 활용하고 있다는 특징이 발견된다.

김정은의 핵무장이 3중 딜레마에 빠져 있다는 점과 역대 한국 정부의 북한 핵 대응정책 분석 결과를 토대로 한국 정부의 대응전략 마련이 절실하다. 한국 정부가 취할 수 있는 전략은 현상 유지전략과 현상 타파전략이 존재한다. 현상 유지전략은 역대 정부의 정책 유산과 틀을 유지하되 북한 핵 대응정책을 개선, 보완 및 발전시키는 것으로 가장 먼저 이념, 진영, 정권 교체와 상관없이 지속 추진할 수 있는 합리모형 구축이 필요하다.

대화, 경제지원을 포함한 교류협력, 외교지원 또는 압박 등 지금까지의 북한 핵 대응 수단은 지속하되 한국 정부의 주도권 확보와 북한 주민에 초점을 맞추어야 함은 자명하다. 재래식 전력의 대북한 우위를 확고히 유지하면서 조기에 한국형 3축 체계(북한의 핵 도발 예상 시 선제 타격체계, 미사일 방어체계, 응징보복체계; Kill Chain, KAMD, KMPR)를 구축하여야 한다.

북한 핵에 대한 근본적인 해결과 전략 수단 마련을 위한 현상 타파전략은 '핵 균형 전략'의 추진이다. '핵 균형 전략'은 이제까지의 북한 핵 대응의 패러다임을 전환하는 정책으로 1단계 핵 옵션 오픈 전략(일본처럼 핵능력을 갖추되 핵무기 제조는 하지 않는 전략), 2단계 핵공유 또는 전술핵 재배치전략, 3단계 핵무장전략으로 구성된다.

'핵 균형 전략'을 추진함에 있어 북한 비핵화에 영향을 미치는 영향요인들을 면밀히 관찰하고 평가하여 세 단계의 전략을 순서대로 추진할 수도 있으며 각 단계별로 별도 추진도 가능하고 단계와 단계를 조합하여 추진할 수 있다. 단지, '핵 균형 전략'은 궁극적 목표인 북한 비핵화가 달성되면 폐기 절차에 돌입하는 한시적 전략이다.

미국의 케네디 정부는 1962년 쿠바 핵·미사일 위기 시 '해상 봉쇄'정책을 시행대안으로, 공습(공중공격으로 미사일기지 파괴)을 예비대안으로, 그리고 쿠바에 대한 전면 침공을 최후 대안으로 채택하여 결행함으로써 핵 위협을 성공적으로 제거하였다.

한국 정부는 1단계 핵 옵션 오픈(Option Open) 전략을 시행 대안으로, 2단계 전술핵 공유 또는 재배치 전략을 예비 대안으로, 3단계 핵무장 전략을 최후 대안으로 추진함으로써 한반도에 항구적인 평화를 정착시키고 후손들이 번영을 누릴 수 있도록 해야 한다.

이 책은 박사학위논문 "북한의 핵무장과 한국정부의 대응정책 연구 – 앨리슨 모형을 중심으로 – "(아주대학교, 2021), "3중 딜레마에 빠진 북한의 핵무장," 『사회융합연구』 제4권 2호(2020), "북한의 핵무장과 역대 한국정부의 군사대응정책 연구," 『군사연구』 제147집(2019)을 보완하여 출간한 것이다.

끝으로 이 책을 출간할 수 있도록 많은 지원과 배려를 해주신 박영사 안종만 회장님과 안상준 대표님 그리고 모든 관계자 여러분께 진심으로 고마운 마음을 전한다.

2021년 9월
최 승 우

차례 _ CONTENTS

PART 03 대한민국의 전략은?

약어 해설

A2AD(Anti-Access, Area Denial) 반 접근 지역거부전략

ABM(Anti Ballistic Missile) 탄도 요격미사일

ALCM(Air Launched Cruise Missile) 항공기 발사 순항미사일

CEP(Circular Error Probability) 탄두의 정밀도(공산오차)

CIA(Central Information Agency) 미 중앙정보국

CMCC(Counter Missile Capability Committee) 미사일 대응능력 위원회

CVID(Complete Verifiable Irreversible Dismantlement) 완전하고 검증
    가능하며 불가역적인(혹은 돌이킬 수 없는) 핵 폐기

DCA(Dual Capacity Aircraft) 이중성능 항공기

DSC(Deterrence Strategy Committee) 한미 억제 전략위원회

EAM(Emergency Action Message) 긴급행동 메시지

EDPC(Extended Deterrence Policy Committee) 확장억제 정책위원회

EDSCG(Extended Deterrence Strategic Consulting Group) 고위급
    외교·국방 확장억제 전략 협의체

Excomm(Executive Committee of National Security Council) 국가
    안전보장회의 집행위원회

FFVD(Final, Fully Verified Denuclearization) 최종적이고 완전히 검증된
    비핵화

FMS(Foreign Military Sales) 대외군사판매

FOTA(the Future of the Alliance Policy Initiative) 미래 한미동맹 정책구상

GPR(Global Defense Posture Review) 미군의 재배치

GSS(Global Surveillance and Strike) 지구 감시-타격 체계

HEU(Highly Enriched Uranium) 고농축 우라늄

IAEA(International Atomic Energy Agency) 국제 원자력기구

IANF(Inter-Allied Nuclear Forces) 다국적 핵군

ICBM(Intercontinental Ballistic Missile) 대륙간 탄도미사일

IMF(International Monetary Fund) 국제통화기금

INF(Intermediate- Range Nuclear Forces Treaty) 중거리 핵 전력조약

ISR(Intelligence Surveillance and Reconnaissance) 정보 감시 정찰

KAMD(Korea Air and Missile Defense) 한국형 미사일 방어

KEDO(Korean Peninsula Energy Development Organization) 한반도 에너지
　개발기구

KMPR(Korea Massive Punishment and Retaliation) 대량응징보복

MAD(Mutual Assured Destruction) 상호확증파괴

MD(Missile Defense) 미사일 방어

MDO(Multi-Domain Operation) 다영역 작전

MIRV(Multiple Independently Targetable Re-entry Vehicle) 다탄두 각개
　목표 재돌입장치

MLF(Multilateral Force) 다자적 핵군

MTCR(Missile Technology Control Regime) 미사일 기술 수출 통제기구

MUNSS(Munitions Support Squadron) 미군 탄약지원대대

NATO(North Atlantic Treaty Organization) 북대서양조약기구

NCND(Neither Confirm Nor Deny) 긍정도 부정도 하지 않음

약어 해설

NMD(National Missile Defense) 국가 유도탄방어

NPG(Nuclear Planning Group) 핵계획그룹

NPR(Nuclear Posture Review) 핵 태세 검토보고서

NPT(Nuclear nonProliferation Treaty) 핵확산 금지조약

NSC(National Security Council) 국가안전보장회의

OECD(Organization for Economic Cooperation and Development) 경제협력개발기구

PAL(Permissive Action Link) 핵탄두 안전장치 해제 기구

PSI(Proliferation Security Initiative) 대량살상무기 확산방지구상

RMA(Revolution in the Military Affairs) 미군의 군사혁신

SAC(Strategic Air Command) 전략공군사령부

SALT(Strategic Arms Limitation Treaty) 전략무기 제한협정

START(Strategic Arms Reduction Talks) 전략무기 감축협정

SCM(Security Consultative Meeting) 한미 안보협의회의

SDI(Strategic Defense Initiative) 전략방위구상

SLBM(Submarine Launched Ballistic Missile) 잠수함발사 탄도미사일

SLCM(Submarine-Launched Cruise Missile) 잠수함발사 핵쿠르즈 미사일

THAAD(Terminal High Altitude Area Defense) 고고도 방공무기 체계

WMD(Weapon of Mass Destruction) 대량 살상무기

PART

01

3중 딜레마에 빠진
김정은의 핵무장

김정은의 핵무장은 3중 딜레마에 직면해 있다.

불합리한 국가자원 배분을 강제한 북한의 핵무장 정책은 합리성을 결여한 것으로 끊임없는 내부 이견과 저항, 갈등을 내포하고 있다. 내부 이견과 저항, 갈등은 장성택 처형, 잦은 군 수뇌부 교체, 고난의 행군 재진입 등 다양한 형태로 표출되고 있다.

김정은의 핵무장 가속화와 비례해서 유엔과 국제사회의 제재는 정교해지고 점차 가중되고 있다. 북한은 국제 비확산체제의 제재 속에서 국가 재원의 불균형한 분배로 산업과 경제는 회생할 수 없는 수준에 이르고 있다. 주체사상의 세례를 받았던 주민들이 죽음을 무릅쓰고 북한 경계선을 넘어 오고 있다. 주요 권력자들의 처형과 부침으로 대변되는 거친 내부 갈등이 끊이지 않고 있다. 김정은과 북한 집권층에 **정책 딜레마**, 체제 딜레마가 심화하고 있음을 알 수 있다.

김정은의 핵무장은 지정학적 **안보 딜레마**에 처해 있다. 이미 북한의 핵 개발 시작 단계부터 일본은 이를 심각한 위협으로 받아들여 보통 국가화의 빌미로 삼았고 재래식 군비증강에 박차를 가하고 있다. 미·중 간의 지역 패권 경쟁이 본격화되면서 북한 핵무장의 성격은 더욱 복잡한 성격을 띠게 되었다. 북한의 핵무장이 미국이나 국제사회로부터 공인 또는 묵인되면 한국과 일본의 위협인식도 높아져 핵무장의 길을 선택할 가능성이 크다.

한국과 일본이 핵무장을 한다면, 북한이 추구한 강성대국의 꿈과 비대칭적 우위는 사라지고 가난한 핵무장 국가의 초라하고 사나운 모습만 남게 될 것이다.

김정은의 핵무장은 **전략적 딜레마**에 직면해 있다. 북한이 내세운 전략대로 미국의 핵 위협을 완전히 제거하는 것은 논리상 북한에 불가능한 전략목표이다. 북한이 국제사회로부터 핵보유국으로 인정받는 것 또한 불가한 구조이다.

김정은이 기존의 핵전략에 집착한다면 미국과 국제비확산체제의 거대하고 견고한 장벽에 부닥쳐 끊임없이 내구력을 소진하게 될 것이다. 김정은이 파키스탄 모델을 따라 전략목표를 지역 내 안보 위협 세력인 한국과 일본으로 전환하면 앞서 살펴 본 지정학적 안보 딜레마에 빠르게 깊이 빠져들 것이다.

김정은의 핵무장이 직면한 세 가지 딜레마는 분리되고 독립적인 것이 아니라 복합적이고 유기적으로 동시에 작용하고 있어 북한 당국의 어려움을 더하고 있다.

김정은의 핵무장이 직면한 삼중의 딜레마를 이해하는 것은 한국 정부의 대북 핵 정책 수립에 적실하고 효용성 높은 영향요인이 될 수 있다.

역대 한국 정부의 북한 핵 대응 정책을 이러한 시각에서 재평가하여 패러다임을 전환하고 새로운 장기적 전략을 강구 해나가는 것은, 북한 핵무장의 억제와 제거라는 근본적인 해결을 위해 시급한, 대한민국의 최우선 과제이다.

제 1 장

딜레마 이론과 김정은의 핵 드라이브

 딜레마 이론과 북한의 핵무장

딜레마(dilemma)의 어원은 두산 백과사전에 따르면 그리스어의 di(두 번)와 lemma(제안·명제)의 합성어로, 진퇴양난·궁지라는 뜻이다. 딜레마는 죄수의 딜레마로부터 안보 딜레마, 트롤리 딜레마, 유동성 딜레마 등 다양한 분야에서 특정한 현상을 설명하는 데 사용되고 있다.

딜레마를 사회과학 이론으로 정립하고 여러 정책 들을 분석하게 된 것은 오래되지 않아 미완성 상태이나 기존의 이론들이 설명할 수 없었던 정책 결정 과정을 좀 더 설득력 있게 분석하고 설명해주는 사례연구들이 늘어나고 있고 그 결과들에 대한 평가도 긍정적이다.

딜레마 이론을 정책에 도입한 이종범은 딜레마를 "결정자로서 선택에 분명한 해결책이 없고, 해결책을 수용하기도 어렵고, 결정에

대한 집행도 어렵고, 집행 간에도 번복될 가능성이 커 회피하고 싶은 갈등"이라 정의하였다.[1]

소영진은 딜레마 이론은 '갈등'이나 '패러독스'와는 다른 개념이며 기존의 정책 결정 이론의 missing link로서 유용하다고 하였다. 그에 따르면, 딜레마 이론은 기존 이론만으로는 조직이나 정책의 특이한 결정 또는 현상을 설명하는 데 부족함이 있다는 인식에서 출발하였으며 이러한 현상들은 딜레마라는 상황에서 나타나는 특이한 대응 행태로 더 잘 설명될 수 있다고 주장한다.

딜레마와 '갈등', '패러독스'와의 차이를 다음과 같이 설명 할 수 있다.

딜레마의 객관적 조건은 갈등상황과 동일하거나 유사하며 심각한 갈등상황을 딜레마 상황이라 할 수 있다. 그러나 정책갈등에는 선택의 불가피성을 전제로 하지 않으며 대부분의 경우 절충이 가능하다는 점을 딜레마와의 차이점으로 들고 있다.

패러독스는 상충성(상호 모순), 분절성(상호 배타적)과 결과가치의 균등성(동일한 타당성)이라는 조건을 갖추고 있지만 당장 결정을 요구하는 정책대안(방안) 형태로 구체화되지 않는다는 점을 딜레마와는 다른 개념으로 규정하고 있다.

출처: 소영진, "딜레마 이론, 그 의미와 과제," 『한국 행정논집』 제27집 1권, 2015. pp.36-38.

또한 소영진은 딜레마의 논리적 구성요건을 더욱 분명히 하여 ① 대안 간에 절충해서 선택할 수 없으며(분절성) ② 동시에 두 가지를 선택할 수 없으며(상충성) ③ 결과가 가져오는 가치가 균등하고 (가치 균등성) ④ 선택을 회피할 수 없는(선택 불가피성) 점 등을 제시한 바 있다.[2]

딜레마 이론에 따르면 북한의 핵무장은 대안 간의 분절성이 명확하다. 핵무장은 할 것인가 말 것인가를 결정하는 것이지 그 중간의 회색지대는 존재할 수 없다. 핵무장과 비핵화의 길을 동시에 선택할 수 없음도 자명하며 김정은은 핵무장의 길을 선택했다. 그 결과 김정은과 일부 세력이 누리는 체제 안전은 보장되었다고 여겨지지만, 북한과 인민 전체가 누려야 할 기회 가치는 상실되었고 상실의 크기는 점차 증대되고 있으며 다음과 같은 세 가지 상충과 갈등 속에서 3중 딜레마에 봉착하게 되었다.

첫째, 핵무장으로 인한 국제사회로부터의 제재와 자체 자원 배분의 왜곡으로 피폐해진 인민들의 경제 문제는 심각하다. 유일한 해결책인 개혁개방은 경직된 체제 문제로 불가능하다. 선군정치와 유훈 통치로 등장한 김정은은 국제사회가 요구하는 비핵화를 추진할 수도 없다. 합리성이 결여된 북한의 핵무장 정책은 현실적 정책 딜레마, 체제 딜레마 상황에 놓여 있다.

둘째, 북한이 체제보장을 목적으로 추진한 핵무장 정책은 오히려 한국과 일본의 군비증강을 부추기게 되었고 일본이 보통 국가로 나아가는 빌미를 제공해 주었다. 한국과 일본에 현실적인 위협이 된 북한의 핵무장은 동북아 지역의 핵 도미노 현상을 초래케 할 방아쇠로 작동하고 있다. 또한 북한의 핵무장은 미국의 동아시아 전력증강과 인도·태평양 전략의 주요한 요인으로 작용하며 미국과 중국의 지역 패권 경쟁의 뇌관 중의 하나가 되어 지역과 자신의 체제에 대한 불안정성을 높이고 있다. 이러한 면에서 북한의 핵무장은 전통적인 안보 딜레마 상황에 놓여 있다고 볼 수 있다.

셋째, 북한의 핵무장은 단기적으로 체제생존의 문제를 해결한 듯 보이지만 장기적으로 미국과 국제 비확산체제의 넘을 수 없는 반대와 제재의 벽에 의해 제한을 받고 있다. 북한의 핵무장에 대한 국제사회의 용인은, 수십 년간 국제사회가 끈질기게 추구해 온 비확산체제를 무너뜨릴 수 있는, 제3차 핵시대로의 티핑 포인트가 될 개연성이 높다. 국제사회의 반대와 제재 프레임 속에서 북한 체제의 내구력은 끊임없이 소진될 수밖에 없는 전략적 딜레마에 처해 있다. 북한이 핵을 가지고 있는 한, 시간은 결코 북한 편이 될 수 없는, 시간의 딜레마 속에 잠기게 되도록 구조화 되었다. 김정은의 핵무장은 전략적 딜레마이자 시간의 딜레마에 직면해 있다.

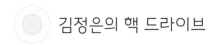

김정은의 핵 드라이브

김정은의 등장과 핵무장 가속화

김정은 집권 후 북한의 핵무장은 급격히 가속화되었다. 4차례의 핵실험과 100여 차례가 넘게 미사일을 발사하였다. 여기에는 대륙간 탄도탄을 비롯한 장거리 탄도미사일, 일본과 괌을 포함 아시아지역을 겨냥한 중거리 탄도미사일, 그리고 한반도를 직접 겨냥한 단거리 탄도미사일 등이 포함되며 중·단거리 탄도미사일은 이미 작전 배치된 것으로 평가되고 있다.

핵 능력 고도화뿐만 아니라 핵 운반수단 다종화를 위해 고체연료 개발, 이동식 발사대 도입과 수차례의 잠수함 탄도미사일(SLBM) 실험 등 그들 표현대로 '핵무기를 꽝꽝 만들어 내고' 있다

2013년 핵 무력 완성을 선언한 후 핵무장 국가임을 헌법에 명시하고 별도의 법률을 제정하는 등 핵보유국임을 기정사실로 하여 국제적으로 인정받으려고 안간힘을 쓰면서 주민들에게는 강성대국에 곧 진입할 것처럼 약속을 거듭해 왔다. 그러나 국제사회는 북한을 핵보유국으로 인정하지 않았으며 향후에도 인정할 가능성은 매우 낮아 북한 인민들은 희망 고문을 하염없이 당할 처지에 놓이게 되었다.

핵무장 선전에 **잠깐의 자부심을 가졌던** 2,500만 북조선 인민이 허기진 현실로 되돌아오는 데는 많은 시간이 걸리지 않았다. 핵을 먹을 수 없고 쌀을 먹어야 산다는 인민대중의 요구를 외면할 수 없는 김정은은 핵-경제 병진 노선을 천명하면서 한국의 평창올림픽을

계기로 대외에 유화적인 접근을 시작하여 수 차례의 미·북 정상회담과 남·북 정상회담을 통해 이를 타개하려 했으나 북한 핵 문제에 대한 국제사회의 요구는 명확했고 제재의 벽을 넘을 수 없었다.

- 김일성-김정일-김정은 일가가 강력한 국가적 정체성을 구축해 놓고, 주민들로 하여금 국가에 대한 자부심을 갖도록 만들었다.
- 그 자부심은 상당 부분 틀린 정보에 근거하고 있지만, 심지어 탈북자들까지도 핵무기를 만든 기술력에 대해 대단한 자부심을 갖고 있다.

출처: Anna Fifield, 이기동 역, 『마지막 계승자』(서울: 도서출판 프리뷰, 2019). pp.178-179.

북한은 전략 로켓사령부를 전략군으로 확대 개편하여 별도의 군종 사령부로 운영하고 있으며, 사령부 예하에 9개 미사일여단을 편성하고 있는 것으로 추정되며 [표 1-1]에서 보는 바와 같이 여섯 차례의 핵실험을 통해 50Kt의 핵폭발 위력을 갖추었고 수소탄 시험까지 시행한 것으로 평가되었다.

[표 1-1] 북한 핵실험 현황

구 분	1차	2차	3차	4차	5차	6차
시기	'06. 10. 9.	'09. 5. 25.	'13. 2. 12.	'16. 1. 6.	'16. 9. 9.	'17. 9. 3.
규모(mb)	3.9	4.5	4.9	4.8	5.0	5.7
위력	약 0.8kt	약 3-4kt	약 6-7kt	약 6kt	약 10kt	약 50kt

출처: 국방부, 『국방백서』(서울: 국방부, 2020). p.295.

국방부의 평가와는 달리 크리스텐센(Hans M. Kristensen)은 북한의 5차 핵실험을 증폭분열 핵탄두 실험으로, 6차 핵실험을 수소 핵탄두 실험으로 보고 그 위력도 140-250Kt으로 평가하였다.[3]

북한은 핵·고폭탄·화생 무기의 장거리 투발 능력 수단 또한 꾸준히 발전시켜 [표 1-2]와 같이 상당한 운반수단 역량을 갖추어 왔다. 북한이 핵탄두를 소형화하여 미사일에 장착한 핵무기를 생산했는지와 이를 실전 배치했는지에 대한 평가는 한국 정부와 국제 전문가들 사이에 차이가 존재한다.

[표 1-2] 북한 미사일 종류 및 제원

구 분	SCUD		노동	무수단
	B/C	ER		
사거리(km)	300~500	약 1,000	1,300	3,000 이상
탄두 중량(kg)	700~1,000	500	700	650
비고	작전 배치			

대포동 2호	북극성 /-2형	화성		
		12형	14형	15형
10,000 이상	약 1,300	5,000	10,000 이상	10,000 이상
700~1,000	650	650	미상	1,000
발사	시험 발사			

출처: 국방부, 『국방백서』(서울: 국방부, 2020). p.297.; Robert S. Litwak, *Preventing North Korea's Nuclear Breakout*, 2017, p.56.

한국 국방부는 북한이 "수차례 핵실험 직후 북한은 핵보유국임을 강조하면서 핵탄두의 표준화·규격화·소형화·경량화·다종화를 달성하였고 핵탄두와 미사일의 대량생산 및 실전배치 의사 등을 표명하였다"라는 주장을 소개하고 있지만, 평가는 유보하였다.[4] 반면 통일부장관은 정보당국의 판단을 전제로 북한은 핵무기를 적게는 20개, 많게는 60개까지 보유하고 있는 것으로 판단하고 있다고 외교·통일 분야 대정부질문에서 밝혔다.[5]

미국 윌슨센터의 리트왁(Robert S. Litwak)은 북한이 핵탄두 소형화에 성공했을지 여부는 현시점에서 불투명한 실정이나 대부분의 전문가들은 노동 중거리 탄도미사일에 탑재할 수 있는 수준으로 핵탄두 소형화에 성공했다는 주장을 바탕으로 미국 정부가 조속히 북한과 핵 동결 협상에 나설 것을 촉구하였다.[6]

영국 국제정치학회의 세계 핵질서 워킹그룹 공동의장인 앤드류 퍼터(Andrew Futter) 교수는 그의 저서에 북한을 핵보유국으로 명시하고 동북아시아 지역에 핵무기를 투발할 수 있는 능력을 보유하고 있다고 평가하였다.[7] 스웨덴의 스톡홀름국제평화연구소는 2020년 '세계 핵 군비 보고서'에서 북한의 핵무기 보유 수를 2019년보다 10~20여 개 증가한 30~40개로 발표하였다.[8] 2021년 연례 보고서에서도 북한의 핵무기는 2020년 대비 10여 개 증가한 40~50개를 보유한 것으로 추정하였다.

북한의 핵무장 의도

특정 국가의 핵무기 보유는 국가안보상의 필요에 의해 결정되지만 기술이론, 동기이론, 기타이론 등으로 설명되기도 한다. 북한의 핵무장 의도에 대해서는 동기이론을 중심으로 방어적 군사목적설,

공격적 군사목적설, 외교목적설과 정치적 동기설 등이 있다.[9]

방어적 군사목적설은 북한의 핵무기가 생존을 위한 군사적 '자조(self-help)'의 유일한 수단으로 남·북 간의 심각한 전력 불균형, 군사동맹의 상실, 미국의 군사적 위협에 직면한 북한에 핵무기 외에 다른 대안이 없다고 본다. 반면, 공격적 군사목적설은 북한의 핵무기는 무력 통일의 군사적 수단으로 대남 도발 시 한국군을 심리적으로 무장해제 시키고 미군의 증원을 저지할 수단으로 여긴다.

외교목적설은 협상의 수단으로 삼기 위해 핵무기를 개발한 나라는 없으며 포기를 전제로 한 핵무장은 북한의 경우 설득력이 없다고 본다. 김일성, 김정일, 김정은 체제의 위신과 후계 정당화를 북한 핵무장의 동인으로 보는 정치적 동기설은 부분적인 설득력이 있으나 북한의 핵 개발 핵심 요인으로 보기에는 한계가 있다.[10]

방어적 군사목적설에 기반하여 북한이 실전배치 하지 않은 소수의 핵으로 미국에 대한 **실존적 억지**를 달성하고 있다는 주장이 있다. 북한이 미국의 핵을 억제하기 위해 핵 능력을 보유하지만, 실전배치하지는 않는 수준에서 보상을 취하려 할 것이라고 주장한다. 이 주장에 따르면 북한의 완전한 비핵화는 불가능하지만 핵 능력 축소와 보상이익이 만나는 점에서의 제한적 비핵화는 가능하다고 본다.

여기서 실존적 억지는 핵전략에서 일컫는 2차 공격의 확실성에 의한 억지가 아닌, 1차 공격의 심리적 불확실성에 의존하는 정치적 억지를 말한다.

출처: 임수호, "북한의 대미 실존적 억지·강제의 이론적 기반," 『전략연구』 제14권 2호, 2007. pp.123-165.

그러나 이 주장은 북한이 핵무기로 한국과 일본을 위협하여도 미국과 한국, 일본은 이에 대항해 전쟁을 감행할 수 없다는 것을 전제하고 있어 미국의 이라크 전쟁과 같은 현실주의에 근거한 사례 설명에 한계를 지닌다.

북한의 핵무장 의도를 방어적 군사목적설로 보는 것이 오늘날 주류 견해를 이루고 있으나 다음과 같은 현실적 의문에 답하지 못하고 있다. 첫째로 북한이 핵무장을 추진하는 과정에서 미국과 한국은 북한의 요구와 합의대로 생존과 안전보장을 반복해서 약속했고 성실히 준수해 왔다는 사실이다.

한국 정부는 남·북 양자 간의 합의를 통해 1992년과 2007년에 불가침 의사를 확인하고 적대관계 종식을 확약했다. 미국은 미·북 양자 간에, 그리고 6자 회담을 통한 다자의 증인이 지켜보는 가운데 핵무기로 북한을 위협하거나 핵무기를 사용하지 않을 것을 거듭 약속했고 이를 성실히 이행하였다.

북한이 핵 개발 과정에 있을 때나 핵실험을 감행한 후 모두 동일하게 국가 대 국가로서 생존과 안전보장을 담보한 것이다. 그 모든 국제적이고 공인된 약속에도 불구하고 북한이 결국, 핵무장의 길로 질주했다는 사실을 방어적 군사목적설은 설명하지 못하고 있다.

둘째는 핵무기의 본질과 성격에 기인하는 것이다. 핵무기는 가공할 파괴력으로 보유할 수는 있으나 사용할 수는 없는 무력으로 규정되어 왔다. 그러나 핵무장국은 절대무기에서 나오는 궤멸적 파괴력에 대한 심리적인 공포감으로 전쟁 권력을 획득하게 되는 것이다. 북한과 같은 가난한 약소국일지라도 핵을 보유하면 미국과 동등한 입장의 안보 테이블에 올라 지구적 운명을 결정짓는 논의에 참여하게 됨을 의미하는 것이다.[11] 핵무기가 전략적으로 억제, 방어용 무기로 활용될 수 있으나 근본적으로 가공할 공격무기로 개발되었고 사용되었다.

북한의 실제적인 핵 능력 진전과 의지 표명 변화에 맞추어 그 의도를 파악하고 대응해야 함에도 불구하고 한국 정부는 변화된 상황에 맞지 않게 한 가지 논리로 일관해 왔다는 점은 되돌아보아야 한다. 북한이 핵실험을 통해 핵무장 하기 전까지는 방어적 군사목적설이 유용했다고 할 수 있으나 북한은 이미 핵실험을 6차례나 강행했고 운반수단을 확보했으며 스스로 핵보유국임을 국제사회에 천명하고 헌법과 법률에 명시하였다.

미국의 핵 보유와 핵무기 사용에 영국, 프랑스, 소련, 중국 등 피·아 구분 없이 제 국가들 모두가 위협을 느끼고 서둘러 핵무장을 추진한 역사적 사실들은 핵 보유 자체가 얼마나 큰 위협이고 상대국 및 인접국에 공격적인 의미를 갖게 되는지를 보여주는 명백한 증거이다. 앞에서 살펴본 바와 같이 북한의 핵무장 의도를 방어적 군사목적설에 맞추어 대응책을 마련해 온 한국 정부의 기본 시각을 근본적으로 전환해야 할 때이다.

북한이 핵무장을 완료하고 핵보유국의 지위를 공고화하는 목표 달성을 위해 강압과 유화책을 병행하여 왔고 그 행태는 앞으로도 변하지 않을 것이다.[12] 북한이 전략적으로 핵무장을 한 상태에서 전술적으로는 강−온 양면의 변화를 대외에 구사해 오고 있는 점을 방어적 군사목적설 한 가지로 설명하고 대처하기에는 한계가 명확하다.

북한의 핵무장 의도를 방어적 군사목적설로 보아도 북한이 처한 딜
레마 상황은 변하지 않으며 공격적 군사목적설로 보고 이에 대응한
다면 3중 딜레마 상황은 더욱 심화할 것이다.

제 2 장

딜레마 #1. 정책 딜레마

 주변국 체제보장의 한계

2020년 1월 3일 미국의 드론 공습으로 이란 혁명 수비대 총사령관인 '카셈 솔레이마니'와 그를 영접하러 나갔던 이라크 내 친이란 시아파 민병대 부사령관 '아부 마흐디 알무한디스' 등이 현장에서 사망했다. 숨진 솔레이마니 총사령관은 이란 내 서열 2위로, 대통령을 능가하는 권력 실세로 알려져 있다.

미국은 그가 중동 내 친이란 성향의 무장 조직들을 훈련하고 지원해 왔으며, 최근 이라크 내에서 미국과 시아파 민병대의 충돌이 빚어진 데에도 핵심적 역할을 한 것으로 보고 있다.

뉴욕타임스는 미 합동 특수전 사령부가 드론을 띄워 미사일을 발사했다고 전했다. 솔레이마니의 사망이 보도된 직후 미 국방부는 "트럼프 대통령의 지시에 따라 솔레이마니를 제거하는 방어 전투를

실시했다"라고 밝혔다.[13]

미국이 적대국의 주요 지도자를 새로운 방법으로 제거하자 동일한 방법으로 북한의 김정은 제거 가능성에 관심이 모아졌으나 대체적인 전문가들은 부정적인 평가를 하였다. 군사 기술적으로는 충분히 가능하지만, 미국 대통령 트럼프와 김정은의 관계, 김정은 동선 파악의 어려움, 촘촘한 북한의 대공 방어망, 그리고 핵 반격 능력 등을 그 이유로 들었다.

북한의 핵 개발, 핵무장 동기에 대해서 동기이론을 중심으로 앞서 살펴보았다. 함형필은 ① 미국의 핵 위협, ② 구소련 붕괴 후 핵우산의 약화로 자위적 군사력 확보, ③ 당 규약이 정한 한반도 공산혁명 달성 및 대남 위협 수단 확보, ④ 핵 주권 확보와 국가 위상 고양, ⑤ 외교적 대응 수단 및 협상력 강화, ⑥ 비대칭 무기로 안보의 경제적 효율성 확보, ⑦ 선군정치를 통한 정권의 결속과 체제 안전보장 등의 복합적 요인을 북한의 핵무장 동기로 보았다.[14]

북한은 일관되게 미국의 핵 위협에 대한 체제보장 차원에서 핵무장을 하게 되었다고 대내외에 천명해 왔다. 한 국가가 체제보장을 국익의 최우선 과업으로 삼는 것은 상식이나 핵무장을 거의 유일한 수단으로 선택한다는 것은 특이한 현상이다.

미국이 한국전쟁 시 국제연합(United Nation, UN)군의 이름으로 참전하여 북한과 싸웠고 그 전쟁이 끝나지 않고 정전상태를 유지하고 있어 적대관계인 것은 분명하지만, 북한에 대한 체제보장은 협상을 통해서 또는 공식적인 문서를 통해 지속적으로 약속하고 이행해 왔음은 역사가 증명하고 있다.

미국이 북한의 체제보장을 지속적으로 약속했고 그 약속을 지켜왔다는 사실은 [표 1−3]을 보면 명확해진다. 미국은 북한이 핵개발 중일 때, 핵실험 직전, 심지어 핵무장이 목전에 다다랐던 시점에도 대북 안전보장을 대통령까지 나서서 공식적으로 표명하고 있음을 알 수 있다.

[표 1-3] 미국의 대 북한 체제 보장 약속

구 분	일 시	내 용
미 · 북 제네바 협정	1994. 10. 21.	미국, 북한에 대한 핵무기 불위협 또는 불사용 공식 보장
미 · 북 공동 코뮈니케	2000. 10. 12.	• 상호 적대적 의사를 가지지 않을 것 • 과거의 적대감에서 벗어나 새로운 관계 수립 노력 공약
4차 6자회담 공동성명	2005. 9. 19.	• 미국은 한반도에 핵무기 미보유 • 핵무기나 재래식 무기로 북한을 공격 또는 침공할 의사가 없음을 확인
미 · 북 정상회담	2018. 6. 12.	• 트럼프 대통령-대북 안전보장 약속 • 김정은 위원장-한반도 완전한 비핵화 완성 확고한 의지 재확인

출처: 통일부, 『통일백서』(서울: 통일부, 해당 연도).; 임동원, 『피스메이커』(서울: 창비, 2015). pp.601-625.

미국의 핵 위협 때문에 북한이 핵무장을 한다는 주장은 미국이 한국전쟁 이후 월남전, 걸프전, 이라크전, 아프가니스탄전 등의 제한전쟁에서 핵을 사용하지 않고 재래전 위주의 전쟁을 치른 사실만으로도 설득력을 잃는다.

남·북 간의 체제경쟁은 해방 및 분단과 동시에 시작되어 현재에 이르고 있다. 한국전쟁을 통해 형제간에 피를 흘리고 깊은 상처를 입게 되었으며 이후로도 북한의 3,119회에 달하는 침투 및 국지도발 횟수는 남·북 간의 대립과 갈등, 충돌이 끊임없음을 보여주고 있다.[15]

한국의 북한에 대한 체제보장은 1990년대 이후에야 의미와 실효성을 갖는다고 보아야 할 것이다. 1980년대 말부터 1990년대 초에 이루어진 공산주의 종주국 소련의 해체와 동서독의 통일, 동유럽 국가들의 민주화, 그리고 노태우 정부가 본격 추진한 북방정책에 의한 한·러, 한·중 수교로 북한은 피 포위 의식과 함께 패배감에서 벗어날 수 없었다.

체제경쟁의 균형추가 한국으로 기울어진 이후 남·북 간의 경제력 격차는 더욱 커져만 갔고 **북한은 잘사는 한국이 이웃에 있다는 사실 자체만으로도 체제를 위협받게** 되었다.

이러한 시각은 소련에서 태어나 북한 김일성종합대학에서 수학하고 한국 대학에서 가르치고 있는 안드레이 란코프의 견해

출처: 안드레이 란코프, 『북한 워크아웃』(서울; 시대정신. 2009). pp.96-101.

북한은 핵을 개발하고 무장을 하면서 한국의 체제보장도 지속적으로 요구하여 관철해 나갔고 한국은 이를 성실하게 지켜왔음은 [표 1-4]를 통해 알 수 있다.

[표 1-4] 한국의 대북한 체제보장 약속

구 분	일 시	내 용
남 · 북 기본 합의서	1992. 2. 19.	• 남 · 북 불가침: 무력을 사용하지 않으며 무력으로 침략 안함 • 우발적 무력충돌, 확대 방지용 직통전화 설치
남 · 북 정상 회담	2000. 6. 13~15	• 남 · 북 대결 반대, 흡수통일 반대 • 북한을 해칠 생각이 없음 • 6 · 15 남 · 북 공동선언 채택
남 · 북 10.4 선언	2007. 10. 4.	• 남과 북이 군사적 적대관계를 종식 • 서로 적대시하지 않고 군사적 긴장을 완화, 어떤 전쟁도 반대 • 불가침 의무를 확고히 준수
판문점 선언	2018. 4. 27.	• 항구적이며 공고한 평화체제 구축 협력 • 종전 선언, 정전협정을 평화협정으로 전환 추진

출처: 통일부, 『통일백서』(서울: 통일부, 해당 연도).; 합동참모본부, 『비핵화에 대한 이해』 (서울: 합동참모본부, 2018).

핵무장이 초래한 북한의 현실과 정책 딜레마

핵실험과 미사일 발사가 초래한 국제 제재

2019년 2월 28일 하노이에서 열린 미·북 정상회담은 합의문까지 작성했으나 결렬로 마무리되었다. 회담 결렬로 양측이 원하는 바가 더욱 선명하게 드러나게 되었다. 미국은 북한의 완전한 비핵화를, 북한은 제재 해제를 원하고 있었다.

회담 결렬 후 10시간이 지난 자정 무렵, 북한 외무상 이용호는 북한이 전면적인 제재 해제가 아닌 민수 경제와 관련된 부분적 제재 해제를 요구했다고 주장했다.

2016년 기준 북한의 전체 수출액은 28억 달러인데 이 중에서 석탄, 철광석 등 광물자원이 14억 5천만 달러로 51.7%, 섬유제품이 7억 5천만 달러로 26.7%를 차지한다. **김정은의 핵무장 고도화에 따른 국제사회의 제재는 북한 수출액의 약 80%가량을 차단하는 조치로** 그렇지 않아도 어려운 북한의 경제에 치명적인 결과를 가져오고 있다는 것을 알 수 있다.

2016년 기준 어류 포함 동물성 제품 2억 달러(7%)를 포함하면 북한 수출액의 90%가량이 제재 대상인 셈이다.

출처: 서보혁 등, 『대북제재 현황과 완화전망』(서울: 통일연구원, 2018). p.35.

유엔은 포괄적 제재뿐만 아니라 북한 핵무장 관련 42개 단체와 북한의 당 군수공업부장 김정식 등이 포함된 74명에 대해서도 맞춤형 제재를 하고 있다.

북한이 해제를 주장한 2016년부터 2017년 사이의 5가지 제재의 구체적 내용을 살펴보면, [표 1-5]에서 보는 바와 같이 사실상 전면적인 해제를 요구한 것으로 평가할 수 있다.

[표 1-5] 북한이 해제를 요구한 유엔안보리 제재

안보리결의 (년.월)	제재 사유	주 요 내 용
2270호 (2016. 3)	4차 핵실험	• 북한산 석탄, 철, 철광석 수출 금지(민생목적 제외) • 북한산 금, 희토류, 티타늄 수출금지 • 북한선박 검색 의무화, 국적대여 금지
2321호 (2016. 11)	5차 핵실험	• 북한산 석탄 수출 상한선 부여 (연간 750만 톤, 4억 달러) • 북한 내 외국 금융기관 전면 폐쇄 • 북한 외교활동 제한 강화(공관원 축소 촉구 등)
2371호 (2017. 8)	탄도 미사일	• 북한산 석탄, 철광석류(철광석, 납 등) 수출 전면금지 • 해외파견 노동자 신규 송출 금지
2375호 (2017. 9)	6차 핵실험	• 북한산 섬유제품 수출 금지 • 대북 투자 및 합작사업 금지 • 대북 유류공급 30% 감축
2397호 (2017. 12)	탄도 미사일	• 원유 400만/정제유 50만 배럴 상한 • 해외파견 노동자 24개월 이내 귀국

출처: 구본학, "북한의 딜레마와 한반도 통일 2030," 『신아시아』 26권 3호, 2019. p.185.;
　　　국방부, 『2018국방백서』(서울: 국방부, 2018). p.246.

미국과 한국의 대북 독자 제재

유엔안보리가 북한에 대해 결의문을 속속 발표하자 북한의 핵무장을 우려하는 세계 각국은 자국의 관점에 따라 별도의 제재를 본격적으로 취해 나가기 시작하였다. 미국은 의회의 법 제정과 행정부의 행정명령을 통해 유엔안보리 결의가 철저히 이행되도록 돕고 있다. 2016년 이후 미국에서 제정된 북한 핵무장 관련 제재법은 「북한 제재와 정책 강화법(H.R.757)」과 「미국의 적성국들에 대한 제재 대응법(H.R.3364)」 등이 있다.

미국 의회의 H.R.757은 북한과 거래하는 국가, 단체와 개인에 대해 북한의 핵미사일 개발을 위한 자금을 원천 봉쇄하기 위한 제재 법안으로 미 대통령으로 하여금 북한의 자금세탁, 통화 위조, 대량 현금 반입, 마약 밀매, 북한의 인권 유린 등 10개 항목에 관련 또는 책임 있는 자를 제재대상으로 지정하여 조치를 취하도록 하고 있다.[16]

H.R.3364는 '세컨더리 보이콧' 규정을 명확히 하고 있으며 대량 현금이 북한에 밀반입되는 것을 막는 것에서 나아가 대량 현금이 거래되거나 이전(transfer)되는 것과 북한의 각종 거래에(교통, 광물, 에너지, 금융서비스 등) 개입하는 행위, 북한 근로자의 해외파견에 관여하거나 용이하게 하는 것 등을 제재대상에 포함하도록 하였다.

> H. R. 3364에 따르면 북한인에 의해 완전하게 또는 부분적으로 생산된 제품을 소유하거나 운영하는 선박이 미국 영해 또는 항구에 입항하는 것을 금지하고 있다.
>
> 출처: 서보혁 등, 앞의 책. pp.49-53.

미국 행정부는 유엔안보리 결의, 미 의회가 제정한 법을 구체화하여 행정명령 13722호, 13810호를 발령해 대북 제재를 강화하였다. 13722호에 따르면 '제재 대상자'를 지원한 개인 또는 기업에 대해 제재를 할 수 있도록 하여 명확한 세컨더리 보이콧이라는 평가를 받고 있으며 제재 대상자의 미국 내 자산을 동결하도록 명령하고 있다.

13810호에서는 제재대상을 확대하여 북한 내에서 일하거나 북한에 상품·기술·서비스를 수출입 하는 자, 제재에 의해 자산이 동결된 자를 지원하거나 서비스를 제공하는 자도 제재대상에 포함했다. 또한 북한 항구나 공항을 다녀온 선박과 비행기가 180일간 미국에 입항하거나 입국할 수 없도록 하였다.

한국 정부는 북한이 핵무장 의사를 대내외에 명확히 천명한 1차, 2차 핵실험에도 이렇다 할 제재를 시행하지 않았다. 핵실험 후 '금강산 관광객 정부 보조금 지원 중단'과 같이 남·북 간의 교류 협력이나 경제협력이 다소 위축되기도 하였지만, 큰 틀에서의 협력이 복원되곤 하였다.

이명박 정부가 들어선 2009년 5월 북한의 2차 핵실험 후 2개월이 지났을 때, 북한 기업 5곳과 개인 5명, 그리고 물자 2개 품목에 대한 제재가 있었으나 미미했다. 그다음 해 3월 북한에 의해 한국 해군 '천안함'이 폭침되어 해군 46명이 전사하는 사건이 발생하자 한국 정부는 이른바 '5·24 조치'를 발표했다.

'5·24 조치'에 의해 개성공단을 제외한 남·북 교역이 전면 중단되었고 북한 선박의 우리 영해 및 배타적 경제수역 항해를 금지하고 우리 국민의 방북과 대북 투자 사업이 보류되었다.

한국 정부의 본격적인 대북 독자 제재는 박근혜 정부에서 이루
어졌는데 역대 한국 정부의 대북 제재 내용을 정리하면 [표 1-6]과
같다.

[표 1-6] 한국 정부의 대북 제재

북 핵실험	한국 정부	제 재 내 용
1차(2006. 10)	노무현 정부	• 금강산 관광객 정부보조금 지원 중단
2차(2009. 5)	이명박 정부	• 5·24 조치(천안함 폭침이 직접 원인) – 개성공단 제외 남·북교역 중단 – 북한 선박 영해 / EEZ 항해 금지 – 방북 금지, 대북 투자 보류
3차(2013. 2)		없음
4차(2016. 1)	박근혜 정부	• 개성공단 전면 중단 • 3·8 대북 독자적 조치 – 개인 43명/기관 34개 금융거래 금지 – 북한산 물품 우회반입 차단 – 해외 북한 영리시설 이용 자제
5차(2016. 9)		• 12·2 대북 독자제재 – 금융제재 대상 확대 – 북한 기항 외국선박 입항조건 강화 – 북한 방문 외국인 출입국 제한
6차(2017. 9)	문재인 정부	• 개인 18명 제재(트럼프 방한 전, 11월)

출처: 합동참모본부, 『비핵화에 대한 이해 I』(서울: 합동참모본부, 2018). pp.131-225.;
왕선택, 『북핵 위기 20년 또는 60년』(서울: 선인, 2013) 요약정리.

박근혜 정부 집권 초, 이명박 정부 말기에 자행된 북한의 3차
핵실험에 대해서는 대북 독자 제재를 하지 않았으나 4차 핵실험을

강행한 후 본격적인 대북 제재를 단행하기 시작하였다. 북한의 4차 핵실험, 이어진 탄도미사일 발사 직후 한국 정부는 남·북 간의 유일한 경제협력사업인 개성공단 가동을 전면 중단시켰고 '3·8 독자적 대북 조치'를 단행하였다.

'3·8 독자적 대북 조치'는 김영철 전 정찰총국장을 포함한 개인 43명과 34개 기관에 대해 외환 및 금융거래를 금지하고 국내 자산도 동결하였으며 북한에 머물던 외국 선박의 국내 입항을 180일 동안 금지하였으며 북한산 물품의 제3국을 통한 우회 반입도 차단하고 우리 국민과 재외동포의 해외 북한 영리시설 이용을 자제하도록 하였다.

북한이 5차 핵실험을 강행한 2016년 9월 9일 이후 유엔안보리 결의가 11월 말에 채택되었고 12월 2일에는 금융제재 대상 확대와 북한 기항 외국 선박 입항 조건 강화 및 북한 방문 외국인 출입국 제한 등을 포함한 한국 정부의 독자 대북 제재가 발표되었다.

북한 핵 위협의 직접 당사자인 한국 정부는 여섯 차례의 북한 핵실험에 대해 유엔안보리 결의 채택에는 노력을 기울였지만, 박근혜 정부를 제외하고 독자적인 대북 제재에는 매우 신중한 입장을 기울여 왔음을 알 수 있다.

핵무장을 강행하는 북한에게 당사자 입장에서 군사적으로 경제적으로 충분한 타격을 가할 수 있는 한국 정부가 별다른 실효적 조치를 취하지 않은 점은 북한으로 하여금 잘못된 셈법을 유지하도록 한 결과를 가져왔다.

그러나 박근혜 정부가 취한 개성공단 전면 중단과 5·24 제재를 강화한 두 번의 독자 제재 등은 유엔안보리 결의를 통한 국제 제재,

미국 법령에 의한 독자 제재와 함께 북한을 고립시키고 경제적인 어려움을 가중시키기에 충분했다.

문재인 정부는 북한의 6차 수소폭탄 실험에도 이렇다 할 제재 조치를 취하지 않고 있다가 미국의 트럼프 대통령 방한 직전인 2017년 11월 초에 북한 금융기관 인사 18명에 대한 제재를 발표했으나 실효성 논란이 있었고 이후 국제 및 한국의 대북 제재를 완화하는 방향으로 줄달음쳤다.

핵무장이 초래한 현실과 정책 딜레마

북한이 비핵화가 아닌, 핵무장을 국가정책과 전략으로 수립하여 시행하고 있음은 자명하다. 김정일은 2005년 2월 10일 6자회담 참가 무기한 중단과 핵무기 보유를 선언하고 이후 6자회담은 핵 군축 회담이 되어야 한다고 지속 주장하고 있다.

1차 핵실험 이후 북한 외무성이 핵보유국임을 천명하였으며 2차 핵실험 이후에는 북한의 공식 중앙매체인 조선중앙통신을 통해 "공화국의 핵 억제력을 백방으로 강화하기 위한 조치의 일환", "민족의 자주권과 사회주의를 수호하며 조선 반도와 주변 지역의 평화와 안전을 보장하는 데에 이바지하게 될 것" 등으로 핵실험의 의미를 설명하였다.

김정은은 2012년 5월 30일 개정 헌법에 '핵보유국'을 명시하였으며 이를 위한 별도의 법령도 제정하였다. 2016년 4차 핵실험 후 노동신문은 "핵탄을 경량화하여 탄도 로켓에 맞게 표준화·규격화를 실현"했으며 "이미 실전 배치한 핵 타격 수단들도 부단히 갱신"하고 있고, "주저 없이 핵으로 먼저 냅다 칠 것"이라는 등 김정은이 핵실험을 참관하면서 발언한 내용들을 보도했다.

김정은은 북한이 핵 무력을 완성했으며 핵 억제력을 보유한 핵 강국임을 공식화하면서 미 본토 전역에 대한 핵 타격이 가능하다고 위협함으로써 한국과 일본에 대한 위협을 은연중 포함하고 있다.

북한이 핵무장 정책을 추진하면서 발생했던 내부 갈등의 존재나 표출된 내홍에 대한 공개된 자료들은 없다. 그러나 김정일, 김정은이 지속 추진하고 있는 '핵 – 경제 병진 노선' 속에 갈등과 딜레마 상황이 노정되어 있음을 알 수 있으며 이는 몇 가지 외부 지표들을 살펴보면 더욱 자명해진다.

첫째로 북한의 경제성장률은 [표 1 – 7]에서 보는 바와 같이 핵 무장이 가속화되어 유엔안보리 결의가 본격 가동된 2016년 이후 연속 마이너스를 기록하였고 점차 악화하고 있음을 알 수 있다.

[표 1-7] 북한의 경제성장률과 핵실험

연 도	평 균	2013	2014	2015	2016	2017	2018
성장률(%)	-0.45	1.1	1.0	-1.1	3.9	-3.5	-4.1
핵실험		3차			4차, 5차		6차
미사일 발사		–	7회	2회	19회	15회	–

출처: 국방부, 『국방백서』(서울: 국방부, 2014, 2016, 2018).; 합동참모본부, 『비핵화에 대한 이해 I 』(서울: 합동참모본부, 2018, pp.131-225.; 북한 통계포털(http://kosis.kr/bukhan), 2019 남·북한 주요 통계지표.

이는 국가자원을 핵실험과 미사일 개발에 지나치게 투입함으로써 경제성장에 지장을 주고 있다는 방증임이 분명하다. 북한 경제가 폐쇄되어 있고 자력갱생을 추구하고 있지만, 경제성장률의 하락과 마이너스 성장이 북한 경제에 심대하게 부정적 영향을 미치고 있음은 분명하다. 표에서 보는 바와 같이 김정은 등장 이후 6년간 북한의 경제성장률 총합은 – 2.7%로 매년 – 0.45%씩 경제 사정이 어려워졌음을 알 수 있으며 2017년 – 3.5%, 2018년 – 4.1%로 악화일로에 있다. 2019년 2월 하노이 회담에서 북한의 가장 절박한 문제가 유엔안보리 결의에 따른 제재 해제였음을 알게 해주는 지표이다.

중국 우한에서 시작된 코로나 팬더믹에 대한 북한의 경직되고 비과학적인 과도한 통제는 실물경제에 심각한 타격을 주고 있으며 특히 식량 부족 문제가 심각한 것으로 드러나고 있다. 2020년 6월 16일부터 치뤄지고 있는 노동당 전원회의에서 북한은 식량 부족 문제와 당면한 경제난 문제를 집중 논의한 것으로 알려졌다. 김정은은 현재 인민들의 식량 형편이 긴장해지고 있다고 발표했다.

브래들리 뱁슨(Bradley Babson) 전 세계은행 고문은 북한의 식량 배급이 비정상적일 정도로 당국의 곡물 비축분이 부족한 상황을 반영한 것으로 평가하였고 북한 경제 전문가인 윌리엄 브라운(William Brown) 미국 조지타운대 교수는 북한 내 곡물가격 폭등은 통화 관리에 대한 위험신호라면서 단기적인 식량 수급 문제만이 아니라 외환 관리가 큰 문제가 될 것으로 전망하였다. 브라운 교수는 석탄을 포함한 광물 수출과 해외 노동자 파견 등 기존의 외화벌이와 북중 교역이 모두 막혀 정상적인 외화 수입이 어려운 상황인데다 봉쇄 해제 후 외화 유출이 급증할 가능성까지 있다고 분석하였다.

이러한 전례없는 경제적 어려움 속에서도 북한은 2020년에 핵무기 개발에 큰 비용을 지출한 것으로 평가되었다. 국제 반핵 단체인 핵무기 폐기 국제운동은 '2020년 세계 핵무기 보고서'에서 북한이 2020년 핵무기 비용으로 6억 6천 7백만 달러를 투입했다고 발표하였다. 이는 국민 총소득 중 35%를 국방비로 이 가운데 6%를 핵 개발 프로그램에 사용한 것으로 김정은의 핵무장이 왜곡된 국가자원 배분으로 인한 정책 딜레마에 빠져있음을 극명하게 보여주는 지표가

되고 있다.[17]

둘째, 북한 이탈주민의 한국 입국 현황은 [표 1-8]과 같다. 북한을 이탈한 주민이 북한의 핵무장 정책에 모두가 반대한다고 할 수는 없으며 이탈의 직접적 원인을 북한의 핵무장에 대한 반대로 분석한 연구도 찾아보기 어렵다.

[표 1-8] 북한 이탈주민 입국 현황

연 도	합 계	~ 1998	1999 ~ 2012	2013 ~
입국자(명)	32,476	947	23,661	7,868
비 고			연평균 1,691명	연평균 1,312명

출처: 통일부, 『통일백서 2019』(서울: 통일부, 2019). p.352.

그러나 북한의 핵무장에 치우친 정책 결정과 시행 결과 빚어진 처참한 삶의 터전을 다양한 이유로 떠난 3만 명 이상, 매달 100명 이상의 북한 주민들의 존재는 북한 주요 핵심 정책에 대한 가장 강렬한 저항의 몸짓으로 보아 마땅할 것이다.

김정은의 강력한 지시와 코로나 펜데믹 사태로 북한 이탈 주민은 최근들어 급격히 감소했으나 이는 역설적으로 목숨을 건 정권의 절박한 불만 세력이 매월 100명 이상씩 북한 내부에 쌓여가고 있다고 보아야 한다. 김정은 체제의 근본적인 변화가 없는한 북한 이탈주민의 감소는 김정은 정권에 더 위험한 결과를 초래할 수 있다.

셋째, 한국무역협회 발표에 의하면 2019년 북한의 무역 상대국은 2018년 115개국에서 62개국으로 46%나 감소했고 2001년 17.3%에 불과했던 북한의 중국 무역 의존도는 대북 제재가 지속되면서

2019년 사상 최대인 95.2%를 기록했다.

넷째, 유엔 식량농업기구(FAO)와 미국 존스홉킨스대 국제 영양 개선 연합이 2020년 6월 공동 발표한 식량 시스템 계기판 자료에 따르면, 2017년 현재 북한 인구의 48%가 영양부족 상태를 겪고 있으며 전 세계 영양부족 비율 평균치 11%의 4배, 동아시아 평균치 8.4%를 훨씬 상회하는 것이다. 북한 주민의 영양부족 비율은 2013년 43%, 2015년 44%, 2016년 46%를 기록해 해를 거듭할수록 심각해지고 있음을 보여주고 있다. 25세 이상 성인의 하루 평균 육류섭취량은 5.7g으로 세계 평균 24g에 턱없이 못 미치는 세계 최하위의 영양부족 국가로 전락하였다.

다섯째, 2020년 10월 미국 조지워싱턴대가 북한의 경제 문제를 주제로 개최한 토론회에서 제롬 소바 전(前) UN 개발 계획 평양 사무소장은 북한의 인프라스트럭처, 즉 사회 기반 시설이 고난의 행군으로 불리는 대기근 시절인 1990년대, 즉 30년 전 수준을 벗어나지 못하고 있다고 지적했다.

사회 기반시설의 붕괴로 전기 등 북한의 에너지 사용률은 1990년대에 3분의 1 수준이며 북한의 수질과 의료 장비 부족 문제 등의 심각함도 지적하였다. 북한의 모성 사망률(태어난 아이 10만 명당 임신·출산과 관련한 임산부의 사망 수)이 1990년 40만 명당 50명에서 현재 82명으로 늘어 같은 기간 일본을 제외한 동아시아 국가들의 사망률이 72% 감소한 점과 비교해 본다면 심각한 상태라고 지적하였다. 전문가들은 이러한 비극적 실상의 원인으로 체제의 비효율성 문제와 함께 왜곡된 국가자원의 배분 문제를 들고 있다.

마지막으로, 북한 내부의 갈등 상황에 대해 살펴보겠다. 앨리슨은 정부의 정책 결정이 여럿이 '밀고 당기는' 정치라는 게임과 협상의 결과로 이루어진다고 보았다. 정부 지도자들은 넓은 의미의 가치관과 국가 이익의 개념에는 생각을 같이하지만, 운영 목표와 방식에 있어서 서로 다른 정도가 아니라 경쟁적인 생각을 갖는다.[18]

앨리슨의 모형을 북한에 적용하는 것은 정치체제와 문화의 차이, 관련 자료 부족의 문제로 제한사항이 있다. 그러나 북한 핵무장 과정의 긴 기간 동안 북한에서 표출된 사건들을 분석해 보면 내부 갈등이 있었고 최고지도자와 각 기관 간의 갈등과 협상, 설득의 거칠고 험한 과정이 위태롭게 이어져 오고 있음을 어렵지 않게 추론해 볼 수 있다.

1차 북한 핵 위기를 전후해서 많은 북한 고위 간부들이 북한을 이탈하였는데 당시 북한과 한국에 가장 큰 충격을 준 것은 1998년 **황장엽의 한국 망명**이었다. 그는 김일성종합대학 총장, 최고인민회의 의장, 주체사상연구소 소장, 최고인민회의 외교위원회 위원장을 지낸 인물이다.

그는 인민을 대량으로 굶겨 죽이면서도 전쟁 준비에만 몰두하는 김정일을 보고 더 이상은 참을 수 없다고 생각하고 북한을 개혁·개방으로 유도하기 위해서는 김정일 체제를 하루빨리 붕괴시키고 군수공업이 파탄 나도록 해야 한다고 **망명의 이유**를 밝혔다.[19]

- 황장엽은 북한이 이미 김일성 사망 전에 지하핵실험 준비를 완료하고 집행계획서가 제출된 바 있으며 1996년 무렵 군수공업비서가 파키스탄에서 고농축우라늄 기술을 넘겨받기로 하였다고 증언하였다.
- 그는 북한의 핵무장 자체보다도 핵무기를 개발하기 위해 막대한 자금을 낭비하면서 수백만 인민들을 굶겨죽이고 있는 사실이 더 엄중한 범죄라고 보았다.

출처: 황장엽, 『북한 민주화와 민주주의적 전략』(서울: 시대정신, 2008). pp.103-115.

2005년 2월 북한이 외무성 '성명'을 통해 핵무기 보유를 선언하고 2차 북한 핵 위기가 고조되어 가던 4월 미국 정책센터의 선임연구원 셀리그 해리슨(Selig Harrison)은 평양을 방문하여 3명의 책임 있는 북한 당국자와 만났다.

"핵실험도 안 해보고 핵무기가 작동하는지 어떻게 아느냐?"는 해리슨의 질문에 김영남(최고인민회의 상임위원장)과 리찬복 상장(조선인민군 판문점 대표부 대표)은 실험 없이도 핵 억지력은 작동한다고 답하고 리찬복은 이에 더해 미사일에 탄두를 실어 어디든 원하는 곳을 공격할 준비가 되어 있다고 강조했다.

강석주(외무성 제1부상)는 핵실험을 위한 최선의 시기를 찾고 있으며 핵탄두를 운반하는 미사일 시험 발사도 적절한 시기에 할 것이라고 말하였는데 미국과 대화가 시작되면 안 할 수도 있다는 의미를 내포하고 있었다. 위의 글을 인용한 안문석은 2005년 4월, 평양이 군부 강경파와 외무성 온건파 사이에 의견이 갈리고 있었다고 평가했다.[20]

영국에서 외교관 활동을 하다 망명한 태영호는 장성택 처형이 북한의 핵무장과 관련이 있다고 주장했다. 2013년 3월 31일 열린 당 중앙위원회 전원회의에서 김정은이 '핵·경제 병진 노선'을 선언하며 "핵무기를 완성하는 길은 쉽지 않은 것이다. 미국, 중국 등 강국들이 별짓을 다 해 막으려고 할 것이다. 미국과 다툼이 벌어질 수도 있다. 하지만 미국과의 전쟁에 앞서 우리 내부에서 전쟁이 일어날지도 모른다. 내부의 사상과 의지의 대결부터 이겨야 핵무기를 만들 수 있다"라고 하며 내부 갈등이 존재하고 있음을 피력했다.

김정은은 재래식 무기에 의한 전쟁은 북한에 불리하며 김정일 때부터 해오던 핵에 올인하는 것뿐이라는 결론에 이르렀고 그 핵심은 돈이었다. 모든 재력을 핵과 미사일 개발에 쏟아야 하는데 북한의 경제적 이권 대부분을 장성택이 쥐고 있었다. 장성택에 대한 뿌리 깊은 증오심도 역할을 했겠지만, 김정은이 장성택을 가차 없이 처형한 이유 중의 하나는 경제적 이권을 포기하지 못했기 때문이라고 태영호는 보았다.[21]

김정은 등장 이후 북한 군부의 권력 부침도 이전보다 심해지고 있다. 2012년 인민군 **총참모장 리영호 숙청**을 비롯하여 핵심 직책이라 할 수 있는 총정치국장, 총참모장, 인민무력상 등의 잦은 교체에 관해 구체적 사유를 파악할 수 있는 자료는 없으나 체제와 정책의 불안정성을 나타내는 지표로 손색이 없다 할 것이다.[22]

집권 초기 김정은의 개혁개방 행보에 대해 리영호는 "장군님(김정일)은 개혁개방을 하면 잘 살수 있다는 것을 몰라서 안 했겠느냐"고 언급한 것이 처형의 원인이 되었다고 보았다.

출처: 태영호, 『3층 서기실의 암호』(서울, 기파랑, 2018). p.309.

북한의 핵무장 정책이 국가자원의 왜곡된 배분을 강행하게 하였고 재투자 부실에 따른 산업기반의 악화와 경제난을 증대시켜 주민의 삶이 피폐해지고 북한을 이탈하는 주민이 끊이지 않으며 내부 갈등이 위태로운 지경이지만, 평양에서 발행한 핵무장 관련 주장들을 보면 북한에서 가장 중요시하고 중심이 되는 정책이 핵무장이며 결코 포기하지 않을 것임을 알 수 있다.

북한 당국은 **평양 출판사 저작물들을** 통해 '새로운 김정은 시대를 맞아 북한이 동방의 핵 강국이 되어 오늘의 세계를 주도'하고 있으며 민족의 창창한 미래가 보인다고 하며 한국의 '안보'도 북한이 책임지고 맡아줄 수 있다고 강변하고 있다.

북한에서 출판된 책들은 핵무장에 대한 북한 당국의 속내를 여실히 보여준다. 그들은 "한반도에서의 전쟁은 핵전쟁이 될 것이며 타격목표로 미 본토와 태평양상에 산재 되어 있는 미군기지들, 한국에 있는 미군 기지들이 될 것"이라고 위협하고 북한의 핵무기는 "결코 미국의 달러와 바꾸려는 상품이 아니며 협상 탁자 위에 올려놓고 논의할 정치적 흥정물이나 경제적 거래 물은 더욱 아니"라고 선을 그어 협상의 여지마저 부인하고 있다.

출처: 김영범·신광혁, 『위대한 전환의 해 2016년』(평양출판사, 2016); 김혜련 등, 『절세위인과 핵강국』(평양출판사, 2017); 예정웅, 『동방의 핵강국 정의의 세계』(평양출판사, 2017).

북한의 핵무장 시도가 미국이나 한국으로 하여금 체제생존과 안전보장을 협의하도록 만든 주요 요인이었음은 분명하다. 그러나 미국과 한국의 공식적인 약속들이 실효적으로 북한 체제의 생존과 안전을 보장하지 못한다는 점은 다음 두 가지 점에서 명확하다.

첫째는 미국과 한국의 북한에 대한 공식적인 체제보장 약속에 전제조건이 있다는 점이다. 그것은 아이러니하게도 북한이 체제보장을 위해 만들어 온 핵무기를 모두 폐기해야 한다는 점이다. 뒤집어 보면 북한이 완전하고 불가역적이고 검증 가능하게 핵무기를 폐기하지 않고 핵무장을 추구하는 동안에는 미국이나 한국이 북한에 약속한 체제보장은 공식적으로 보장할 수 없다는 뜻이다.

두 번째로 미국과 한국의 체제 안전보장이(Security guarantees) 북한 내부 세력에 의한 체제 불만과 그로 인한 체제 불안까지 보장하는 것은 아니라는 점이다. 체제 내부의 건전성이 가장 강력한 체제 안전 요소라는 것은 역사가 증명하고 있다. 이러한 점에서 북한은 현실적인 정책 딜레마에 처해 있다. 미국이나 한국 등 외부의 보장으로는 근본적으로 체제보장 문제를 해결할 수 없다.

북한이 핵을 포기하고 개혁개방에 나설 경우 대다수 주민은 장마당 사례가 보여주듯이 새로운 환경에서 번영을 추구해 갈 것이다. 그러나 김정은과 일부 세력은 김일성, 김정일에 대한 혹독한 평가와 비판, 그동안의 가난과 고통에 대한 냉철한 원인 규명, 세계 특히 한국과 비교되는 자신들의 불행한 현재 상태의 자각과 그에 대한 분노 등 걷잡을 수 없는 격랑에 휩싸여 정권을 상실하게 될 가능성이 크다. 그들은 리비아의 카다피, 이라크의 후세인 사례를 주의 깊게 드려다 보았을 것이다. 중국을 개혁개방으로 이끈 덩샤오핑은 정치체제의 개혁 없이 개혁개방과 경제번영을 기대할 수 없음을 설파하고 증명하였다.

북한은 핵무장을 포기할 수도 없으며 포기하지도 않고 있으며 국제 비확산체제의 대북한 제재에 의한 북한의 경제와 산업 전반에 나타나는 어두운 현실은 조금도 나아지지 않고 날로 악화되어 가는 정책 딜레마, 체제 딜레마의 늪에 점점 더 깊게 잠겨가고 있다.

제 3 장

딜레마 #2.
지정학적 안보 딜레마

김정은은 "지금 우리의 힘은 머리끝부터 발톱까지 무장한 미제와 보병총을 집고 맞서 싸우던 1950년대 그때와는 다릅니다. 우리는 미제의 핵전쟁 도발을 억제할 수 있는 강력한 힘을 가지고 있다"라고 하며 북한의 핵무장이 미국 때문이라는 것을 다시 한번 강조했다.23)

북한의 핵무장이 북한의 일관된 주장과 일부 학자들의 논리대로 미국의 위협에 따른 체제생존을 위한 자구책이라 해도 결국 동북아 지역에 군비경쟁을 초래했고 핵 도미노 현상을 부채질하고 있다. 저비스(Robert Jervis)는 행위자들의 의도에 기반을 둔 기존 안보 딜레마 이론에서 더 나아가 행위자들의 의도와 상관없이 안보 불안이 발생할 수도 있음을 '상승작용 모델(spiral model)'로 설명하였다.24)

북한의 핵무장은 의도한 대로 또는 그 의도와는 상관없이 '한 국가가 안보를 위해 군사력을 증강하면 주변국이 위협을 느끼고 군사력을 증강하거나 도발하는 기회가 되어 거꾸로 안보에 해가 되는' 전통적 안보 딜레마를 초래하고 있다.

일본의 보통국가화 추진과 군비증강

일본은 1946년의 평화헌법에 따라 미·일 동맹 강화와 전수방위를 근간으로 하는 '요시다 독트린'을 천명하고 제한된 외교 안보 정책을 전개해 왔다. 그러나 1990년 냉전체제가 종료되면서, 일본 내에서는 군사력 증강과 국제 안보 활동의 적극 참여로 표출된 '보통국가론'의 국가 전략구상이 대두하였다.

2000년대에 이르러서는 중국의 부상과 북한의 위협 등으로 인해 '보통 국가' 추진은 일본 정부의 변할 수 없는 정책 방향으로 자리 잡아 갔다. 2012년 말 출범한 아베 2기 정부는 '강한 일본'을 실현하기 위해 미국과의 동맹 강화가 필요하였고, 미국은 재균형 전략을 통한 중국 견제를 위해 일본의 역할 확대를 원했다. 아베 정부는 2013년 12월, 「국가안전보장전략서」와 「방위계획대강 2013」을 공표하였다.

일본은 방위계획대강을 통해 안보 환경을 평가하였는데 [표 1-9]에서 보는 바와 같이 북한 핵실험 이후인 2010년부터 북한의 대량살상무기와 탄도미사일 증강 등이 지역 안전보장에 '불안정 요인'이 되고 있으며 일본의 안전에 대한 '중대하고도 절박한 위협'이 되고 있다고 명시하고 있다.

[표 1-9] 일본 방위계획대강의 안보환경 평가 비교

구 분	안보환경 평가
방위계획대강 1976	미소 양국 대립, 조선반도 긴장 계속, 주변제국 군사력 증강
방위계획대강 1995	미소 냉전 종료, 지역분쟁, 핵과 미사일 확산
방위계획대강 2004	북한 위협, 중국 주의
방위계획대강 2010	글로벌 위협, 북한 불안정 요인, 중국 동향 주의
방위계획대강 2013	글로벌 위협, 북한 중대하고도 절박한 위협, 중국 안보 우려 요인

출처: 박영준, "일본 아베정부의 안보정책 변화와 한국정부의 대응방안,"『국방정책연구』제 103호, 2014. p.101.

「국가 안전보장 전략서」는 '전수방위 철저 준수, 군사 대국이 되지 않으며, 비핵 3원칙 준수', '일관된 평화 국가' 등을 명시하고 있으나 향후 '글로벌한 세계에 국제사회에 필요한 역할'을 해나가야 한다고 제안하고 있다.[25]

동아시아 지역의 전반적인 군비 상승은 중국에 의해 일어나고 있다는 주장과 일본의 재무장이 안보 '과잉'으로 오히려 인접국의 불안정을 조성한다는 견해도[26] 있으나 북한의 핵미사일 위협이 일본의 군비증강에 상당 부분 명분을 부여한 것은 명백하다. 실례로 1998년 8월 말 일본 열도 상공을 통과해 태평양에 떨어진 북한의 대포동 1호 미사일은 일본에 큰 충격을 주었고 북한의 위협을 실질적이고 본격적으로 느끼게 하였다.

일본은 보통 국가 노선을 군사 차원에서 실현할 실질적 역량을 확보해 나가고 있으며 군사력의 운용 범위도 지리적·기능적으로 확대시켜 나가고 있다. '전수방위'전략 원칙에 묶여 있던 자위대가 해외의 분쟁에 투입되고, 더 나아가 타국 영토에 대한 공격의 가능성까지 포함하는 적극적인 임무를 수행할 수 있도록 강화되고 있다는 의미이다. 이는 '집단적 자위권'과 '적기지 공격론'으로 각각 구체화되고 있다.[27]

주목해야 할 아베 정부의 '적기지 공격론'은 일본이 대량살상무기 공격을 받았을 경우, 방어에 필요한 시·공간적 여유의 부족과 대규모의 인적·물적 피해를 고려하면, 수동적인 전수방위 원칙으로는 일본의 안전을 효과적으로 보장할 수 없다는 논리이다.

최근 수년 동안 북한의 핵미사일 개발과 운용 능력 강화는 일본 국민의 위협인식을 고조시켰으며 '적기지 공격론' 등장에 영향을 미쳤음은 자명하다.

일본은 '적기지 공격론'을 공식 정책으로 채택하지는 않고 있으나 이미 '적기지 공격론'을 구현할 수 있는 성격의 군사력을 확보, 발전시키고 있다. 일본은 2016년부터 미국산 F-35 스텔스 전폭기를 도입하기 시작하여 총 42대를 도입 중이다.[28]

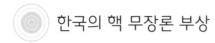

한국의 핵 무장론 부상

남·북 간 체제 경쟁은 광복과 동시에 시작되어 현재까지 치열하게 전개되고 있다. 남·북은 6·25 전쟁에서 흘린 피로 깊은 상처를 입었으며 동·서 냉전의 최첨단에서 각 진영을 대표해 경쟁하였다. 1980년대 말과 90년도 초에 이루어진 동서독 통일, 공산 종주국 소련의 해체, 동부 유럽 공산 국가들의 민주화 등은 북한의 열세를 의심 없이 드러내 주었고 북한은 위축되고 피 포위 의식에 사로잡히게 되었으며 기나긴 **체제경쟁은 대한민국의 승리로 마감되리라고 누구나** 예상하였다.[29]

- 북한 강성산 총리의 아들 강명도는 1992~1993년 어간 북한 권력층 두셋만 모이면 은밀하게 "북조선이 올해를 넘길 수 있을까?", "뛰려면(망명) 유럽이나 미국으로 가야 할 텐데…" 등의 대화를 하였다고 증언하였다.
- 강명도 본인이 1993년 12월 중국으로 나온 것도 북한이 무너질 경우에 대비해 해외에 거처를 마련해 놓기 위함이었고 북한 고위층은 이미 북한체제 붕괴에 대비하고 있었다고 판단하였다.

출처: 강명도, 『평양은 망명을 꿈꾼다』(서울: 중앙일보사, 1995). pp.170-171.

북한은 선군정치를 통해 군부와 주민의 반발을 무마하고 다중의 상호 감시·통제체제를 고안하여 체제와 정권의 생명을 연장하며 대남 우위를 회복하기 위해 효율성 높은 비대칭 무기에 전념하게 되었다.

6차례의 핵실험과 다양한 미사일 개발을 통해 핵 무력을 완성했다는 북한은 열세한 체제경쟁의 만회를 꾀하고 있다. 현시대에 적절한 국력 평가 요소인 군사력, 경제력, 정부 능력 세 가지 중 군사력 면에서 **북한의 핵무기가 게임체인저가** 될 것임은 자명하다.[30]

권태영 등은 북한이 핵미사일을 보유함으로써 2014년 기준, 지난 20년 사이 남·북 군사력 균형의 대역전 현상이 발생했으며 한국의 중요한 안보 및 군사기재가 약화되었다고 지적하였다.

출처: 권태영·노훈·박휘락·문장렬, 『북한 핵미사일 위협과 대응』(서울: 북코이라, 2014). pp.42-46.

하버드 핵 연구단은 1980년대에 세계가 핵 시대를 살고 있다고 (Living with Nuclear Weapons) 정의하면서 현 세기 내의 핵무기 능력을 [표 1－10]과 같이 제시하며 한국과 대만을 '핵무기 보유 동기를 가진 국가들'로 분류했다.[31]

[표 1-10] 현 세기 내의 핵무기 능력(1980년대)

핵보유국	핵무장 동기를 가진 국가	핵무장 동기가 높은 국가
미국, 소련, 영국, 프랑스, 중공, 인도, 이스라엘(?)	아르헨티나, 브라질, 칠레, 한국, 대만	이라크, 리비아, 파키스탄, 남아프리카공화국

출처: 강성학·정천구 역, 『핵시대를 어떻게 살 것인가?』(서울: 정음사, 1985). p.271.

하버드 대학교수들이 분석한 대로 파키스탄은 핵무장을 하였고 리비아와 남아프리카공화국은 핵무기를 개발 중에 또는 보유하고 있다가 자발적으로 폐기하였으며 이라크는 핵무장 의혹이 원인이 되어 미국으로부터 침공을 받은 바 있다. 핵무장 동기를 가진 국가 중 남미의 아르헨티나, 브라질, 칠레는 '비핵지대화' 선언으로 핵 위협에서 벗어났다.

1970년대 중반 미국이 데탕트를 선언하면서 파리협정을 맺고 미군을 철수하자 월남은 얼마 지나지 않아 공산화되었다. 주한미군 철수 요구는 미국 내에서 지속적으로 제기되어 왔다. 월남의 공산화와 주한미군 철수를 대통령 공약으로 제시하고 당선된 카터 행정부의 직접적인 주한미군 철수 요구에 체제생존의 위협과 안보 불안을 느낀 박정희 정부가 핵무장을 추진하다 미국에 의해 좌절된 바 있다.[32]

한국이 현 국제 질서하에서 스스로 핵우산을 가지기보다는 미국의 확장억제력을 유지하는 것이 유리하다는 의견도 있지만,[33] 한국의 군사전문가들은 북한의 1차 핵실험 이후뿐만 아니라 1, 2차 북한 핵 위기 시부터 끊임없이 '핵에는 핵'이라는 단순하고 명쾌한 대응책을 제시해 왔다.

1차 핵 위기가 진정될 무렵인 1995년 최평길은 한국군 육·해·공군과 해병대 장군 290명 전수조사를 포함한 국군 장병 1,787명에 대해 표본부대 방문 설문 조사와 통계분석을 통해 한국 핵 보유에 대한 장병들의 견해를 확인하였다. 장병들의 49.4%가 핵 제조 능력은 갖추되 핵 제조는 보류, 47.9%는 과거 역사를 고려 핵 제조를 해야 한다고 답하여 모두 9할 이상의 장병이 핵 제조 혹은 핵 제조 능력 보유를 주장하는 것으로 나타났다.

영관과 위관급에서는 과거 역사를 고려해 핵 제조를 해야 한다는 견해에, 장군의 경우 핵 제조 능력을 갖추되 제조는 보류해야 한다는 쪽에 더 큰 비중을 두고 있다. 미국의 핵우산 속에 있는 한 핵 제조는 필요없다고 응답한 장병은 극소수(1.3%)에 불과했다.[34]

한국군 5군단장을 역임한 장준익은 1999년에 북한의 핵 문제에 대한 5가지 가능한 방책들을 제시하였다. 그 첫 번째로 '핵은 핵으로 만이 핵전쟁 억제가 가능하다는 이론'에 따라 한국의 핵 보유를 주장하면서 북한의 핵 보유가 공개적으로 확인될 경우 불가피한 방책이 될 수밖에 없다고 결론지었다.[35]

세종연구소 소장을 역임한 송대성은 "핵 없는 대한민국은 북한의 인질이 된다"라고 강조하면서 북한이 사실상 핵보유국이 된 상황에서 한국의 생존 대책은, 핵무기로 위협하는 주역을 제거하든가, 핵무기를 절대로 사용하지 못하도록 만드는 공포의 균형을 이루어야 한다고 역설하였다.[36]

역외 균형자론에 따르면 미국은 국제분쟁 발생 시 최종적이고 결정적인 위기에 주로 개입한다. 따라서 미국의 확장억제력은 한반도에서 발생하는 저강도분쟁(低强度紛爭)에까지는 유용하지 않을 수 있다. 이러한 현상은 역설적으로 한국을 크고 작은 북한과의 분쟁에서 벗어나지 못하도록 하여 근본적으로 안보 취약성을 갖게 한다. 한국은 실질적인 군비증강을 통해 한반도에서의 역할 확대를 전략적으로 추진할 필요가 있다.[37]

지정학적 안보 딜레마로 귀결되는 북한의 핵무장

중국이 표면적으로는 안보리 결의에 찬성하면서 북한 핵을 반대하는 듯 보이며 3차 핵실험 이후 대북정책에 변화가 있다는 주장도 일시 설득력을 얻기도 하였지만, 오랜 시간 중국의 태도를 지켜본 결과 이와는 반대 입장의 주장이 설득력을 갖는다고 볼 수 있다.

중국은 북한과 파키스탄이 탄도미사일 기술과 우라늄 농축기술을 상호 교환하는 핵 협력 협정을 맺는 것도 묵인했고 북한이 생산한 핵물질을 중국의 영공을 통해 수출하는 것도 묵인했다. 중국의 북한 핵 개발지원은 북한의 핵무기가 미국의 아·태지역 군사력 증강의 한 원인이기도 하지만 미국을 견제하는 데 매우 유용하다는 판단에 따른 것으로 중국은 북한을 미국견제의 전략적 수단으로 활용하고 있다.[38]

수십 년간 변화가 없었던 북한의 핵 문제에 대한 중국의 근본적인 정책과 지향 방향은, 북한 핵 위협을 현실적이며 임박한 위협으로 느끼기 시작한 일본과 한국에서의 핵 도미노 현상이 더이상 저지되기 어려운 상황이 된다면 북한의 입장과 상관없이 전환될 것으로 판단된다.

미국은 한국에 대한 지정학적·전략적 중요성을 한국전쟁 이후에 깨닫고 한반도를 동북아의 지정학적 축으로 간주하여 한국을 영향권 하에 두면서 북한을 중국 견제 카드의 하나로 활용해왔다.

냉전 이후 초강대국이 된 미국의 안보 초점은 유럽에서 자연스럽게 중국으로 전환되고 있다. 중국의 놀라운 경제성장과 급속한 군사 역량 강화, 중국이 선진국이 되면 자유민주주의 질서에 편입될 것이라는 기대의 추락은 미국의 우려를 증진시켰고 '재균형 전략', '아시아 회귀전략'에 이어 '인도-태평양 전략'을 추진하도록 견인하였다.

　북한의 핵무장은 한국과 일본의 안보 불안을 초래하여 군비증강을 불러일으켰으며 핵 도미노를 초래할 방아쇠가 되어 오히려 안보를 위태롭게 하는 전통적 안보 딜레마에 처하게 하였다. 또한 한반도를 덮고 있는 미·중 패권 경쟁의 핵심 뇌관으로 작동하게 되어 지역과 자신의 체제에 대한 불안정성을 더욱 높이고 있다.

제 4 장
딜레마 #3. 전략적 딜레마

 북한 핵무장의 국제적 성격: 제3핵 시대로의
티핑포인트

국제 핵확산 억제 체제의 노력

앤드루 퍼터(Andrew Futter)는 핵 시대를 두 개의 시기로 구분하였다. 그에 의하면 제1차 핵 시대는 1945년부터 1991년 사이로 미국과 소련 진영 간 초강대국의 핵 경쟁이 지배했다고 보았으며 제2차핵 시대는 냉전의 종식과 함께 시작되어 보다 유동적인 전략적 환경 속에 더 많은 핵 주체가 관련된다고 주장하였다.[39]

퍼터의 핵 시대 구분은 냉전을 기점으로 하였는데 냉전의 종식이 세계역사에 커다란 획을 그은 것은 사실이지만, 명확한 기준이 없고 통념상의 구분이라고 주장한 바 있어 좀 더 세부적인 구분과

일부 내용을 보정하여 살펴볼 필요가 있다.

인도와 파키스탄, 그리고 이스라엘의 경우를 보면 지역적 안보 위협에 따른 핵무장이 주요 동기이므로 냉전에서 핵무장의 직접적인 원인을 찾는다는 것은 무리가 있다. 따라서 퍼터의 핵 시대 구분을 따르되 수평적 핵확산의 빈도수와 기간을 주요 기준으로 [표 1-11] 과 같이 분류해 볼 수 있다.

[표 1-11] 수평적 핵확산 빈도수와 핵시대 구분

구 분		기 간(년도)	핵보유국	비 고
1차 핵시대	1기	(1945)	미국	1개국
	2기	4년(~1949)	미국, 소련	2개국
	3기	15년(~1964)	미국, 소련, 영국, 프랑스, 중국	5개국
2차 핵시대		34년(~1998)	미국, 소련, 영국, 프랑스, 중국, **인도, 파키스탄**, 이스라엘	8개국

출처: Andrew Futter 고봉준 역, 『핵무기와 세계정치』(서울: 명인문화사, 2016). p.85.

> 퍼터는 인도와 파키스탄의 핵무기 보유 시기를 2005년으로 표기했지만, 1998년 에 인도와 파키스탄은 공개적으로 핵실험을 하고 핵 보유를 선언했다.
>
> 출처: Andrew Futter, 고봉준 역, 앞의 책. p.85, 187.

1차 핵 시대는 3기로 나누어 진행되어왔음을 알 수 있다. 1기는 미국이 독점적 지위를 누린 시기이며 2기와 3기는 퍼터의 지적과 같이 냉전에 의한 수평적 핵확산이 이루어진 시기로 핵무장 국가가 두

배로 늘어난 2기까지는 4년, 다시 두 배가 넘는 5개의 핵무장 국가가 존재하게 되는 3기까지는 15년이란 시간이 흘렀다.

앞서 밝힌 바와 같이 인도와 파키스탄, 이스라엘이 냉전과 상관없이 지역적 안보 위협을 이유로 핵무장 대열에 합류함으로써 2차 핵 시대는 1차 핵 시대의 두 배인 8개국이 핵무장 국가가 되었고 기간은 34년이 경과하였다.

핵보유국이 $1 \rightarrow 2 \rightarrow 5(4:2^2) \rightarrow 8(2^3)$개국으로 배가 되는데 소요된 기간은 $4(2^2) \rightarrow 15(16:2^3) \rightarrow 34년(32:2^5)$으로 정비례하고 있음을 알 수 있다. 이러한 확산 추세를 따른다면 1945년으로부터 64년(2^6)이 되는 2009년에 핵보유국이 16개국(2^4)으로 확산되었어도 자연스러운 추세로 받아들여졌을 것이다.

이러한 추세를 억제한 것은 국제비확산 체제의 강력한 의지와 능력 때문이다. 핵보유 기득권을 지키려는 강대국의 의지와 핵무장 욕망 국가들 간의 치열한 다툼은 여전히 진행 중인데 다툼의 결과 후자가 승리할 경우 동결된 2차 핵시대와는 전혀 다른 3차 핵시대를 맞이하게 될 것이다.

1990년대 중반에 1차 핵 위기를 야기하며 현재까지 핵실험과 미사일 발사를 계속하고 있는 북한의 핵무장은 수평적 핵확산 차원에서 중대한 분기점을 이룰 수 있다고 본다.

북한 핵무장의 성격과 그 영향

북한 핵무장의 성격은 이전의 핵보유국들과는 달리 다음과 같은 몇 가지 특징을 가지고 있으며 미래에 유사시 핵무장을 추구하고자 하는 조직이나 단체, 국가들에게는 커다란 시사점을 줄 수 있으며 길잡이가 될 개연성이 크다.

첫째는 국제적인 신인도나 신뢰가 없어 비난받는 국가가 핵무기를 추구할 결정을 내릴 수 있다는 점이다. 북한은 악의 축, 불량국가로 불린 바 있으며 테러지원국으로 지명된 이력이 있는 집단이다. 북한이 끝내 핵보유국으로 인정된다면 비슷한 처지에 있거나 있게 될 조직이나 국가에 강력한 핵무장 동기를 제공하게 될 것이다.

둘째는 핵무기 제조 기술의 발전을 들 수 있다. 이는 북한이 국제사회의 감시를 피하기 위해 사용했던 고농축우라늄 프로그램과 탄도미사일 능력의 진전과 이를 이용해 달러를 마련하려는 불법 무기 거래를 포함한다.

아프리카와 중동 등에 대한 불법 무기 거래에 오랜 노하우를 가진 북한은 **파키스탄의 칸**에 의해 주도된 국제 핵 거래 네트워크에도 적극 가담했거나 모방을 시도할 가능성이 높다.

- 파키스탄의 핵 과학자 칸(Abdul Qadeer Kahn)은 1980년부터 2003년까지 고도로 조직화된 핵 거래 네트워크를 운영했다.
- 모든 종류의 핵 관련 물질, 설계 및 기술을 20년 이상 거래했고 그 범위는 전 세계적이었다.

출처: Andrew Futter 고봉준 역, 앞의 책. pp.251-252.

북한이 제재와 자력갱생의 한계에 도달했을 때 핵과 미사일 불법 거래의 유혹을 어디까지 견딜 수 있을지는 미지수다.

셋째로 북한은 핵무장으로 위기를 조성하고 이의 해결을 빌미로 국제사회로부터 경제적 대가를 받는 경험을 누적해 왔다.[40] 1차 핵위기를 일으킨 북한은 1990년대 중반 이후 고난의 행군을 미국과 한국, 일본 등의 지원을 통해 견뎌낼 수 있었다. 2차 핵 위기 시에도 북한은 미국과 한국 등으로부터 많은 경제적 도움과 협력을 이끌어냈다.

김정은이 핵무장을 가속화 한 2016년 이후 국제사회의 본격적인 제재에 따라 경제적 지원이 멈추었지만, 그 이전까지는 남·북경협과 각종 국제기구의 지원이 끊이지 않았다. 북한이 안보와 경제적으로 곤경에 처한 조직이나 국가들에 핵무장은 결코 밑지지 않는 장사임을 보여주었다는 점에서 국제 비확산체제의 우려는 한층 깊어질 것이다.

넷째로 북한의 핵무장은 지도자들에게도 달콤한 열매를 가져다주었다. 불량국가로 취급받고 인민들을 도탄에 빠지게 한 악한 독재자 김정일은 은둔하고 있었는데 핵무장을 함으로써 세계에 주목받는 인물이 되었다.

아무런 업적이나 국민적 지지도 없이 단지 혈통만으로 권좌에 앉은 김정은은 핵무장을 가속한 결과 주변에 대한 무자비한 숙청과 인민들의 고통을 발밑에 감추고 미국 트럼프 대통령과 세 차례의 만남에서 세계적인 뉴스의 중심인물이 되었다. 김정은이 국제정세를 주도하고 있다는 북한 선전매체의 칭송과 선대가 이루지 못한 업적을 쌓고 권력 승계의 기반을 다지게 된 것도 핵무장 덕분이었다.

마지막으로 북한은 2차 핵 보복능력을 갖추지 못하고 핵무기 안전과 관련된 어떤 담보도 없이 핵보유국으로 인정받게 되는 것이다. 이는 소위 상호확증파괴, 즉 공포의 균형을 이룰 수단이 없는 상태에서 벼랑 끝에 몰리게 된 북한이 핵무기를 **의도적으로 또는 우발적으로 사용할 가능성**을 높일 수 있다는 의미이다.

핵무기의 우발적(또는 의도적) 폭발을 방지하기 위한 조치들로는 폭발인가장치(PALs: Permissive Action Links), 2인 원칙, 원 포인트 세이프(One-Point Safe), 디 메이트(de-mate), 디 타게팅(de-targeting)등이 있다.

출처: Andrew Futter, 고봉준 역, 앞의 책. pp.323-325.

　　또한 최소한의 억제를 위해 단 한 발이라도 핵무기를 보유하고자 하는 국가의 수가 증가할 개연성을 높여 줄 것이다. 8개국의 핵보유국이 존재하던 1998년으로부터 30여 년이 지난 현시점에서 북한에 대한 국제사회의 핵보유국 묵인 또는 인정은 수십 개의 핵보유국과 집단들이 존재할 수 있게 하는 제3차 핵 시대를 열어젖히는 티핑 포인트가 될 것이다.

시간의 마찰 속에 심화되는 전략딜레마

북한이 핵보유국으로 인정받을 가능성?

인도나 파키스탄처럼 미국과 국제사회는 북한을 핵보유국으로 묵인해 줄 수 있을까? 북한이 전략적 목표를 수정하여 핵무장의 동기나 목표를 미국이 아닌 지역 안보 위협으로 전환하고 일정 기간을 인내할 수 있다면 미국의 묵인을 이끌어낼 가능성은 커질 것이다. 미국의 대북정책은 전략적 인내, 강압 외교, 관여적 접근방법 등으로 요약될 수 있다.[41]

그러나 미국의 묵인 가능성이 높아질수록 국제 비확산체제의 붕괴 가능성도 비례해서 높아질 것은 자명하다. 여기에 미국의 고립주의 성향이 심화하면 **핵 잠재력이 있으나 핵무기를 만들지 않는**, 핵무기 능력은 있으나 동기가 적었던 수십 개 국가가 핵무장 대열에 참여할 가능성도 덩달아 커질 것이며 당연히 한국과 일본, 대만 등은 그 대열에 동참할 높은 동기를 갖게 될 것이다.

- 퍼터는 국제사회가 오늘날 직면한 가장 중대한 확산 도전 중의 하나는 핵 잠재력을 가진 국가들이라고 보았다.
- 일본, 한국, 대만, 브라질, 이란, 사우디아라비아의 구체적 사례를 들고 이외에도 원자력 발전국가 19개국도 원한다면 핵무기를 제조할 능력을 보유하고 있다고 평가한다.

출처: Andrew Futter 고봉준 역, 앞의 책. pp.93-101, 367-368.

미국과 국제 비확산체제는 북한의 핵무기 보유를 묵인할 수 없다. 여기서 묵인한다는 의미는 비핵화 없이 제재의 해제와 정상적인 국가 간의 관계 개선을 의미한다. 트럼프 대통령은 하노이에서 김정은과 극적인 장면을 연출하며 북한의 핵 보유를 용인할 수 없다는 점을 국제 사회에 명확히 보여준 바 있다.

김정은이 참담한 실패에도 북한에 돌아가 그나마 권력을 유지하는 것은 시간을 끌면서 핵 보유를 기정사실로 하여 미국의 묵인(제재 해제와 관계 개선)을 얻어낼 가능성이 열려 있다고 보기 때문일 것이다.

북한은 중국에 대해서 유사한 논리를 사용한 바 있다. 2013년 북한은 핵보유국 헌법 명시, 핵·경제 병진 노선 채택을 통해 국내법으로 명문화한 다음 중국의 비핵화 요구에 대해 핵 포기는 헌법 수정 요구로 내정간섭이라는 논리를 들어 반박했다고 한다. 또한 중국 공산당도 핵무기를 개발할 때 "미국과는 핵으로밖에 맞설 방법이 없다"라고 했으며 전 세계가 중국의 핵무장을 반대했어도 북한은 유일하게 중국 공산당을 지지했다는 점을 들어 중국의 비핵화 주장에 반박해 왔다.[42]

앞서 살펴본 대로 미국은 북한을 핵보유국으로 인정할 가능성이 없다. 북한의 핵보유국 인정이 어려운 이유는 명백하게도 몇 가지 더 존재한다.

첫째는 미·중 패권 경쟁에서 현재까지 중국의 우세를 예상하기는 어렵다. 군사력, 문화, 리더십 등 제반 분야에서 중국이 미국의 반대에도 불구하고 지역 패권 또는 세계 패권을 갖게 될 것이라고 예상하기는 어렵다. 경제력 면에서도 중국은 점차 어려움을 겪고 있으며 최근의 코로나바이러스 사태도 그 어려움의 무게를 더하게 하리라는 것이 일반적인 관측이다.

둘째는 왈츠(Kenneth Waltz)를 비롯한 핵확산 낙관주의자들의 주장보다 세이건(Scott Sagan) 등의 핵확산 비관주의자들의 설득력이 제2차 핵 시대를 아직까지 붙들어주고 있기 때문이다. 중국이나 러시아도 국제 비확산 체제하에 이루어지는 북한 비핵화의 명분에 반대할 수 없는 입장이다.

> 왈츠는 핵무기 확산의 공포가 과장된 것이며 핵보유국이 많아져도 핵무기 사용의 위험성에 대한 상호 억제력이 더 커질 것으로 본다.
> 세이건은 핵무기의 확산이 핵 테러리즘, 불법 핵 거래 네트워크의 증가, 핵사고의 가능성 증대 등으로 인해 세계를 불안정하게 만들 개연성이 증가할 것으로 본다.
>
> 출처: Kenneth Waltz, "The Spread of Nuclear Weapons; More May be Better", Adelphi Paper 171 (London: International Institute for Strategic Studies, 1981), pp.29-30.; Scott Sagan and Kenneth Waltz, The Spread of Nuclear Weapons: A Debate Renewed (London: W.W.Norton & Co., 2005). p.47, 158.

셋째는 김정은이 트럼프와의 개인적인 관계를 활용한 탑다운 방식의 이른바 스몰딜에 대한 가능성도 점차 작아지고 있다. 2019년 하노이 회담 결렬 이후 스톡홀름 실무협상 결과나 미국이 이란과의 핵 협상을 원점으로 되돌린 것, 그리고 북한이 자력갱생의 길로 들어선 것들은 스몰딜 가능성의 문이 닫히고 있다는 방증들로 볼 수 있다. 바이든 행정부는 이같은 입장을 확고히 하였다.

전략적 딜레마의 성격과 함의

미국의 핵 위협 때문에 체제보장을 위해서는 핵 보유를 할 수밖에 없다는 북한의 핵무장 전략은 핵 개발과 핵실험까지는 한국과 일본의 반발을 일정부분 약화시키고 핵무장의 문턱에 설 수 있었으나 미국의 핵 위협 제거라는 달성 불가능한 목표의 절벽에 부닥쳐 전략적 한계를 드러내고 말았다.

전략은 '할 수 있는 것과 할 수 없는 것'을 식별해서 '할 수 있는 것'을 효율적으로 달성해 내는 것이라고 쉽게 정의할 수 있다. 전략적 실패는 능력에 맞지 않게 '할 수 없는 것'을 목표로 추구했을 때 발생하기 마련이다.

역사적으로 독일의 히틀러가 제2차 세계대전에서 소련과의 평화협정을 깨고 양면 전쟁을 감행한 것과 일본이 진주만을 폭격함으로써 전쟁을 미국으로 확대한 사례들은 쉽게 알 수 있는 전략적 실패사례들이다.

김정은은 인민들에게 핵무장을 하게 되면 강성대국의 꿈이 이루어지고 경제도 좋아질 것이라고 선전해 왔다. '핵 무력 – 경제 병진 노선'을 채택했지만, 국가자원 대부분을 핵 무력에 쏟아부어도 인민들은 강성대국을 꿈꾸며 어려운 현실을 견디어 왔다.

그러나 핵 무력이 완성되어 헌법에 반영되고 별도의 법령도 제정된 지 6년이 넘었고 철천지원수라고 여겼고 온갖 제재 책동의 주범으로 북한 경제를 어렵게 만든 미국 대통령과 정상회담을 했지만, 제재는 여전하고 인민들의 삶은 나아지지 않고 또다시 자력갱생만을 강요받게 되었다.

서재진은 북한 체제의 내구력에 대해 사회주의 체제 복원력, 체제 적응력, 급변사태 발생 가능성 등 세 가지 요소로 종합평가를 하였다. 사회주의 체제 복원력은 상당히 쇠퇴하였으나 체제 적응력이 상승하여 급변사태 발생 가능성은 낮아졌다고 진단하며 체제 내구력 유지요인으로 사회주의 역사적 경험의 특수성, 책임 전가의 통치술, 정치적 저항에 대한 무자비한 물리적 탄압, 정권 초기부터 구축한 지역자립체계, 시장 요소에 의한 새로운 체제 적응력이 생성된 것 등을 들고 있다.[43]

사회주의 체제가 허물어지고 제2 사회, 또는 병렬 사회라 할 수 있는 원시 시장 경제체제가 형성되어 주민들을 먹여 살리는 것이 북한 체제 내구력의 주요 요인으로 작용하여 급변사태의 가능성은 작아지고 연착륙도 가능할 수 있었지만, 핵 문제를 해결하고 개혁개방을 했을 때 그 동력은 유지될 수 있다. 개혁개방을 하지 않으면 체제 붕괴의 도전에 직면하게 될 것이다. 사회주의 체제 복원력이 감소하는데 적응력까지 감소하면 체제 붕괴는 불가피해질 것이다.[44]

북한이 전략목표를 수정해 지역 내 안보 위협 해소를 위해 핵무장을 한 파키스탄 모델로의 전환을 꾀할 가능성이 크지만, 이 또한 여의치 않다. 북한이 전략목표 전환을 하게 된다면 앞서 살펴본 지정학적 안보 딜레마 상황을 심화시키게 될 것이다. 또 다른 선택지로 진정성 있게 핵을 포기한다면 명분 상실로 인한 내부 설득 실패와 분열로 정책 딜레마의 후유증에 직면할 것이다.

북한이 미국의 핵 위협으로부터 체제생존을 위해 불가피하게 설정하게 된 핵전략은 시간이 지날수록 북한을 옥죄어 갈 것이다. 미국의 강력한 핵전력과 국가적 영향력의 벽에 부닥치게 된 북한의 전략적 딜레마는 시간의 딜레마라 할 수 있다.

국제 비확산체제의 기조와 제재가 유지되는 한 시간은 북한 편이 아니다. 핵 문제가 해결되지 않은 상태에서 개혁개방은 요원해지고 시간이 흐를수록 북한의 체제 내구력은 소진되어 갈 것이다.

1) 이종범 등, 『딜레마 이론』(서울: 나남출판, 1994). pp.27-31.

2) 소영진, "정책딜레마와 조직의 적응: 한국의 산업안전보건정책을 중심으로," 고려대학교 박사학위논문, 1993.; 소영진, "딜레마 발생의 사회적 조건: 위천 공단 설치를 둘러싼 지역갈등을 중심으로," 『한국행정학보』 제33집 1권, 1999. pp.185-205.

3) Hans M. Kristensen & Robert S. Norris, "North Korea Nuclear capabilities, 2018," Bulletin of the Atomic Scientists, Vol.74, No.1, 2018. p.45.

4) 국방부, 『국방백서』(서울: 국방부, 2018). pp.25, 228-229.

5) 서울신문, 2018.10.2. "정부 고위인사가 수치 밝힌 건 처음, 작년 한·미 정보당국 추정치와 같아"

6) Litwak, Preventing North Korea's Nuclear Breakout, NewYork: Wilson Center, 2017. p.70.

7) Andrew Futter, 고봉준 역, 『핵무기와 세계정치』(서울, 명인문화사, 2016). p.5, 67.

8) https://www.sipri.org/sites/default/files/2020-11/sipri_yearbook_2020 _summary sipri_yearbook_2021_summary.pdf

9) 김태우, "핵확산 이론과 한국 핵무장의 이론적 당위성," 『국방논집』 제11호, 1990. pp.154-155.; 유성옥, "북한의 핵정책 동학에 관한 이론적 고찰," 고려대 박사학위논문, 1996. pp.37-46.; 임수호, "실존적 억지와 협상을 통한 확산," 서울대학교 박사학위논문, 2006.

10) 석순용, "탈 냉전기 북한 핵정책의 변화와 지속성에 관한 연구(1992-2015년)," 경남대학교 박사학위논문, 2015. pp.22-40.

11) John N. Mearshemeir, The Tragedy of Great Power, W.W.Norton & Company, 2001. pp.288-291.

12) 태영호, 『3층 서기실의 암호』(서울: 도서출판 기파랑, 2018). pp.402-405.

13) MBC 뉴스데스크, 2020.1.3."이란 군 실세 미 드론 공격에 사망".

14) 함형필, 『김정일 체제의 핵전략 딜레마』(서울: 한국국방연구원, 2009). pp.182-190.

15) 국방부, 『국방백서 2020』(서울: 국방부, 2020). p.267.

16) 미 의회는 10가지의 필수적 제재 지정 외에도 미 행정부에 재량적 제재 지정 권한을 부여하고 있다. 서보혁 등, 『대북제재 현황과 완화전망』(서울: 통일연구원, 2018). pp.47-48.

17) VOA 모닝 뉴스, 2021.6.9.; 2021.6.18.

18) G. Allison · P. Zelikow, *Essence of Decision − Explaining the Cuban Missile Crisis*, 2nd ed(NewYork: Longman, 1999). pp. 255 − 263.

19) 황장엽, 『나는 역사의 진리를 보았다』(서울: 시대정신, 1999). pp.296, 304.

20) 안문석, "관료정치와 관료세력의 권력자원 동원 − 박근혜 정부 대북정책 결정 과정을 중심으로," 『국제정치논총』 제55집 4권, 2015. pp.95 − 97.

21) 태영호, 앞의 책. pp.309 − 312.

22) 김정은 집권 이후 총참모장은 4회, 인민무력상은 5회 교체되었다. 고창준, "북한 권력엘리트 변화양상과 경향 분석," 경기대학교 박사학위논문, 2016. pp.150 − 155.

23) 김혜련 등, 『절세위인과 핵강국』(평양: 평양출판사, 2017). p.215.

24) Robert Jervis. (1976). *Perception and Misperception in International Politics*. Princeton: Princeton University Press.

25) 박영준, "일본 아베정부의 안보정책 변화와 한국정부의 대응방안," 『국방정책연구』 제103호, 2014. pp.97 − 100.

26) 조은정, "국제안보 개념의 21세기적 변용 ― 안보 '과잉'으로부터 안보불안과 일본의 안보국가화," 『세계정치』 제26권, 2017. pp.197 − 207.

27) 김재엽, "'보통국가' 일본의 군사적 함의: 집단적 자위권, 적 기지 공격론을 중심으로," 『국방연구』 제62권 2호, 2019. p.113.

28) 김재엽, 앞의 글. pp.120 − 126.

29) 황장엽, 앞의 책(1999).; 강명도, 『평양은 망명을 꿈꾼다』(서울: 중앙일보사, 1995). pp.170 − 171.

30) 이재영, "국력의 구성요소와 평가방법 − 남·북한 국력비교의 활용방안 −," 경남대학교 박사학위 논문, 2002. pp.5 − 8.

31) 이들은 일본을 핵무장 동기가 적은 국가로 분류하였다. Albert Carnesale, Paul Doty, Stanley Hoffmann, Samuel P.Huntington, Joseph S.Nye, Jr, Scott D.Sagan, Living with Nuclear Weapons, New York, 1985, Harvard Press, 강성학 · 정천구 역, 『핵시대를 어떻게 살 것인가?』(서울: 정음사, 1985). pp.268 − 269.

32) Albert Carnesale, Paul Doty, Stanley Hoffmann, Samuel P.Huntington, Joseph S.Nye, Jr, Scott D.Sagan, 강성학 · 정천구 역, 앞의 책. pp.270 − 272.; 김성회, "한국 · 북한 · 일본의 핵정책 비교 분석," 경남대 박사학위논문, 2006. pp.49 − 75.

33) 양혜윤, "북핵위협에 대한 확장억지전략과 미국 핵우산을 활용한 한국의 안보방향," 『사회융합연구』 제4권 1호, 2020. pp.72 − 75.

34) 최평길, 『21세기 한국군 연구』(서울: 군 발전조사사업연구위원회, 1995). pp.22 − 23.(국방부가 연구를 지원하여 실증연구를 통해 산출된 연구보고서).

35) 장준익, 『북한 핵미사일 전쟁』(서울: 서문당, 1999). pp.397 − 404.; 장준익은

2005년 2월 10일 북한의 핵보유 선언에도 정부가 놀라는 기색이 없다고 지적하였다. 장준익, 『북핵을 알아야 우리가 산다』(서울: 서문당, 2006). pp.4 – 5, 230 – 231.

36) 송대성, 『우리도 핵을 갖자』(서울: 기파랑, 2016). pp.173 – 179.

37) 이진명, "미국의 핵우산, 신뢰할만한가?," 『국제정치논총』 제57집 3호, 2017. pp.163 – 171.

38) 김완규, "시진핑(習近平) 정부와 미국의 패권경쟁에 관한 연구 – 지정학적 이론을 중심으로," 한양대학교 박사학위논문, 2018. pp.400 – 402.

39) Andrew Futter, 고봉준 역, 앞의 책. p.88.

40) 올브라이트는 오늘날 핵무기를 획득하는데 있어서의 장벽은 비용이라고 언급한 바 있다. David Albright, Paul Brannan and Andrea Schell – Stricker, "Detecting and disrupting nuclear trade A.Q.Khan", The Washington Quarterly, 33:3(2010). p.85.

41) 윤태영, "북한 핵미사일 위협에 대한 트럼프 행정부의 최대압박 관여전략과 한국의 대응방향," 『사회융합연구』 제3권 4호, 2019. pp.45 – 48.

42) 태영호, 앞의 책. pp.313 – 314.

43) 서재진, 『북한의 경제난과 체재 내구력』(서울: 통일연구원, 2007). pp. 159 – 163.

44) 서재진, 앞의 책. pp.166 – 167, 173 – 176.

역대 한국 정부의
북한 핵 대응 정책

김정은의 핵무장이 직면한 정책 딜레마, 안보 딜레마, 그리고 전략 딜레마는 분리되고 독립적인 것이 아니라 복합적이고 유기적으로 동시 작용하고 있어 북한 당국의 어려움을 더하고 있다. 김정은의 핵무장이 직면한 3중 딜레마를 이해하는 것은 한국 정부의 북한 핵 대응 전략 수립에 적실하고 효용성 높은 영향요인이라 할 수 있다.

북한 핵 위협의 직접 당사자이면서 북한 핵 해결에 큰 영향력을 미칠 수 있는 한국 정부가 취했던 북한 핵 대응정책을 거시적이고 과학적으로 분석하여 정책의 합리성을 평가하고 정책 목표를 달성하기 위한 정부의 노력은 어떠했는지, 그리고 북한 핵 억제에 실패한 원인은 무엇인지에 대한 설명이 필요하다.

한국 정부의 북한 핵 대응 정책 분석에는 앨리슨의 연구결과를 응용하였다. 쿠바 핵미사일 위기에 관한 앨리슨의 정책사례 분석은 강대국 미국과 소련의 핵 대결로 자율성이 큰 상태의 정책 결정이라는 점, 13일간에 집중된 짧은 기간, 그리고 앨리슨 모형 자체에 대한 비판 등으로 한국 상황에 적용하는데 제한사항이 존재하는 것은 분명하다.

그러나 가공할 핵 위협에 대한 국가 간의 명운을 건 심각한 대응과 역대응을 정밀하게 분석한 유일한 사례라는 점을 포함하여 다음과 같은 몇 가지 사실들을 살펴보면, 앨리슨 모형의 한국 적용은 유용성이 있음을 알 수 있다.

케네디와 핵심 측근들의 대응책 논의과정에 대한 녹취록과 소련의 비밀 해제된 문건들을 포함해 상당한 자료가 공개되고 이를 토대로 다각도의 연구가 현재까지 진행되고 있다는 점, 미국이 결국핵 제거에 성공했다는 점, 그리고 한국도 민주화 이후 앨리슨 모형을 적용한 연구가 활발해지고 있다는 사실 등은 앨리슨의 핵위협대응 정책사례 연구를 한국에 적용하기에 충분하다고 할 수 있다.

첫 번째, 합리모형을 통해 역대 한국 정부의 북한 핵 대응 정책은 목표의 일관성이 있었는지, 정책 목표 달성을 위한 수단들과전략은 효용성이 있었는지, 그리고 합리적인 정책 결정을 제약하는 요인들은 무엇이 있었는지 살펴 볼 필요가 있다.

두 번째, 조직행태모형에서는 한국 정부가 표준화된 행동 절차에 따라 생산해 낸 산출물들인 북한 핵에 대한 위협인식, 핵 대응전력건설과 예산 배정, 한·미 동맹 강화를 통한 핵우산 보장, 그리고 남·북 간의 정치·군사 회담을 분석하였다.

정부정치모형에서 중요한 경기자들을 한국 정부의 국가안전보장회의(NSC) 참여자를 중심으로 살펴보고 주어진 상황에 대한 성격 규명(Issue Frame), 그리고 청와대와 부서 간, 부서와 부서 간의 정책 갈등 사례 연구들을 분석하여 그 특징을 도출하였다.

합리모형과 조직행태모형, 그리고 정부정치모형의 상호보완적인설명을 통해 한국 정부의 북한 핵 대응 정책이 실패하게 된 원인을 종합적으로 조망하였다.

제 5 장

쿠바 핵·미사일 위기 시
케네디 정부의 선택

 핵 위협 및 억제사례와 쿠바 핵미사일 위기

핵전쟁에 근접했던 사례

핵 시대의 역사는 핵전쟁에 근접했던 사례들로 점철되었다고 볼 수도 있다. 많은 사례가 최근에 밝혀지고 있으며 파악되지 않은 사례는 더 존재할 것으로 추정된다. 현재까지 명백히 밝혀진 4개의 사례 중 3개의 사례는 냉전 상황에서 핵으로 완전 무장한 미국과 소련, 두 개의 핵 강대국이 핵전쟁에 돌입할 뻔한 위태로운 역사의 위기였으며 하나의 사례는 지역 핵무장 국가인 인도와 파키스탄 간의 제한된 재래식 전쟁이 핵전쟁으로 확전될 가능성이 고조되었던 순간들에 대한 기록으로 [표 2-1]과 같다.

[표 2-1] 핵전쟁 근접사례

구 분	시 기	주 요 내 용
쿠바 핵미사일 위기	1962년	• 소련이 쿠바에 핵미사일 설치 등 핵무기 배치 • 케네디 대통령 봉쇄를 명령, 13일간 대치 • 미국이 쿠바의 안전 보장, 소련 핵무기 철수
에이블 아처 83	1983년	• NATO가 실전과 유사한 군사훈련 실시 (소련에 대한 핵공격을 개시하는 절차 포함) • 소련, 핵 비상경계 태세 돌입 / 훈련 후 해제

노르웨이
로켓사건
	1995	• 노르웨이, 미국 과학자들 연구용 4단 로켓 발사
		  (모스크바 겨냥 핵미사일 비행경로와 유사)
		• 러시아 핵전력 비상경계 태세 돌입
		  (옐친, 핵 가방 개방, 핵 보복명령 내리기 직전)

카르길 전쟁	1999	• 1998년 인도와 파키스탄이 공개적으로 핵실험 • 카시미르 분쟁지역 전투(4번째, 2개월 지속) • 양측 모두 핵 수준으로 전쟁 확전 고려 주장

출처: Andrew Futter, 고봉준 역, 『핵무기의 정치』(서울: 명인문화사, 2016). pp.131-133.

　　최근에 인도와 파키스탄의 핵전쟁 근접 사례인 카르길 전쟁을 연구하여 북한의 핵무장 대응 방안을 제시하려는 연구가 활발해지고 있다. 제2차 핵 시대에 지역 핵보유국의 핵전략을 핵 태세에 중점을 둔 연구에서 인도와 파키스탄의 사례를 집중 분석했다.[1]

　　핵 개발에 성공한 파키스탄이 전반적인 국력 면에서 월등한 인도를 상대로 펼치는 제한전쟁과 핵전략을 연구하여 북한의 핵전략을 유추하고자 하는 시도들이 있었으며[2] 1999년의 카르길 전쟁을 구체적으로 분석하여 핵무장국 사이의 제한전쟁 수행과 핵보유국에 대한 강압적 전략의 함의를 대응 방안으로 제시하기도 하였다.[3]

쿠바 핵미사일 위기 사례

4가지 사례 중 가장 잘 알려져 있으며 연구가 많이 진행된 것이 1962년의 쿠바 핵미사일 위기라 할 수 있다. 쿠바 핵미사일 위기는 미·소의 핵 대결이라는 단순 구도에 더해서 쿠바라는 지정학적 매개가 존재한다는 점에서 우리에게 더욱 적용해 볼 만한 사례이다.

쿠바 핵미사일 위기 전개 과정에 대해 다양한 견해들이 존재하지만, 앨리슨의 시각을 중심으로 위기의 여건이 조성된 구조들을 먼저 살펴보고 13일간의 치열했던 정책 결정 과정, 그리고 그 이후 냉전 시기의 핵전략과 핵 운용 및 관리에 영향을 미쳤던 주요 조치들에 대해 살펴보겠다.

미국과 쿠바 간에 위기의 무대가 갖추어지기 시작한 것은 1959년으로 거슬러 올라간다. 사회주의자 카스트로가 쿠바를 장악하자 이전까지 친미적이었던 쿠바는 미국에 대항하기 시작하였고 1960년을 전후해 쿠바인 70여만 명이 미국으로 망명하여 카스트로 정권 전복을 기도하게 되었다. 거대 강국인 미국과 혼자 힘으로 싸울 수 없었던 카스트로는 소련에 안보 공약과 무기 지원을 요청했고 소련은 1960년 쿠바 방어를 선언하였다. 소련은 1961년 8월 베를린 방벽을 구축하여 베를린 위기를 야기하였다.

미국의 케네디 행정부는 1961년 1월 출범하였으며 이전 정부에서부터 군과 정보기관이 준비한 피그스만 침공을 4월에 허락하여 시행했으나 처참한 실패로 끝나고 말았다. 미사일 갭 논쟁과 소련의 유럽에 대한 압박을 해소하고자 미국은 1961년 10월 터키에 모스크바를 사정거리에 포함하는 중거리 미사일을 배치하였다.

1962년에 들어서면서 흐루쇼프는 쿠바에 무기 지원을 승인하는 것과는 별도로 핵미사일 배치를 결정하고 은밀히 추진하여 9월 8일에 핵미사일이 최초로 쿠바에 도착하고 쿠바 입항 소련 선박은 급증하게 된다. 미국은 쿠바와의 무역 전면금지를 선언하고 쿠바에서의 불온한 움직임에 정보자산을 최대한 동원하여 감시한다. 미국 내의 강경한 여론을 의식해 케네디 대통령은 9월 4일 '모든 공격용 무기의 쿠바 배치를 불용하며 소련의 행동이 초래할 심각성'을 성명을 통해 경고한다.

소련은 이에 대해 9월 11일 그런 조치를 할 의도가 전혀 없으며 쿠바를 포함해 자국 바깥의 어떤 국가에도 핵미사일을 배치할 필요가 없다고 공개적으로 부인하게 되는데 [표 2-2]와 같이 정리할 수

[표 2-2] 쿠바 핵미사일 위기 전개 과정(배경)

〈미국〉	시 기	〈소련 / 쿠바〉
케네디 행정부 출범(1961.1월) ▸ 피그스만 침공 작전 실패(4월) ▸ 터키에 중거리 미사일 배치(10월) ▸	~ 1961	◂ (1959) 쿠바 카스트로 집권 ◂ (1960) 쿠바인 70만명 미국망명, 　　　소련 쿠바 방어 약속 ◂ (1961.8) 소련, 베를린장벽구축
쿠바와의 무역 전면 금지(1962) ▸ 케네디 경고성 성명 발표(9.4) ▸ - 모든 공격용무기 쿠바배치 불용 - 소련 행동이 초래할 심각성 지적	1962. 1월 ~ 9월	◂ (4~6월) 흐루쇼프, 무기지원 및 　　　쿠바에 핵미사일 배치 결정 ◂ (9.8) 핵미사일 최초 쿠바도착 ◂ (9.11) 케네디 성명에 공개부인 ◂ (9월) 쿠바 입항 소련 선박 급증

출처: Graham Allison, Philip Zelikow, *Essence of Decision*, 1999, 3가지 모형별 설명 자료를 토대로 정리.; Robert Kennedy, 『13일』, 박수민 역, 2012.; Jeffrey Sachs, 『존F. 케네디의 위대한 협상』 이종인 역, 2014.; Michael Dobbs, 『0시 1분 전』, 박수민 역, 2015.; 이근욱, 『쿠바 미사일 위기』 2013.

있다.

1962년 10월 16일부터 28일까지 긴박했던 13일간에 대한 기록, 연구, 저서들은 다양하고 많다. 미국과 소련의 극비문서들이 해제되면서 위기 과정을 심도 있게 분석한 주요 연구 자료들을 토대로 위기 과정을 정리하면 [표 2-3]과 같다.

위기가 본격화된 것은 10월 16일 미국의 U-2 정찰기가 쿠바에 있는 소련 미사일 촬영 사진을 분석한 결과를 케네디 대통령에게 보고하면서 부터이다. 케네디는 대응 방안을 마련하는 국가안전보장회

[표 2-3] 쿠바 핵미사일 위기 전개 과정(13일)

〈미국〉	시 기	〈소련 / 쿠바〉

U-2 정찰기 미사일 촬영(14일) ▶
케네디 미사일위기 발표/조치(22일) ▶
 - 소련 미사일 철수 요구
 - 소련에 대한 전면적 보복 경고
  (쿠바 미사일 발사 시)
 - 해군에 무기수송 봉쇄 지시
 - 전략군에 비상경계태세 명령
 	
미국 정찰기 쿠바상공 격추(27일) ▶
(조종사 사망)
케네디 강력한 대소 경고/조치(27일) ▶
 - 소련 비밀서한에 긍정답변(단서)
 - 쿠바 내 미사일 우선 작동불능 요구
 - 로버트 케네디, 주미 소련대사에게
  터키미사일 철수 의사 표시
 - 소련의 약속이 다음날까지 없으면
  군사행동 단행 경고
 - 쿠바침공에 필요한 군사조치 지시
	1962.
	10월
		◀ (24일) 흐루쇼프 반박/조치
		 - 쿠바 미사일은 방어용 주장
		  (공격용, 핵무기 배치 부인)
		 - 전략군 비상경계태세 명령
		 - 소련 선박 방해 시 격침 위협
		◀ (25일) 소련선박 봉쇄선 앞 정지
		◀ (26일) 흐루쇼프 비밀서한: 미국이
		  쿠바에 대한 안전보장 시
		  미사일 배치 필요 없음
		
		◀ (27일) 흐루쇼프 비밀서한: 쿠바 미
		  사일 철수조건으로 터키 배
		  치 미국 미사일 철수 요구
		◀ (28일) 흐루쇼프 미사일 철수선언

출처: [표 2-2]와 동일.

의 집행위원회(Executive Committee of National Security Council, Excomm)라는 특별 팀을 운영하면서 외교적 주도권을 확보하기 위해 9월 18일 소련 외상 그로미코를 접견하며 그의 거짓말을 잠자코 들으면서도 정보를 노출하지 않았다.

케네디는 엑스콤과의 치열한 내부 토의 결과 **정책대안으로 '봉쇄'를 선택**하기로 하였다. 해군에 소련의 무기 수송 봉쇄를 지시하고 전략군에 비상경계 태세를 발령하여 만반의 준비를 갖추고 10월 22일 대국민 담화를 발표하였다. 미국 국민들에게 사태의 심각성을 알리는 동시에 소련에 미사일 철수를 요구하고 만약 쿠바에서 미사일이 발사될 경우 소련에 대한 전면적 보복을 경고하였다.

봉쇄(Blackade)와 검역(Quarantine)은 동일한 조치이나 봉쇄가 유엔헌장에서 명시된 공격적인 행동인 반면, 검역은 평시에 시행하는 법적 행동이기 때문에 미국 정부 내부 논의에서 구분 없이 사용되었지만 대외적으로 검역이란 표현을 사용했다.

출처: Robert Kennedy, 박수민 역, 『13일』(서울: 열린책들, 2012). pp.28-29.

10월 24일 흐루쇼프가 쿠바 미사일은 방어용이며 공격용이나 핵무기 배치에 대해서 부인하며 소련 전략부대에 전면 경계 태세를 발령하고 쿠바로 향하는 소련 선박을 방해하는 미군 함정을 격침하겠다고 위협하였다.

25일에는 소련 선박이 미군 검역선 바로 앞에서 멈춰 선다. 26일에 흐루쇼프는 비밀서신을 통해 미국이 쿠바를 침공하지 않는 조건으로 소련 미사일의 철수를 제안한다. 27일에는 전날의 서신과는 다른 톤으로 미사일 철수 조건으로 터키에 배치한 미국의 주피터 미사일 철수를 요구하였다.

27일 미국 정찰기 1대가 쿠바 상공에서 격추되고 조종사가 사망하는 사고가 발생하여 미국 내 여론이 강경해지고 케네디는 강력한 경고와 함께 흐루쇼프의 27일 서신은 무시하고 26일의 제안에 대해 단서를 포함한 긍정적인 답변을 보낸다. 먼저 쿠바 내 미사일을 작동 불능상태로 만들어야 하며 소련의 약속이 다음 날까지 없으면 군사행동을 단행하겠다는 의지를 명확히 표명하였고 쿠바침공에 필요한 조치 중의 하나로 공군 예비군 24개 수송 대대에 동원령을 내렸다.

흐루쇼프가 27일 제안한 터키-쿠바 핵미사일 거래에 대해서는 로버트 케네디 법무부 장관과 주미 소련대사와의 비밀회동을 통해 외부에 노출 시키지 않는 조건에서 철수 의사가 있음을 알리면서 주미 소련대사에게 다음날 군사행동이 개시된다는 최후통첩을 하였다. 28일 흐루쇼프는 미사일 철수를 선언하였다.

미·소 양국 정상이 핵전쟁의 화약 냄새를 맡을 수 있었던 쿠바 핵미사일 위기는 냉전기의 미국과 소련의 핵전략과 핵 관리 및 운용에 영향을 미쳤다. 미사일 철수와 검역 해제 등의 후속 조치도 긴장 상태에서 이루어졌다. 케네디는 쿠바에 대한 감시를 철저히 하여 파악된 핵미사일 철수를 선박 검역을 통해 모두 확인하고 전략폭격기의 철수 약속을 받은 11월 20일 성명서를 통해 검역(봉쇄) 중단과 쿠바 불가침 약속을 선언하였다.

이후의 주요한 조치들로는 [표 2-4]에서 보는 바와 같이 우발적 상황에 대비하기 위해 미·소 간에 핫라인이 개설되었으며 부분

적 핵실험 금지조약이 미국과 영국, 소련 사이에 체결되었고 핵전쟁
에 대한 실제적인 두려움이 양국에 광범위하게 확산되었다.

[표 2-4] 쿠바 핵미사일 위기 전개 과정(사후 조치)

〈미국〉	시 기	〈소련 / 쿠바〉
미국, 해상봉쇄 해제(11.20) ▸ 미 · 소 간 핫라인 개설(1963) ▸ 케네디 암살(1963.11) ▸	1962. 11월 ~	◂ (11.2) 소련 선단(16척) 소련 선회 ◂ (11.20) 소련, 쿠바에서 폭격기 철수 동의 ◂ (12.7) 소련, 공격무기 철수완료 통고 ◂ (1963.8) 부분적 핵실험 금지조약 체결 (미국, 영국, 소련) ◂ (1964) 흐루쇼프 실각, 쿠바 친중 노선

출처: [표 2-2]와 동일.

앨리슨의 쿠바 핵미사일 위기 정책사례 분석

합리적 행위자 모형에 의한 분석

합리적 행위자 모형은 인간 행동이 합목적적이라는 생각, 인간 행동이 최소한 '그 의도에 있어서 합리적'이라는 일상적 가정을 정부에 확대 적용하는 것에서 출발한다. 합리성의 개념에서 중요한 것은 일관성(Consistency)이다. 특정한 행동의 목표와 목적, 대안을 선택하는 기준에 있어서도 일관성이 있어야 한다.

합리성은 포괄적 합리성과 제한적 합리성으로 구분되는데 행위자의 목적을 따지지 않고 가치를 극대화하는 한 가지 대안을 선택하는 것이 전자이며, 행위자의 지식과 계산능력의 한계를 인정하고 수용하는 것은 후자의 태도이다. 인간의 행위를 이해하고 예측하기 위해서는 인간 합리성의 현실, 즉 제한적 합리성을 인정해야 한다. 합리성의 제한으로 인해 최적의 대안이 아닌, 만족할만한(Satisfactory) 또는 꽤 괜찮은(Good enough) 대안을 선택하게 된다는 만족모형이 있다.4)

합리성의 제약요인들로 심리적 요인들과 집단의 역학관계를 들고 있다. 심리적 요인에는 정보나 처해 있는 상황이나 환경에 따른 오인(Misperception)과 선택적 인식(Selective Perception), 정책결정자 개인이 느끼는 감성에 의해 영향을 받는 감정적 편견(Affective bias), 합리적 선택을 하는 두뇌 능력의 제한으로 발생하는 인식적 편견(Cognitive biases) 등이 있다.

집단의 역학관계에는 집단적으로 잘못된 생각을 옳다고 하거나 잘못된 결정을 옳다고 정당화하는 집단사고(Group - think), 정책 결정에 누가 참여하고 어떻게 결정하는가에 관한 결정 과정 및 구조(the Structure of Decision Process), 시간상으로 촉박하여 정책결정자들을 조급하게 하고 심리적 압박을 가하는 위기 상황(Crisis Situation), 외교관·이익집단·국민 여론과 정부 기관 간의 긴장(Inter - agency Tensions), 정부의 형태(Types of Government), 국가의 군사력을 공급해 주는 정부 기관과 산업체 그리고 연구소를 연결하는 거대한 연락망인 군산복합체(Military Industrial Complex) 등이 합리적 의사결정 방해 요소로 여겨지고 있다.5)

합리적인 선택이란 가장 효율적인 대안을 선택하는 것이며 대안을 선택한 결과가 어떻게 나타날지 확실하지 않은 경우는 '기대효용(Expected utility)'을 극대화하는 대안을 선택한다. 따라서 합리성이란 주어진 제약 속에서 일관성을 가지고 가치의 극대화를 추구하는 판단과 선택을 말한다.

앨리슨은 합리적 행위자 모형의 기본요소로 분석의 기본단위, 조직행위자, 지배적인 추론패턴, 일반명제 등을 들고 있다. 분석의 기본단위는 정부의 선택이며 조직행위자는 합리적이고 단일한 의사결정자로서의 국가 혹은 정부를 말한다. 지배적인 추론패턴은 한 나라가 특정한 행동을 한다면, 그 행동은 그 나라의 목적을 달성하는 데 가치를 극대화시키는 수단으로 선택된 것으로 본다. 국가는 대안에 따르는 비용과 편익을 계산하여 이익과 가치를 극대화하는 수단을 선택한다.

앨리슨은 어느 대안에 동반하는 비용이 증가하면 그 대안을 선택할 확률은 낮아지고 반대로 비용이 감소하면 그 대안이 채택될 확률이 높아진다는 일반명제를 명료하게 다음과 같이 제시하고 있다.

A. 어느 대안에 동반하는 비용이 증가하면,
즉 그 대안을 택하여 취하는 행동으로부터 초래될
결과의 가치가 감소하거나
그 결과가 나타날 확률이 낮아지면,
그 대안을 택할 확률이 낮아진다.

B. 어느 대안에 동반하는 비용이 감소하면,
즉 그 대안을 택하여 취하는 행동으로부터 초래될
결과의 가치가 증가하거나
그 결과가 나타날 확률이 높아지면,
그 대안을 택할 확률이 높아진다.

앨리슨은 케네디 정부가 쿠바에 설치된 핵미사일을 미국에 대한 직접적이고 명백한 위협으로 인식한 것으로부터 정책사례 분석을 시작하였다. 대통령과 핵심 멤버들로 구성된 Excom은 쿠바에 핵미사일을 설치한 소련의 의도에 대해 쿠바 방위, 냉전 경쟁, 미사일 전력의 불균형 해소, 베를린 등 4가지 가설을 설정하고 검토하여 방어적 가설들을 배제하고 베를린 문제와 연계된 소련의 공세적 조치로 보는 결론에 도달하였다.

소련의 의도에 대응하기 위한 대안은 [표 2−5]와 같이 6가지가 제시되었다. '외교적 압력'이나 '대화'는 대안에서 배제되었고 군사 대응인 전면 공격, 침공은 최후 방안으로 준비되고 공습과 봉쇄를 놓고 치열한 내부 논의과정을 거쳐 공습을 예비 대안으로, '봉쇄와 최후통첩'을 선택하여 목표했던 핵미사일 철수를 이끌어 냈다.

'봉쇄'를 취하여 미사일의 철수를 요구하되, 핵심 문제를 미루거나 모호하게 만들 정상회담이나 어떠한 교섭도 단호히 거부하는 것이었다. 봉쇄가 지니는 군사적 성격은 문제의 심각성과 긴급함을 부각시키고 추가적인 군사행동이 가능함을 암시하는 조치였다.

[표 2-5] 쿠바 핵미사일에 대한 케네디 행정부의 정책대안

대 안	내용(장단점, 주요 쟁점)	선 택
묵 인	• 미국이 소련의 사정거리 내에 들어간 것은 오래 전 일 • 미국의 과잉대응이 오히려 위험, 상황 악화 가능 ✔ 안보보좌관 맥조지 번디만의 의견, 다음날 공습 안 지지	✕
외교적 압 력	• 흐루쇼프에게 최후통첩: 군사대결 전 자발적 미사일 제거 • 유엔에 쿠바 미사일 사찰 주장, 정상회담을 통해 협상 ✔ 주도권 상실, 협상기간에 미사일 기지 완성 가능, 공세필요	✕
카스트로 비밀접근	• 양자택일 강요: 소련과 결별 또는 미국의 공격 감수 ✔ 외교적 수세 몰릴 위험, 소련 미사일, 수락 가능성 낮음	✕
전 면 공 격	• 카스트로까지 제거하여 문제를 완전히 해결 ✔ 대규모의 값비싼 작전, 전면적 핵 대결 가능성 높음	최후 대안
공 습	• 공중공격으로 미사일기지 파괴, 기습적 속전속결 가능 ✔ 공습 범위, 소련군 희생, 기습시행 여부, 미사일 제거가능성 • 마지막까지 해상봉쇄와 경쟁(크고 작은 공습 안 최종 제시)	예비 대안
봉 쇄	• 해상봉쇄를 통해 쿠바에 군사장비가 제공되는 것을 차단 • 중간책(단호한 의지+위험최소화), 흐루쇼프에게 공을 넘김, 미국 앞마당에서의 해전 유리, 핵 대결 이전의 확전단계 가능 ✔ 소련의 베를린 봉쇄 가능, 확전의 위험(소련함정 정선 불응)	시행 대안

출처: Graham Allison, Philip Zelikow, *Essence of Decision*, 1999, pp.109-120.

조직(관료)행태 모형에 의한 분석

조직행태모형은 정책을 조직의 산출로써 정부의 행동으로 보며 정부는 하나의 일체가 아닌 서로 느슨하게 연결된 여러 조직들의 연합체이고 그 위에 정부의 지도자들이 위치한다고 본다.

앨리슨에 의하면 조직 활동의 가장 큰 특징은 사전에 프로그램된 대로 행동한다는 것이다. 특정 상황에서의 행위는 표준행동 절차를 집행한 것에 지나지 않는다. 조직의 업무수행 판단 기준은 '순응'으로 조직에서 직무를 얼마나 잘 수행하는지는 곧 얼마나 잘 순응하는지와 다름없다. 또한 조직은 불확실성을 회피하는 방향으로, 순차적으로 업무에 접근한다.

조직은 미래의 일어날 확률이 높은 큰 사건을 추산해서 다루지 않는다. 주어진 여건과 환경에 타협하여 일을 처리하면서 자율성의 극대화를 꾀한다. 조직의 큰 변화는 웬만해서는 일어나지 않는다. 미국의 월남전 패배와 같이 누가 봐도 명백한 실패를 겪고 외부의 권위들이 변화를 요구하고 내부적으로 저항할 명분도 약화되고 조직의 핵심 인사들도 변화의 사명을 띤 인사들로 교체될 때 근본적인 변화가 가능하다.

조직행태 모형에서 지배적인 추론패턴은, 한 나라가 어떤 유형의 행동을 취한다면 그 나라를 움직이는 조직들은 오늘의 행동과 별반 다르지 않은 행동을 어제도 취했고 내일도 취할 것이 틀림없다는 것이다.

앨리슨은 쿠바 핵미사일 위기 시 소련 미사일 배치, 미국의 봉쇄 집행, 소련 미사일의 철수 등 세 가지 과정을 조직행태 모형에 따라 분석했는데 몇 가지 주목해야 할 사항들은 다음과 같다.

소련이 미국의 무모한 대응을 억제할 수도 있었던 다수의 전술핵무기 존재 사실과 확실한 기습수단인 핵 매복상태를 미국에 공개하지 않았던 것은 소련 군부의 조직행태 — 적에게 아군의 준비상태나 결정적 수단을 알려주는 것은 군사 상식상 있을 수 없는 일 — 를 통해 이해할 수 있다.

소련군은 미사일 배치과정에서 표준화된 절차와 규격에 따라 쿠바에 미사일 기지를 설치하였다. 미국 정보당국은 정찰기로 획득한 정보를 통해 쿠바에 설치되는 미사일이 소련의 핵미사일이라는 것을 쉽게 판단할 수 있었다.

모스크바 당국에 의해 핵미사일과 전투기, 병력들이 쿠바에 도착하기까지는 철저한 보안 절차에 의해 이루어져 미 정보당국이 이를 파악하기 어려웠다.

그러나 미사일 설치 임무를 부여받고 파견된 현지 사령관은 설치 완료 시기를 더 중요하게 인식하여 현장 은폐를 소홀히 하고 주간 작업을 강행하다 미국의 정찰기에 노출되고 나서야 급하게 위장을 하였다.

소련이 쿠바에 배치한 전력들은 [표 2-6]과 같은데 이들을 살펴보면 소련의 대외 주장대로 쿠바에 대한 미국의 공격 억제가 아니라 실은 미국과의 미사일 세력균형의 변화를 꾀한 것이라는 가설에 힘을 실어줄 정도로 대규모의 전력으로 목표와 수단의 불균형이 명확하게 드러난다.

[표 2-6] 소련이 쿠바에 배치한 전력증강(1962.10.20. 기준)

구 분	수 량	능 력	비 고
중거리 탄도미사일(MRBM)	36기	1,100마일	
중·장거리 탄도미사일(IRBM)	24기	2,200마일	기지 건설중
지대공 미사일(SAM)	24기지 144대	2.4Km	대공포 완비
크루즈 미사일	4기지 80기	40마일	일부 핵탄두
전술 핵미사일 (루나; FROG)	12기	20마일	전장 방어용
유도미사일 초계정(KOMAR)	12척/크루즈2기	10~15마일	66톤
IL-28 전폭기	42대(부품)	600마일	7대 조립
MIG-21 전투기	42대		공대공 미사일
병력	4만여명	군단 규모	기술자 포함

출처: Graham Allison, Philip Zelikow(1999), pp.204-206.

앨리슨은 미국의 봉쇄 집행과정에서의 표준화된 행동 절차에 따른 데프콘과 봉쇄 시행, 정보활동을 분석하였다. 케네디 대통령은 1962년 10월 22일 전 세계의 미군에 데프콘 3를, 전략부대에는 한 단계 높은 데프콘 2를 발령했다. 이 비상경보는 미군이 핵전쟁에 대비해 발령했던 가장 높고 오랫동안(30일) 유지된 것이었다.

이 기간 동안 비상대기에 들어간 핵탄두가 2,952기였고 B-52 폭격기들은 2,088회 출격하여 47,000시간을 비행하였으며 4,076회의 공중급유 간 한 건의 사고도 없이 비상대기 임무를 완수하였다.

케네디 대통령이 정치적 판단 결과 '봉쇄'를 결정했지만, 대안의 세부 사항을 결정하고 집행하는 것은 해군의 몫이었다. 백만 평방마일이 넘는 수역에서 180여 척의 선박을 동원해 모든 선박을 확인하고 검역하는 것은 결코 쉬운 일이 아니었다. 미 해군 대서양함대가 오랫동안 계획하고 연습한 결과, 실제 상황에서 착오 없이 실행된 초대형 작품으로 앨리슨은 평가하고 있다.

봉쇄를 통해서 소련 지도층이 문제의 심각성을 이해하고 물러설 시간을 가질 수 있도록 상황의 속도를 조절하는 것이 무엇보다 중요했던 백악관의 정치지도자들과 군사적 임무를 효율적이고 성공적으로 수행하기 위해 정치지도자들의 개입과 방해는 가급적 배제하려고 했던 해군 사이에 적지 않은 갈등이 있었음을 앨리슨은 세부적으로 묘사하고 있다.

앨리슨이 소련 관료조직의 표준화된 행동 절차가 빚은 차질들과 미국 정부 조직의 문제해결 과정에 기여한 조직 산출물들과 이의 실행을 위한 내부 갈등이 있었음을 실 사례를 들어 보여주고 있다.

정부정치모형에 의한 분석

앨리슨은 집단이 한 의사결정 결과를 설명하려면 결정의 질과 수준, 대리의 문제(주인, 대리인), 참가자(누가 경기를 하는가?), 의사결정 규칙, 이슈의 프레임과 어젠다의 설정, 집단사고, 그리고 합동 결정과 행동의 복잡성 등 다양한 인과적 요소들을 감안해야 한다고 주장하였다.

정부정치모형은 정부 조직의 수장들이 이익과 선호가 맞물려 경쟁하는, 치열한 정치 게임에 참여하여 밀고 당기기의 게임을 하고 협상 게임의 결과물을 생성해 낸 것이 국가의 정책이 된다는 것이다. 이 전략적 게임은 단 한 번으로 끝나는 것이 아니라 여러 개의 게임을 동시에 또는 순차적으로 진행한다.

정치적 결과물로서 정부의 정책 결정과 행동이 이루어지므로 가장 중요한 섯은 정책 결정 과정에 참여하는 경기자가 누구냐이다. 쿠바 핵미사일 위기에 대응했던 미국의 경기자들은 국가안전보장회의 참가자들과 관련 전문가들이 참가하여 자유롭고 격렬한 토론을 이어나갔다.

소련의 최고간부회의는 흐루쇼프가 주관하고 집행위원회에 적을 두고 있는 공식적인 직책의 소유자들이었다. 19명이 참석하게 되어 있는데 흐루쇼프의 지배적 역할을 감안할 때 평균 참석자는 더 적었을 것으로 판단된다. 참석자들은 포괄적인 책임을 가진 인물들로 외교정책 혹은 국방정책 전문가는 소수였고 직업외교관이나 현직 군인은 참석하지 않았음을 알 수 있다. 위기에 대응한 미·소의 경기자들을 [표 2-7]과 같이 비교해 볼 수 있다. 경기자에는 대통령과 우두머리들(장관, 정부 부처장) 및 참모진, 인디언(핵심 실무자)들이 포함된다.

미국의 케네디 정부가 '봉쇄'를 단행하기까지는 발견의 정치가 있었고 선택의 정치가 있었다. 쿠바 문제는 케네디 행정부의 정치적 급소로 케네디에게 '가장 무거운 정치적 십자가'였다. 피그스만 침공

[표 2-7] 쿠바 핵미사일 위기 대응 경기자

미국	참가자	• 국가안전보장회의 집행위원회(Excomm) 14~16명, 최대 33명 　- 기본: 부통령, 국무/국방/재무장관, CIA국장, 안보보좌관 　- 전문가: 합참의장, 유엔대사, 국방부 부장관/차관보, 전 국 　　무/국방장관, 전/현 소련문제 담당 특별대사, 전 독일대사, 　　미국주재 영국대사 　- 특별: 법무장관(대통령 친동생), 대통령 특별자문관
	특징	• 케네디는 합참의 의견을 별도로 청취(각군 총장 등) • 다양한 의견, 심각한 의견차이가 있었고 점차 조율, 결론 수렴
소련	참가자	• 최고간부회의 19명: 최고소비에트회의 의장, 외교/국방장관 　및 부장관, 당중앙위 의장/비서들, 내각회의 의장/부의장, 　KGB의장
	특징	• 참석자 소수(흐루쇼프의 지배적 역할 감안 시 평균참석자는 　더 소수) • 공식 직책 소유자들로 국내정책을 포함해 넓은 책임을 가진 　인물들

출처: [표 2-2]와 동일(70p 참조).

실패로 쿠바는 미국 안보에 심각한 위협이라는 인식과 함께 케네디가 결단력이 없다는 여론이 상·하원 선거를 앞두고 높아지고 있었다.

　　CIA(Central Information Agency) 국장 맥콘이 쿠바에 소련 핵미사일 반입 가능성을 설득하여 U-2정찰기의 쿠바 투입을 관철시켜 미사일을 발견하였다. 소신이 뚜렷하고 무뚝뚝한 반공주의자 맥콘은 안보 보좌관, 국무장관과 사사건건 대립하였으나 법무장관 로버트 케네디와의 좋은 관계를 유지하여 미사일 위기 시 중요한 역할을 감당하게 되었다.

　　미사일을 2주만 일찍 혹은 늦게 발견하였더라면 이 사태의 결말은 크게 달라졌을 것이며 결국 미사일이 발견된 시간을 결정한 것은 정치적인 '밀고 당기기'의 결과였다.

쿠바 핵미사일에 대한 대응 방안은 '무시하자'는 소극론에서부터 '공습' 및 '전면 침공'과 같은 적극론까지 거의 모든 것이 짧은 시간에 심도있게 논의되었다. 9월 초부터 공격용과 방어용으로 미사일을 구별하고 소련에 엄중 경고하는 정책을 추진해왔던 안보 보좌관은 미사일이 실제 발견되자 우스갯거리가 되기도 하였고 최초에는 공습을 다수가 지지하였으나 점차 '봉쇄'를 최적의 대안으로 수렴하였다.

소련 문제에 정통한 전직 외교관이 '봉쇄를 최후통첩으로 삼는 안'을 제시하여 다시 격론이 벌어졌고 케네디는 봉쇄와 공습을 조합하는 안을 선택하였다. 로버트 케네디는 후일 회고록에서 "거기에는 계급이 없었고 심지어 회의를 진행하는 사회자도 없었다"라고 하였다.

앨리슨 모형에 따른 한국 정부의 북한 핵 대응정책
분석 틀

앨리슨 모형의 한국 적용의 유용성

쿠바 핵미사일 위기에 관한 앨리슨의 정책사례 분석은 강대국 미국과 소련의 핵 대결로 자율성이 큰 상태의 정책 결정이라는 점, 13일간에 집중한 짧은 기간, 그리고 **앨리슨 모형 자체에 대한 여러 비판** 으로 한국 상황에 적용하는데 제한사항이 존재하는 것은 분명하다.

> 앨리슨 정책결정 이론에 대한 주요한 비판은 정부정치모형에 집중되었는데 대통령 의 역할과 책임을 저평가 했다는 것에서부터 국가 지도자들에게 정책실패에 대한 변명의 구실을 제공하고 국가 정책의 합리성에 대한 기대를 약화시킨다는 점들의 지적이 있다.
>
> 출처: 안문석, "북한 핵실험에 대한 한국의 대북정책 결정과정 분석," 『한국정치학 회보』 제42집 1호, 2008. pp.210-211.

그러나 다음과 같은 몇 가지 이유로 앨리슨 모형의 한국적용은 유용성이 충분하다고 할 수 있다. 첫째는 가공할 핵 위협에 대한 국 가 간의 명운을 건 심각한 대응과 역대응을 정밀하게 분석한 유일한 사례라는 점이다.

재래식 전쟁의 원인과 경과, 그리고 결과와 교훈을 다룬 연구와 결과물들은 헤아릴 수 없이 많으나 소련이 쿠바에 핵미사일 등을 포함한 전력증강을 하게 된 배경과 과정에서의 관료적 행태, 미국이 쿠바 핵미사일을 발견하기 전까지의 전개와 발견 후 핵 위협을 제거하기까지의 일련의 과정, 그리고 미국과 소련의 대응과 역대응의 과정들은 북한 핵 위협에 처한 우리에게 정책 차원의 귀중한 사례라 할 수 있으며 앨리슨의 분석과 설명은 정책 결정 분석의 교과서와 같이 여겨지고 있다.6)

둘째로 케네디의 지시로 꾸며진 특별 조직인 엑스콤의 녹취록이 관련 절차에 따라 공개되었고 냉전 후 소련의 비밀 해제된 문건들을 포함해 당시의 정책과 정책 목표에 따른 대응과 상응조치들을 설명해 줄 상당한 자료가 공개되었다.

앨리슨을 포함한 여러 학자들이 이를 토대로 다각도의 연구를 진행하여 국제정치, 외교, 행정 등 다양한 분야에서 참고되고 비판과 추가연구가 현재까지도 진행되고 있다.

세 번째는 미국이 결국 쿠바에 배치한 소련의 핵 제거에 성공했다는 점이다. 적의 의도와 행동, 나타난 현상에 대한 상황 파악이 불확실하고 대응 정책의 효과를 확신할 수 없는 상태에서 미국은 케네디 행정부를 중심으로 합리모형, 조직행태모형, 그리고 정부정치모형으로 설명될 수 있는 다양한 과정을 거쳐 결국 쿠바에 배치한 소련의 상당한 핵전력을 철수시킨 사례는 한국 정부가 북한 핵 억제 또는 제거를 성공적으로 달성하는데 유용한 참고자료가 될 수 있다.

네 번째는 한국도 민주화 이후 앨리슨 모형을 적용한 연구가 활발해지고 있다는 점이다. 한국의 외교정책에 대한 설명은 주로 국제체제에 의한 분석이 주를 이루어 왔으며 국내 요인에 주목한 연구들은 대부분 대통령에 초점을 맞추었다. 정부정치모형을 한국의 대북정책에 적용한 이론이나 사례 연구는 많지 않다.

한국에서는 정부정치모형을 적용하기 어렵다고 보기도 하였으나 한국이 민주적 정권 교체를 이루어 감에 따라 대통령을 한정된 임기가 있는 최고위 정무직 인사로 인식하는 경향이 일반화되었다.

임기 내 정치적 이익을 실현하려는 대통령과 관료 조직들 간에 또는 정책 결정에 따라 이해관계가 상반되는 부처들 간의(이른바 판돈을 놓고) 정치적 행동들이 언론을 통해 노출되는 일이 잦아지자 이러한 현상을 **사례 중심으로 고찰하는 것이 충분한 의미가 있는 것**으로 보고 관련 연구들이 활발해지고 있다.

- 정정길은 조직의 계층에 따라 앨리슨 모형을 적용할 수 있는 영역을 구분하였다. 그에 따르면 조직에는 공식적 권한과 기능적 권한이 있는데 공식적 권한은 상위 계층으로 올라갈수록 넓어지고 내려올수록 좁아진다.
- 전문지식과 기능적 권한은 위로 올라갈수록 좁아지고 내려올수록 넓어진다. 따라서 정부정치모형은 조직의 상위계층에 적용가능성이 높고, 조직행태모형은 조직의 하위계층에 적용가능성이 높은 모형으로 보았다.

출처: 정정길 등, 『정책학원론』(서울: 대명출판사, 2012). pp. 499-501.

최근의 연구에서는 정부 정치적 현상을 '관료조직들이 대통령과의 관계에서 일방적인 복종이 아닌 쌍방향적인 관계로서 정치 행위를 시도하려는 모습들'로 정의하고 정치 행위에 대한 관찰의 범위를 대통령의 정책 선호가 공개된 것을 판단 기준으로 사례 연구를 하고 있다.[7]

일반적으로 행정 관료는 보수적이고 현상유지적인 경향이 강하여 신임 대통령의 정책에 소극적이거나 반대하는 사람도 적지 않게 존재하게 마련이다. 대통령은 행정 관료들의 현상유지적인 타성과 정책에 대한 일부의 부정적인 태도를 극복해야 한다. 그렇지 못하면 자신의 정책 목표를 제대로 달성하기 어려울 것이고 정치적 지지도 받지 못할 수 있다. 관료조직을 장악하기 위해 자신의 지도이념과 정책 방향에 뜻을 같이하는 인사들을 정무직에 임명하고 정책 의도를 구현하는 방향으로 이끌어 갈 것이라고 기대한다.[8]

앨리슨은 3가지 정책 결정 모형을 제시하고 각각의 관점에서 쿠바 핵미사일 위기를 분석, 설명하고자 했다. 그가 제시한 3가지 정책 결정 모형은 복잡한 사건의 서로 다른 측면이 그 사건의 결정적인 요소라고 주장하며 동시에 그 사건이 일어난 가장 중요한 '이유'라고 설명한다. 각 모형은 사건의 결과를 결정짓는 인과 요인을 찾는 검색엔진과 같이 작동한다고 보았다.[9]

현재까지는 한국 정부의 안보·외교정책에 대한 정부정치모형 위주의 연구가 주로 이루어졌으나 거시적인 관점에서 한국 정부의 북한 핵 대응 정책에 대한 합리모형 분석이나 조직행태 모형의 분석도 가능하며 의미 있고 유용한 연구라 판단한다.

최근의 한반도 상황에 대해서 그레이엄 앨리슨은 1962년 '쿠바 핵미사일 위기'의 슬로모션 같다고 평한 바 있다.[10] 앨리슨은 당시 케네디가 '소련과의 핵전쟁 가능성이 절반에 육박' 했음에도 불구하고 소련 핵미사일의 쿠바 배치를 저지하기 위해 위험한 도박을 할 준비가 되어 있었다고 평가했다.[11]

앨리슨 모형 적용 정책 분석 선행연구

앨리슨의 정책 결정 모형을 한국 정부 정책에 적용한 연구가 활기를 띠기 시작한 것은 앨리슨과 젤리코의 개정판이 나온 이후인 2000년대 부터이다. 조명현은 합리적 행위자 모형(모형 1)은 너무나 복잡한 변수들의 작용, 인간 능력의 한계, 제도적 능력의 한계, 결정 과정의 구조적 복잡성, 정보의 한계, 예측할 수 없고 유동적인 국제 정치 환경 등 너무나도 많은 제약요인들 때문에 합리성을 추구하는 데 한계가 있다고 보았다.

이상적인 합리성은 제한이 있지만, 모형 2(조직행태모형)와 모형 3(정부정치모형)이 의미하는 '최적의 선택(Optimal Choice)'을 하게 되는데 이는 현실적으로 정책결정자들이 직면하고 있는 문제를 원만하게 해결할 수 있는 실용주의적인 입장에서의 '문제해결(Problem Solving) 또는 만족모형(Satisfieing)'을 의미한다고 주장하였다.[12]

정부정치모형에 관한 연구를 활발히 한 연구자들은 배종윤과 안문석이다. 배종윤은 1990년대에 접어들면서 대통령의 정책 선호가 외교정책으로 완성되지 못하는 사례들이 확인되기 시작했다고 지적하면서 경제, 남·북관계, 군사 안보 분야의 사례분석을 통해 관료 정치적 개념을 적용하는 것이 상당한 적실성과 유용성을 가지고 있다는 사실을 확인하였고 기존의 접근법들이 설명하지 못하는 부분들에 대해 보다 설득력 있는 설명을 제시할 수 있다고 주장하였다.

그는 1992~1993년까지 김영삼 정부에서 대통령의 정책 선호와는 달리 진행된 쌀시장 개방, 남·북 고위급 회담 진행 과정에서 통일원과 안기부의 상이한 정책 선호에 따른 대통령 훈령 왜곡사건,

1999년 김대중 정부에서 러시아제 잠수함을 선택하려는 대통령의 정치적 선호와 잠수함을 직접 운용할 해군의 전문성 논쟁의 밀고 당기기의 결과 대통령의 정책 선호가 무산된 사례 등을 관료정치모형의 유용성을 설명하는 근거로 제시하고 있다.[13]

배종윤은 1990년대 대북정책에 통일부와 국가정보원을 중심으로 정책 선호가 확연히 달랐던 사례들을 들어서 관료정치모형의 유용성을 주장하였다. 김영삼 정부에서 이인모 북송과 관련한 논란, 남·북 정상회담을 위한 부총리급 특사 교환을 둘러싼 갈등에서 통일원과 국가정보원의 정책 선호가 달랐으며 밀고 당기기가 진행되었고 이 과정에서 정치적 행위들이 있었음을 논증하였다. 또한 김대중 정부에서 주적 논란에 의한 국방백서 발간의 무기한 보류라는 정치적 결정 결과를 추가 사례로 제시하고 있다.[14]

배종윤은 최근 연구를 통해 노무현 정부의 국가안전보장회의(National Security Council, NSC) 운용 과정에서 대통령과 NSC가 이라크전 파병과 주한미군의 전략적 유연성 등 주요 외교 안보 정책에서 정책 우선순위의 차이에서 발생한 차별적인 정책 선호를 가지고 있었고 이로 인한 정치적 행위가 초래되었음을 논증하면서 관료정치모형의 외연 확장을 모색하였다.[15]

안문석은 북한 핵실험 직후 노무현 대통령이 포용 정책의 근본적 수정을 언명했으나 정부 내 강경 세력과 온건 세력의 밀고 당기기(Pulling and Hauling)를 거치면서 조정되는 양상을 개성공단과 금강산 관광사업의 지속 여부와 대량살상무기 확산방지 구상(PSI)과 같은 구체적인 정책 방향에 반영되었음을 실증하면서 관료정치모형

의 유효성이 점점 커지고 있다고 주장하였다.[16]

　안문석은 1차 북한 핵 위기 당시 미국의 대북 핵 정책 결정 과정을 관료정치 모델을 중심으로 분석하기도 하였으며 최근에는 박근혜 정부의 대북정책 결정 과정에서 관료정치가 존재하며 자신들의 정책 선호를 관철하기 위해 관료 세력이 자체적인 권력자원을 동원하고 있다고 주장하였다.

　그는 개성공단 가동 중단과 남·북 고위급 접촉 이후에 정책 선호가 각각 다른 통일부는 자신의 선호를 정책화하기 위해 전문성과 국회, 언론 등의 권력자원을, 외교부는 국제사회의 여론, 국제기구, 다자협의체 등을, 국방부는 군사정보를 바탕으로 한 전문성과 국제기구, 언론 등을 주요 권력자원으로 활용하고 있다고 주장하면서 관료정치 현상은 지속해서 심화할 것으로 전망하였다.[17]

　최근에는 본격적인 위기의 13일을 기준으로 쿠바를 둘러싼 국제관계를 장기적인 관점에서 사건 전과 사건 이후의 현재까지를 모두 포함하여 한반도 핵 위기에 적용할 수 있는 분석사례로 제시한 연구도 있다.[18]

한국 정부의 북한 핵 대응 정책 분석 틀

　앨리슨의 제1모형인 합리모형을 한국 정부의 북한 핵 대응 정책에 적용하기 위해서는 거시적이고 긴 안목의 고찰이 필요한 데 3가지 요소를 중심으로 북한 핵실험 이전과 이후를 구분하여 분석하도록 하겠다.

첫째는 합리성의 개념에서 중요한 것은 일관성으로 특정한 행동의 목표와 목적, 대안을 선택하는 기준에서 일관성이 있어야 함을 토대로 한국 정부가 북한 핵 대응 정책에 일관성을 유지하고 있었는지를 분석한다. 역대 한국 정부의 정부별 대북정책과 그 안에 포함된 핵 관련 정책을 살펴서 정책 목표의 일관성과 정책 수단의 일관성 여부를 살펴보도록 하겠다.

두 번째는 합리적인 선택이란 주어진 제약 속에서 가장 효율적인 대안을 선택하여 가치의 극대화를 추구하는 것으로 한국 정부가 북한 핵 대응 정책에서 정책 목표 달성을 위해 선택한 정책 수단들이 목표 달성을 위한 효율적인 선택이었는지, 선택한 대안들은 가치를 극대화할 수 있었던 것인지를 분석해 대안의 효용성을 평가하도록 하겠다.

또한, 앨리슨은 대안을 선택할 때 비용의 증가와 감소에 따른 일반명제를 제시하고 있는데 한국 정부가 선택한 수단들이 일반명제를 충족시키는지를 살펴보겠다. 전략이론에서 수단은 곧 전략이라 할 수 있으므로 이 분석은 역대 한국 정부가 북한 핵 대응에 전략적이었는지를 분석한다는 것을 포함한다.

세 번째는 한국 정부의 북한 핵 대응 정책에서 제한된 합리성에 의해 만족할만한 또는 충분한 대안을 선택하였을 경우에 합리성을 제약한 요인들을 파악하고자 한다. 상황이나 환경에 따른 오인과 선택적 인식, 정책결정자 개인이 느끼는 감성에 의해 영향을 받는 감정적 편견이나 인식적 편견, 집단사고를 포함한 집단의 역학관계에서 발생하는 원인이 존재했었는지를 찾아보도록 하겠다.

앨리슨의 제2모형인 조직행태모형에서 국가의 정책, 국가의 행동은 표준화된 행동 절차에 따른 조직의 산출물로 표현된다. 한국 정부가 북한 핵과 관련한 대응으로 표준화된 행동 절차에 따라 지속적으로 산출해낸 산출물들로는 네 가지를 들 수 있다.

첫째는 백서에 나타난 북한 핵 위협인식이다. 국방백서는 외부에 발표되는 국방부의 대표적인 산출물로 정보관계자들이 표준화된 절차에 따라 각각 정보를 수집하고 주기적인 협의 과정을 거쳐 북한의 위협을 평가하여 안보정책과 전략의 서두를 여는 기능을 하며 이 중 국민에게 알려야 할 사항을 간략히 정리하여 백서에 포함한다. 역대 한국 정부에서는 북한 핵에 대한 위협인식이 어떠했는지를 분석하는 것은 그 자체로서도 의미가 있으며 합리모형에서 설명해주지 못하는 부분들에 대한 보완 설명도 가능하리라 판단된다.

둘째는 북한 핵 대응 전력 건설과 이를 가능하게 하는 예산 배정에 대해 살펴본다. 두 번의 핵 위기와 여섯 번의 핵실험과 수십 차례의 미사일 발사에 한국의 여론은 그때마다 상당한 위기의식과 강한 대응책 마련을 촉구하였는데 정작 정부의 예산 배정은 어떠했는지, 그리고 국방예산에서 핵 대응 전력건설은 어떻게 어느 정도로 핵 억제나 예방, 방어를 위한 전력을 구축해 왔는지를 살펴보는 것은 한국 정부의 북한 핵 대응 의지를 파악하는데 중요한 요소이다.

셋째는 한국 정부의 산출물 중 북한 핵 억제에 중요한 기능을 담당해 온 한·미 동맹 강화를 통한 핵우산 보장에 관해 살펴보도록 하겠다. 한국전쟁을 계기로 1953년 한·미는 상호방위조약을 맺고 1968년부터 양국 국방장관 수준의 협의체인 안보협의회의(SCM)를 매년 한국과 미국에서 번갈아 개최하고 있다.

미국의 한국에 대한 핵우산 보장은 주로 이 회의 결과 공동성명을 통해 발표되고 재확인되곤 하였다. 따라서 역대 정부가 미국과의 협의를 통해 산출해 낸 안보협의회의 공동성명을 분석하는 것은 북한 핵 대응 정책 중 비중이 큰 결과물임을 알 수 있다.

넷째로 한국 정부가 북한과 협의하여 산출해 낸 남·북 정치·군사 회담을 분석하고자 한다. 남·북 정치·군사 회담은 노태우 정부, 김대중 정부, 노무현 정부, 그리고 문재인 정부에서 활발하게 이루어졌다. 수차례의 정상회담과 고위급 회담, 장관급 및 실무회담의 의제와 진행 경과, 그리고 회담 결과가 정책 목표인 북한 핵 억제, 비핵화 달성을 위해 효용성이 있었는지 살펴보는 것은 의미가 있다.

네 가지 한국 정부의 산출물 분석을 통해 북한 핵 대응 정책의 또 다른 측면에서의 설명과 합리모형에서 설명하지 못했던 부분들에 대한 보완 설명이 가능하리라고 본다. 또한, 앨리슨이 정의한 조직의 지배적인 추론패턴이 존재하는지, 조직의 업무수행 판단 기준이 '순응'에 있는지, 그리고 조직의 큰 변화는 웬만해서는 일어나지 않는다는 조직 문화적 특성이 한국 정부 관료조직에도 존재하는지 살펴보고자 한다.

앨리슨의 제3모형인 정부정치모형은 정책 결정 과정에 참여하는 경기자를 가장 중요하게 여긴다. 경기자들은 '국가 이익'이라는 일관된 이익구조보다 각자가 생각하는 국가 이익, 조직이익, 개인 이익에 따라 경기를 진행한다. 경기자들이 맞이한 국내외 상황에서 야기된 이슈를 어떻게 인식하고 대응 정책을 마련해 갔는지 즉, 어떤 성격으로 어떻게 규명했는지(Issue Frame)에 따라 정책 결과는 달라진다.

　　정부정치모형을 한국 정부의 북한 핵 대응 정책에 적용하기 위해 경기자와 북한 핵에 대한 성격 규명인 이슈 프레임, 그리고 북한 핵 대응 정책 갈등 사례들을 살펴보도록 하겠다.

　　먼저 한국 정부의 북한 핵 대응 정책 참여자들을 국가안전보장회의(NSC) 참여자를 중심으로 분석하고자 한다. 대통령이 가장 중요한 경기자이며 대통령을 직접 보좌하는 청와대 안보실장(정부에 따라 안보수석 또는 안보 보좌관), 국가정보원장(안전기획부장), 통일부장관(통일원장관), 외교부장관, 그리고 국방부장관을 포함한다. 역대 대통령의 군사 경력과 안보 지식 관련 발언과 북한 핵 관련 인식을 위주로 분석하고 조직의 수장들은 간략하게 출신과 이력 위주로 분석하였다.

　　지난 30여 년간 북한 핵에 대한 성격 규명인 이슈 프레임은 '남·북 프레임', '다자 프레임', '미·북 프레임'이 존재했다고 볼 수 있다. 노태우 정부에서 유일하게 '남·북 프레임'이 작동되었고 김영삼 정부에서 '미·북 프레임'으로 전환되었고 6자 회담을 통해 북한 핵을 해결하고자 했던 '다자 프레임'에서 다시 '미·북 프레임'으로 전개되었다. 역대 정부가 어떤 이슈 프레임으로 접근하였고 그 결과는 어떠했는지를 살펴보는 것은 북한 핵 대응 정책에 대한 설명의 한 축을 이룰 수 있다고 본다.

　　앞서 간략히 살펴본 정부정치모형 선행연구의 북한 핵 관련 세부 내용들을 경기자들과 정부의 특성과 함께 살펴보고자 한다. 대통령과 북한 핵 대응 주요 관련 부서인 통일부와 외교부, 그리고 국방부의 정책 선호는 어떻게 다르며 정책 선호에 따른 정치 행위들이 어떻게 표출되고 결말지어졌는지를 선행 연구사례를 중심으로 고찰하겠다.

합리모형, 조직행태모형, 정부정치모형을 통한 한국 정부의 북한 핵 대응 정책 분석을 통해 각 모형의 관점에서 주장하는 설명이 설득력이 있으며 다른 모형이 설명할 수 없는 부분을 상호 보완하여 설명해 줄 수 있다면, 한국 정부의 북한 핵 대응 정책의 실패 원인을 종합적으로 고찰해 볼 수 있는 유용한 방법이 될 것이다.

제 6 장

남·북 비핵화 공동선언
: 노태우 정부

 노태우 정부의 북한 핵 대응정책

1990년대 전·후의 세계는 공산주의 몰락으로 인한 냉전 종식과 미국이라는 초강대국의 등장을 알리는 새로운 세계질서로의 재편성이 급속도로 진행된 위기와 기회의 장이었다.

노태우 정부는 공산주의 몰락으로 냉전이 해체되고 새로운 세계질서의 흐름을 활용하여 북방정책을 추진한 결과 대북 및 외교정책의 패러다임을 전환하였다.

노태우 정부는 소연방 해체와 동서독 통합 등을 기회로 대북 우위의 북방 외교정책을 펼쳐 헝가리(1989. 2), 폴란드(1989. 11), 유고(1989. 12), 체코·불가리아·루마니아(1990. 3), 몽골(1990. 3), 소련(1990. 9. 30), 중국(1992. 8. 24) 등과 수교함으로써 모스크바와 베이징을 통해 북한으로 가는 길을 열었고 이는 북한을 압박하는 결과를 가져왔다.

북방정책은 한반도의 평화 정착과 궁극적인 통일 여건 조성을 위하여 소련, 중국, 동구 제국 등 공산주의 국가와의 관계 개선을 적극적으로 모색하고자 하는 외교적 노력을 총체적으로 의미하며 한반도 정세안정과 평화 정착을 달성하고 북한으로 하여금 국제사회의 책임 있는 일원이 되도록 유도하는 것이었다.[19]

노태우 정부의 대북정책, '한민족 공동체 통일방안'은 민족자존과 통일번영을 추구하는 것으로 북한에 대한 인식을 적대적 관계에서 민족의 일부로 포용하는 일대 전환을 가져온 것이었다.

통일-외교정책의 기조를 전환하여 남·북한이 동시 UN에 가입(1991. 9. 17.) 하였으며 고립된 북한의 내부 변화를 유도하여 국제사회의 책임 있는 성원으로 참여시키고자 하였다. 내부적으로는 남·북 교류 협력법과 교류 협력 기금법을 제정하여 남·북 교류 협력 시대를 열었다.

대북정책에 있어서 가장 큰 변화의 결과는 남·북 화해, 남·북

'남·북 기본합의서' 주요 내용

• 7·4 남·북 공동성명에서 천명된 조국통일 3대 원칙 재확인
• 쌍방사이의 관계: 나라와 나라 사이의 관계가 아닌 통일을 지향하는 과정에서 잠정적으로 형성되는 특수한 관계라는 것을 인정

제1장 남·북 화해: 상대방의 체제 인정·존중 등 8개 조항
제2장 남·북 불가침: 상대방에 무력 사용·침략 금지 등 6개 조항
제3장 남·북 교류·협력: 민족경제의 통일적이며 균형 발전과 민족 전체의 복리 향상을 도모하기 위해 자원의 공동개발, 물자교류, 합작투자 등 경제교류와 협력 등 9개 조항
제4장 수정 및 발효

불가침, 교류 협력을 골자로 한 '남·북 사이의 화해와 불가침 및 교류·협력에 관한 합의서(남·북 기본합의서)'를 채택(1992. 2. 19)한 것이었다.[20]

남·북 기본합의서를 남·북한 쌍방이 협의하기까지는 3년 3개월 간의(1988. 12 ~ 1992. 2) 시간, 8차례의 예비회담, 그리고 8차례의 남·북 고위급 회담이라는 인내와 협상의 장이라는 지난한 과정을 통과해야만 했다.

남·북고위급회담은 3단계를 거쳐 진행되었다. 제1단계는 1990년 1월 제1차 회담에서 1990년 12월 제3차 회담에 이르는 기간으로 남·북 쌍방이 서로의 기본입장을 탐색·조정하며 비교적 솔직한 의견을 주고 받으며 문제해결의 접근방식과 형식에 관한 논쟁을 하였다.

제2단계는 제3차 회담 이후 1991년 1월에서 1992년 2월 제6차 회담까지의 기간으로 포괄적 기본합의에 도달하였다. 이 기간 중에 한·소 수교, 소연방의 해체, 한·중 관계의 진전, 남·북한 유엔 동시 가입 등의 변화가 남·북고위급회담에 긍정적인 영향을 미쳤으며 1991년 12월에 열린 제5차 남·북고위급회담 이후 남·북한은 핵문제 해결을 위해 별도의 접촉을 가졌다.

제3단계는 제6차 회담 이후 8차 회담까지의 기간으로 기본합의서가 발효된 이후 이를 실천하기 위한 세부적 합의를 도출하는 단계이다. 제8차 회담에서 3개 분야의 부속합의서를 타결, 발효시킴으로써 기본합의를 실천에 옮기기 위한 기본적인 체제를 마련하였다.[21]

8차례의 고위급 회담을 통해 남·북은 **10건의 주요한 합의서들**을 채택·발효시켰다. 남·북 기본합의서에 따라 남·북 간에 정치분과위원회, 군사분과위원회, 교류 · 협력분과위원회가 각각 활발하게 진행되었다.

남 · 북 고위급 회담에서 채택 · 발표된 합의서들

- 남 · 북사이의 화해와 불가침 및 교류 · 협력에 관한 합의서(1992. 2. 19 발효)
- 남 · 북고위급회담 분과위원회 구성 · 운영에 관한 합의서(1992. 2. 19 발효)
- 한반도의 비핵화에 관한 공동선언(1992. 2. 19 발효)
- 남 · 북연락사무소 설치 · 운영에 관한 합의서(1992. 5. 7 발효)
- 남 · 북군사공동위원회 구성 · 운영에 관한 합의서(1992. 5. 7 발효)
- 남 · 북교류 · 협력공동위원회 구성 · 운영에 관한 합의서(1992. 5. 7 발효)
- 남 · 북화해공동위원회 구성 · 운영에 관한 합의서(1992. 9.17 발효)
- '남 · 북사이의 화해와 불가침 및 교류 · 협력에 관한 합의서'의
  - 제1장 남 · 북 화해의 이행과 준수를 위한 부속합의서(1992. 9. 17 발효)
  - 제2장 남 · 북 불가침의 이행과 준수를 위한 부속합의서(1992. 9. 17 발효)
  - 제3장 남 · 북 교류 · 협력 이행과 준수를 위한 부속합의서(1992. 9. 17 발효)

남 · 북 고위급 회담 분과위원회

- 남 · 북정치분과위원회: 남 · 북 화해 분야 담당, 7차례 회의
- 남 · 북군사분과위원회: 남 · 북 불가침 분야 담당, 8차례 회의
- 남 · 북교류 · 협력분과위원회: 남 · 북교류 · 협력 분야 담당, 7차례 회의

노태우 정부는 북한이 체제 유지 및 생존 수단으로 핵 개발을 추진하고 있으며 1990년대 중반에 핵무기 보유가 가능할 것으로 판단하였다. 휴전선 인근에 북한이 배치한 FROG − 5/7은 사거리 50~70Km에 화학 및 전술핵 탄 사격이 가능한 것으로 평가하였다.[22]

단거리 미사일인 스커드를 연 100 여기 생산 가능한 양산체제를 이미 갖추었으며 사거리 1,000Km에 달하는 노동 1호를 개발한 것으로 분석하였다. 이러한 북한의 능력과 의지를 명백한 북한 핵

위협으로 판단하고 명시하였다.[23)]

　노태우 정부는 북한 핵 위협을 명확히 인식하고 북한 핵 문제를 기본적으로 남·북 간에 해결해야 할 과제로 이슈 프레임을 형성하고 해결해 나갔다.

　1985년 12월 NPT에 가입 후 안전 협정에 고의로 서명하지 않고 있던 북한에 대해 대통령이 '핵무기 부재 선언'등의 노력과 외교 노력을 통해 1992년 1월 서명하도록 하였다.[24)]

　냉전 해체에 따른 세계적인 핵무기 감축 흐름과 미국의 걸프전 수행, 끊임없었던 북한의 한반도 비핵화 주장 등을 연결해 '한반도 비핵화 공동선언'을 이끌어 냈다.

　'한반도 비핵화 공동선언'은 미군 핵무기의 존재를 이유로 국제법상의 의무인 핵사찰 수락을 거부해온 북한이 한국 정부의 비핵정책선언에 따라 더 이상 의무 이행을 회피할 명분을 갖지 못하게 만들었다.

　궁극적으로 북한이 상응한 조치를 취하지 않을 수 없게 됨으로써 한반도에서 신뢰 구축과 비핵화의 실질적 조치가 진전될 수 있는 전기를 마련하였다.

　'한반도 비핵화 공동선언'의 주요 내용은 핵무기의 시험, 제조, 생산, 접수, 보유, 저장, 배비, 사용하지 않는다는 것으로 포괄적이며 구체적이고 실효적인 내용을 포함하고 있다.

　핵에너지를 오직 평화적 목적에만 이용하고 핵 재처리시설과 우라늄 농축시설을 보유하지 않고 한반도의 비핵화를 검증하기 위하여 상대측이 선정하고 쌍방이 합의하는 대상들에 대해 남·북 핵통제공동위원회가 규정하는 절차와 방법으로 핵사찰을 실시하는 것이다.

이 공동선언의 이행을 위하여 공동선언이 발표된 후 1개월 안에 남·북 핵통제공동위원회를 구성하는 것을 포함하고 있다. 남·북은 핵통제공동위원회 구성·운영에 관한 합의서를 1992년 3월 18일 대한민국 국무총리 정원식과 북한 정무원 총리 연형묵이 채택·발효시켰다.

비핵화 공동선언은 북한이 국제원자력기구와 핵 안전조치 협정에 서명, 비준하고 엄정한 사찰을 수용하겠다는 약속과 4항, '남·북 상호 사찰' 조항을 명문화하여 IAEA 핵사찰 수용과는 별도로 남·북 상호 사찰을 통해 북한의 핵 개발을 막을 수 있는 제도적 장치를 마련하고자 하는데 북한이 동의한 최초의, 유일한 시도였다.[25]

노태우 정부에서 남·북이 핵을 의제로 한 회담이 최초로 개최되었다. 3차례의 공동선언을 위한 대표 접촉과 핵통제공동위원회 구성, 운영 문제 합의를 위한 7차례의 협의를 거쳐 남·북이 핵을 의제로 하여 본격적인 회담을 개최할 수 있게 된 것이다. 남·북 핵통제공동위원회는 9차례(1992. 3. 19. ~ 12. 31.) 열렸으며 위원 및 위원장 접촉도 9차례 가졌다.[26]

우리 정부는 핵 재처리시설로 의심되는 북한의 방사화학실험실 건설 중단 및 폐기와 영변 5MWe 원자로의 사용 후 핵연료의 행방 등을 규명하기 위한 특별사찰을 요구했다.

북한은 3차례의 IAEA 임시사찰로 핵의혹이 해소되었으니 주한 미군기지 사찰과 한·미 연합훈련의 재개 철회를 주장하여 사찰 규정 마련에 결말을 보지 못하였다.

노태우 정부는 북한 비핵화라는 전략목표를 일관되게 추진했으며 국제정세와 외교, 경제, 군사적 수단들을 전략목표에 효율적으로 지향시켜 '남·북 비핵화 공동선언'을 이끌어 내었고 구체적인 실무 비핵화를 위한 '남·북 핵통제 공동위원회'를 가동시키는데 성공하였다.

노태우 정부는 북한 핵을 억제하는 기본 책무는 한국에 있다고 보았는데 이는 북한의 핵개발 의지와 능력을 객관적인 시각으로 냉철하게 판단하고 중대한 안보위협으로 인식하였음을 뜻한다. 여기에는 합리적 의사결정을 제한하는 어떤 잘못된 인식이나 왜곡현상 등이 존재하지 않았다. 노태우 정부는 유일하게 북한 핵위협을 '남·북 프레임'으로 설정, 이슈화하고 해결해 나갔던 유일한 사례가 되었다.

노태우 정부의 북한 핵 대응정책 조직행태 분석

백서에 나타난 북한 핵 위협 인식

한·미 정보관계자들은 표준화된 절차에 따라 각각 정보를 수집하고 주기적인 협의를 통해 북한의 위협과 전투서열에 대한 일치된 견해를 갖게 된다. 한동안 발간된 한반도 정보판단서는 이의 종합판으로 안보 정책의 서두를 여는 역할을 하였다. 정보협의 과정엔 각각 자국의 국가 정보기관과 협의함은 물론이다.

이 비밀문서 내용 중 타 정부 부처와 공유해야 할 정보는 부처별로 통보하고 국민에게 반드시 알려야 할 사항을 정리하여 국방백서에 쉽고 간략하게 표현하게 된다. 역대 한국 정부에서 북한 핵 위협을 어떻게 인식하고 있었는지 국방백서에 발표된 공식 입장을 중심으로 살펴보도록 하겠다.

노태우 정부에서는 일관되게 국방백서의 하나의 장을 북한의 대남 군사 위협에 할당하고 1988년과 1989년에는 북한이 주장하는 '한반도 비핵지대화 선언'의 허구와 이중성을 지적하고 있으며[27] 1990년부터 핵 및 화생방능력 항목을 별도 편성하여 북한의 원자력 개발과 건조 중인 재처리시설이 본격 가동되면 1995년 이후 핵무기 보유가 가능해져 안보 위협이 가중될 것으로 판단하였다.[28]

1991년에는 북한이 핵 개발을 위한 제반 능력과 기반을 갖추고 있으며 국제원자력기구(IAEA)와 핵 안전 협정을 체결하고 임시사찰을 수용하였으나 핵 개발 의지를 포기하지 않고 있다고 지적하면서 핵 운반수단인 장거리 유도무기에 대한 항목을 별도로 분석하여 사정거리 1,000Km인 노동1호를 개발했으며 전방에 배치된 FROG – 5, 7 로켓으로 화학 및 전술핵 탄 사격이 가능한 것으로 평가하였다.[29)]

1992년에는 북한의 핵 시설도를 그림으로 제시하고 핵 재처리시설이 1993년부터 본격 가동될 것을 우려하면서 1990년대 중반기에 북한의 핵무기 보유가 가능한 것으로 판단하였는데[30)] 노태우 정부 국방백서에 나타난 북한 핵 위협인식을 정리하면 [표 2 – 8]과 같다.

[표 2-8] 노태우 정부의 북한 핵 위협 인식

연 도	내 용
1988	• 북한이 주장하는 '한반도 비핵지대화' 허구와 이중성 지적(한국 내 반핵 운동 선동, 주한미군 철수, 자신들의 핵개발 기도 은폐가 목적) • 핵무기 확산금지조약 미 가입, 파키스탄 모델로 핵개발 문턱에 있음
1989	1988년과 대동소이
1990	• 핵 및 화생방 능력 항목 별도 분석: 북한 핵개발 과정 간략히 명시 • 영변 연구단지 내 재처리 시설 건설 중, 1995년 이후 핵무기 보유 가능 • 핵안전협정 서명을 기피하고 있음 지적, 북한 핵무장 시 안보위협 가중
1991	• 재처리 시설 1993년부터 본격 가동 예상, 1990년대 중반 핵 보유 가능 • 북한의 핵 시설도를 제시(대형-소령 원자로, 재처리공장, 폭발실험 흔적) • 핵 운반수단인 장거리 유도무기 항목 별도 분석 – 사정거리 500Km 스커드 실전 배치, 장거리 신형 유도탄 개발, 시험 중 – 사정거리 50Km/70Km인 FROG-5/7 로켓으로 전술핵탄 사격 가능
1992	• 1991년과 대동소이하나 – 북한이 핵 개발을 위한 제반 능력과 기반을 구축하고 있으며 – 핵 안전협정에 서명했으나 체제생존을 위해 핵개발 의지 포기 않음 – 사정거리 1,000Km인 노동1호 개발 완료

출처: 국방부, 『국방백서』(서울: 국방부, 1988~1993).

북한 핵 대응전력 건설과 국방예산 배정

노태우 정부에서는 열세였던 **대북 방위전력을 71%까지 확보**하여 억제전력 기반 조성을 목표로 하여 한국형 전차(K1)와 장갑차, 155 미리 자주포 배치, 공격 및 다목적 헬기 도입과 3개의 기계화 보병 사단을 창설하였다.

해상 전력으로 한국형 구축함(KDX) 건조에 착수하고 한국형 고속정(PKM)과 해상작전 헬기(LYNX)를 배치하고 장보고급 잠수함 도입을 결정하였다.

[표 2-9] 노태우 정부 주요 전략 증강 내용(1988 ~ 1992)

- 대북 방위전력 확보(71%까지 향상), 억제전력 기반 조성 목표
- 한국형 전차(K1)/장갑차, 155미리 자주포 배치, 공격/다목적 헬기 도입, 기계화 보병사단 창설(3)
- 한국형 구축함(KDX) 건조 착수, 고속정(PKM) 작전배치, 해상작전 헬기(LYNX) 배치, 장보고급 잠수함 도입,
- F-16전투기 도입, 한국형 전투기사업(KFP) 착수, 중 · 고고도 방공 무기체계(호크/나이키) 공군 전환
- 전략 제대급의 지휘소 자동화 사업과 해군의 전술지휘통제체계 자동화, 각 군 본부의 계룡대 이전 등

출처: 국방부, 『국방백서』(서울: 국방부, 해당연도).; 이미숙, "한국 국방획득정책의 변천과정과 전력증강 방향 고찰," 『국방연구』 60권 2, 2017.; 이필중 · 김용휘, "주한 미군의 군사력 변화와 한국의 군사력 건설," 『국제정치논총』 제47집 1호, 2017.

공중 전력은 F-16 전투기를 도입하고 독자적인 한국형 전투기 사업(KFP)에 착수했으며 북한에 비해 절대 열세였던 중 · 고고도 방공 무기체계(호크, 나이키)를 공군으로 전환하여 발전을 도모하였다.

전략 제대 급의 지휘소 자동화 사업과 해군의 전술 지휘 통제 체계 자동화를 통한 재래식 전력 위주의 전력증강을 추진하였고 각 군 본부를 계룡대로 이전하는 등[31] [표 2 - 9]와 같이 요약해 볼 수 있다.

노태우 정부의 국방예산은 정부재정대비 25% 이상을 꾸준히 유지하였다. 급격히 늘어난 국민총생산(Gross National Product) 대비 비율에서도 5~3%대를 유지하였으며 국방비 증가율은 10%를 상회하여 경제성장의 결과물이 대북 우위의 군사력 건설 의지에 반영되고 있음을 보여주고 있다. 노태우 정부의 국방예산 현황은 [표 2 - 10]과 같다.

[표 2-10] 노태우 정부의 국방예산

연 도	국방비(억원)	GNP대비 국방비(%)	정부재정대비 국방비(%)	증가율(%)
1988	5조 5,202	5.23	31.6	16.3
1990	6조 6,378	4.35	29.3	10.4
1992	8조 4,100	3.57	25.3	12.8

출처: 국방부, 『국방백서 1997-1998』(서울: 국방부, 1997), P.259.

한 · 미 동맹 강화와 확장억제정책으로서의 핵우산

국방부의 산출물 중에 군사 외교의 핵심으로서 한 · 미 동맹 강화는 국가적으로도 중요하다. 한국 정부가 미국의 확장억제를 제공받고 있으므로 사실상 북한 핵 개발과 핵무장을 억제하는 가장 핵심적인 기능을 수행하고 있다고 볼 수 있다.

노태우 정부에서 [표 2-10]과 같이 한·미 안보협의회의를 통해 북한의 핵안전협정 서명 거부와 핵무기 개발에 대한 우려를 공동으로 표명했으며 북한의 핵 개발을 저지하는 노력을 경주해 나갈 것을 합의하였다.

냉전 종식 후에는 미국의 '신 핵 정책 선언'과 한국의 '한반도 비핵화 공동선언'을 상호 지지하였다. 미국은 한국에 대해 계속적인 핵우산을 보장하고 한·미 연합억제력을 충분히 유지하는 데 합의하였다.[32)]

[표 2-11] 노태우 정부 한·미안보협의회의 공동성명(핵 관련 내용)

• 북한의 핵안전협정 서명 거부, 핵무기 개발 우려 표명
• 북한의 핵개발 저지 노력 경주 합의
• 미 '신 핵정책 선언', 한 '한반도 비핵화 공동선언' 지지
• 계속적인 핵우산 보장, 한·미 연합억제력 충분히 유지

출처: 국방부, 『국방백서』(서울: 국방부, 1988~1992).

목적에 충실했던 노태우 정부의 남·북 정치·군사 회담: 남·북 비핵화 공동선언과 핵통제공동위원회 운영

노태우 정부에서 북한 핵 문제해결을 위한 정치·군사 회담이 비핵화라는 일관된 목표에 지향되어 고위급 회담으로부터 실무회담에 이르기까지 4년여에 걸쳐 체계적으로 진행되었다.

노태우 정부는 북한의 핵무기 개발이 동북아안보에 위협이 될 뿐만 아니라 궁극적으로 한반도의 평화통일 달성에 결정적인 장애가 된다는 인식하에 그 개발을 포기케 하고, '핵의 공포가 없는 한반도'를 실현해 나가기 위해 '한반도 비핵화와 평화구축을 위한 선언'(1991. 11. 8.)과 '핵부재 선언'을 발표(1991. 12. 18.)하여 북을 압박함과 동시에 국제적 여론을 조성하여 '한반도 비핵화 공동선언'을 채택하도록 하였다.

북한은 주한미군의 핵무기 철수와 '조선반도의 비핵지대화에 관한 선언'을 주장하였다. 북한은 걸프전쟁 이후 북한에 가해지는 핵 압력을 피하고 미군의 핵무기, 핵 기지 문제를 거론하여 북한의 핵 개발 시도를 은폐하거나 정당화하려고 하였다.

제5차 고위급 회담에서 남·북 쌍방은 공동발표문을 통해 "한반도에 핵이 없어야 한다는 데 인식을 같이하고 한반도 핵문제를 협의하기 위해 판문점에서 대표접촉을 갖기"로 합의하였다. 이에 따라 핵 문제 협의를 위해 차관급의 대표 접촉을 1991. 12. 26.~12. 31까지 3차례 진행해 '한반도 비핵화에 관한 공동 선언문'을 합의했고 최종안이 고위급 회담에서 채택, 발효되었다.

북한은 최초 '비핵지대화에 관한 선언'에 ① 핵무기 적재 비행기·함선의 통과, 착륙, 기항 금지, ② 핵우산협약 체결 금지, ③ 미국 핵무기와 주한미군의 철수 및 핵 기지 철폐 공동노력, ④ 비핵지대 존중을 위한 대외적 조치 강구 등의 내용을 주장하였다.

북한은 한반도 핵문제 협의를 위한 대표접촉 1차 회의에서 '조선반도 비핵화에 관한 공동선언(초안)'에 "미국 핵무기의 전면적이고도 완전한 철수와 핵 기지 철폐를 공동으로 확인", "핵공격을 가상한 일체 군사훈련과 군사연습을 하지 않는다." 는 등의 우리 정부가 받아들일 수 없는 제안을 포함시켰으나 "북과 남은 핵무기의 시험, 생산, 반입, 보유, 저장, 배비 사용을 하지 않는다.", "핵에너지를 오직 평화적 목적에만 이용", "핵재처리시설과 우라늄 농축시설을 보유하지 않는다."는 점을 수용함으로써 비핵화공동선언의 공통의 기반을 마련하였다.

　　노태우 정부는 북한이 지속적으로 미루고 있는 '핵안전조치협정'에 신속히 서명할 것과 국제원자력기구의 핵사찰 수용을 1차, 2차 대표접촉에서 꾸준히 주장하며 주도적인 노력을 경주하여 요구사항을 관철해 나갔다. 3차 대표접촉은 6차례의 정회와 7시간여에 걸쳐 세부 문구들에 대한 의견 교환과 상호 양보와 수정을 통해 '한반도의 비핵화에 관한 공동선언' 문안에 합의하기에 이르렀다.

비핵화 공동선언에서 규정한대로 공동선언이 발효된 1992년 2월 17일로부터 1개월이 지난 3월 18일 남·북 핵통제공동위원회 구성·운영에 관한 합의서가 채택, 발효되었다.

남·북 핵통제공동위원회 구성 운영문제 협의를 위해서도 7차례의 대표접촉을 가져야만 했다. 제6차 남·북고위급회담 기간 중인 1992년 2월 19일 평양의 백화원 초대소에서 임동원, 공노명 대표가 북한의 최우진, 김영철 대표에게 8개조의 합의서(안)을 제시하였으나 북한은 합의서(안)도 제시하지 않고 한국 대통령의 '핵무기 부재선언'에 대해 직접 검증해 봐야 하겠다고 하는 등 비핵화 공동성명 채택 시와는 다른 주장과 불성실한 태도를 보였다.

2월 27일 판문점 북측지역 '통일각'에서 재개된 2차 대표접촉에서 북한은 합의서(안)을 제시하기는 하였으나 1차 대표접촉 시 노태우 정부가 제시한 합의서(안)에 주한미군의 핵무기 및 핵 기지가 사찰대상에 포함되지 않았다고 주장하며 외부 핵 위협에 대한 공동대처와 한반도 비핵화에 관한 국제적 보장문제 등을 주장하였다.

북한은 비핵화 공동선언 항목별 별도의 이행합의서가 채택되어야만 사찰을 실시할 수 있다고 주장하면서 사찰 규정 마련의 전제조건화하여 핵사찰을 지연시키려는 태도를 드러냈다. 나아가 북한은 현행 대표접촉이 '비핵화 공동선언'을 이행하기 위한 대표접촉이라고 주장하여 '핵통제 공동위원회 구성·운영' 문제 협의를 위한 대표접촉이라는 본질과 입장 차이를 나타내기도 하였다.

남·북한은 3월 3일 판문점 '평화의 집'에서 3차 대표접촉을 갖고 '남·북 핵통제공동위원회 구성·운영에 관한 합의서(안)'에 대한 의견절충을 벌였다. 북한은 상호주의와 형평에 어긋나는 사찰을 주장(북한은 사찰 대상으로 남측의 모든 곳을 봐야 하고 남한은 북한의 1, 2곳만 보면 된다는 식)하는 등 본질적인 문제들에 대해서는 여전히 이견을 보였으나 핵통제공동위원회의 구성, 기능, 운영에 관한 부분들에 대해서는 상당한 의견접근을 이루었다.

북한이 '비핵화 공동선언' 이행을 위한 별도의 합의서 채택을 전제조건화 하는 입장을 고수하면서 남·북 상호 핵사찰을 지연시키려는 의도에 의해 4차, 5차, 6차 대표접촉이 진전을 이루지 못하였다.

3월 14일 7차 대표접촉이 이루어졌다. 노태우 정부는 '비핵화 공동선언'이 이행되지 않음으로써 남·북관계 전반에 걸쳐 심각한 문제가 야기될 수 있음을 강조하면서 북한을 압박하여 가장 첨예한 쟁점이었던 사찰규정 채택시한을 "핵통제공동위원회 1차 회의 후 2개월 정도 기간 안에 한반도의 비핵화를 검증하는데 필요한 문건을 채택하기 위해 공동으로 노력하며, 문건이 채택된 후 20일 안에 사찰을 실시"하는 것을 **대표접촉 공동발표문에 포함하는 것을** 합의하였다.

3월 17일과 19일 두 차례에 걸쳐 쌍방 총리가 서명한 합의서가 교환되어 3월 19일 합의서 발효와 동시에 핵통제공동위원회 제1차 회의를 개최하여 남·북 상호사찰 실시를 위한 사찰규정 채택 문제를 본격적으로 논의하게 되었다.

남·북핵통제공동위원회의 구성은 차관급 위원장과 부위원장, 위원을 포함하여 7명으로 하되, 군인을 1~2명 포함하도록 하였으며 전문성을 갖춘 수행원은 6명으로 정하였다.

남·북핵통제공동위원회 구성·운영문제를 협의하기 위한 남·북 대표접촉에 관한 공동발표문

'한반도의 비핵화에 관한 공동선언'에 따라 남·북핵통제공동위원회 구성·운영 문제를 협의하기 위한 남·북대표접촉이 1992년 2월 19일부터 3월 14일까지 7차례 진행되어 다음과 같은 사항에 합의하였다.

1. 남과 북은 1992년 3월 17일과 19일 두 차례에 걸쳐 쌍방 총리가 서명한 '남·북 핵통제공동위원회 구성·운영에 관한 합의서'를 판문점에서 교환
2. 남과 북은 남·북핵통제공동위원회 구성원 명단을 3월 18일 상호 통보
3. 남·북핵통제공동위원회 제1차 회의를 3월 19일 '통일각'에서 개최
4. 남·북핵통제공동위원회 제1차 회의 이후 2개월 정도의 기간 안에 한반도의 비핵화를 검증하는데 필요한 문건을 채택하기 위하여 공동으로 노력하며 문건이 채택된 이후 20일 안으로 사찰을 시작. 1992년 3월 14일 판문점

남·북핵통제공동위원회 구성·운영에 관한 합의서

제1조(구성): 위원장(차관급), 부위원장 포함 7명(1~2명은 현역군인), 수행원은 6명, 구성원 교체할 경우 사전에 상대측에 통보

제2조(협의·추진 내용): ① '한반도의 비핵화에 관한 공동선언'의 이행문제에 따른 부속문건들 채택·처리 ② 비핵화 검증을 위한 정보(핵시설과 핵물질 그리고 혐의가 있다고 주장하는 핵무기와 핵기지 포함) 교환 ③ 비핵화 검증을 위한 사찰단 구성·운영 ④ 비핵화 검증을 위한 사찰대상 선정, 사찰 절차·방법 ⑤ 핵사찰에 사용될 수 있는 장비 ⑥ 핵사찰 결과에 따른 시정조치 ⑦ 비핵화 공동선언 이행, 사찰활동에서 발생하는 분쟁 해결

제3조(운영): ① 회의는 2개월 단위 원칙(쌍방 합의 시 수시 가능) ② 회의 장소는 판문점 남측의 '평화의 집'과 북측지역 '통일각'에서 번갈아 하는 것을 원칙(쌍방 합의 시 다른 장소 가능) ③ 회의는 쌍방 위원장이 공동으로 운영하며 비공개 원칙 ④ 회의를 위해 상대측 지역 왕래하는 인원들에 대한 신변안전 보장, 편의제공과 회의기록 등은 관례대로 한다 ⑤ 운영과 그밖의 필요한 사항은 핵통제공동위원회에서 협의하여 결정

협의·추진 내용은 '한반도의 비핵화에 관한 공동선언'의 이행문제에 따른 부속문건들 채택·처리, 비핵화 검증을 위한 정보(핵시설과 핵물질 그리고 혐의가 있다고 주장하는 핵무기와 핵 기지 포함) 교환, 비핵화 검증을 위한 사찰단 구성·운영, 비핵화 검증을 위한 사찰대상 선정, 사찰 절차·방법, 핵사찰에 사용될 수 있는 장비, 핵사찰 결과에 따른 시정조치, 비핵화 공동선언 이행, 사찰활동에서 발생하는 분쟁 해결 등 매우 구체적이고 실질적인 내용들에 합의하였다.

남·북핵통제공동위원회의 운영 사항으로는, 회의를 2개월 단위로 개최하고 회의 장소는 판문점 남측의 '평화의 집'과 북측지역 '통일각'에서 번갈아 하는 것을 원칙으로 하고 회의 진행은 쌍방 위원장이 공동으로 운영하며 비공개를 원칙으로 하고 회의를 위해 상대측 지역에 왕래하는 인원들에 대한 신변안전보장, 편의제공과 회의 기록 등은 관례대로 하도록 하였다.

노태우 정부가 북한의 핵사찰 지연전술을 명확히 파악하고 '남·북 기본합의서'와 '한반도 비핵화 공동선언'의 취지와 목적에 부합하도록 주도적으로 북한을 압박하여 '남·북핵통제공동위원회 구성·운영에 관한 합의서'까지 도출한 것은 남·북한 간의 정치·군사회담에서 의미 있는 결과로 평가할 수 있다. 실질적인 비핵화 달성을 위해 가장 첨예한 쟁점사항이었던 핵사찰 시한을 7차 대표접촉 막바지에 합의서가 아닌, 공동발표문에 포함시킨 점은 아쉬운 대목이다.

합의서 1조에 따라 공로명(외교안보원장) 위원장, 반기문(외무부 장관 특별보좌관) 부위원장, 정대규(통일부 자문위원)·변종규(대통령비서실 비서관)·이부직(국방부 준장)·이승구(과학기술처 심의관)·홍석범(국무총리실 심의관) 등의 위원으로 구성하였다. 북한은 최우진(외교부

순회대사) 위원장, 박광원(조선인민군 소장) 부위원장, 김경춘(원자력공업부 국장)·장장천(외교부 연구원)·김수길(외교부 연구원)·최영관(조선인민군 대좌)·김만길(조국평화통일위원회 서기국 참사) 등이 최초로 참석하였다.

남·북핵통제공동위원회에 북한은 처음부터 소극적 자세로 회담에 임하였으며 준비 부족 등 불성실한 모습을 보였다. 회담 내용과 무관한 부시 미 대통령의 해외배치 전술핵무기 철수 완료 선언(1992. 7. 2.)을 의제화하려 하였고 주한미군의 핵무기와 핵 기지에 대한 사찰을 줄곧 주장하면서 사찰 지연전술을 펼쳤다.

사찰 규정 구성과 장 제목에 대한 합의(8차; 1992. 8. 31.)에 이르기도 하였으나 북한은 한·미 안보 연례 협의 회의(SCM)에서 북한 핵 문제해결이 부진할 경우 팀스피리트 연합훈련을 재개할 수 있다는 발표에 대해 강력히 반발하면서 연합연습의 철훼와 이의 공식발표를 지속 요구하였다.

[표 2-12]에서 보는 바와 같이 북한은 이미 철회하였던 비핵지대화 이론을 다시 들고 나오면서 이행합의서 우선 토의를 주장하여 사찰규정에 대한 실질토의를 거부함으로써 쌍방이 합의한 사찰규정 채택시한을 넘기고 말았다.

13차 회담까지 실질적인 사찰규정 마련보다는 규정을 위한 규정 마련인 '한반도 비핵화 공동선언' 이행 합의서를 사찰규정의 선행조건으로 요구하는 등 동일한 태도를 견지하면서 오히려 한국의 핵 개발 의혹을 설명하라고까지 강변하는 등 '한반도 비핵화 공동성명'의 취지에 어긋나는 적반하장의 태도를 보여 핵사찰 규정 마련에 실패하였다.

[표 2-12] 남·북 핵통제공동위원회 개최(1~13차)

구 분	주요 내용
1차 1992. 3. 19. 통일각	• 남: '남·북 상호 핵사찰 실시에 관한 규정(안)'과 정보교환양식과 사찰계획서 작성요령을 부록으로 제시 • 북: '조선반도의 비핵화에 관한 공동선언 이행을 위한 합의서(초안)'과 사찰규정(안)을 부록으로 제시, 북한측의 영변과 남측의 모든 미군기지를 사찰대상으로 하는 '의심동시해소원칙' 주장, 외부 핵위협 공동대처 등 비핵지대화 논리 재론(핵사찰 지연전술)
2차 4. 1 평화의집	• 남: 북한의 사찰 지연의도 비판(합의를 위한 합의, 규정에 규정), '상호 동수주의'와 핵의혹 해소를 위한 특별사찰 주장 • 북: 공동선언 이행합의서 우선 채택 입장 고수, 핵무기·핵기지에 대한 사찰을 사찰규정의 선결조건으로 내세움 * 국제원자력기구(IAEA) 핵안전조치협정 비준(4. 9; 6년만에 비준)
3차 4. 21 통일각	• 남: 1차 회의시 제시된 북의 사찰규정 일부 수용, 수정안 제시, 사찰규정 마련 시한(5월 19일)의 촉박함 지적 • 북: 공동선언 이행합의서와 사찰규정 일괄채택 주장, '의심동시해소원칙' 고수, 특별사찰 거부, 사찰규정 변합없어 실질토의 불가 * 7차 고위급회담(5. 6): 5월말 사찰규정 채택/6월중 사찰 합의
4차 5. 12 평화의집	• 남: 핵무기·핵기지를 명기해야 한다는 북측 주장 수용 수정안 제시 • 북: 특별사찰 반대, '의심동시해소원칙' 고수, 이행합의서와 사찰규정 일괄타결 전제로 위원접촉 제의 * 위원접촉: 1차(5. 15) 2차(5. 20) 3차(5. 23): 쌍방간 이견 못좁힘
5차 5. 27 통일각	• 남: 사찰규정 마련 시한(5월말) 임박 강조, 우선토의 주장 • 북: 핵무기·핵기지에 대한 별도의 장 편성 주장, 군사기지사찰 반대 * IAEA의 임시사찰 실시(3차례; 5. 15~6. 5, 7. 11~21, 8. 31~9. 12)
6차 6. 30 평화의집	• 남: IAEA사찰결과 '방사화학실험실' 완공 시 핵재처리시설이 될 것이라는 사실이 확인되어 공동선언에 위배됨을 지적, 건설중단 폐기 강력히 촉구, 핵사찰 규정을 먼저 토의/가서명 후 이행합의서 토의, 일괄채택에 북측 동의시 이행합의서(안) 제시할 용의가 있음 • 북: IAEA 사찰로 핵무기 개발에 대한 의심의 근거가 없어짐, 남은 일은 주한 미군기지에 대한 사찰분이라고 강변, 이행합의서(안)을 먼저 제시하라고 주장

구 분	주요 내용
7차 7. 21 통일각	• 남: 사찰규정 토의, 가서명 후 이행합의서 토의를 한다는 전제 하에 이행합의서(안) 제시, 전문과 7장 29개조의 사찰규정 수정안 제시, 조속한 사찰규정 마련을 위해 주1회 회의개최 주장 • 북: 2차 IAEA 임시사찰로 핵무기 개발 의혹 해소, 남은 것은 주한 미군기지 사찰 분이라는 종래 주장 되풀이 강변, '의심동시해소원칙' 반복, 부시 대통령의 해외배치 전술핵무기 철수완료선언(7.2) 등 사찰규정과는 무관한 주장을 지속, 2개월에 1회 회의개최 주장
8차 8. 31 평화의집	• 남: 남·북 상호 핵사찰은 '비핵화 공동선언'에 따른 의무사항으로 IAEA사찰로 대체될 수 없음 강조, 사찰규정 우선토의, 상호주의에 입각한 동수사찰, 군사기지 사찰, 특별사찰 주장 • 북: 사찰규정 수정안을 제시, 이행합의서 토의를 전제로 사찰규정 우선 토의에 호응 ☞ 사찰규정의 장 제목에 대해 합의(근본문제들에는 견해차이 존재)
위원 접촉	1차(9·19), 2차(9. 30), 3차(10. 14): 사찰규정(안)의 제1장 '비핵화를 검증하기 위한 정보교환', 제2장 '사찰단의 구성·운영'에 대해 실무 토의하였으나 진전 없음. 3차 위원접촉에서 10월 초 한·미안보협의회의 공동발표문(팀스피리트 준비조치) 비난
9차 10. 22 통일각	• 남: 팀스피리트 훈련 재개 여부는 북한의 핵무기 개발 의혹 해소 여부에 달려 있음. 사찰 규정 문안토의 지속 촉구 • 북: 사찰규정 토의 선행조건으로 ① 팀스피리트 훈련 재개 철회 공포 ② 외국의 핵무기와 관련장비 참여 군사연습 금지 등 요구 * 위원 접촉(10. 29): 북한 '팀스피리트 훈련을 강행할 경우 고위급회담은 물론 남한 당국과의 모든 대화와 접촉 동결' 통보
10차 11. 18 평화의집	• 남: 11월말까지 사찰규정 채택, 12월 중순까지 상호 핵사찰 실시될 수 있다면 1993년 팀스피리트훈련 중지문제 해결 가능 입장 피력 • 북: 팀스피리트훈련 재개철회 요구만으로 일관
11차 11. 27 통일각	• 남: 12월 21일 예정된 9차 남·북고위급회담 이전까지 첫 상호사찰이 시작된다면 1993년도 팀스피리트훈련 문제 해결 가능 제시 • 북: 핵사찰 지연책임을 남측에 전가하며 남측이 미국의 대아시아 전략에 추종한다고 주장하며 남측을 비난

구 분	주요 내용
12차 12. 10 평화 의집	• 남: 팀스피리트훈련에 대한 11차 회의 입장 재확인 • 북: 상호사찰 실시와 팀스피리트훈련 재개를 연계시킨 입장 철회 요구, 남측이 팀스피리트훈련을 강행하려는 의도가 은밀히 추진해 온 핵무기 개발을 은폐하고 사찰을 회피하려는 의도라고 궤변 * 위원 접촉(12. 14): 북의 사찰규정 토의 선행조건 요구에 남은 위원 접촉의 기본임무가 사찰규정 토의에 있음을 상기시키고 토의진행
13차 12. 17 통일각	• 남: 북한측이 팀스피리트훈련을 구실로 남·북대화를 중단하겠다고 위협하는 것은 남·북한 합의를 파괴, 유린하는 행위로 용납 불가 • 북: 팀스피리트훈련을 중단하겠다고 하여 국제원자력기구 사찰 받기로 한 것이므로 상호 핵사찰을 팀스피리트훈련과 연계는 부당. 남측이 이미 핵무기 생산단계 진입했다고 강변 * 위원장 접촉(1993. 1. 25.): 팀스피리트훈련에 대한 공방으로 일관

노태우 정부에서 남·북 간에 최초이자 유일하게 '한반도 비핵화 공동선언'이라는 구체적 산물까지 생산해 내었고 이 합의에 따라 1달 이내에 남·북 핵통제공동위원회를 구성하여 운영하였다. 남·북 고위급회담과 정치분과위원회, 군사분과위원회 등을 병행하면서 북한의 비핵화를 견인하고자 하였으나 북한은 근본적으로 핵 개발을 포기할 의도가 없었다.

사찰규정 마련과 핵사찰 시한을 남·북 쌍방이 합의하여 정해놓고 비핵화를 위한 협의절차와 대상 등에 대한 세부적인 협의에 다달았으나 북한이 한반도 핵문제의 근원을 주한미군의 핵무기·핵기지로 보는 본질적인 차이로 인해 사찰 규정 합의와 이의 실행에는 이르지 못하였고 북한이 일방적으로 대화를 중단하였으며 김영삼 정부로 정권 교체가 이루어졌다.

북한은 1992년 10월 초 발표된 한·미안보협의회의 공동선언문
에 표기된 '남·북관계, 특히 상호 핵사찰에 의미있는 진전이 없을
경우 팀스피리트훈련 준비조치를 계속한다'라는 문구를 구실 삼아
남·북 핵통제공동위원회, 남·북고위급회담 등의 대화를 폐기시켜
나갔다. 이에 대해 1992년 12월 10일 남·북핵통제공동위원회 제12
차 회의에서 한국측 위원장은 다음과 같은 요지로 **북한의 불성실한 협
상태도를 질타하고 비핵화 의지가 없음을 지적하였다.**

"자의적인 조건을 제시하고 이를 상대방이 수락하지 않을 경우 모든 대화를 중단
하겠다고 하는 것은 온당한 처사가 아닙니다."

"1993년도 팀스피리트훈련 문제는 핵문제 해결을 위한 귀측의 입장여하에 달려
있음에도 불구하고 사찰규정 채택을 위한 노력은 전혀 하지 않은 채 부당한 주장
만 반복하고 있는 것은 매우 안타까운 일입니다. 핵문제의 해결을 위한 귀측의 과
감한 결단을 재삼 촉구하는 바입니다."

"남·북 기본합의서 제12조는 쌍방이 모두 '대규모 부대이동과 군사연습'을 실시
할 수 있다는 것을 상정하고 팀스피리트훈련과 같은 '대규모 부대이동과 군사연습
의 통보 및 통제'등 군사적 신뢰를 조성하는 문제를 남·북군사공동위원회에서 협
의·추진하도록 규정하고 있습니다. 팀스피리트훈련은 대화거부의 사유가 아니라
오히려 대화와 협의를 더욱 필요하게 만드는 사항입니다"

노태우 정부의 북한 핵 대응정책 정부정치 분석

북한 핵 대응정책 경기자

한국 정부에서 대북정책에 참여하는 가장 중요한 경기자는 대통령으로 헌법에 따라 국가의 독립·영토의 보전, 국가의 계속성과 헌법을 수호할 책무와 조국의 평화적 통일을 위한 성실한 의무를 진다. 국가 안전보장에 관련되는 대외정책·군사정책과 국내 정책의 수립에 관한 국무회의의 심의에 앞서 대통령의 자문에 응하기 위하여 국가안전보장회의를 두고 대통령이 이를 주재한다.[33]

국가안전보장회의(National Security Council, NSC)는 대통령 직속 기구로 대통령이 의장이며 국가안전보장회의법에 따라 국무총리, 외교부장관, 통일부장관, 국방부장관 및 국가정보원장과 대통령령으로 정하는 위원으로 구성한다. 회의에서 위임한 사항을 처리하기 위하여 상임위원회를 두며 국가안전보장회의 운영 등에 관한 규정에 의거 국가안보실장이 상임위원장이 된다. 따라서 한국 정부의 북한 핵 대응 정책에 참여하는 주요 경기자는 대통령, 외교·통일·국방부 장관, 국가정보원장, 국가안보실장으로 볼 수 있다.

노태우 정부의 경기자와 대북 우위의 전략

여소야대와 민주화의 소용돌이 속에서 민주화 과도기를 관리한 노태우 대통령은 외교정책과 통일정책에 대한 원대한 구상을 가지고 북방정책을 성공적으로 이끌었다. 소련 및 중국과의 외교 관계 수립 은 한국에 엄청난 전략적, 경제적 의미를 담고 있다. 소련은 한국과 외교 관계를 맺은 후 더이상 전투기와 같은 첨단 무기를 북한에 제 공하지 않았고 북방정책으로 고립된 북한은 한국과 핵 문제가 포함 된 대화를 거부할 수 없었다.[34]

노태우는 정규 사관학교를 졸업한 군인 출신으로 북한의 핵 개발과 핵무장이 국가적으로, 국제적으로 가져올 위험을 명확히 인 지하고 북한 핵 문제를 남·북 간에 해결해야 할 체제경쟁의 이슈로 성격을 규정하고 이의 해결을 위한 의제를 구체적으로 설정하였다. 냉전체제의 승리와 미국의 핵 감축 및 전술핵 철수 등 주변 강대국 의 변화를 전략적으로 활용하여 북방정책과 함께 북한의 비핵화를 주도하였다. '한반도 비핵화 공동선언'을 통해 국제 비확산체제의 사 찰과는 별도로 남·북 간에 핵에 관한 상호 사찰을 시행하기로 합의 하였다.

노태우 정부의 북한 핵 대응 정책 참여자들은 [표 2−13]과 같 이 안보 보좌관, 국방부장관, 안전기획부장 등 다수의 전문가들이 북 한 핵무장에 대한 위협인식과 핵 문제의 성격 규정(Issue Frame)에 동일한 시각을 가졌을 것으로 보는데 무리가 없으며 북한 핵 관련 내부 갈등이 언급되거나 표출된 사례나 연구는 없다.

[표 2-13] 노태우 정부의 북한 핵 대응정책 책임자

구 분	책임자(기간, 출신)
안보 보좌관	김종휘(1988~1993, 국방대 교수) * 1991년 외교안보수석으로 직책 변경
외교부 장관	• 최광수(1986. 8~1988. 12, 외교관) • 최호중(1988. 12~1990. 12, 외교관) • 이상옥(1990. 12~1993. 2, 외교관)
통일원 장관	• 이홍구(1988. 2~1990. 3, 교수) • 홍성철(1990. 3~1990. 12, 군인/관료) • 최호중(1990. 12~1992. 6, 외교관) • 최영철(1992. 6~1993. 2, 언론인/정치인)
국방부 장관	• 오자복(1988. 2~1988. 12, 군인) • 이상훈(1988. 12~1990. 10, 군인) • 이종구(1990. 10~1991. 12, 군인) • 최세창(1991. 12~1993. 2, 군인)
안전기획 부장	• 배명인(1988. 5~12, 검찰관료) • 박세직(1988. 12~1989. 7, 군인) • 서동권(1989. 7~1992. 3, 검찰관료) • 이상연(1992. 3~1992. 10, 군인) • 이현우(1992. 10~1993. 2, 군인)

* 출신은 직책에 임명되기 이전의 주요한 경력을 토대로 작성

출처: 장관은 각 부 홈페이지의 역대 장관 명단.; 안보실장(보좌관)은 네이버 · 위키백과 인물 사전.; 정보책임자와 안보책임자는 김한찬, 『한국의 대통령들』(서울: 도서출판 호박, 2017). pp. 236-272.; 빅카인즈 해당 시기 뉴스 검색.

한국 정부의 공유된 인식과 전략적 조치들은 북한의 핵 개발과 핵무장을 억제하는데 상당한 영향을 미쳤음은 노태우 정부 기간 동안 북한이 '한반도 비핵화 공동선언'에 합의하였고 구체적인 사찰 규정을 협의하기 위한 13차례의 남·북 핵통제공동위원회에 지속적으

로 참여한 점이 이를 증명하고 있다. 노태우 정부에서 **정부정치모형의 사례**로 '훈령 조작' 사건이 사례로 연구된 바 있다.

노태우 정부 정부정치모형 사례

• 1992년 8차 남·북 고위급 회담에서 비전향 장기복역자 이인모 송환과 남·북 이산가족 교환방문 성사를 두고 통일원과 국가안전기획부간의 갈등이 정치적 주장으로 이어졌다.
• 통일원은 안기부가 훈령을 조작했다고 주장하고 안기부는 북한의 진실성이 회의적이었다고 주장하여 감사원 감사까지 받았으며 김영삼 정부 국회에서 훈령 사본이 등장하면서 한 번 더 갈등과 이견이 표출되었다.

출처: 배종윤, "1990년대 한국의 대북정책과 관료정치: 통일부와 국가정보원을 중심으로," 『한국정치학회보』 제37집 5호, 2003. pp.152-153, 155.

제 7 장
통일 열망의 그늘에 덮인 북한 핵 대응정책

① 김대중 정부

 김대중 정부의 북한 핵 대응정책

1994년에 체결된 미·북 제네바합의는 김대중 정부에서도 유지되고 이행되었다. **대북 경수로 사업**의 재원 마련, 부지정리공사 및 본공사를 진행하여 2003년 1월 말 현재 전체공정의 28.3%를 진행하였고 중유 지원도 매년 이루어졌다.

대북 경수로 건설공사는 한반도 에너지 개발기구(KEDO)가 1997년 8월 19일 함경남도 금호지구에 착공하여 1, 2호기의 시공은 19.7%, 원자로 설계 48.5%, 각종 기자재 제작, 구매 34.3% 등을 포함 종합공정의 진척도가 28.3%에 이르렀다.

출처: 통일부, 『통일백서 2003』(서울: 통일부, 2003). p.281.

북한은 군 중심의 국가 운영체제인 선군정치와 강성대국 건설을 표방하며 서해 교전 등 도발을 지속하였으며 금창리 지하 시설 의혹과 탄도미사일 발사 등의 갈등 요소들이 존재했으나 한국, 미국과의 협상을 통해 해결해 나갔으며 핵 시설 관련 동결 및 핵연료봉의 안전한 보관을 위한 조치 등 북한의 비확산 관련 의무사항은 이행되었다.

김대중 정부의 대북정책은 화해와 협력의 포용 정책으로 화해 협력 및 평화 정착, 일체의 무력도발 불용, 흡수통일 배제를 원칙으로 삼았다. 안보와 화해 협력의 병행추진, 평화공존과 평화교류 우선 실현, 화해 협력으로 북한의 변화 여건 조성, 남·북한 상호이익 도모, 남·북 당사자 해결 원칙하에 국제적 지지 확보, 국민적 합의 등을 추진 기조로 하였다.35)

1998년 5월 인도와 파키스탄 간에 경쟁적인 핵실험이 있었다. 김대중 정부 초기인 1998년, 국방백서에서 북한의 핵 개발 의도를 한반도 공산화와 국제적 영향력 확보로 한 차례 언급하였고 이후의 국방백서는 발간 보류되었으며 이후 발행된 김대중 정부의 국방정책(1998~2002)에서 북한의 군사적 위협 항목에서 북한 핵은 강조되지 않았다.

김대중 정부에서 북한 핵 위협은 사실상 해결된 상태로 보았고 대북 포용 정책의 실효성을 제고하기 위한 남·북한 군사적 신뢰 구축을 통해 정부 정책을 지원하고 군사적 긴장 완화에 기여할 것이 국방 분야에 요구되었다.

'선 신뢰 구축, 후 군비축소' 원칙하에 남·북 군사 회담이 활발하게 이루어졌다. 10회의 장성급 회담에서는 정전협정 준수 문제를 주로 협의했고 장관 2회, 7차례의 군사실무회담을 통해 남·북 철도 연결 및 도로 작업의 군사적 보장 등에 대해 논의했으나 북한 핵 폐기 관련 확인이나 검증, 사찰 관련 사항이 의제가 되지 못하였다.

미국 본토가 공격당한 9·11테러 이후 미국의 대외정책 기조의 변화로 미·북 관계는 경색되었으며 2002년 10월 3일부터 5일까지 북한을 방문한 켈리 미 국무부 동아태 차관보에게 북한이 고농축 우라늄(Highly Enriched Uranium, HEU) 핵 개발 프로그램의 존재를 시인함으로써 한반도에서의 핵 위기는 다시 고조되었다.

부시 미국 대통령은 2002년 1월 국정연설에서 북한, 이라크, 이란을 '악의 축'으로 지목하고 3월 국토 안보부를 신설하여 테러 세력에게 대량파괴무기를 넘겨줄 가능성이 있는 국가들에 대한 공세를 강화하였다.

미 국방부가 2002년 1월 의회에 제출한 핵 태세 검토보고서(NPR)에서 특정 국가는 물론 불특정 그룹에 의한 비대칭적 위협에 적극적으로 대응한다는 원칙을 수립하였다. 미국은 9월 국가안보 전략서를 통해 테러 및 대량파괴무기 위협 제거를 국가안보정책의 최우선 목표로 설정하고 필요 시 단독 행동 및 선제공격할 수 있으며 이를 위해 반테러 국제연대 및 동맹 강화의 필요성을 역설하였다.

미국은 대량파괴무기 보유 및 기술이전을 막기 위해 외교적 해결을 모색하는 '비확산(nonproliferation)' 정책은 물론 요주의 세력들의 대량파괴무기 보유 의지를 군사적 수단을 통해서라도 사전에 억제하려는 '반확산(counter proliferation)' 정책을 동시에 추구하게 되었다.[36]

2002년 10월 10일 미국은 국무부 대변인 성명을 통해 북한이 고농축우라늄 핵 개발 프로그램을 추진하고 있다고 발표하고 핵 개발 프로그램을 즉각 포기하라고 촉구하였는데, 북한의 핵 개발은 미·북 제네바합의, 핵확산금지조약, 국제원자력기구 안전조치 협정, 한반도 비핵화 공동선언을 동시에 위반하는 것이라고 강조하였다.

북한은 10월 25일 미국의 '선 핵 개발 계획 포기' 요구를 거부하고 북·미 간 불가침협정 체결을 주장하였다. 11월 소집된 한반도 에너지 개발기구(Korean Peninsula Energy Development Organization, KEDO) 집행이사회는 중유공급 중단을 결정하였고 북한은 중유공급 중단을 빌미로 핵 동결대상에 대한 해체 조치를 하였다. 12월 27일 북한은 IAEA 사찰관을 추방하고 방사화학실험실(재처리시설) 가동준비를 결정하였으며 2003년 1월 10일 NPT 탈퇴를 선언함으로써 2차 북한 핵 위기를 맞게 되었다.[37]

미·북 제네바합의로 김대중 정부에서는 북한 핵 문제가 해결된 것으로 보았지만, 동결 이전에 북한이 생산한 핵물질 처리의 불투명성, 북한의 대포동 미사일 발사(1998. 8. 31.)와 미·북 연락사무소 개설 무산, IAEA의 대북 핵안전협정 이행촉구 결의안 채택(1999. 10. 1.), 북한의 제네바 합의서 파기 경고(2000. 2. 2.), 북한의 고농축우라늄 이용 핵무기 프로그램 존재 시인(2002. 10. 17.) 등 불안정한 신호와 핵 불씨가 곳곳에서 지속되고 있었으나 남·북 간 화해와 포용의 햇볕, 통일 열망에 가려져 보이지 않았다.

김대중 정부의 통일 열망은 북한의 핵위협 인식을 둔감하게 하였고 북한의 핵 능력 고도화를 억제하는 기민성을 떨어뜨리며 북한 핵문제를 합리적으로 해결하는데 오인식의 장애요인으로 작용하였다.

김대중 정부의 북한 핵 대응정책 조직행태 분석

백서를 통해 본 김대중 정부의 북한 핵위협 인식

    김대중 정부는 1998년과 1999년까지 이전 정부의 북한 핵에 대한 위협평가와 미·북 제네바합의에 따른 북한 핵 문제 추이를 같은 맥락으로 분석했으나[38] 2000년부터는 국방백서를 발간하지 않았다. 2001년에 국방부 정책기획관 명의의『국방 주요자료집』을 발간했으나 핵에 대한 언급 없이 재래식 전력 위주로 북한의 군사 위협을 간단히 다루었다.[39]

    2002년에 김대중 정부의 국방정책을 포괄한『1998~2002 국방정책』을 발간하였다. 국방 운영 목표와 방향, 완벽한 국방태세 확립, 안정적 대외 군사 관계 발전, 선진 정예군 건설 추진, 국민의 신뢰와 지지 확보, 국방실적 평가 및 향후 과제 등 6개 장으로 편성되었는데 북한의 핵 문제는 다루지 않고 있다.

    2장 완벽한 국방태세 확립의 2절 전 방위 군사대비태세에서 북한의 군사적 위협에 대한 평가 없이 북한의 군사적 위협 대비태세를 감시 및 조기경보체제, 한·미 연합 위기관리 체계, 침투 국지 도발 대비태세, 전면전 대비태세로 다루고 있으나 핵에 관한 언급은 없다.[40] 김대중 정부의 북한 핵 위협인식은 [표 2-14]와 같다.

[표 2-14] 김대중 정부의 북한 핵 위협인식

연 도	내 용
1998	• 전략무기 위협을 전략무기 개발수준으로 변경 • 미·북 합의 이행 추이 간략히 분석, 북한의 핵무기 개발 포기에 의 문제기 • 북한의 대륙간 탄도미사일 시험 발사에 신중한 분석
1999	• 1998년과 대동소이 • 탄도미사일 능력 평가: 대포동1, 2호(사거리 2,000~5,000Km, 6,700Km 추정)
2001	• 국방주요자료집 발간(정책기획국장 명의) • 북한의 군사위협에서 핵 누락, 재래식 위협만 간략히 언급

2002	• 1998~2002 국방정책 발간
	  – 북한의 군사위협 평가 누락, 북한 핵문제에 대한 분석, 언급 누락
	  (장관 발간사에서 일부 언급, 부록의 북한 핵문제 경과일지 수록)

출처: 국방부, 『국방백서』(1998, 1999); 『1998~2002 국방정책』(서울: 국방부).

북한 핵 문제에 대해서는 장관의 발간사와 부록의 남·북 철도·도로 연결사업 주요일지 다음에 실린 '북한 핵 문제 관련 경과일지'41)가 있을 뿐이다. 6장의 국방실적에서도 북한 핵 문제 관련 국방분야의 실적이 없음을 자인하고 있다.

> 1998년 8월 북한이 대륙간 탄도미사일 시험용으로 발사한 대포동 미사일에 대해 "변형된 대포동 미사일 운반체에 의한 소형 인공위성 궤도 진입을 시도하였다"고 조심스러운 표현을 하고 있다.
>
> 출처: 국방부, 『국방백서』(서울: 국방부, 1998). p.45.

김대중 정부의 북한 핵 대응 전력증강

김대중 정부는 [표 2-15]와 같이 차세대 공격용 헬기 개발에 착수하고 지대지미사일(ATACMS)과 다련장 로켓(MLRS), 차기 지대공 미사일(SAM-X) 도입을 추진했으며 '백두/금강 사업'을 추진하여 감시정찰 전력을 보강하였다.

신형 한국형 구축함(KDX-2) 건조에 착수했으며 대잠 초계기 추가 도입과 전략 제대 지휘소 자동화 체계를 전력화하고 육·해·공군 전술 C4I 체계와 연동시켰으며 화생방방호 사령부를 창설하였다.[42]

[표 2-15] 김대중 정부의 주요 전력증강(1998~2003)

주요 전력 증강 내용	비 고
• 차세대 공격용 헬기, ATACMS지대지 미사일, 다련장 로켓(MLRS), 차기 지대공미사일(SAM-X) 도입, '백두/금강 사업' 추진 • 신형 한국형 구축함(KDX-2) 착수, 대잠 초계기 추가도입 • 전략제대 지휘소 자동화체계 전력화/육·해·공군 전술 C4I체계와 연동, 화생방방호사령부 창설 등	2차 북핵 위기 (2002)

출처: 국방부, 『국방백서』(서울: 국방부, 해당연도).; 이미숙, "한국 국방획득정책의 변천과 정과 전력증강 방향 고찰," 『국방연구』60권 2, 2017.; 이필중·김용휘, "주한미군의 군사력 변화와 한국의 군사력 건설," 『국제정치논총』제47집 1호, 2017.

김대중 정부의 한·미 안보협의회의 공동성명

김대중 정부는 [표 2−16]에서 보는 바와 같이 한·미 안보협의회의를 통해 '한반도 비핵화 공동선언'의 완전 이행과 '미·북 제네바합의'에 따른 북한의 의무 이행을 촉구했으며 북한 핵을 동결한 상태이나 궁극적으로 해체해야 할 것을 주장하였다. 북한 경수로 건설 사업이 핵 문제해결에 중요하다는 인식을 공유하고 대한민국에 핵우산 제공 공약을 재확인하였다.[43]

[표 2-16] 김대중 정부 한·미안보협의회의 공동성명 중 핵 관련 내용

한·미안보협의회의 공동성명 중 핵 관련 내용	비 고
• '한반도 비핵화 공동선언' 완전 이행 촉구 • '미·북 제네바 합의' 북 의무 이행 촉구 (영변·태천 동결, 궁극적으로 해체) • 북한 경수로 건설 사업이 핵문제 해결에 중요함 인식 공유 • 대한민국에 핵우산 제공 공약 재확인	2차 북핵 위기 (2002)

출처: 국방부, 『국방백서』(1998, 1999); 『1998~2002 국방정책』(서울: 국방부).

김대중 정부의 남·북 군사·정치 회담

김대중 정부는 국제적 냉전 질서가 종식되었으며 미·일·중·러 주변 4강국은 '전략적 동반자 관계'를 형성하여 한반도 평화와 안정 유지가 그들의 국가 이익에 부합된다는 정책을 취하고 있다고 평가하였다.

북한 체제는 이미 실패하여 변화 없이는 경제 회생이나 체제 유지가 어렵지만, 급격히 붕괴할 가능성은 희박하므로 대북 화해 협력 정책이 한반도에서 평화와 안정을 확보하고 남·북관계를 개선해 나가는 가장 현실적인 대안이라고 판단하였다. 또한, 북한 핵 문제가 위기 국면으로 치닫다 1994년 10월 '제네바 합의'를 통해 일단 고비를 넘긴 것으로 보았다.[44]

김대중 정부는 대북 화해 협력 정책을 일관되게 추진하였고 2000년 6월 15일 3차례의 특사접촉과 8회의 정상회담 준비 및 실무접촉을 거쳐 남·북 정상회담을 하고 '6. 15 남·북 공동 성명'을 채택하였다. 공동성명은 통일문제 해결과 이산가족 등 인도적 문제해결, 경제협력과 제반 분야의 교류 협력을 활성화하는 것을 주요 내용으로 하였으나 민감한 핵 문제는 제외되었다.

역사적인 남·북 정상회담 이후 장관급 회담이 9차례 진행되었고 군사 분야 회담도 한차례의 장성급 회담과 군사실무회담 및 접촉이 16차례 진행되었으나 북한의 핵 문제는 의제에서 제외되었다.

남·북 국방장관회담을 통해 민간인들의 왕래와 교류 협력을 보장하는데 따르는 군사적 문제해결과 긴장 완화와 전쟁위험을 제거하기 위한 공동노력, 당면과제인 철도와 도로공사를 위한 안전보장 등에 합의하였고 군사실무회담을 통해서 '남·북 관리구역 설정과 남과 북을 연결하는 철도와 도로 작업의 군사적 보장을 위한 합의서'가 채택되었다.

남·북 장관급 회담을 중심협의체로 각종 분야별 회담을 통해 주요 현안 문제들을 협의·이행함으로써 남·북 간 실질적 협력관계를 증진시켰다. 남·북 교역액이 총 4억 2,515만 달러로 역대 최고치

를 기록하는 등 남·북 경협이 지속 확대되는 가운데, 경의선 철도·
도로 연결사업, 경협 관련 4대 합의서 타결 등 남·북 경제공동체
건설을 위한 기반 구축을 시도하였다.[45]

가장 활발한 경제 분야 회담과 접촉으로부터 적십자, 사회, 문
화, 체육 교류 등 남·북대화가 다양화·정례화되어 남·북회담이 더
이상 과거와 같은 '선전의 장'이 아니라 화해 협력을 위한 '실천의
장'으로 자리 잡아 갔으나[46] 정상회담으로부터 장관회담, 그리고 각
종 실무회담과 접촉에서 핵 문제를 외면했다는 점에서 북한의 핵 개
발과 핵무장을 방관하였다는 비판을 면하기 어렵다.

김대중 정부의 북한 핵 대응정책 정부정치 분석

김대중 정부의 통일 열망과 가려진 핵 문제

김대중 대통령은 오래전부터 통일문제에 대해 전략적인 사고와 비전을 가지고 있었다. 그는 통일 비전을 3단계 통일론으로 체계화하였고 취임 당시부터 반세기 동안 이어 온 남·북 간 적대관계를 청산하고 자신의 임기 중 첫 단계인 국가연합을 이루어 통일 대통령으로 역사에 기록되기를 원했다.

2000년 평양을 방문하여 역사적인 6·15 공동성명으로 목표에 한 걸음 다가갔으며 그해 말 노벨 평화상을 수상하였고 임기 내에 평화협정을 체결할 수 있기를 희망하였다. 그러나 정권 교체 후 정상회담 직전 현대를 통해 **북한에 5억 달러를 제공**한 것이 밝혀져 관련자가 유죄판결을 받았다.

퇴임 이후 그는 "북한에 1억 달러 비밀 지원을 대통령으로서 승인했으며 이를 후회하지 않는다"고 밝혔다. *Financial Times*, 2004. 6. 19.

출처: 함성득, 『제왕적 대통령』(서울: 섬앤섬, 2017). p.118 재인용.

그러나 남·북 6·15 공동선언은 휴전선을 사이에 두고 남·북한의 170만 군대가 대결하고 있는 긴장된 현실을 해소하기 위한 아무런 합의도 이르지 못했을 뿐 아니라 국제적으로 심각한 우려의 대

상이 되고 있던 북한의 핵 개발과 미사일 문제를 거론하지 않았다. 실질적인 군사적 긴장해소를 등한시하는 남·북관계는 궁극적으로 실패할 가능성이 큰 것이다.

김대중 정부의 경기자와 정책 갈등 사례분석

김대중은 한국전쟁 중에 '해상방위대'라 불리는 군사 보조 조직에 1950년 말부터, '국민방위군' 사건이 터지면서 해산된, 최대 1951년 4월까지 근무하였다.[47]

> '국민방위군 사건'은 1951년 1·4후퇴 시기 국민방위군의 간부들이 방위군 예산을 부정 착복한 결과 철수 도중에 많은 병력들을 병사시킨 사건으로 1951년 1월 30일 시작되어 1951년 4월 30일 5명의 간부가 사형됨으로써 종결되었다.

군 경력이 일천 했던 그는 경험과 능력이 뛰어난 인사들로 [표 2−17]과 같이 대북정책팀을 구성했다. 임동원은 군인 출신으로 외교관 경험이 있으며 노태우−김영삼 정부에서 남·북협상에 중요한 역할을 담당하였고 김대중 대통령의 햇볕정책의 핵심 보좌관이 되었다.

김대중은 햇볕정책의 성공으로 역사적 통일 대통령이 되고자 하는 열망 때문에 자신도 모르는 사이에 김정일의 전략·전술에 끌려가는 입장이 되고 말았고 북한의 변화를 이끌어낸다는 명분하에 대북 유화정책을 더욱 취할 수밖에 없었다. 남·북 정상회담 1주년인 2001년 6월부터 그해 말까지 10여 차례나 김정일의 서울 답방을 촉구할 만큼 집착했다.

[표 2-17] 김대중 정부의 북한 핵 대응정책 책임자

구 분	책임자(기간, 출신)
외교안보수석	• 임동원(1998. 2~1999. 5, 군인) • 황원탁(1999. 5~2000. 8, 군인) • 김하중(2000. 5~2001. 9, 외교관) • 정태익(2000. 9~2001. 12, 외교관) • 임성준(2001. 12~2003. 2, 외교관)
외교부 장관	• 박정수(1998. 3~1998. 8, 정치인) • 홍순영(1998. 8~2000. 1, 외교관) • 이정빈(2000. 1~2001. 3, 외교관) • 한승수(2001. 3~2002. 2, 정치인) • 최성홍(2002. 2~2003. 2, 외교관)
통일부 장관	• 강인덕(1998. 3~1999. 5, 정보관료/정치인) • 임동원(1999. 5~1999. 12, 군인) • 박재규(1999. 12~2001. 3, 교수) • 임동원(2001. 3~2001. 9, 군인) • 홍순영(2001. 9~2002. 1, 외교관) • 정세현(2002. 1~2003. 2, 연구원)
국방부 장관	• 천용택(1998. 3~1999. 5, 군인) • 조성태(1999. 5~2001. 3, 군인) • 김동신(2001. 3~2002. 7, 군인) • 이준(2002. 7~2003. 2, 군인)
국가정보원장	• 이종찬(1998. 3~1999. 5, 정보관료) • 천용택(1999. 5~1999. 12, 군인) • 임동원(1999. 12~2001. 3, 군인) • 신건(2001. 3~2003. 4, 검찰관료)

* 출신은 직책에 임명되기 이전의 주요한 경력을 토대로 작성

출처: 장관은 각 부 홈페이지의 역대 장관 명단.; 안보실장(보좌관)은 네이버 · 위키백과 인물
사전.; 정보책임자와 안보책임자는 김한찬, 『한국의 대통령들』(서울: 도서출판 호박,
2017). pp. 236-272.; 빅카인즈 해당 시기 뉴스 검색.

퇴임 한 달을 앞둔 2003년 1월 김대중은 친서와 함께 임동원을 특사로 평양에 보냈다. 임동원은 사흘을 기다렸으나 결국 김정일을 만나지 못하고 돌아왔으며 김정일도 끝내 서울에 오지 않았다.

김대중 정부에서는 햇볕정책에 따른 '주적' 개념 사용과 관련하여 청와대·통일부와 국방부 간의 정책 선호 갈등과 소극적인 정치적 행위가 있었다. 김대중 정부에서는 청와대가 햇볕정책을 추진하기 위해 대북정책 추진을 독점하는 양상을 보였다.

통일원을 통일부로 격하시키면서 통일부 장관의 직급도 부총리에서 장관으로 낮아졌으며 국가안전기획부도 국가정보원으로 명칭과 조직을 개편하면서 통일부의 전직 장관을 국정원의 수장으로 임명하여 햇볕정책에 적합하도록 체질 개선을 시도하였다.

2001년 미국의 부시 행정부가 들어서면서 침체한 남·북관계를 개선하고자 청와대와 통일부는 국방백서에 명시되고 있는 '주적' 개념의 삭제를 국방부에 강력히 요구하였다. 보수언론과 야당의 반발이 거세지자 국방부는 제3의 방안으로 국방백서의 발간을 연기시켜 버렸다. '주적' 개념을 계속 사용할 경우 청와대의 압력을 견딜 수 없게 되고 '주적' 개념을 삭제한 상태로 출간할 경우 군 내부와 야당, 언론의 반발은 물론이고 국방부 본연의 입장과 상반된 결정을 내리는 꼴이 되기 때문에 결국 **무기한 발간을 연기**하는 것으로 정치적인 결정을 하였다.

국방부는 2001년 11월 1차로 발간을 연기하기로 하였으나 2002년 5월 국방백서의 발간을 무기한 연기하기로 결정하였다.

출처: 배종윤, "1990년대 한국의 대북정책과 관료정치: 통일부와 국가정보원을 중심으로," 『한국정치학회보』 제37집 5호, 2003. pp.156-157.

미국의 보수 정권인 부시 행정부가 등장하여 2002년 9·11 테러 공격을 당한 이후 북한이 핵물질을 테러 집단에 판매할 우려 때문에 강경한 대북정책을 취한 것도 햇볕정책에 커다란 부담 요인이 되었다.

김대중의 대북정책에 대한 집착은 국론분열과 한·미관계 약화, 평화통일의 환상 속에 북한의 핵무장을 위협으로 인식하지 않는 새로운 세대를 출현시키는 심각한 부작용을 초래하였다. 그의 정책은 한반도의 전쟁 가능성을 제거하는데, 북한의 핵무장을 억제하는데 아무런 성과도 거두지 못했다.

햇볕정책은 남·북관계에서 커다란 변화를 가져오기도 했으나 군사력을 중시하는 김정일의 선군정치 정책과는 근본적으로 조화되기 어려웠다. 북한은 세계 4위의 군사력에 핵무기와 미사일 개발에 박차를 가하여 사회주의 정권의 생존과 한반도에서 최후의 승리자가 되는 것을 최우선 목표로 하고 있었다.[48]

② 노무현 정부

 노무현 정부의 북한 핵 대응정책

대량살상무기의 확산이 테러와 연계될 가능성이 증대되는 상황에서 비확산을 위한 국제사회의 기존 노력이 강력한 반 확산 정책으로 더욱 공고화되면서 2003년에는 이라크 전쟁이 시작되어 40여 일 만에 연합군의 승리로 막을 내렸다.

노무현 정부는 출범 초부터 집권 기간 동안 북한 핵 위협에 시달렸다. 북한은 NPT 탈퇴를 선언(2003. 1. 10.)하고 핵 보유를 선언(2005. 2. 10.) 하였으며 1차 핵실험을 강행(2006. 10. 9.)하였다.

노무현 정부는 김대중 정부의 화해 협력 정책을 계승한 '평화번영정책'을 대북정책으로 추진하였다. 한반도 평화를 증진하고 남·북과 동북아 공동번영을 목표로 하여 '대화를 통한 문제해결, 상호신뢰 우선과 호혜주의, 남·북 당사자 원칙에 기초한 국제협력, 국민과 함께'라는 추진원칙을 설정하였다.[49]

북한 핵 문제해결, 한반도 평화 체제 구축, 동북아 경제 중심을 추진전략으로 하였으며 북한 핵 3원칙으로 핵 보유불용, 평화적인 방법으로 점진적이고 포괄적인 해결, 직접당사자로서 적극적 역할 수행 등을 들었다.[50]

또한, 북한 핵 위협은 한·미 동맹 차원에서 대응하는 것을 기본으로 하여 우리 군의 독자적인 대응능력을 점진적으로 확충하기로 하고 감시 및 정찰, 정밀타격, 요격 및 방호 전력 소요를 추가 식별하여 보강할 것을 계획하였다.

노무현 정부 기간 동안 장성급 회담이 한 차례 개최(2004. 5. 26)되었는데 서해상 우발충돌 방지와 군사분계선 선전 활동 중지 및 제거에 대해 논의하였고 군사실무회담은 19차례 개최되어 남·북 간 철도와 도로 연결 공동목표 등을 논의하였다. 북한 핵 위협에 대한 논의는 없었으며 오로지 '정치적 사안에 얽매이지 않고 실무협의에 집중'하였다.[51]

미·북 간 제네바합의의 파기로 실망한 미국은 북한의 핵 위협을 미·북 간의 문제가 아니라 동북아와 세계 평화와 안정을 위협하는 요인으로 정의하고 다자간의 협력에 의한 해결을 추진하였다. 먼저 미·중·북 3자 회담을 거쳐 한국과 일본, 러시아가 참여하는 6자 회담을 통해 핵 위협을 해소하고자 했다.

6자회담은, 2003년 8월에 시작되어 2005년 2월 10일 북한이 핵 보유를 주장하며 참가 중단을 선언하는 등 악화하기도 했으나 2005년 7월 4차 회담이 재개되어 9월 19일 회담의 목표와 원칙을 담은 6개 조항의 공동성명을 채택하였다.

'9·19 공동성명'의 주요 내용은 북한 핵 폐기 및 북한의 안보 우려 해소, 미·북 및 일·북 간 관계 정상화, 대북 국제적 지원, 한반도 및 동북아 안정과 평화 비전 제시, '공약 대 공약', '행동대 행동'의 이행 원칙, 차기 회담에 관한 것이었다.[52]

모든 핵무기와 현존하는 핵 프로그램을 포기하고 NPT 및 IAEA 복귀를 공약함으로써 북한의 핵 개발 포기 의사를 확인한 지 1년도 채 지나지 않은 2006년 7월 15일 북한은 미사일 시험 발사를 하였으며 10월 9일에는 최초로 핵실험을 강행하였다.

이에 대해 국제사회는 7월 15일 안보리 결의 1695호를, 10월 15일 안보리 결의 1718호를 결의하여 대북한 요구사항과 제재조치를 명확히 하였다. 2007년 2월 13일 5차 6자회담 3단계 회의 결과 '9·19 공동성명 이행을 위한 초기조치'(2·13 합의)를 도출하였다.[53]

2007년 10월 3일 6차 6자회담 2단계 회의에서 9·19 공동성명의 이행을 위한 추가적 조치에 합의하였다. 이른바 '10·3 합의'는 한반도 비핵화를 실천적으로 구체화 시킨 것으로 북한의 모든 현존 핵시설 불능화, 연내 북한의 모든 핵 프로그램의 완전하고 정확한 신고, 북한의 핵물질, 기술 및 노하우를 이전하지 않는다는 공약 재확인 등의 비핵화와 그 추진에 따른 관계 정상화와 대북 경제 에너지 지원이 포함되었다.

북한은 미국의 불능화 전문가그룹의 방북을 허용해 영변의 핵시설에 대한 불능화 조치를 개시하였으나 북한 핵 프로그램에 대한 '완전하고 정확한' 신고가 약속한 기한(2007. 12. 31)에 이행되지 않음에 따라, 미국은 불능화 및 신고의 조속한 이행을 촉구하였다.

노무현 대통령은 북한의 핵실험을 강도 높게 비난했으나 정부의 대북정책 기조를 전환하거나 북한의 핵무장에 따라 군사적으로 의미 있는 조치를 취하지는 않았다.[54]

노무현 정부의 북한 핵 대응정책 조직행태 분석

백서를 통해 본 노무현 정부의 북한 핵위협 인식

　2차 북한 핵 위기 속에 출범한 노무현 정부는 김대중 정부의 포용 정책을 계승하면서도 북한 핵 문제를 외면할 수 없었다. 2003년 발간한 『참여정부의 국방정책』에서 북한이 플루토늄을 활용한 초보적인 핵무기 생산능력을 보유하고 있으며 우라늄 농축에 사용 가능한 장비·물자 등의 도입을 추진 중인 것으로 분석하였다.

　장거리 유도미사일은 사거리 300~500Km인 스커드와 1,300Km인 노동 미사일을 작전 배치하였으며 사거리 2,000~6,000Km인 대포동 1, 2호를 개발 중인 것으로 평가하였다. 김대중 정부에서 중단되었던 북한 핵 문제해결을 위한 노력 부분을 재개하여 미·북 간의 협상 과정과 추이를 분석하였다.

　2004년도부터 국방백서는 격년 단위로 발간되었다. 2004년에는 과거와 같이 북한정세와 군사 위협을 하나의 절로 편성하여 북한 핵 문제를 분석했다. 북한 영변의 핵 시설들에 대한 위성사진을 게재하면서 북한이 1992년 이전에 추출한 10~14Kg의 플루토늄으로 1~2개의 핵무기를 제조했을 가능성이 있는 것으로 추정하고 우라늄 농축 핵 개발 계획을 추진 중이며 1998년 8월에 발사한 것이 대포동1호 미사일 운반체임을 명확히 하고 있다. 과거와 같이 북한 핵 문제해결을 위한 노력 항목을 별도로 마련하여 6자 회담 내용과 추이를 분석하였다.[55]

2006년 10월 북한의 최초 핵실험 직후, 12월 말에 발간된 국방백서에서 이전과 획기적으로 다른 결기나 대책을 찾아볼 수 없다. 2004년도와 비슷한 분석을 하면서 "북한은 국제적 대북 제재와 압박이 가중됨에 따라 2006년 10월 3일 핵실험 계획을 대외적으로 천명한 후, 10월 9일 전격적으로 지하핵실험을 강행하였다"라고 담담히 언급하였다.

[표 2-18] 노무현 정부의 북한 핵 위협인식

연 도	내 용
2003	• 북한의 군사위협 중 전략무기 위협 재개 - 초보적인 핵무기 생산 능력 보유, 우라늄 농축 핵개발 추진(장비, 물자) - 유도무기 분석: 단거리 작전 배치(스커드, 노동), 장거리 실험 중 (대포동) • 북한 핵문제 해결을 위한 노력 재개: 미·북간의 협의 과정 및 추이 분석
2004	• 북한 영변 핵시설 위성사진 게재 • 1992년 이전 추출한 플루토늄 10-14Kg으로 핵무기 1-2개 제조 가능 추정 • 북한 핵문제 해결을 위한 노력: 6자 회담 협의 과정 및 추이 분석
2006	• 북한의 최초 핵실험에 대한 담담하고도 간략한 언급 • 대포동 2호 시험발사 평가: 사거리 6,700Km 상회 • 북한 핵문제 해결위한 노력 부분 삭제, 남·북 군사적 긴장완화 열거(서해 해상, 남·북 관리구역 통행의 군사적 보장, 선전활동 중지 및 선전수단 제거, 남·북 교류협력 사업의 군사적 지원)

출처: 국방부, 『참여정부의 국방정책』(서울: 국방부, 2003).; 국방부, 『국방백서』(서울: 국방부, 2004, 2006).

2004년에 부활 된 북한 핵 문제해결을 위한 노력 부분을 삭제하고 '남·북 군사적 긴장 완화'를 하나의 절로 편성하여 장황하게 설명하였다. 단지 정예 군사력 건설 부분에 "북한이 핵실험을 실시하여 핵 위협이 현실화함에 따라 기존의 계획에 추가하여 핵 위협을 줄이거나 대비하기 위한 감시－정찰－정밀타격－요격과 방호 전력 소요를 추가 식별하여 보강할 계획"이라고 짧게 언급하였다.56)

북핵 문제해결의 주요 부서인 국방부에서 표준 활동의 결과물들을 종합해 발간한 자료를 통해 본 노무현 정부의 북한 핵 위협인식은 [표 2－18]과 같다.

노무현 정부의 북한 핵 대응전력증강

북한의 최초 핵실험 이후의 전력증강 내용과 예산 배정을 살펴보면, 북한이 핵실험을 통해 원자력의 군사적 이용을 대내외에 천명했음에도 불구하고 한국 정부의 국방예산과 전력증강은 획기적인 변환의 전기를 상실하고 타성과 점증주의에서 벗어나지 못했다.

노무현 정부는 전쟁 억제 능력 조기 확충을 목표로57) 주한미군으로부터 전시작전통제권 전환을 추진했으나 이에 필요한 전력 공백을 극복할 예산 배정에는 한계를 가졌다.58) K－9 자주포와 대구경 다련장 로켓(MLRS)을 생산하고 군단급 정찰용 무인 항공기를 개발하고 백두 및 금강 사업 추진과 정찰용 무인 항공기와 열상 감시 장비(TOD)를 도입하여 정찰·감시기능을 확충하고 육군의 헬기 전력을 증강하였다.

한국형 구축함(KDX-Ⅰ)을 작전 배치하였고 이지스 구축함
(KDX-Ⅱ, Ⅲ) 개발 추진과 209급 잠수함을 도입 및 국내 건조하고
해상초계기(P-3C)와 해상작전 헬기(LYNX)를 추가 도입하였다.

항공 전력 분야를 비중 있게 추진하여 첨단장비인 F-15K를 도
입하고 KF-16을 기술도입 생산하며 한국 기술로 개발한 KT-1 훈
련기 양산과 RF-4C/5A 정찰기를 도입하였다. 지휘소 자동화 체계
와 합동지휘통제체계, 제2 중앙방공통제소(MCRC), 전술 통신(Spider)
전력화를 추진하였다.[59] 노무현 정부의 주요 전력증강 내용은 [표
2-19]와 같다.

[표 2-19] 노무현 정부의 주요 전력증강 내용

주요 전력 증강 내용	비 고
• 전쟁 억제능력 조기 확충 목표 • 전시작전통제권 전환 추진, 전력공백 극복 예산 배정 미흡 • K-9 자주포, 대구경 다련장(MLRS) 생산, 군단급 정찰용 무인항공기 개발, 백두 및 금강, 정찰용 무인항공기, 열상 감시 장비(TOD), 육군 헬기 전력 증강	2차 북핵 위기 (2002)
• 구축함(KDX-Ⅰ) 배치, 이지스구축함(KDX-Ⅱ, Ⅲ) 추진, 209급 잠수함 도입/국내건조, 해상초계기(P-3C)/작전헬기(LYNX) 추가도입 • 항공기 분야 비중 높여 F-15K도입, KF-16 기술도입 생산, KT-1 양산, RF-4C/5A정찰기 도입 • 지휘소 자동화체계, 합동지휘통제체계, 제2 중앙방공통제소(MCRC), 전술통신(Spider) 전력화	1차 핵 실험 (2006)

출처: 국방부,『국방백서』(서울: 국방부, 해당연도).; 이미숙, "한국 국방획득정책의 변천과정
과 전력증강 방향 고찰,"『국방연구』60권 2, 2017.; 이필중 · 김용휘, "주한미군의
군사력 변화와 한국의 군사력 건설,"『국제정치논총』제47집 1호, 2017.

노무현 정부의 한·미 안보협의회의 공동성명

노무현 정부는 한·미 동맹의 역할과 성격을 기존의 대북 억제 위
주의 군사동맹 중심에서 포괄적이고 역동적인 관계로 발전시켜 나가
고 용산기지와 미2사단을 평택지역으로 이전 배치하고 전시작전권
전환을 추진하였다. 북한의 최초 핵실험 이후에는 한·미 안보협의
회의를 통해 북한의 핵실험에 깊은 우려를 표하고 강한 어조로 비난
했으며 유엔안보리 결의 1718호에 대한 환영과 지지를 표명하였다.
미국은 한국에 핵우산 제공을 통한 확장억제의 지속 보장을 약속하
였고 북한은 모든 핵무기와 핵 계획을 포기하고 국제 비확산체제인
NPT와 IAEA로 복귀할 것을 촉구하며 미사일 발사는 명백한 도발
행위이며 한·미 동맹에 대한 도전임을 강조하였다. 노무현 정부의
한·미 안보협의회의 공동성명 중 핵 관련 내용은 [표 2−20]과 같다.

[표 2-20] 노무현 정부 한·미 안보협의회의 공동성명 중 핵 관련 내용

한미안보협의회의 공동성명 중 핵 관련 내용	비 고
• 북한의 핵실험에 깊은 우려, 강한 어조로 비난 • 유엔 안보리 결의 1718호에 대한 환영과 지지 • 핵우산 제공을 통한 확장억제의 지속 보장	2차 북핵위기 (2002)
• 북 모든 핵무기 · 핵계획 포기, NPT · IAEA 복귀 촉구 • 미사일 발사는 도발, 한-미동맹에 대한 도전	1차 핵실험 (2006)

출처: 국방부, 『국방백서』(서울: 국방부, 2004, 2006).; 국방부, 『참여정부의 국방정책』(서
울: 국방부, 2003).

노무현 정부의 남·북 정치·군사 회담

노무현 정부는 김대중 정부의 기조와 마찬가지로 남·북 국방장관회담과 28회의 장성급 및 실무 군사 회담을 개최했으나 북한 핵 문제는 다뤄지지 않았고 군사적 신뢰 구축과 남·북 경협사업의 군사적 보장에 합의하고 군사분계선 지역에서의 선전 활동 중지 및 선전 수단 제거에 합의하였다. 북한이 핵실험을 통해서 핵의 군사적 사용 의지를 명백히 드러냈음에도 불구하고 노무현 정부는 남·북 정치·군사 회담에서 핵 문제를 진지하게 다루는 데 실패하였다.

유일하게 북한 핵 문제를 의제로 12차례의 남·북 장관급 회담을 하였다. 노무현 정부는 제10차 남·북 장관급 회담 이후 미국·중국 등이 참여하는 6자회담이 남·북 장관급 회담 일정과 맞물리면서 "북핵 문제의 평화적 해결을 위한 대북 설득의 장으로도 활용되었다."고 주장하고 있으나 장관급 회담 결과들을 살펴보면 북한이 이를 진지하게 받아들였다고 볼 수 없음을 알 수 있다.

노무현 정부는 우리 측의 정권교체에도 불구하고 진행 중인 대화가 계속 이어진 것은 남·북 대화 역사상 처음 있는 일로 10차 장관급 회담에 대해 특별한 의미를 부여했다.

장관급 회담 결과를 발표한 '공동 보도문(요지)'를 정리한 [표 2-21]에서 볼 수 있듯이 초기에는 핵 문제가 진지하게 다루어지는 듯 보였으나 포괄적이고 선언적인 합의에 만족하였고 공동합의에 포함되었다가 제외되기를 반복하는 등 지속적이고 진지한 공동현안으로 다루어지고 받아들여지지 못하였고 대화 자체에 만족해야만 하는 수준에 머물렀다.

[표 2-21] 노무현 정부의 장관급(정치) 회담

구분	기간	장소	공동보도문 요지
10차	2003년 4. 27~29	평양	남과 북은 핵문제에 대한 양측의 입장을 충분히 협의하고, 이 문제를 평화적으로 해결하기 위해 계속 협력
11차	7. 9~12	서울	남과 북은 핵문제를 해결하기 위해 적절한 대화의 방법 모색
12차	10. 14~17	평양	없음(한반도 평화와 남·북 간 화해협력 증진)
13차	2004년 2. 3~6	서울	핵문제의 평화적 해결을 위해 제2차 6자회담이 결실 있는 회담이 되도록 협력
14차	5. 4~7	평양	없음(쌍방 군사당국자 회담 개최)
15차	8. 3~6	서울	한반도 비핵화를 최종목표로 분위기가 마련되는데 따라 핵문제를 대화의 방법으로 평화적으로 해결하기 위한 실질적인 조치 추진
16차	9. 13~16	평양	없음(한반도의 공고한 평화 보장, 군사적 긴장완화 조치 실천)
17차	12. 13~16	제주	한반도 비핵화를 위해 제4차 6자회담 공동성명이 조속히 이행되어야 한다는데 견해를 같이하고 핵 문제가 민족공동의 안전과 이익에 부합되게 평화적으로 해결되도록 적극 협력
18차	2006년 4. 21~24	평양	한반도 비핵화를 위한 노력을 계속하며 '9.19 공동성명'이 조속히 이행되어 핵 문제가 민족공동의 이익과 안전에 부합되게 평화적으로 해결되도록 적극 협력
19차	7. 11~13	부산	합의문 채택 없이 하루 일찍 회담 종료(7.5 북 미사일 발사 영향)
20차	2007년 2. 27~3. 2	평양	제5차 6자회담 3단계 회의에서 이룩된 합의들 원만히 이행
21차	5. 29~6. 1	서울	없음(6.15 기본정신에 따라 한반도 평화의 문제들을 더 연구)

출처: 통일부, 『통일백서』(서울: 통일부, 2004~2008).; 통일부 홈페이지 자료실, 남·북 회담 개최 현황(2006. 1~2006. 12).

노무현 정부는 6자 회담의 일원으로 참가하여 2005년 말 6자회담을 통해 북핵 폐기를 국제사회에 공약한 '9.19 공동성명'을 이끌어 내기도 하였으나 북한은 2006년 10월 9일 최초의 핵실험을 감행하였다. 노무현 정부는 성명을 통해 강력한 유감을 표명하고 향후 북핵 불용 원칙에 입각하여 단호히 대처해 나가겠다는 입장을 밝혔으나 경제협력과 사회문화 협력은 더욱 확대되었다.

북한의 최초 핵실험에도 불구하고 남·북 간의 경제협력과 사회문화 교류협력은 통일백서의 각 1개 장으로 편성해서 설명해야 할 정도로 많고 활발했다. 남·북 간 경제거래를 직접거래 방식으로 전환할 목적으로 2005년 10월 28일 개성공단 내에 개소한 남·북경제협력협의사무소가 지원한 민간기업의 사업협의도 핵실험 이전과 이후가 크게 다르지 않음을 알 수 있다.

노무현 정부는 2007년 2월 미·북 회담을 통한 '2·13 합의'로 북한 핵 시설의 불능화가 진행되고 있다고 평가하였다. 2007년 10월 2~4일까지 추진한 남·북 정상회담에서 '6·15 공동선언'을 적극 구현하며 상호존중과 신뢰의 남·북관계로 전환, 군사적 긴장 완화와 신뢰 구축 추진, 항구적 평화 체제 구축과 종전 선언 논의 실현, 남·북 경협의 확대·발전, 서해평화협력지대 설치, 역사·언어·교육·과학기술 등 사회 문화 분야 교류 협력 발전, 인도적 협력 적극 추진, 국제무대에서의 공동 협력 강화 등을 선언하였다.[60]

임기 후반에 추진한 '남·북관계 발전과 평화번영을 위한 선언(10·4선언)'에는 핵 문제해결 의지가 반영되지 않았고 선언의 구체적 실행을 위한 재원 마련 문제와 실효성 등 많은 논란을 초래하였다.

노무현 정부의 북한 핵 대응정책 정부정치 분석

노무현 정부의 경기자와 정책 갈등 사례분석

노무현 대통령은 수평적이고 민주적인 참여정부를 표방하였다. 대선 전부터 반미주의자로 여겨진 그는 "미국에 할 말은 한다"라며 대미 관계에 각을 세우고 동북아 균형자론을 추진하여 임기 내내 미국과 마찰을 빚었으나 이라크 파병, 한·미 자유무역협정(FTA) 체결, 주한미군 용산기지 이전 등 한·미관계에 기여하기도 하였다.[61]

상고를 졸업하고 최전방 부대에서 현역 상병으로 만기 전역한 그는 자주국방을 표방하고 주한미군 철수를 공론화하였으며 전시작전통제권 환수를 추진하였다.[62]

한국과 주변국의 만류에도 불구하고 북한이 최초 핵실험을 감행하자 한국 정부의 초기반응은 강경했다. 노무현은 북한이 넘어서는 안되는 선(Red Line)을 넘었다고 판단하고 포용 정책의 근본적 수정을 분명히 표명했으나[63] 정부 내에서는 포용 정책을 지속 유지해야 한다는 통일부 입장과 강경한 조치를 취하길 원하는 국방부와 외교부의 갈등이 표면화되기도 하였다.

정부 관료들이 대북정책의 선호를 가지고 구체적 조치인 개성공단과 금강산 관광사업에 대한 밀고 당기기가 진행되었다. 통일부 장관은 "포용 정책이 핵실험을 초래했다는 지적에 대해 동의할 수 없다"라고 강력히 주장하여 국무총리가 핵실험 직후 "포용 정책이 핵실험을 막는 데 실패했다"라는 국회 발언을 뒤집는 언행으로 정부의 정책 방향을 변경시켰다.

이러한 과정을 통해서 노무현의 초기 강경한 태도는 '대화와 제재의 병행'이라는 틀로 완화되었다는 평가도 있다.[64] 그러나 정책 결정 내용을 살펴보면, "개성공단과 금강산 관광을 중단하지 않고 계속하되 금강산을 관광하는 중고생에 대한 정부 보조금을 중단하고 금강산 관광 지구 내 시설공사비 지원도 중단하는 것"에 국한된 것으로 북한이 핵실험을 통해 핵무장을 공식 선포한 것에 대한 조치와 대가로는 너무도 안이한 조처로 제재 없이 포용 정책을 지속 추진하였다고 평가하는 것이 합당하다.

북한이 최초 핵실험을 통해 원자력의 평화적 이용을 거부하고 군사적 사용을 명확히 대내외에 천명했음에도 불구하고 노무현 정부가 포용 정책을 지속한 것은 김대중 정부의 대북정책을 이어갔으며 김대중의 영향력이 광범위하게 미친 결과라 볼 수 있다. 이종석 통일부 장관이 대통령이나 국무총리, 그리고 지배적인 여론과는 반대되는 언행을 이어갈 수 있었던 것은 김대중의 의중이 반영된 결과라고 볼 수밖에 없다. 노무현은 북한의 최초 핵실험 강행 이틀 뒤 10월 11일 김대중에게 전화를 걸어 포용 정책을 강도 높게 비판한 데 대해 사과를 하였다.[65] 김대중은 "북한은 핵을 개발한 적도 없고 개발할 능력도 없다. 만약 북이 핵을 개발한다면 내가 책임지겠다"라고 말한 바 있다.[66]

또한, 노무현 정부 행정 관료들은 핵실험 자체에 대한 인식에 있어서도 차이를 드러내었다. 통일부 장관은 초기 단계에서 핵실험에 대한 판단을 유보했으며 핵실험의 목적을 대미협상용으로 보았고 추가 핵실험 가능성에 대해서도 중국의 국무위원이 전한 김정일의 "추가 핵실험 계획이 없다"라는 말을 신뢰했다. 국방부는 북한의 핵실험 당일 북한이 핵보유국의 지위를 증명하려는 것이라 판단하고 명백한 군사적 도발로 보았고 외교부는 중국이 전해 준 김정일의 발언에서 중단의 의미를 발견할 수 없다고 주장하였다.[67]

[표 2-22] 노무현 정부의 북한 핵 대응정책 책임자

구 분	책임자(기간, 출신)
안보실장	• 이종석(2003.3~2006.2, 연구원) • 송민순(2006.2~2006.10, 외교관) • 백종천(2006.12~2008.2, 연구원)
외교부 장관	• 윤영관(2003.2~2004.1, 외교관) • 반기문(2004.1~2006.11, 외교관) • 송민순(2006.12~2008.2, 외교관)
통일부 장관	• 정세현(2003.2~2004.6, 연구원) • 정동영(2004.7~2005.12, 정치인) • 이종석(2006.2~2006.12, 연구원) • 이재정(2006.12~2008.2, 종교인/정치인)
국방부 장관	• 조영길(2003.2~2004.7, 군인) • 윤광웅(2004.7~2006.11, 군인) • 김장수(2006.11~2008.2, 군인)
국가정보원장	• 고영구(2003.4~2005.7, 법조인) • 김승규(2005.7~2006.11, 검찰관료) • 김만복(2006.11~2008.2, 정보관료)

* 출신은 직책에 임명되기 이전의 주요한 경력을 토대로 작성

출처: 장관은 각 부 홈페이지의 역대 장관 명단.; 안보실장은 네이버 · 위키백과 인물사전.; 정보책임자와 안보책임자는 김한찬, 『한국의 대통령들』(서울: 도서출판 호박, 2017). pp. 236-272.; 빅카인즈 해당 시기 뉴스 검색.

노무현 정부의 북한 핵 대응 정책 참여자를 보면 [표 2 – 22]와 같은데 상당수가 김대중 정부에서 뜻을 같이하고 대북 포용 정책을 추진하던 사람들이었다. 안보실장과 통일부장관이 주도적으로 포용 정책을 계승한 노무현 정부의 성격과 대북정책 기조가 변질되는 것을 바라지 않고 전임 대통령의 지원이 있었다면, 강경한 목소리로 북한의 핵 위협을 직시하고 대처하고자 하는 목소리는 잦아들 수밖에 없었을 것이다.

노무현 정부에서 대량살상무기 확산방지 구상(PSI) 참여 확대를 놓고 외교부와 통일부가 정책 갈등을 벌이며 밀고 당김이 있었으나 결국 공식적으로 참여 확대는 하지 않고 PSI의 목적과 원칙은 지지한다는 입장을 밝히고 통일부 안으로 마무리된 것도 외부의 영향력이 미친 결과로 볼 수 있다. 당시 여당인 열린우리당의 의장을 비롯한 진보적 인사들이 "PSI 참여 확대는 군사적 충돌의 뇌관 역할을 할 수 있다"라고 하며 적극 반대에 나섰던 것이다.[68]

노무현 정부에서는 대통령의 선호와 NSC 사무처 사이에 주한 미군 전략적 유연성에 대한 정책 인식과 우선순위의 차이가 드러나기도 하였다. 미국은 탈냉전 이후 미군의 군사혁신(Revolution in the Military Affairs, RMA) 차원에서 해외에 산재한 미군의 재배치(Global Defense Posture Review, GPR)를 전략적 유연성에 입각해 재검토하였다.

이에 따라 한·미는 2003년 4월 '미래 한·미동맹 정책구상(the Future of the Alliance Policy Initiative, FOTA)에서 처음으로 이 문제를 논의하였고 노무현은 전략적 유연성의 한국 수용이 북한 핵 문제해결을 위한 6자회담의 중요 당사국인 중국을 자극하지 않기를 바랐고

2005년 3월 공군사관학교 졸업 및 임관식에서 "한국의 의지와 무관하게 동북아시아의 분쟁에 휘말리는 일은 없을 것"이라 하여 전략적 유연성의 제한된 적용 범위에 대한 분명한 입장을 밝혔다.

그러나 NSC 사무처는 대통령의 정치적 자산과 명분에 주목하여 용산기지 이전의 실현, 주한미군 감축 등을 위해 미국 측 입장을 중심으로 한 전략적 유연성 개념에 합의를 해나가고 있었다. 6자회담이 좌초될 위험에 직면하고 중국의 적극적인 역할이 필요했던 노무현은 전략적 유연성 개념에 대한 수정과 합의 과정에 대한 사실 확인을 지시하여 합의문이 이미 2004년 1월 제6차 FOTA에서 합의된 사실을 확인하였다.

한·미는 2006년 1월 양국의 외교 수장들이 '한국은 한·미동맹 강화를 기반으로 미국의 군사전략 변화에 따른 전략적 유연성의 필요 입장을 존중하고, 미국은 전략적 유연성의 이행에 있어 한국 국민의 의지와 관계없이 한국이 동북아분쟁에 개입되지 않는 것이라는 입장을 존중하는 것'에 합의함으로써 일단락되었다.[69]

③ 문재인 정부

 문재인 정부의 북한 핵 대응정책

2018년 북한 핵 문제해결과 한반도 냉전 종식을 위한 역사적 기반을 마련하였다고 자평하는[70] 문재인 정부는 '평화와 번영의 한반도'라는 국정 목표를 달성하기 위해 국가안보 목표를 북한 핵 문제의 평화적 해결 및 항구적 평화 정착, 동북아 및 세계 평화·번영에 기여, 국민 안전과 생명을 보호하는 안심 사회 구현으로 두고 한반도 비핵화 및 항구적 평화 정착 추진을 첫 번째 과제로 선정하였다.

문재인 정부는 북한의 붕괴 혹은 어떤 형태의 흡수통일이나 인위적인 통일을 추구하지 않으며 북한 체제의 안전을 보장하는 한반도 비핵화를 추구하였다.[71] 남·북, 북·미 정상회담을 통해 마련된 대화 동력을 유지하면서 북한의 비핵화 의지가 구체적인 행동으로 이어져 완전한 비핵화가 이루어질 수 있도록 하고 비핵화의 진전과 함께 한반도의 평화 체제 구축, 남·북, 북·미 관계 개선이 선순환적으로 이루어질 수 있도록 노력하였다.

2018년 4월 27일 남·북 정상은 '한반도 평화와 번영, 통일을 위한 판문점 선언'에 합의하였다. 한반도에 새로운 평화의 시대가 열렸음을 천명한 이 선언의 3항에는 평화 체제 구축 협력, 정전상태 종식, 확고한 평화 체제 수립을 위해 "남과 북은 완전한 비핵화를 통해 핵 없는 한반도를 실현한다는 공동의 목표를 확인하였다. 남과 북은 북한이 취하고 있는 주동적인 조치들이 한반도 비핵화를 위해 대단히 의의 있고 중대한 조치라는데 인식을 같이" 하였다.72)

문재인 정부는 '운전자론'을 주장하며 미·북 관계 개선에도 심혈을 기울여 싱가포르에서 최초의 미·북 정상회담(2018. 6. 12) 공동성명을 통해 "4·27 판문점 선언을 재확인하면서 북한은 한반도의 비핵화를 향해 노력할 것을 공약"하도록 기여하였다. 그러나 이듬해 두 번째 미·북 간의 하노이 정상회담(2019. 2. 27.~28.)이 결렬(합의 없이 종료)되었다.73)

이후 판문점에서 남·북·미 정상이 다시 만났으나(2019. 6. 30.) 북한의 비핵화는 진전이 없었다. 문재인 정부의 북한 핵무장 대응 정책은 현재 진행 중으로 평가하기에는 이르지만, 비핵화 목적이 명확하고 열정을 가지고 추진했으나 대응 수단(대안)의 한계로 정상 간의 '만남'과 '선언'의 화려함 속에 실질적인 진전은 없이 과거 경험해 왔던 악순환의 궤도로 재진입하고 있다고 보여진다.

문재인 정부는 국방백서에 '북 핵 관련 주요 비핵화 합의'라는 부록을 포함했는데 8개의 합의를 열거하고 이 중 3가지가 문재인 정부 기간 중의 업적임을 강조하고 있지만, 이들 3가지에 담긴 북한의 비핵화 약속이 나머지 5가지와 비교해 구체적이지 않고 실효성에 의문이 들게 하고 있음을 쉽게 비교해 알 수 있다.

문재인 정부 국방백서 부록에 노태우 정부에서 추진하여 남·북 간에 이룩한 '한반도 비핵화 공동선언'이 누락되었다. 의도적인 누락인지 실수인지 알 수 없으나 북한 핵 문제해결에 미국과 국제사회에의 의존이 문재인 정부에서 더욱 심화하였음을 단적으로 보여주는 증거이다.

문재인 정부의 북한 핵 대응정책 조직행태 분석

백서를 통해 본 문재인 정부의 북한 핵위협 인식

　문재인 정부는 김대중 정부의 포용 정책과 노무현 정부의 평화번영정책을 계승하여 2차례의 남·북 정상회담을 추진하고 미·북 정상회담을 중재하면서 한반도에 전쟁이 종식되고 평화가 찾아왔다고 선포하였다.

　2018년 국방백서에는 북한정세 및 군사 위협을 하나의 절로 편성했으나 그 내용 면에 있어서 북한의 비핵화 의지와 전략적 변화를 모색하고 있음에 비중을 두고 있다.

　"2018년 들어 한반도 비핵화 목표를 표방하면서 남·북 및 대외관계 개선 등을 통해…," "2013년 핵·경제 병진 노선에 이어 2018년 사회주의 경제건설 총력 집중 노선을 채택하는 등 전략적 변화를 모색하고 있다"라고 소개하며 2018년 4월 20일 '핵·ICBM 모라토리엄 선언', 5월 24일 풍계리 핵 실험장 폐기 행사 진행, 7월 27일 동창리 엔진 시험장 시설물 일부 해체 등 북한의 비핵화 노력을 열거하고 있다.

　이러한 것들을 토대로 앞으로도 북한은 경제 활로 마련에 유리한 외부적 환경 조성을 위해 큰 틀에서 남·북 간 협력 및 교류 기조를 유지할 것으로 예상하였다.

　북한의 군사 능력 중 전략군의 핵과 미사일에 대해 전 정부와 대동소이한 내용을 간략히 포함하고 세부적인 평가는 부록에 '북한의 핵·미사일 개발 경과 및 평가'라는 항목으로 포함하였다.

2020년 국방백서에는 2019년 하노이 회담 결렬 이후의 변화를 반영하고 있다. 북한은 북미 비핵화 협상 결렬 이후 교착국면이 장기화되자 노동당 중앙위원회 7기 5차 전원회의를 통해 새로운 전략노선으로 '핵 억제력 동원태세'를 유지한 가운데 '경제건설'에 집중하는 '정면돌파전'을 채택하였다고 평가하였다.

자위적 국방력 강화를 명분으로 핵·미사일 능력을 강화하고 있으며 핵무기를 만들 수 있는 플루토늄 50여Kg을 보유한 것으로 추정하였다.

6차례 핵실험으로 핵무기 소형화 능력이 상당한 수준에 이른 것으로 평가하고 있으며 2019년에 작전운용상 유리한 다종의 고체추진 단거리 탄도미사일과 잠수함탄도미사일(SLBM)인 북극성 3호를

[표 2-23] 문재인 정부의 북한 핵 위협인식

연 도	내 용
2018	• 북한의 비핵화 의지와 전략적 변화 모색에 비중 　- 핵·ICBM 모라토리엄 선언 　- 풍계리 핵실험장 폐기 행사 　- 경제 활로 마련에 유리한 외부적 환경 조성 목적 • 북한의 군사능력 중 전략군의 핵과 미사일 간략히 언급 　- 부록에 '북한의 핵·미사일 개발 경과 및 평가' 항목 수록
2020	• 2019년 하노이 회담 결렬 이후 변화 반영 　- 자위적 국방력 강화를 명분으로 핵·미사일 능력 강화 　- 핵무기를 만들 수 있는 플루토늄 50여Kg 보유 추정 　- 6차례 핵실험으로 핵무기 소형화 능력 상당한 수준 평가 　- SLBM 북극성 3호 시험발사, 종류별 탄도미사일 도표 제시 • 선별적 재래식 전력 증강을 통한 작전태세 향상 도모

시험 발사했으며 종류별 탄도미사일의 사거리와 타격 범위를 도표로 제시하였다.

2020년 10월 당 설립 75주년 열병식에서 선보인 바와 같이 전차, 자주포, 개인전투체계 등 선별적 재래식 전력 증강을 통한 작전 태세 향상을 도모하고 있는 것으로 평가하였다. 문재인 정부의 북한 핵 위협인식은 [표 2－23]과 같다.

문재인 정부의 북한 핵 대응전력증강

문재인 정부는 핵－대량살상무기 위협 대응능력을 강화하기 위해 맞춤형 억제 전략 발전 및 미국의 확장억제 실행력 제고를 위한 노력을 기울였다고 표방하고 있다.

그러나 한·미 안보 최고위급 회의체인 외교·국방장관 회담 (2＋2)은 문재인 정부 4년차인 2021년 4월 처음으로 개최되었으나 대북 및 대중 정책에 대한 시각차로 인해 긴밀한 협의가 이루어졌는지에 대해서는 부정적인 평가가 다수이다.

한·미 통합국방협의체(KIDD)와 함께 억제전략위원회(DSC)를 통해 확장억제 수단의 운용연습을 매년 실시하고 맞춤형 억제 전략의 실행력 제고를 위한 기획, 위협평가, 지역 안보 협력, 능력 발전, 전략적 소통, 연합연습 등 6개 분야에 대한 발전을 모색하고 있다고 밝혔으나 연합연습은 전작권 전환이 정상적으로 이루어지지 못할 정도로 위축되었다.

핵·미사일 위협 억제·대응을 위한 핵심 전력을 구축하는 데 있어 박근혜 정부의 한국형 3축 체계를 북한 위협 중심의 구태의연한 개념으로 평가절하고 전방위 안보 위협에 대비한 '전략적 타격체계'와 '한국형 미사일 방어체계' 등의 2축 체계로 변경하여 추진하였다.

'전략적 타격체계'는 전방위 비대칭 위협에 대한 억제 및 대응을 위해 거부적 억제와 응징적 억제를 통합 구현하는 것으로 원거리 감시능력과 정밀타격능력 기반의 전력을 확충하고 있다고 발표하고 있으나 구체적인 내용은 없으며 이전 정부에서 결정되었던 F-35 전투기의 조용한 도입이 이루어졌다.

'한국형 미사일 방어체계'는 탐지체계, 지휘통제체계, 요격체계로 구성되는데 전방위 미사일 위협에 대비하여 방어 가능지역을 확대하고 탐지·요격능력을 향상시켜 한반도 전장 환경에 최적화된 다층방어 능력을 확충해 나가고 있으며 독자적 미사일 방어능력과 주한미군 미사일방어체계와의 상호운용성을 강화하고 있다고 밝혔으나 역시 구체적인 내용은 없다.

오히려 첨단 과학기술 기반의 정예화 된 군 건설을 위해 12만여 명의 병력을 감축하고 육군의 2개 작전사령부를 하나로 통합하며 2개의 지역 군단을 해체하였고 대통령 공약이었던 북한 핵 문제를 전담할 전략사령부 편성은 아직까지 실행에 옮겨지지 않고 있다.

문재인 정부의 한·미 안보협의회의

문재인 정부에서는 [표 2-24]에서 보는 바와 같이 핵, 재래식

[표 2-24] 문재인 정부 한·미안보협의회의 공동 성명 중 핵 관련 내용

한·미안보협의회의 공동성명 중 핵 관련 내용	비 고
• 핵, 재래식 및 미사일 방어능력을 포함한 모든 범주의 군사 능력을 운용하여 확장억제를 제공할 것을 재확인 • 한·미 공동의 억제태세를 제고하고 맞춤형 억제전략을 이행하기 위한 방안들을 공동으로 모색 • 한국 국내법에 따라 환경영향평가가 종결될 때까지 사드배치가 임시적임을 재확인(2017), 성주기지 사드포대의 안정적인 주둔 여건을 마련하기 위해 장기적인 계획 구축(2020) • 조속한 전작권 전환 가능하도록 조건 충족 여부를 공동 평가 (전작권 전환 이후의 연합방위지침을 마련) • 북한의 핵 및 탄도미사일 프로그램은 심각한 위협으로 이의 폐기를 통한 한반도의 항구적인 평화정착을 달성 • 북한이 '한반도의 평화와 번영, 통일을 위한 판문점 선언', 미·북 싱가포르 정상회담 공동선언 등 관련 협의사항 및 조치들에 명시된 공약들을 준수할 것을 촉구	6차 핵 실험 (2017)

출처: 국방부, 『국방백서』(2018, 2020).

및 미사일 방어 능력을 포함한 모든 범주의 군사 능력을 운용하여 확장억제를 제공할 것을 재확인하였으며 한·미 공동의 억제태세를 제고하고 맞춤형 억제 전략을 이행하기 위한 방안들을 공동으로 모색하기로 하였다.

2017년 10월의 SCM에서는 한국 국내법에 따라 환경영향평가가 종결될 때까지 사드 배치가 임시적임을 재확인하였으며 '조건에 기초한 한국군으로의 전작권 전환이 조속히 가능하도록'한다는 2017년 6월 양국 정상 간 합의 이후 전작권 전환 준비에 실질적이고 중요한 진전이 이루어지고 있음을 주목하고 조건의 충족 여부를 공동 평가하였다. 전시작전통제권 전환 이후 주한미군 계속 주둔, 미국의 확장

억제 지속 제공 등의 내용을 담은 연합방위지침을 마련하였다.[74]

북한의 핵 및 탄도미사일 프로그램이 국제 안보에 제기하는 심각한 위협을 감안하여 다수의 유엔 안보리 결의에 따라 북한의 완전한 비핵화와 탄도미사일 프로그램 폐기를 통한 한반도의 항구적인 평화정착을 달성하기 위해 긴밀한 공조와 협력이 필요하다는 점을 재확인 하였다.

북한이 완전한 비핵화를 최종적이고 완전하게 검증가능한 방법으로 이행한다는 것에 대한 확신이 있을 때까지 유엔 안보리 결의의 완전한 이행이 지속될 것임을 강조하였다. 북한이 '한반도의 평화와 번영, 통일을 위한 판문점 선언', 미·북 싱가포르 정상회담 공동성명 등 관련 합의사항 및 조치들에 명시된 공약들을 준수할 것을 촉구하였다.

문재인 정부의 남·북 군사·정치 회담

문재인 정부는 '한반도 평화 프로세스'를 추진하여 한반도의 완전한 비핵화와 항구적 평화 정착, 정상회담을 포함한 상시적 소통체계 구축, 다양한 분야의 교류 협력 사업 진행, 군사적 긴장 완화 등 남·북 대화와 미·북 대화가 선 순환적으로 진전되도록 긴밀히 공조하고자 하였다.[75]

문재인 정부는 2018년 4월 27일 판문점에서 남·북 정상회담을 통해 '한반도 평화와 번영·통일을 위한 판문점 선언'을 채택하였다. 판문점 선언에서 "한반도에서 더 이상 전쟁은 없을 것이며 새로운 평화의 시대가 열렸음을 8천만 겨레와 전 세계에 엄숙히 천명"하였으며 "남과 북은 한반도에서 첨예한 군사적 긴장 상태를 완화하고 전쟁위험을 실질적으로 해소하기 위해 공동으로 노력"하기로 하였다. 또한 "남과 북은 완전한 비핵화를 통해 핵 없는 한반도를 실현한다는 공동의 목표를 확인"하고 "남과 북은 **북측이 취하고 있는 주동적인 조치들이 한반도 비핵화를 위해 대단히 의의 있고 중대한 조치라는데 인식을 같이**"하였다.

문재인 정부가 합의서에서 '북측이 비핵화를 위해 취한 주동적인 조치들이 대단히 의의 있고 중대한 조치'라고 인식한 것은 커다란 착오가 있는 것이었다. 북한은 이때까지 비핵화를 위한 실질적인 조치들을 취한 바가 없다. 오히려 국가 핵 무력 완성 성명을 발표(2017. 11. 29.)했으며 김정은이 신년사(2018. 1. 1.)를 통해 대미 핵 억제력을 보유하고 있으며 평창 동계올림픽 참석 용의가 있다는 유화 메시지를 동시에 보냈다.

당 중앙위 제7기 3차 전원회의에서(2018. 4. 20.) 채택한 결정서에는 핵무기를 병기화 했으므로 더 이상 핵·미사일 실험을 하지 않고 국제적 핵 군축 노력에 동참하며 핵을 먼저 사용하지 않고 비확산 노력을 기울이고 경제에 집중하겠다는 것이었다. 그리고 한국 안보실장을 비롯한 대북 특별사절단의 평양 방문(2018. 3. 6.)을 통해서 핵·미사일 도발 중단 및 핵·재래식 무기의 대남 불사용과 비핵화 의지를 밝혔을 뿐이다. 4·27 정상회담 이후 논란이 많은 핵 실험장 폐기(2018. 5. 23.~25)가 유일한 실질적 비핵화 조치였다.

2018년 6월 12일 최초의 미·북 정상회담이 싱가포르에서 열렸으며 9월 18일부터 20일까지 평양에서 2차 남·북 정상회담이 개최되어 '9월 평양 공동선언'과 부속 합의서인 '판문점 군사 분야 이행 합의서'가 채택되어 북한이 비핵화의 길로 들어서리라는 기대를 갖게 하였다. 이후 장관급 회담이 5차례 개최되었으며 군사 회담이 10차례 진행되어 '역사적인 판문점 선언 이행을 위한 군사 분야 합의서'가 채택되었다.[76]

문재인 정부에서도 핵을 제외한 남·북 간 군사적 신뢰 구축과 교류 협력 사업의 군사적 보장을 추진하였다. 남·북 정상이 새로운 '한반도 평화 시대'를 연 것이 정책의 배경으로 설명되었다. 남·북 정상의 '판문점 선언'(2018. 4. 27.)을 군사적으로 보장하기 위해 '역사적인 판문점 선언 이행을 위한 군사 분야 합의서'를 체결하였다.

'한반도 비핵화를 위한 군사 합의서'라 설명하지만, 합의서 내용 중 어디에도 북한 핵 문제가 거론되지 않았다. '모든 공간에서 군사적 긴장과 충돌의 근원으로 되는 상대방에 대한 일체의 적대행위를 전면 중지하기로 하였다'라고 하여 북한 핵이 적대행위에서 제외된 것이다.

세계의 안보 전문가 누구에게 물어봐도, 상식적인 한국 시민 누구에게 물어봐도 한반도에서 긴장과 충돌의 근원을 묻는다면 자명하게 북한 핵 위협을 우선 지적하지 않겠는가? '상대방에 대한 일체의 적대행위'에서 북한의 핵무장과 고도화를 위한 제반 활동들이 제외되었다는 의미를 국방 당국자는 어떻게 받아들였는지 알 수 없다.[77]

장관급 회담에서는 '판문점 선언' 이행 상황을 종합점검하거나 '평양 공동선언' 세부 시행방안을 합의했으나 별도의 '핵 문제'를 논의할 기구나 규정 마련은 제외되었다.

'판문점 선언'의 이행을 위해 2018년 9월, 개성에 한국정부 예산 100억여 원을 들여 설치한 남·북공동연락사무소는 2020년 6월에 폭탄으로 폭파되어 "형체도 없이 무너지는 비참한 광경" 속에 사라지고 말았다. 군사 회담에서는 긴장 완화와 신뢰 구축, 교류 협력 지원방안 등이 논의되었다.

2019년 2월 27~28일까지 베트남 하노이에서 열린 2차 미·북 정상회담이 결렬되면서 남·북 간의 장관급 정치회담이나 군사 회담은 모두 중단되었고 북한의 비핵화 의지에 대한 의구심은 되살아나 증폭되었고 탑다운(Top-down) 방식의 정상회담을 통한 비핵화 방식의 문제점이 대두되었다.

하노이 회담 결렬 후 2019년 7월 6~7일까지 미국 국무장관의 평양방문과 간헐적으로 이어진 미·북 간의 비핵화 실무회담이나 접촉들도 비핵화 및 상응 조치에 대한 견해차가 좁혀지지 않아 진전을 이루지 못하였다.

문재인 정부는 2018년, 2020년 국방백서를 통해 북한 핵 문제 관련 주요 비핵화 합의 목록과 내용을 요약하여 부록에 포함하여 발표하였는데 두 가지 문제를 지적하지 않을 수 없다.

첫째는 노태우 정부의 '한반도 비핵화 공동선언'이 누락 되었다는 점이다. 8건의 합의 중 6건은 미·북 또는 다자간 합의이고 나머지 2건이 문재인 정부에서 이루어진 것으로 노태우 정부의 '한반도 비핵화 공동선언'이 북한 핵 문제해결을 위한 남·북 간 최초의 합의로서 그 중요성과 내용은 앞서 살펴본 바와 같다.

이와 같은 중요한 합의를 누락한 것은 명백한 오류이며 북한이 2009년 이 선언을 폐기했다고 발표한 것을 수용한 것인지 아니면 한국 정부도 이 선언을 이미 폐기한 것인지 묻지 않을 수 없다.

국제사회가 중국이 포함된 6자 회담을 통해 북한과 비핵화 합의를 이룬 2005년의 '9·19 공동성명'과 이의 이행을 위한 '2·13 합의'에서 한반도 비핵화를 위해서는 1992년의 '한반도 비핵화 공동선언'이 준수되고 이행되어야 한다고 권고하고 결의한 바 있다.

두 번째, 비핵화 합의 내용 면에서 미·북 또는 다자회담을 통해서 북한이 합의에 이른 비핵화 약속과 문재인 정부에서 이루어진 2차례의 합의 내용은 구체성과 명료성 그리고 합의의 실행 가능성 면에서 다른 합의에 크게 미치지 못한다는 점이다. 노태우 정부의 '한반도 비핵화 공동선언'과 문재인 정부의 두 성명을 비교하면 [표 2−25]와 같이 명백한 차이가 있음을 알 수 있다.

문재인 정부에서의 남·북 정상회담과 공동 선언문에 이 점을 강조, 포함하지 않고 국방백서에서도 누락된 점은 한국 정부의 북한 핵 대응 정책의 일관성면에서 매우 우려되는 점이라 할 수 있다.

지금까지 국제사회가 북한 핵 문제를 해결하기 위해 북한과 맺었던 합의를 살펴보아도 앞의 비교분석과 크게 다르지 않음을 알 수 있다. '판문점 선언'과 '평양 공동선언'의 주요 합의 내용은 앞서 살펴본 바와 같이 인식의 착오가 포함되어 있고 포괄적이며 애매모호한 표현 등으로 실효성 면에서 많은 지적을 받지 않을 수 없다.

그러나 북한 핵 문제해결을 위한 미·북과 6자 회담에서의 합의 내용은 [표 2−26], [표 2−27]에서 보는 바와 같이 비핵화의 주체와 대상, 세부 내용들이 매우 구체적이며 실질적인 비핵화 달성을 위해 실효성을 중심으로 합의서가 명료하게 논의되고 채택되었음을 알 수 있다.

[표 2-25] 노태우 정부와 문재인 정부의 북한 핵 문제 관련 비핵화 합의 비교

합 의	내 용
한반도 비핵화 공동 선언 (노태우 정부)	남과 북은 한반도를 비핵화함으로써 핵전쟁 위험을 제거하고 우리나라의 평화와 평화통일에 유리한 조건과 환경을 조성하여 아시아와 세계의 평 화와 안전에 이바지하기 위하여 다음과 같이 선언 • 남과 북은 핵무기의 시험, 제조, 생산, 접수, 보유, 저장, 배비, 사용 안함 • 남과 북은 핵에너지를 오직 평화적 목적에만 이용 • 남과 북은 핵 재처리를 오직 평화적 목적에만 이용 • 남과 북은 한반도의 비핵화를 검증하기 위하여 상대측이 선정하고 쌍 방이 합의하는 대상들에 대하여 남·북 핵통제공동위원회가 규정하는 절차와 방법으로 사찰을 실시 • 남과 북은 이 공동선언의 이행을 위하여 공동선언이 발효된 후 1개월 동안에 남·북핵통제공동위원회를 구성·운영

판문점
선언
(문재인
정부)
	3. 남과 북은 한반도의 항구적이며 공고한 평화체제 구축을 위하여 적극
	협력
	  ④ 남과 북은 완전한 비핵화를 통해 핵 없는 한반도를 실현한다는 공
	    동의 목표를 확인
	    • 남과 북은 북측이 취하고 있는 주동적인 조치들이 한반도 비핵
	     화를 위해 대단히 의의있고 중대한 조치라는데 인식을 같이 하
	     고 앞으로 각기 자기의 책임과 역할을 다하기로 하였음

평양
공동
선언
(문재인
정부)
	5. 남과 북은 한반도를 핵무기와 핵위협이 없는 평화의 터전으로 만들어
	나가야 하며 이를 위해 필요한 실질적인 진전을 조속히 이루어
	나가야 한다는데 인식을 같이 하였음
	  ① 북측은 동창리 엔진시험장과 미사일 발사대를 유관국 전문가들의
	    참관하에 우선 영구적으로 폐기하기로 함
	  ② 북측은 미국이 6.12 북미공동성명의 정신에 따라 상응조치를 취
	    하면 영변 핵시설의 영구적 폐기와 같은 추가적인 조치를 계속 취
	    해나갈 용의가 있음을 표명
	  ③ 남과 북은 한반도의 완전한 비핵화를 추진해나가는 과정에서 함께
	    긴밀히 협력

출처: 『통일백서』와 『국방백서』의 해당년도.

[표 2-26] 미·북 제네바 합의와 문재인 정부 북한 핵 합의 비교

합 의	내 용
미·북 제네바 합의	(미·북) 쌍방은 핵문제 해결을 위해 다음과 같은 조치들을 취하기로 결정 1. 북한의 흑연감속로와 관련시설들을 경수로 발전소로 교체 　－ 미국은 2003년까지 2,000MWe의 경수로들을 북에 제공(6월 내 　　공급 계약) 　－ 경수로 완공 전까지 대체에너지 제공(중유 20만톤/년) 2. 쌍방은 정치 및 경제관계를 완전히 정상화 추진: 영사를 위한 연락사 　무소 개설 　－ 북한은 IAEA의 흑연감속로와 연관시설들에 대한 동결 감시 허용, 　　전적 협조 3. 쌍방은 한반도의 비핵화, 평화와 안정을 위해 공동으로 노력 　－ 미국은 북한에 대해 핵무기 사용과 위협을 하지 않는다는 공식 보장 　－ 북한은 '한반도 비핵화 공동선언' 이행 4. 쌍방은 국제적인 핵전파 방지체계를 강화하기 위해 노력 　－ 북한은 NPT당사국으로 남아(복귀하여) 안전조치협정 이행 준수 　－ 북한은 안전조치협정에 따른 국제원자력기구 사찰 수용, 북한 내 　　핵물질에 관한 최초보고서의 정확성·완전성을 검증 이행(경수로 　　주요 핵관련 부품들 납입 전)
판문점 선언	3. 남과 북은 한반도의 항구적이며 공고한 평화체제 구축을 위하여 적극 　협력 　④ 남과 북은 완전한 비핵화를 통해 핵 없는 한반도를 실현한다는 공 　　동의 목표를 확인 　　※ 세부 내용은 [표 2-25] 참조
평양 공동 선언	5. 남과 북은 한반도를 핵무기와 핵위협이 없는 평화의 터전으로 만들어 　나가야 하며 이를 위해 필요한 실질적인 진전을 조속히 이루어 나가 　야 한다는데 인식을 같이 하였음 　※ 세부 내용은 [표 2-25] 참조

출처: 통일부, 『통일백서』(서울: 통일부, 해당연도).; 외교부, 『외교백서』(서울: 외교부, 해당
연도).; 국방부, 『국방백서』(서울: 국방부, 해당연도).; 네이버 지식백과.

[표 2-27] 6자 회담 및 미·북 간 합의와 문재인 정부의 비핵화 합의 비교

합 의	주요내용
9·19 공동성명	• 한반도의 비핵화에 대해 진지하면서도 실질적인 회담 결과 다음과 같이 합의 1. 북한은 검증 가능한 비핵화를 평화적인 방법으로 달성 　- 북한은 모든 핵무기의 현존 핵계획을 포기, 조속히 NPT와 IAEA 안전조치복귀 　- 미국은 한반도에 핵무기를 갖고 있지 않음, 핵무기나 재래식 무기로 북한 공격 또는 침공 의사가 없음 　- 한국은 '한반도 비핵화 공동선언'에 따라 핵무기를 접수 또는 배비하지 않음 　- 1992년의 '한반도 비핵화 공동선언'은 준수, 이행되어야 함
2.13 합의	• 북한 내 핵시설의 폐쇄·봉인 및 국제원자력기구 사찰관 복귀 • 북한의 모든 핵프로그램 목록 작성 합의 • 미국과 일본과의 관계 정상화, 대북 경제·에너지·인도적 지원
10.3 합의	• 북한 현존 핵시설 불능화 및 모든 핵프로그램의 완전하고 정확한 신고 • 북한 핵물질, 핵 기술 및 노하우를 이전하지 않는다는 공약 재확인 • 중유 100만톤 상당의 대북 경제·에너지·인도적 지원
2·29 합의	• 9·19 공동성명 준수 • 북한, 6자회담 진행간 핵실험, 미사일 발사, 우라늄 농축 활동을 중지하고 우라늄 농축 활동 중지에 대한 검증과 원자로 및 관련시설의 IAEA 사찰단 복귀 허용 • 미국은 대북 적대의사 없음 확인, 24만톤의 영양지원, 북미관계 개선
판문점 선언	3. 남과 북은 한반도의 항구적이며 공고한 평화체제 구축을 위하여 적극 협력 　④ 남과 북은 완전한 비핵화를 통해 핵 없는 한반도를 실현한다는 공동의 목표를 확인 　※ 세부 내용은 [표 2-25] 참조
평양 공동 선언	5. 남과 북은 한반도를 핵무기와 핵위협이 없는 평화의 터전으로 만들어 나가야 하며 이를 위해 필요한 실질적인 진전을 조속히 이루어 나가야 한다는데 인식을 같이 하였음 　※ 세부 내용은 [표 2-25] 참조

출처: 통일부, 『통일백서』(서울: 통일부, 해당연도).; 외교부, 『외교백서』(서울: 외교부, 해당연도).; 국방부, 『국방백서』(서울: 국방부, 해당연도).; 네이버 지식백과.

특히 9·19 공동성명과 이 성명을 이행하기 위한 2·13 합의는 비핵화 협상을 위해서는 보완적인 요소들이 필요함을 보여주고 있다. 문재인 정부가 핵 문제를 정상회담 의제로 도출해 낸 점은 긍정적으로 평가할 만하나 그 내용이 '선언적' 수준에 그침으로써 오히려 북한 핵 문제해결은 퇴보하였다. 국민의 생존이 걸린 북한 핵 문제에 대한 남·북 회담을 과거와 같은 '선전의 장'이 아니라 '실천의 장'으로 접근했는지 진지하게 되돌아보아야 할 것이다.

문재인 정부의 북한 핵 대응정책 정부정치 분석

문재인 대통령은 인권변호사로 활동하다 노무현 정부의 민정수석과 비서실장을 역임하고 김대중－노무현으로 이어지는 대북 포용정책을 계승하고자 했다. 하지만, 북한의 핵무장 질주에 대한 국제사회의 우려와 제재, 국내 여론의 영향으로 북한에 대한 UN 경제 제재와 병행하여 대화를 통해서, 평화협정과 북한 핵미사일 개발 중단을 교환하는 방식의 정책을 추진하였다.

[표 2-28] 문재인 정부의 북한 핵 대응정책 책임자

구 분	책임자(기간, 출신)
안보실장	• 정의용(2017. 5~2020. 7, 외교관/정치인) • 서훈(2020. 7~, 정보관료)
외교부 장관	• 강경화(2017. 6~2021. 2, 외교관) • 정의용(2021. 2~, 외교관/정치인)
통일부 장관	• 조명균(2017. 7~2019. 4, 행정관료) • 김연철(2019. 4~2020. 6, 교수) • 이인영(2020. 7~, 정치인)
국방부 장관	• 송영무(2017. 7~2018. 9, 군인) • 정경두(2018. 9~2020. 9, 군인) • 서욱(2020. 10~, 군인)
국가정보원장	• 서훈(2017. 5~2020. 9, 정보관료) • 박지원(2020. 10~, 정치인)

* 출신은 직책에 임명되기 이전의 주요한 경력을 토대로 작성
출처: 장관은 각 부 홈페이지의 역대 장관 명단.; 안보실장은 네이버·위키백과 인물사전.;
    정보책임자와 안보책임자는 김한찬, 『한국의 대통령들』(서울: 도서출판 호박, 2017).
    pp. 36-272.; 빅카인즈 해당 시기 뉴스 검색.

그는 김대중과 노무현이 추구하던 남한과 북한의 경제공동체를 달성하고자 했으나 북한의 핵무장을 무시하면서 추진할 수는 없었다. [표 2-28]과 같이 책임자를 임명하여 한반도 신경제공동체 구현을 위해 대화를 통해 북한 핵 문제를 해결하고 항구적 평화 정착을 추진했으나 여전히 북한의 관심은 현금과 경제적 지원이었다.

2019년 하노이 회담 결렬 이후 북한은 미국을 위시한 국제 제재에도 변동이 없고 문재인 정부로부터도 이러한 소요가 충족되지 않자 **문재인 정부를 향해 각종 비난과 조롱을** 시작하였다.

- 김정은의 여동생인 김여정은 2020년 문재인 대통령의 6 · 15 남 · 북공동선언 20주년 기념사에 대해 "여우도 낯을 붉힐 비렬하고 간특한 발상", "맹물 먹고 속이 얹힌 소리같은 철면피하고 뻔뻔스러운 내용"이라는 원색적인 비난을 하였다.

출처: 한국경제신문, 2020. 6. 19.

- 북한의 대남기구인 조국평화통일위원회(조평통)는 2019년 8월 16일 문재인 대통령의 광복절 경축사를 비난하는 대변인 담화를 내고 "우리는 남조선 당국자들과 더 이상 할 말도 없으며 다시 마주 앉을 생각도 없다"고 밝혔다.
- 심지어 문 대통령이 경축사에서 밝힌 '평화경제' 실현 구상에 대해서도 "소대가리가 웃을 일"이라고 '막말'에 가까운 비난을 퍼부었다.

출처: 서울신문, 2019. 8. 16.

문재인은 대학 시절 반정부 활동을 하다 투옥됐고 출소 후 군에 강제 징집되어 육군 공수특전여단에서 복무하고 병장으로 만기 전역하였다. 북한 핵 문제를 해결하기 위해 취임 초기부터 노력했다는

점을 제외하면 문재인 정부의 북한 핵 문제에 대한 문제의 성격 규명(Issue Frame)과 어젠다 설정은 김대중 정부와 매우 흡사하다고 할 수 있다.

임기가 진행 중이라 섣부른 평가일 수 있으나 포용 정책을 통한 경제적 지원과 교류 협력을 통한 경제공동체 추진, 청와대 주도의 대북정책과 정상회담을 통한 문제해결에의 집착, 핵을 제외한 군사적 긴장 완화와 평화 추구, '우리 민족끼리'에 의한 한·미동맹 약화 등 대북정책 전반에 나타나는 모습은 북한의 핵무장 고도화에 시간을 주면서 김정은에게 이용당하는 것 아니냐는 우려를 낳고 있다.

문재인 정부가 역사적 통일 과업 달성의 열망 때문에 자신도 모르는 사이에 김정은의 전략·전술에 끌려가는 입장이 되고 북한의 변화를 이끌어 낸다는 명분하에 대북 유화정책을 취할 수밖에 없으며 북한의 핵무장 억제를 위한 실질적인 정책은 진전이 없고 국론분열과 한·미관계의 약화와 국제공조 체제에서 이탈궤도로 진입하는 것 아니냐는 의구심이 제기되고 있다. 국내 정치와 대북정책의 타개책으로 김정은의 서울 답방에 집착하다 임기 말에 특사를 보내도 김정은이 만나주지 않는 결과로 귀착될 수 있다는 냉철한 현실 인식이 필요하다.

제 8 장

대미 의존도를 심화한 북한 핵 대응정책

1 김영삼 정부

 김영삼 정부의 북한 핵 대응정책

미국의 클린턴 행정부는, 부시 정부가 2000년까지 동아시아 주둔 미군 병력 14만 명에 대해 3단계로 감축을 추진했던 전략을 폐기하고 주한미군을 포함하여 10만여 명의 병력을 상당 기간 주둔시킨다는 '동아시아 안보전략보고서(East Asia Strategy Report)'를 채택 추진하여 이 지역에 대한 정책의 우선순위를 강조하였다.78)

북한은 '한반도 비핵화 공동선언'을 채택하였으며 IAEA와 핵 안전조치 협정에 서명하고 임시사찰을 받는 등 비핵화 의지를 실천하는 듯하였다. 그러나 IAEA의 특별사찰 거부와 NPT 탈퇴를 선언하고 전쟁 준비 완료와 '통일의 해'를 선포하며 핵 위기를 조성하였다.

김영삼 정부는 화해 협력, 남·북연합, 통일국가라는 3단계 통일

방안을 추진했으며 북한의 핵 문제를 최우선 당면과제로 설정하였다. 북한의 핵 위협을 해소하기 위해 북한의 핵 개발 프로그램의 중지·동결, 한반도에서의 전쟁 방지, 남·북대화를 통한 핵의 투명성 보장, 한국 주도하에 북한 경수로 지원 등의 원칙을 견지하면서 한·미의 긴밀한 협조와 국제공조를 통한 해결을 추진하고 북한의 핵 무기 개발시간을 부여하지 않는 방향으로 북한 핵문제를 해결하고자 하였다.79)

김영삼 정부는 북한의 핵 개발 의도를 체제 존립 불안, 경제난국, 국제적 고립 등 3중고에 따른 체제생존과 대남 군사 우위 유지로 보았다. 북한이 핵 개발과 평화협정을 연계하여 주한미군을 철수시키고 대남적화전략을 추구할 것으로 판단하였다.80)

북한은 핵연료 주기를 완성하고 핵무기 제조에 필요한 기폭장치 실험을 1983년에서 1988년까지 70여 회를 실시하여 핵무기 제조 직전 단계에 있는 것으로 평가되었다. 또한 핵 물질을 보유한 것으로 추정하였으나 핵무기 보유 여부에 대한 평가는 유보하였다. 노태우 정부의 평가와 동일하게 FROG-5/7이 전방에 배치되어 50-70Km 범위 내의 화학 및 전술핵 탄 사격이 가능한 것으로 보고 화학·핵무기 탑재가 가능하며 사거리 1,000Km의 노동1호를 개발한 것으로 평가했다.81)

1차 북한 핵 위기로 불리는 1993년에서 1994년에 걸친 북한의 핵 위협에 대해 김영삼 정부는 군사적으로 미국의 핵우산 보장 등 한·미 간 핵 억제대책 강화, UN 및 IAEA 등 관련 국제기구는 물론 미·일-중-러 등 주요 이해 당사국들과의 긴밀한 국제공조, 남·북

대화를 통한 대북 설득 노력을 병행 추진함으로써 북한 스스로 그들의 핵 개발 노력을 포기하도록 유도하고자 했다.

북한의 NPT 탈퇴 선언으로 야기된 상황에 대해 김영삼 정부는 남·북 간 대화를 통한 북한 핵 문제해결 노력과 함께 북한이 주장해 온 미·북 간의 직접 협상을 수용함으로써 양면적 차원에서 북한 핵 문제의 해결을 시도했다. 또한 NPT 탈퇴 철회를 유도하기 위한 대북한 압력의 일환으로 이산가족 재회 등 인도적 분야를 제외한 기업인의 방북과 대북 투자 등 경제협력을 잠정 동결시키기도 하였다.[82]

김영삼 정부는 북한 핵 위협인식과 핵 대응 전략 및 목표는 명확했으나 북한이 국제 비확산체제에서 벗어나 핵 개발을 시도하는 것을 억제하지 못했다. 김영삼 정부의 대북정책에 대한 평가는 대체로 부정적이다.[83] 특히 북한 핵 대응 정책은 북한 핵 문제가 '남·북 프레임'에서 '미·북 프레임'으로 전환되었다는 점과 '한반도 비핵화 공동선언'의 동력을 이어가지 못했다는 점에서 이후의 한반도 핵 상황에 암운을 드리우게 하였다.

미·북 제네바 합의문에도 "북한이 한반도 비핵화 공동선언을 이행하기 위한 조치를 일관성 있게 취한다"라는 조항이 포함되어 있어 동력을 살려갈 수 있었다. 또한, 이 합의는 북한의 '흑연감속원자로 및 관련 시설에 대한 동결'에 합의했으므로 동결 이전에 생산된 핵물질에 대한 처리가 명시되지 않는 등 양자가 국내 정치 조건에 맞춰 임시로 봉합한 결과물이라는 평가가 있어 당사자인 한국 정부의 적극적인 노력과 개입이 필요했다고 본다.[84]

'한반도 비핵화 공동선언'의 동력이 유지되어 미·북 제네바합의에 의한 IAEA 사찰과 함께 한국의 사찰이 병행되었더라면 북한이 고농축 우라늄탄으로 변경하여 다시 핵무장을 추진할 의도를 갖지 못 하게 했을 수도 있고 최소한 조기에 발견하여 예방조치를 함으로써 2차 북한 핵 위기와 오늘의 핵무장을 막을 가능성이 존재했었다고 볼 수 있다.

김영삼 정부의 북한 핵 대응정책 조직행태 분석

백서를 통해 본 김영삼 정부의 북한 핵위협 인식

1차 북한 핵 위기와 함께 출범한 김영삼 정부는 북한이 체제 존립의 불안, 경제난국, 국제적 고립 등 3중고의 총체적 위기 상황을 타개하기 위해 핵 개발에 집착하는 것으로 보고 북한정세 및 군사위협을 별도의 장을 편성해 분석하였다.

1993년에는 북한이 핵무기 완성의 좌절과 체제 붕괴의 위협을 인지하고 특별사찰을 거부하며 NPT 탈퇴를 선언하였으며 1993년을 전쟁 준비 완료의 해, 1995년을 통일의 해로 설정한 점에 주목하여 핵무기가 대남적화전략을 위한 것임을 명확히 하고 있다.

북한이 핵무기 제조에 필요한 기폭장치 실험을 1983년부터 1988년까지 70여 회 실시하였고 제반 능력을 확보하여 핵무기 제조 직전 단계에 있는 것으로 평가하였다. 이전보다 구체적인 영변 핵시설에 대한 분석과 북한 전역에 있는 핵 관련 시설현황을 표로 정리하여 제시하였다. 핵 운반수단인 장거리 유도무기에 대해서는 이전 년도와 동일한 분석을 하였다.[85)]

1994년에는 북한의 전략무기 위협을 별도의 항목으로 분석하였다. 위협의 내용은 전년도와 대동소이 하나 북한 핵 개발 이유를 체제생존과 대남 군사 우위 확보의 수단으로 재평가하였다. 북한의 핵물질 보유를 추정하고 핵무기 제조는 의문시된다고 평가하여 유보적인 태도를 취하면서도 미·북 대화와 핵 동결 약속에 대해서는 북한이 핵 카드를 활용하여 정치, 경제, 군사적 실리를 추구하며 시간을 벌어 핵무기를 완성하려 한다고 보아 북한 핵 문제의 완전 해결이 장기화할 것으로 판단하였다.[86]

1995년에는 전년도와 거의 동일하나 북한이 핵을 담보로 추구하는 전략을 분석하였다. 북한은 핵 문제를 대미협상의 지렛대로 활용하여 체제 유지의 실리를 도모하면서 남·북 문제를 미·북 관계에 종속시켜 한국 정부의 위상을 저하 시키고 한·미를 이간시키며, 대미 핵 협상을 평화협정과 연계하여 주한미군 철수를 유도하여 한·미 연합방위력을 약화시킴으로써 대남적화전략을 실현하려는 것으로 보았다. 또한, 북한 핵 문제해결 항목을 별도로 추가하여 '제네바 미·북 합의' 내용과 의의를 설명하였다.[87]

1996년엔 북한의 핵무기 보유목적을 국제사회에서의 영향력 유지와 대남적화통일로 보았으며 북한 핵 문제해결 노력 항목을 통해 제네바 미·북 합의와 남·북 비핵화 공동선언의 이행실태를 추적, 분석하여 북한이 과거 핵 규명을 거부하고 남·북 비핵화 공동선언에 따른 핵사찰 협상을 외면하고 있음을 지적하였다.[88]

1997년 국방백서는 편성과 용어를 변경하였다. 제2부의 제목이 '안보 정세 및 위협평가'에서 '안보 환경'으로, 제3장 '북한정세 및 군사 위협'은 변동이 없으나 세부 항목인 '전략무기 위협'이 '전략무기'로 바뀌었으며 '북한 핵 문제해결 노력' 항목은 '한반도 군비통제' 항목 등에 분산 기술되었다.

북한이 초보적인 핵무기(1~2개) 조립 생산능력을 보유하고 있을 가능성이 농후한 것으로 평가했으며 북한이 과거 핵 및 핵 개발 포기에 대한 투명성을 보장할 것인지 의문을 제기하고 있는데 김영삼

정부의 북한 핵 위협인식은 [표 2 – 29]와 같다.[89)]

[표 2-29] 김영삼 정부의 북한 핵 위협인식

연 도	내 용

1993	• 북한이 핵개발에 집착하는 이유: 체제존립 불안, 경제 난국, 국제적 고립
	• 북한이 1993년을 전쟁준비 완료, 1995년을 통일의 해로 설정한 점 등을 근거로 핵무기가 대남 적화전략을 위한 것임을 명시
	• 기폭장치 실험을 이미 70여회 실시, 핵무기 제조 직전단계로 평가 (핵연료 확보에서 재처리에 이르는 핵연료 주기를 완성한 것으로 평가)
	• 영변 핵시설에 대한 세부 분석과 북한 핵관련 시설을 표로 제시
	  – 원자로 1·2·3호기, 원자력 발전소 2개소(평북 태천, 함남 신포)
	  – 재처리시설: 200톤/년(추정) 건설중(내부40%, 외부80%)
	  – 우라늄 광산과 정련공장: 각 2개소(120톤/년)
	  – 핵연료봉 제조 및 저장시설: 300톤/년(추정)

1994	• 북한 핵개발 이유를 체제생존과 대남군사우위 확보의 수단으로 재평가 – 북한의 핵물질 보유 추정, 핵무기 제조는 의문시 • 북한 핵문제의 완전 해결은 장기화 될 것으로 판단
1995	• 북한의 핵무기 보유목적: 국제사회에서의 영향력 유지와 대남적화통일 • 북한 핵문제 해결노력 항목을 통해 제네바 미·북 합의 이행실태 분석 (북한이 과거 핵규명을 거부하고 남·북 비핵화공동선언 미 이행 지적)

1996	• 재처리 시설 1993년부터 본격 가동 예상, 1990년대 중반 핵 보유 가능
	• 북한의 핵 시설도를 제시
	(대형-소형 원자로, 재처리공장, 폭발실험 흔적)
	• 핵 운반수단인 장거리 유도무기 항목 별도 분석
	  – 사정거리 500Km 스커드 실전 배치, 장거리 신형 유도탄 개발, 시험 중
	  – 사정거리 50Km/70Km인 FROG-5/7 로켓으로 전술핵탄 사격 가능

1997	• 국방백서 편성과 용어 변경 • 초보적인 핵무기(1~2개) 조립생산 능력 보유 가능성 높게 봄 • 북한이 과거 핵 및 핵개발 포기의 투명성에 의문 제기

출처: 국방부, 『국방백서』(서울: 국방부, 1993~1998).

김영삼 정부의 북한 핵 대응전력증강

김영삼 정부에서도 재래식 위주의 전력증강이 이루어졌는데 [표 2-30]과 같이 대 포병 레이더(AN/TPQ-36) 도입과 다련장 로 켓 생산, 지대공 미사일(천마)과 지대지 유도무기 개발, 강습 헬기와 저고도 휴대용 유도무기 도입을 추진하였다.

상륙함 건조와 해상초계기(P-3C), 고성능 해상 감시레이더를 배치하고 F-16 전투기 추가분과 중형 수송기(CN-235M)를 도입하 였으며 공군 기본훈련기(KT1) 개발에 착수하였다.90)

[표 2-30] 김영삼 정부의 주요 전력증강 내용

주요 전력 증강 내용	비 고
• 대 포병 레이더(AN/TPQ-36) 도입, 다련장로켓 생산, 지대공 미사일(천마)/지대지 유도무기 개발, 강습헬기, 저고도 휴대용 유도무기 도입 • 상륙함 건조, 해상초계기(P-3C)/고성능 해상감시레이더 배치 • F-16전투기 도입, 공군 기본훈련기(KT1) 개발, 중형 수송기 (CN-235M) 도입 등	1차 북핵 위기 (1994)

출처: 국방부, 『국방백서』(서울: 국방부, 해당연도).; 이미숙, "한국 국방획득정책의 변천과정 과 전력증강 방향 고찰,"『국방 연구』60권 2, 2017.; 이필중 · 김용휘, "주한 미군의 군사력 변화와 한국의 군사력 건설,"『국제정치논총』제47집 1호, 2017.

김영삼 정부의 한 · 미 안보협의회의

김영삼 정부는 한 · 미 안보협의회의를 통해 제네바 미 · 북 기본 합의의 철저한 이행, 과거 · 현재 · 미래의 북한 핵 활동에 투명성 확보, 국제 비확산체제인 NPT와 IAEA에 대한 의무를 철저히 이행할 것을 촉구하였다. 북한 핵 문제 완전 해결을 위한 계속적인 공동노력을 확인했으며 한국에 핵우산을 지속적으로 제공할 것을 [표 2−31]에서 보는 바와 같이 재확인하였다.[91]

[표 2-31] 김영삼 정부 한·미안보협의회의 공동성명 중 핵 관련 내용

한·미안보협의회의 공동성명 중 핵 관련 내용	비 고
• 미·북 기본합의 철저한 이행 촉구(과거·현재·미래의 북한 핵 활동 투명성 확보, NPT·IAEA 의무 철저 이행) • 북한 핵문제 완전 해결 위한 계속적인 공동노력 확인 • 대한민국에 핵우산 제공 재천명	1차 북핵 위기 (1994)

출처: 국방부, 『국방백서』(서울: 국방부, 해당연도).

김영삼 정부의 남·북 군사·정치 회담

노태우 정부 말기가 되어 정권교체가 유력시 되자 북한은 노태우 정부와 맺었던 '남·북 기본합의서'와 '한반도 비핵화 공동선언', '남·북 핵통제 공동위원회' 운영 등 모든 면에서 소극적인 모습을 드러내며 자신들의 주도권을 행사하기 위한 다양한 방법을 모색하였다.

북한은 노부모 방문단의 교환 합의 불이행과 적십자 회담 거부, 군사직통선 개통 미 이행 등의 진지하지 못한 정치·군사 회담을 진행하다 김영삼 정부가 출범하자 1993년 1월 29일 고위급 회담 대표단 성명을 통해 핵통제공동위원회를 비롯한 모든 남·북대화를 중단한다고 발표하였다.[92]

김영삼 정부는 북한 내부의 어려움과 심리적 피 포위의식, 유리한 국제 정세 등을 활용해 북한을 압박하는데 성공하지 못하고 도리어 남·북 관계의 주도권을 상실하고 말았다. 미국 카터 전 대통령의 활동으로 김일성과 회담 개최의 희망이 일시 보이기도 하였으나 이는 국가 전략적 토대 위에 마련되고 추진되었다고 보기 어렵다.

김영삼 정부의 북한 핵 대응정책 정부정치 분석

김영삼 정부의 북한 핵 대응정책 경기자와 정책 혼선

김영삼 대통령은 확고한 신념과 불굴의 용기를 가진 지도자였지만 나라의 장래에 대해서는 분명한 비전과 구상을 가지고 있지 않았다. 그는 대통령으로서 대내외적으로 위기에 처한 경제, 북한 핵 문제로 인한 안보 위기, 세계화의 도전 등 자기 앞에 놓인 어려움이 무엇인지 잘 몰랐다. '신한국 창조'라는 한국사회의 근본적인 변혁을 이루려 하였으나 임기 5년 안에 그 같은 목표를 성공적으로 달성한다는 것은 애당초 무리였다.[93]

> 김영삼의 군 복무는 전쟁 중인 1951년 2월~10월까지 8개월 간 학도병으로 국방부 정훈국에서 근무하다 당시 국회부의장 장택상의 비서로 가면서 만료한 것으로 되어 있으나 부록으로 제시된 인생 전체 연표에는 1950년 10월 학도의용군에 입대, 국방부 정훈국 대북방송 요원으로 복무, 1951년 1월부터 장택상의 비서관으로 표기되어 실제 근무는 2~3개월로 계산되어 상호 일치하지 않는다.
>
> 출처: 위키백과 인물사전; 김삼웅, 『김영삼 평전』(서울: 깊은 나무, 2016). pp.54-55, 288.; 김영삼, 『김영삼 회고록』(서울: 백산서당, 2000). pp.80-88.

김영삼은 어려서부터 정치에 뜻을 두고 한국의 민주화에 기여한 대통령으로 평가받고 있으나 외교·안보 문제는 권위주의 정부가 정권 유지를 위해 악용해 왔다고 생각했으며 **군사 분야 특히 핵 문제 관련해서는 무지했다.**

대통령 후보 시절 **전술핵과 원자로를 구분하지 못한 일화**는 유명하다. 대통령이 된 후 지식을 갖추었겠지만, 모든 분야에 정통할 수 없으므로 전문가를 활용하여 북한 핵 문제를 처리 했어야 하나 북한 핵 관련 전문가그룹 중 강경한 목소리를 낼 개연성이 높은 군인 출신들을 중용하지 않았으며 신뢰하지 못했다.

1987년 대통령 후보 초청 관훈클럽 토론회에서 패널로 참석한 동아일보 논설위원이 핵문제에 대한 보충 질문으로 "비핵지대화에 대하여 (말씀하셨는데) 거기에는 전술핵도 포함되는지요?"라고 하자 "원자로 말씀입니까?" "전술핵, 핵무기 말입니다" 김영삼은 반복되는 질문을 받고 결국 "아 모른다는데 왜 자꾸 그러느냐"고 답했다.

출처: 강준만, 『김영삼 이데올로기』(서울: 개마고원, 1995). p.196.

1996년 2월 전두환, 노태우 두 전직 대통령과 16명의 전직 군 장성들을 형사 불소급의 원칙을 무시한 특별법을 제정하여 부패, 내란 및 군사 반란 혐의로 기소하는 등 군사정권의 잔재를 청산하기 위해 많은 노력을 기울였다. 오랫동안 정치에 영향력을 행사해 왔던 군의 탈정치화를 통해 군에 대한 민간통제를 굳건히 한 업적[94]의 그늘에서 북한의 핵 개발과 핵무장의 불씨는 자라나고 있었다.

대통령 취임사에서 "어느 동맹국도 민족보다 더 나을 수는 없습니다. 어떤 이념이나 사상도 민족보다 더 큰 행복을 가져다주지 못합니다"라고 하여 국민과 동맹국을 놀라게 하였다. 김영삼은 북한 핵 문제가 심각하고 북한의 갑작스러운 붕괴가 예상되던 중요한 시기에 대북정책 주요 책임자들을 [표 2-32]와 같이 비전문가들을 다수 임명했다.

[표 2-32] 김영삼 정부의 북한 핵 대응정책 책임자

구 분	책임자(기간, 출신)
안보 보좌관	• 정종욱(1993.3~1994.12, 교수) • 유종하(1994.12~1996.11, 외교관) • 반기문(1996.11~1998.3, 외교관)
외교부 장관	• 한승주(1993.2~1994.12, 교수) • 공로명(1994.12~1996.11, 외교관) • 유종하(1996.11~1998.3, 외교관)
통일원 장관	• 한완상(1993.2~1993.12, 교수) • 이영덕(1993.12~1994.4, 교수) • 이홍구(1994.4~1994.12, 교수) • 김덕(1994.12~1995.2, 교수) • 나웅배(1995.2~1995.12, 경제관료/정치인) • 권오기(1995.12~1998.3, 언론인)
국방부 장관	• 권영해(1993.2~1993.12, 군인) • 이병태(1993.12~1994.12, 군인) • 이양호(1994.12~1996.10, 군인) • 김동진(1996.10~1998.3, 군인)
안기부장	• 김덕(1993.2~1994.12, 교수) • 권영해(1994.12~1998.3, 군인)

* 출신은 직책에 임명되기 이전의 주요한 경력을 토대로 작성

출처: 장관은 각 부 홈페이지의 역대 장관 명단.; 안보실장(보좌관)은 네이버·위키백과 인물 사전.; 정보책임자와 안보책임자는 김한찬, 『한국의 대통령들』(서울: 도서출판 호박, 2017). pp. 236-272.; 빅카인즈 해당 시기 뉴스 검색.

잘 알려진 반체제 인사로 반정부 투쟁에 앞장섰던 한완상은 북한에 대해 유화적인 노선을 견지하였다. 김영삼 정부는 공산주의 신봉자로 장기 복역하던 이인모를 조건 없이 북한에 송환하겠다고 발표한 다음 날 북한이 핵확산 금지협정(NPT)을 탈퇴한다고 선언하여

충격을 받고 위기에 직면하였다.

북한의 전례 없는 도발에도 한완상은 평양과 직접 대화의 길을 열기 위해 북한에 경제 원조와 경제협력을 위한 사절단을 파견하고자 하였다. 미국과 동맹국들이 북한의 핵 개발과 핵무장을 억제하고자 제재를 논의하는데 김영삼 정부는 유화정책을 취하는가 하면, 미·북 제네바합의가 막바지에 이르렀을 때는 오히려 한·미 정상회담에서 미국의 정책을 강경하게 비판하는 등 정책 기조가 오락가락하여 한·미관계 또한 어렵게 하였다.

김영삼은 대외정책을 국내 정치의 연장선상에서 판단하였고 여론을 의식한 임기응변식으로 대응하여 관련 부서 장관들을 당황하게 했으며 그의 초기 대북정책팀은 북한 핵 위기를 다루기에는 너무나 비현실적이며 경험 없는 인선으로 혼란을 겪었다.

노태우 정부에서 국제정세의 흐름을 활용하여 주도적으로 추진하여 성과를 거두어 나가던 북방정책과 '한반도 비핵화 공동선언'은 진지하게 계승되지 못하였다. 김영삼 정부는 '역사 바로 세우기' 등 내치에 치중하다 당시 국제질서의 흐름인 공산주의의 해체가 가져온 한반도 냉전 종식이라는 절호의 기회를 전략적으로 활용하지 못하였고 북한 핵 문제 또한 해결하지 못하였다.

김영삼 정부는 임기 후반의 외환위기로 많은 비난과 비판을 받았으나 한반도에서 한국에 주어졌던 안보 전략상의 호기를 상실한 것에 대해서는 더욱 엄격한 역사적 평가가 핵 문제를 중심으로 내려질 것이다.

김영삼 정부에서 통일원과 국가안전기획부 간의 정책 선호 갈등과 정치적 행위들이 있었다. 비전향 장기복역자인 이인모 송환 문제를 둘러싸고 통일원은 이인모를 북송함으로써 단절된 남·북대화를 재개하고 이산가족 교환 문제를 해결하고자 하였다.

국가안전기획부는 북한의 핵확산방지조약(NPT) 탈퇴 선언(1993. 3. 12.)과 이인모의 북송은 정치적으로 이용될 뿐이라며 끝까지 반대하였다. 북한의 핵 개발 가능성으로 국내 여론은 매우 악화하였으나 김영삼은 통일원의 주장대로 3월 19일 이인모 북송을 감행하였다.

북한의 핵사찰 거부와 NPT 탈퇴 선언 이후인 1993년 5월 북한은 남·북 정상회담을 전제로 특사 교환을 제의해 오자 한국 정부는 북한 핵 문제를 포함한 남·북현안 해결을 위한 고위급 회담 개최를 논의하자고 제안했으나 북한이 핵 문제는 제외하고 남·북 정상회담 성사를 위한 실무차원의 특사파견을 고집하였다.

통일원과 외무부는 남·북 접촉을 갖는 것이 우선이라는 입장이었고 안기부와 총리실은 북한의 제안이 정치적 제스처이며 핵 문제의 우선 해결을 주장하였다. 6월 22일 통일 관계 장관회의에서 정상회담을 위한 특사교환 제의를 원칙적으로 수용하는 것으로 결정했으나 북한에 대한 전화통지문 지연 등의 문제가 발생하였고.[95] 김일성 사망으로 정상회담은 성사되지 않았다.

② 이명박 정부

 이명박 정부의 북한 핵 대응정책

미국이 실업 및 재정적자 등의 국내문제로 인해 국방비를 삭감하지 않을 수 없게 되자 국제 안보 협력에 불확실성이 가중되고 아시아·태평양 지역에서 중국과 인도의 위상이 강화되었다.

중동에서는 '아랍의 봄'을 통한 민주화 진통이 시작되었으며 이란 핵 문제해결을 위한 6개국 간(영국, 프랑스, 독일 + 미국, 중국, 러시아) 회담은 진전을 이루지 못하였다.

이명박 정부 들어서도 9·19 공동성명은 한동안 진행되는 듯했다. 2008년 4월 미·북 싱가포르 회동으로 북한 핵 신고에 대한 돌파구가 열려 6월에는 북한이 원자로 및 재처리시설의 가동, 생산 기록이 담긴 신고서를 제출하였다. 북한은 미국 CNN 방송 등을 포함한 6자회담 참가국의 방송 관계자를 초청하여 오래되고 낡은 영변 5MWe 원자로 냉각탑을 폭파하는 장면을 전 세계에 방영토록 하였다.[96]

미국은 북한에 대한 적성국 교역법 적용을 종료시키고 테러지원국 지정 해제 조치를 취함으로써 비핵화 2단계로 이행되는 큰 진전으로 평가받았으나 신고서의 완전성과 정확성에 대한 검증 문제가 최대 현안으로 부상하였다. 북한은 시료 채취 등 검증 핵심 요소에 대한 사찰 거부 의사를 완강하게 고집하여 결국 검증 의정서 채택에 실패하면서 6자회담은 정체되었다.

이명박 정부의 대북정책은 '실용과 생산성에 기초한 상생과 공영의 남·북관계 발전'에 두고 실용과 생산성, 원칙에 철저하되 유연한 접근, 국민적 합의, 국제협력과 남·북협력의 조화 등을 추진원칙으로 하였다. 북한 핵 위협 대응 정책으로 '비핵 – 개방 – 3000'을 제시하였다. 북한이 핵 포기 시 얻게 될 분명한 혜택으로 북한의 개방지원, 경제 – 교육 – 인프라 – 행정 – 생활 향상 등 5개 프로젝트 추진, 10년 내 1인당 소득 3,000달러 달성 등을 명시하였다.[97]

북한의 핵 위협에 대한 군사 차원의 의도와 능력평가가 이명박 정부 들어서 재개되었다. 미국의 체제보장과 핵보유국 지위 인정 등을 통한 체제 유지 차원에서 핵무장을 추진한다고 보았으며 40Kg의 플루토늄을 확보한 것으로 추정하고 고농축우라늄 프로그램을 추진하는 등 북의 핵과 미사일을 직접적이고 심각한 위협으로 평가하였다.[98]

한·미 동맹의 확장억제정책 및 국제공조 하에 북한 핵 문제를 해결하기 위해 전시작전통제권 전환 시기를 2012년에서 2015년으로 조정하고 대량살상무기 확산방지구상(Proliferation Security Initiative, PSI) 전면 참여를 선언(2009. 5. 26.)하였다.

그러나 핵 위협 대응보다 천안함 폭침과 연평도 포격 도발 대응에 안보 정책의 상당한 비중을 두었으며 남·북 군사적 신뢰 구축을 위한 군사실무회담을 2회 실시하였으나 남·북 군 통신선 개선과 천안함 폭침과 대북 전단 관련 논의에 초점이 맞추어졌고, 남·북 간 회담에서 핵 관련 의제는 좀처럼 상정되지 못하였다.[99]

천안함 폭침에 대한 강경한 입장을 취한 5·24조치를 단행 (2010. 5. 24.)하여 북한 선박의 우리 해역 운항 불허, 남·북교역 중단과 방북 중단, 북한에 대한 신규 투자금지, 인도적 지원을 제외한 대북 지원 사업을 원칙적으로 보류하였다.100)

이명박 정부는 완전한 북한 핵 폐기라는 최종목표를 달성하기 위해 북한의 불가역적인 비핵화 조치들과 5자의 상응 조치들(안전보장, 관계 정상화, 경제지원)을 단일합의로 타결하자는 '일괄타결방안 (Grand Bargain)'을 제시(2009. 5. 23.)하기도 하였으나 북한은 2차 핵실험으로 응답했다.

북한은 국제사회의 경고와 우려에도 불구하고 2009년 4월 5일 장거리 로켓을 시험 발사하고 5월 25일에는 2차 핵실험을 강행하였다. 유엔안보리는 6월 12일 포괄적인 대북 제재조치가 포함된 안보리 결의 1874호를 채택하였다. 1874호에는 대북 제재가 대폭 확대, 강화되었는데 금수 품목이 모든 무기로 확대되고 화물검색 규정이 강화되었으며 압류, 처분 규정과 무상원조 및 무역 관련 금융지원 금지 등이 추가되었다. 또한 제재 이행 상황을 검토, 분석하는 전문가그룹을 설치하도록 하였다.101)

북한이 2010년 11월 헤커 교수 등 미국 전문가를 초청하여 공개한 영변 경수로 건설현장과 우라늄 농축시설은 핵 위협의 새로운 과제로 대두되었다. 2차 핵 위기를 야기했던 북한의 우라늄 농축 관련 활동에 대한 오랜 의혹이 사실로 드러났으며 북한이 공개한 영변 우라늄 농축시설은 전시용에 불과하고 실제 주요 시설은 은닉되어 있을 것이라는 점에서 북한 핵 위협이 보다 심각하고 복잡한 양상으

로 전개되고 있음이 노출되었다.[102)

　한·미 공조 하에 남·북 회담과 미·북 간 대화를 연계한 외교적 노력이 2011년 7월부터 2차례 진행되었으며 12월 17일 김정일 사망으로 일시 중단되었다가 2012년 2월 베이징에서 3차 미·북 대화가 재개되어 2월 29일 합의 내용을(2·29 합의) 발표하였다.

　본격적인 비핵화 협상을 시작하기 위한 미국과 북한 양측의 공약을 담았는데 북한은 장거리 미사일 발사, 핵실험, 우라늄 농축 활동 등을 포함한 영변 핵 활동 일시 중단, 영변 핵 시설 감독을 위한 IAEA 사찰단 복귀 등을 합의했고 미국은 대북 적대 의사 불 보유 확인, 대북 영양지원 24만 톤, 인적교류 등에 합의하였다.[103)

　2012년 2·29 합의 얼마 지나지 않은 4월 13일, 북한이 장거리 미사일 발사를 강행하면서 개정 헌법 서문에 핵보유국임을 명시하였고 '핵 능력의 현대화와 확장'을 추진할 것임을 공표하였다. 12월 12일에는 핵무기 장거리 운반 능력 확보의 일환으로 평가되는 장거리 미사일을 발사하였다. 국제사회는 2013년 1월 13일 유엔안보리 결의 2087호를 채택하여 대북 제재를 강화하였다. 북한은 안보리 결의를 비난하면서 2월 12일 함경북도 풍계리에서 3차 핵실험을 감행하였다.

이명박 정부의 북한 핵 대응정책 조직행태 분석

백서를 통해 본 이명박 정부의 북한 핵위협 인식

　　김대중－노무현 정부의 대북 유화정책에 대한 강한 비판 여론 속에 집권한 이명박 정부에서도 북한 핵 관련 획기적인 조치는 이루어지지 않았다. 2008년 『국방백서』 북한의 군사 위협에서 북한이 재처리한 플루토늄이 40Kg으로 증가했으며 고농축우라늄 프로그램 추진에 대한 의혹을 제기하고 북한의 탄도미사일에 대한 종류별 사거리를 도표로 제시하였다. 이 도표에 의하면 대포동 미사일로 미국의 하와이와 알래스카를 타격할 수 있는 것으로 평가하였다.

　　노무현 정부와 같이 과거 정부의 '북핵 문제해결을 위한 노력'에서의 미·북 간 또는 6자 회담의 내용과 추이를 분석하던 부분은 생략하고 남·북 간에 핵 문제를 제외하고 "쉬운 문제부터 먼저 해결한다는 원칙 아래" 군사적 신뢰 구축 및 군비통제를 추진한다는 내용을 장황하게 열거하고 있다.[104)]

　　2009년 북한의 2차 핵실험에 대해 2010년과 2012년 국방백서는 획기적이지는 않지만 상당한 비중으로 북한정세 및 군사 위협을 분석하고 있다. 북한의 핵을 비롯한 대량살상무기 개발에 심각한 우려를 표하면서 국제사회의 대북 제재와 6자회담의 중단과 미·북 양자회담 내용과 추이를 분석하고 있다.

　　북한의 군사 목표는 대남 적화통일로 김정일－김정은 체제가 유지되는 한 변화 가능성은 희박하다고 보았음에도 불구하고 전략무기에 의한 위협 내용과 분석은 2008년과 대동소이하고 핵을 제외한 남·북 군사적 신뢰 구축에 대해 열거하고 있어 관료적 타성과 능력의 한계를 드러내고 있다.[105] 이명박 정부의 북한 핵 위협인식은 [표 2-33]과 같다.

[표 2-33] 이명박 정부의 북한 핵 위협인식

연 도	내 용
2008	• 북한이 재처리를 통해 확보한 플루토늄 40Kg으로 이전보다 증가 평가 • 북한 탄도미사일 종류별 사거리 도표(미국 하와이/알래스카 타격 가능) • 북한 핵문제 해결위한 노력 부분 삭제, 남·북 군사적 신뢰구축 열거
2010	• 북한의 2차 핵실험에 대해 상당한 비중으로 북한정세 및 군사위협 분석 - 국제사회의 대북 제재, 6자회담 중단, 미·북 양자회담 내용과 추이 ▸ 전략무기에 의한 위협 내용과 분석은 2008년과 대동소이 ▸ 핵을 제외한 남·북한 군사적 신뢰구축 열거 지속
2012	2010년과 대동소이

출처: 국방부, 『국방백서』(서울: 국방부, 2008/2010/2012).

이명박 정부의 북한 핵 대응전력증강

이명박 정부는 현존하는 북한 위협과 미래 다양한 위협에 능동적으로 대비한다는 원대한 목표 하에 전시작전통제권 전환 시기를 2012년에서 2015년으로 조정하고 K-21 보병 전투차량을 배치하고 K-9 자주포를 개량하였으며 대포병탐지레이더 자체 개발을 추진하였다.

광개토-Ⅲ급 구축함(이지스)과 장보고-Ⅱ급 잠수함을 작전 배치하였다. F-15K와 공중조기경보기를 추가 도입하고 고등훈련기 KT-1과 KF-16의 성능개량을 추진하였다. 군 위성 통신장비를 전력화했으며 국군사이버사령부를 창설하였다. 북한의 2차, 3차 핵실험이 있었던 이명박 정부의 국방예산 연평균 증가율은 노무현, 김영삼 정부보다 낮아졌다.106)

　　미국의 확장억제전략에 의존한 결과가 주요한 원인이겠으나 특이한 점은 북한의 간헐적이면서도 끊임없는 재래식 국지 도발이 한국 정부로 하여금 핵 대응 전력증강에 집중하지 못하도록 한 부분도 주목할 필요가 있다.

　　[표 2-34]에서 보는 바와 같이 이명박 정부에서 북한 핵 위협에 대한 선제타격(Kill Chain)과 한국형 미사일 방어체계(KAMD) 등이 논의되기 시작했으나 북한의 천안함 폭침(2010. 3. 26.), 연평도 포격 도발(2010. 11. 23.) 등으로 북한의 국지 도발 위협에 우선 대비하는 방향으로 전력증강의 우선순위가 전환되기도 하였다.

[표 2-34] 이명박 정부의 주요 전력증강 내용

주요 전력 증강 내용	비 고
• 현존 북한 위협/미래 다양한 위협에 능동적 대비 목표 • 전시작전통제권 전환 시기를 2012년에서 2015년으로 조정 • K-21보병전투차량 배치, K-9개량, 대포병탐지레이더 개발 • 광개토-Ⅲ급 구축함(이지스)/장보고-Ⅱ급 잠수함 배치 • F-15K/공중조기경보기 도입, 고등훈련기 개량, KF-16 성능개량 • 군위성통신장비 전력화, 국군사이버사령부 창설	2차 핵실험 (2009) 3차 핵실험 (2012)

출처: 국방부, 『국방백서』(서울: 국방부, 해당연도).; 이미숙, "한국 국방획득정책의 변천과정과 전력증강 방향 고찰,"『국방연구』 60권 2, 2017.; 이필중·김용휘, "주한 미군의 군사력 변화와 한국의 군사력 건설,"『국제정치논총』 제47집 1호, 2017.

이명박 정부의 한·미 안보협의회의

　　이명박 정부는 한·미 안보협의회의를 통해 북한을 핵보유국으로 인정하지 않을 것임을 강조하고 핵실험과 핵 운반수단인 미사일 발사가 중대한 위협임을 재확인하였다. 유엔안보리 결의 1718, 1874호와 한·미 양자 제재의 완전 이행을 약속하고 북한 핵 문제의 완전하고 검증 가능한 비핵화를 달성하기 위해 공동 노력을 경주해 나갈 것이며 9·19 공동성명의 완전한 이행을 촉구하였다.

　　[표 2-35]와 같이 미국은 한국에 대해 핵우산의 확장억제를 제공할 것임을 재확인하였고 북한 핵 억제체제의 효율성을 제고하기 위한 노력을 함께 해나가기로 하였다.[107]

[표 2-35] 이명박 정부 한·미안보협의회의 공동 성명 중 핵 관련 내용

한·미안보협의회의 공동성명 중 핵 관련 내용	비 고
• 북한을 핵보유국으로 인정하지 않을 것임을 강조 • 핵실험·미사일 발사가 중대한 위협 재확인 • 유엔 안보리 결의 1718, 1874호·양자 제재 완전 이행 • 북 핵문제 완전하고 검증 가능한 비핵화 달성 공동노력 • 9·19공동성명의 완전한 이행 촉구 • 핵우산 확장억제 제공 재확인, 효율성 제고 위해 노력	2차 핵 실험 (2009) 3차 핵 실험 (2012)

출처: 국방부, 『국방백서』(해당연도).

이명박 정부의 북한 핵 대응정책 정부정치모형 분석

이명박 정부의 경기자와 대북 정책 전환

어려운 어린 시절을 딛고 대기업 최고관리자(CEO)를 지낸 이명박 대통령은 햇볕정책의 '퍼주기 논란' 속에 취임했다. 그는 북한 정권이 우리 정부의 선의를 악용하면서 햇볕정책의 의미는 퇴색했다고 보았다. 대북 포용 정책 10년 동안 경제협력이나 문화·스포츠의 교류는 크게 활성화되었지만, 군사 관련 논의는 극히 초보적인 수준에 머물고 핵 폐기나 군비 감축 같은 비중 있는 정책은 논의 자체가 힘들었으므로 북한이 '6·15 공동선언'과 같이 '한반도 비핵화 공동선언'도 존중하여 핵 포기와 경협을 병행하길 원했다.

이명박은 북한의 대남 사업을 통해 얻고자 하는 것이 현금 확보라 여겼다. 금강산 관광을 하던 우리 국민이 북한군에 의해 피격 당하자 금강산 관광을 중단하였으며 2009년 4월 북한이 장거리 미사일을 발사하고 2차 핵실험을 강행하자 대량살상무기 확산방지구상(PSI)에 전면 참여하였다.[108]

이명박은 군대에 입대했으나 기관지 확장증으로 진단받아 훈련소에서 강제 퇴소당했다.[109] 이명박 정부가 구성한 북한 핵 대응 정책 참여자는 [표 2-36]과 같이 새로운 대북정책을 추진할 전문가들이었다. 이명박 정부 내부에서는 대북정책 전환에 대해 이견이나 갈등이 노출되지 않았으나 햇볕정책에 길들여진 북한과 언론, 그리고 야당의 반발이 거세었다.

그는 햇볕정책에 익숙했던 북한이 대북정책에 반발해 남·북관계가 급속히 냉각되면서 일부 국내 언론들이 우리 정부의 대북 강경책으로 남·북관계가 경색되었다고 그 책임을 자신의 정부에 돌리고 있다고 보았다.

[표 2-36] 이명박 정부의 북한 핵 대응정책 책임자

구 분	책임자(기간, 출신)
외교안보수석	• 김병국(2008. 3~2008. 6, 교수) • 김성환(2008. 6~2010. 10, 외교관) • 천영우(2010. 10~2013. 2, 외교관)
외교부 장관	• 유명환(2008. 2~2010. 9, 외교관) • 김성환(2010. 10~2013. 3, 외교관)
통일부 장관	• 김하중(2008. 3~2009. 2, 외교관) • 현인택(2009. 2~2011. 9, 교수) • 류우익(2011. 9~2013. 3, 교수)
국방부 장관	• 이상희(2008. 2~2009. 9, 군인) • 김태영(2009. 9~2010. 12, 군인) • 김관진(2010. 12~2013. 2, 군인)
국가정보원장	• 김성호(2008. 3~2009. 2, 검찰관료) • 원세훈(2009. 2~2013. 3, 행정관료)

* 출신은 직책에 임명되기 이전의 주요한 경력을 토대로 작성

출처: 장관은 각 부 홈페이지의 역대 장관 명단.; 안보실장은 (외교안보수석).; 네이버 · 위키백과 인물사전.; 정보책임자와 안보책임자는 김한찬, 『한국의 대통령들』(서울: 도서출판 호박, 2017). pp. 236-272.; 빅카인즈 해당 시기 뉴스 검색.

③ 박근혜 정부

 박근혜 정부의 북한 핵 대응정책

중국은 미국의 아시아-태평양 재 균형(Rebalancing)정책에 대한 대응과 경제·군사적 성장을 바탕으로 '신형 대국 관계'를 주장하면서 다양한 영역에서 미국과 경쟁과 협력관계를 유지하였고 북한 핵 위협 해결 역량의 비중이 점차 증가하게 되었다.

2015년 7월 핵 비확산을 위한 국제사회의 노력으로 P+1(안보리 상임이사국인 미국, 중국, 러시아, 영국, 프랑스 + 독일)과 이란이 13년 만에 핵 협상을 타결하는 성과를 이루었다. 사이버 안보와 북한 주민의 인권 문제가 주요 국제 문제로 부상하였다.

북한은 경제와 핵 무력 병진 노선을 견지하여 4차 핵실험(2016. 1. 6.)과 5차 핵실험(2016. 9. 9.)을 연이어 감행했으며 각종 미사일 발사로 다양한 핵 투발 수단을 확보하고 궁극적으로는 핵보유국 지위 확보를 끈질기게 추구하였다. 유엔안보리는 대북 제재 2094호(2013. 3. 31.), 2270호(2016. 3. 2.), 2321호(2016. 11. 30.)를 채택하여 북한에 대한 제재의 범위와 강도를 강화하였다.

박근혜 정부는 북한 핵 개발 의도를 체제생존 보장과 핵보유국 지위 확보로 보고, 플루토늄을 50Kg 보유한 것으로 추정하고 고농축 우라늄 프로그램이 상당한 수준으로 진전되었으며 핵무기 소형화 능력도 일정 수준에 이르렀다고 북한의 핵 능력을 평가하였다.[110]

북한은 총참모부 대변인 성명을 통해 "우리가 발사하는 징벌의 핵탄은 청와대와 반동 통치기관들이 있는 서울을 완전 잿더미로 만들어버릴 것"(2016. 9. 22.)이라는 등의 한국에 대한 핵 위협을 노골화하였다.111)

박근혜 정부의 대북정책은 '한반도 신뢰 프로세스'로 튼튼한 안보를 바탕으로 남·북 간 신뢰 형성과 관계 발전, 평화 정착, 통일기반 마련 등에 중점을 두고 호혜적 교류 협력으로 남·북 공동이익을 확대하고 인도적 문제를 우선 해결하고자 하였다.

북한 핵 위협 대응 정책으로 '비전 코리아 프로젝트'를 추진하였는데 비핵화 진전에 따라 북한 인프라 확충, 통합 물류망 구축, 국제 금융기구 가입 지원, 남·북교류 협력 사무소 설치 등 경제적 지원을 약속하였다.112)

박근혜 정부에서 현실화한 북한 핵 위협에 대한 군사적 대응조치가 적극적으로 이루어졌다. 심각해진 북한 핵 위협을 고려하여 조건에 기초한 전시작전권 전환을 추진하기로 한·미 간 합의하였다. 동맹의 미사일 대응 작전개념을 수립, 발전시켰는데 북한의 탄도미사일을 탐지, 교란, 파괴, 방어하기 위한 미사일 대응 작전 수행지침을 마련(2014년 10월)하였다. 한·미 맞춤형 핵 억제 전략 이행을 위한 한·미 억제전략위원회(Deterrence Strategy Committee, DSC), 한·미 외교·국방 확장억제전략협의체(The Extended Deterrence Strategy and Consultation Group, EDSCG)를 출범시켜 확장억제 수단의 운용 연습을 매년 실시하여 실행력을 제고하고 협의 체제를 강화하였다.113)

대북 확성기 방송 재개와(2016. 1. 8.) 북의 핵 운반수단 다양화와 실전배치에 따른 고고도 미사일 방어시스템인 사드(Terminal High Altitude Area Defense, THAAD) 배치를 결정(2016. 7. 3.)했다.

적의 미사일 위협을 실시간 탐지, 결심, 타격하는 킬체인(Kill Chain), 북 미사일 요격을 위한 조기경보 및 지휘 통제-요격체계인 한국형 미사일 방어(Korea Air and Missile Defense, KAMD), 북한 핵 위협 시 북 전쟁지도부와 지휘부를 응징하는 대량응징보복(Korea Massive Punishment and Retaliation, KMPR) 등 이른바 한국형 3축 체제 구축을 추진하였다.[114]

북한의 4차 핵실험 후 대북 제재의 국제공조에 동참한다는 차원에서 개성공단 가동을 전면 중단(2016. 3. 2.)시켰다. 독자적인 대북 제재를 하였는데 4차 핵실험 후에는 금융제재, 해운 통제, 수출입 통제를 강화하였고 5차 핵실험에 대하여 금융제재 대상 확대, 북한 기항 외국 선박 입항 조건 강화, 북한 방문 외국인 출입국 제한 등의 조치를 하였다.

박근혜 정부의 북한 핵 대응정책 조직행태 분석

백서를 통해 본 박근혜 정부의 북한 핵위협 인식

김정은이 핵무장을 가속화함에 따라 박근혜 정부의 북한 핵 위협인식은 다시 명징해졌고 한국 정부 독자 제재와 함께 본격적인 군사적 대응 방안을 마련해 나갔다. 2014년 국방백서에서는 핵과 탄도미사일이 한국과 국제사회를 심각하게 위협하고 있다고 진단하고 북한이 한반도의 적화통일을 목표로 핵과 미사일을 지속적으로 개발하고 있다고 평가하였다.

북한의 3차례 핵실험을 통해 핵무기 소형화 능력도 상당한 수준에 이른 것으로 평가했으며 장거리 미사일 발사를 통해 미국 본토를 위협할 수 있는 능력을 보유한 것으로 추정하며 북한 미사일의 종류별 사거리를 제시하였는데 미국 로스엔젤레스(Los Angeles)가 대포동 2호의 사정권 안에 있음을 명시하였다.

'북한의 핵·대량살상무기 위협 대응능력 강화'를 하나의 절로 편성하여 세부 내용을 제시하였는데 한·미의 맞춤형 핵 억제 전략 수립과 이에 따른 '동맹의 포괄적 미사일 대응 작전' 개념과 원칙 정립, 이 작전을 수행하기 위한 킬체인(Kill Chain)과 한국형 미사일 방어체계(KAMD)의 단계적 발전 내용을 구체적으로 포함하였다.

킬체인은 북한의 미사일 위협에 효과적으로 대비하기 위해 탐지, 식별, 결심, 타격이 즉각 가능하도록 감시–정찰 능력과 타격 능력 강화를 위한 노력을 우선 보강하고 날아오는 미사일을 방어하기

위한 한국형 미사일 방어체계는 조기경보체계, 지휘 통제체계, 요격 체계로 구성되어 있다.[115]

2016년 국방백서에는 북한이 4, 5차 핵실험으로 핵 능력의 고도 화를 통해 핵보유국의 지위를 확보하고 체제생존을 보장받으려 한다 고 평가하였다. 북한이 핵탄두를 공개하고 대륙간 탄도 미사일과 중·단거리 미사일 시험 발사를 지속하는 등 다양한 핵 투발 수단을 과시하고 잠수함 발사 탄도미사일(SLBM) 시험 발사를 4차례나 공개

[표 2-37] 박근혜 정부의 북한 핵 위협인식

연 도	내 용
2014	• 북한의 핵과 탄도 미사일은 한국과 국제사회를 심각하게 위협 • 북한은 전 한반도의 적화통일을 목표로 핵과 미사일을 지속적으로 개발 • 고농축 우라늄 프로그램을 진행, 핵무기 소형화 능력도 상당한 수준 평가 • 북한 미사일 종류별 사거리 도표 제시: 미국 LA 타격 가능(대포동 2호) • '북한의 핵 · 대량살상무기 위협 대응능력 강화' 한 개의 절 편성 　– 북한의 핵 · 대량살상무기 위협에 대비한 한 · 미 맞춤형 억제전략 마련 　– 한 · 미 간 동맹의 포괄적 미사일 대응작전 개념과 원칙 정립 　– 작전 수행을 위한 킬체인과 한국형 미사일 방어체계 발전
2016	• 북한이 4, 5차 핵실험으로 핵능력의 고도화를 통해 핵보유국의 지위를 확보하고 체제생존을 보장 받으려 한다고 평가 　– 플루토늄 50여Kg 보유 추정, 고농축 우라늄 프로그램도 상당한 수준 　– 핵탄두를 공개하고 다양한 핵 투발수단 과시(대륙간 탄도 미사일 등) • 잠수함 발사 탄도미사일 시험발사 4차례 공개(2015.5~2016.8)에 주목 • 북한의 핵 · 대량살상무기 위협 대응능력 강화 　– 맞춤형 억제전략 실행 제고 노력: '한 · 미 억제전략위원회' 출범 　– 동맹의 미사일 대응작전 개념 수립, 발전 　– 한국형 3축체계 구축: 킬체인, 한국형 미사일 방어, 대량응징보복 　　(주한미군에 사드체계 배치 결정, 종말단계 다층방어체계 구축)

출처: 국방부, 『국방백서』(서울: 국방부, 2014/2016).

(2015. 5~2016. 8) 한 점에 주목한 결과이다.

북한이 그동안 재처리해서 얻은 핵물질인 플루토늄 50여Kg을 보유하고 있다고 추정하고 고농축우라늄 프로그램도 상당한 수준에 이른 것으로 보았다. 이에 따라 북한의 핵·대량살상무기 위협에 대응능력을 강화하기 위해 맞춤형 억제 전략 실행 제고를 위한 한·미 협의를 강화하였다.

2014년의 킬체인, 한국형 미사일 방어에 더해서 대량응징보복(KMPR)을 추가하여 한국형 3축 체계를 구축하고 종말 단계 다층방어 체계를 구축하여 요격 성공률을 현저히 높이고 보다 넓은 지역 방어가 가능토록 주한미군에 고고도 미사일 방어 체계인 사드 배치를 결정하였다.116) 박근혜 정부의 북한 핵 위협인식은 [표 2-37]과 같다.

박근혜 정부의 북한 핵 대응전력증강

박근혜 정부에서 현실화한 북한 핵 위협에 대해 적극적인 군사 대응조치가 이루어졌고 북한 비핵화에 초점을 맞춘 전력증강이 시작되었다. 조건에 기초한 전시작전권 전환 추진을 한·미 간 합의하고 북한 탄도미사일을 탐지, 교란, 파괴, 방어하기 위한 미사일 대응 작전 수행지침 마련과 한·미 맞춤형 핵 억제 전략 이행을 위한 억제 전력위원회를 출범시켰으며 확장억제 수단의 운용 연습을 매년 실시하였다.

박근혜 정부 들어서 비로소 북한 핵 위협을 제거하기 위한 전략적 목표에 정렬된 한국형 3축 체계 구축을 추진하였다. 적 미사일 위협을 실시간에 탐지하여 결심하고 타격하는 킬체인(Kill Chain)과 북한 미사일에 대한 조기경보와 지휘 통제, 요격을 체계화한 한국형 미사일 방어(KAMD), 그리고 핵 위협 시 북 전쟁지도부와 지휘부를 응징하는 대량응징보복(KMPR)[117]을 대내외에 천명하고 필요한 전력을 [표 2-38]과 같이 구축해 나갔다.

북한의 미사일 공격에 대비하는 것이 시급하다고 보고 종말 단계의 다층 방어를 위해 주한미군에 고고도 미사일 방어시스템인 사드(THAAD) 배치를 결정하였다.

[표 2-38] 박근혜 정부 주요 전력증강 내용

주요 전력 증강 내용	비 고
• 현실화한 북한 핵위협에 대해 적극적인 군사 대응조치 이루어짐 • 조건에 기초한 전시작전권 전환 추진을 한·미간 합의 • 북한 탄도미사일을 탐지, 교란, 파괴, 방어하기 위한 미사일 대응 작전 수행지침(4D) 마련 • 한·미 맞춤형 핵억제전략 이행을 위한 억제전력위원회 출범, 확장억제 수단의 운용연습 매년 실시	4차 핵 실험 (2013)

• 고고도 미사일 방어시스템 사드 배치 결정
• 한국형 3축 체제 구축 추진
  - 적 미사일 위협 실시간 탐지, 결심, 타격하는 킬체인(Kill Chain)
  - 북 미사일 조기경보/지휘통제/요격하는 한국형미사일방어(KAMD)
  - 핵 위협 시 북 전쟁지도부/지휘부 응징하는 대량응징보복(KMPR)
	5차
	핵 실험
	(2016)

출처: 국방부, 『국방백서』(서울: 국방부, 해당연도).; 이미숙, "한국 국방획득정책의 변천과정과 전력증강 방향 고찰," 『국방연구』 60권 2, 2017.; 이필중·김용휘, "주한 미군의 군사력 변화와 한국의 군사력 건설," 『국제정치논총』 제47집 1호, 2017.

박근혜 정부에서 현실화한 북한 핵 위협에 대한 군사적인 대안들이 북한 핵무장 억제라는 목표에 정렬되어 적극적으로 이루어진 점은 이전 정부와는 확연히 다른 획기적인 조치들이었으나 문재인 정부에 들어서서 추진동력을 상실하였고 재래식 전력으로 핵무기를 억제한다는 것은 근본적인 한계가 노정된 것이었다.

박근혜 정부의 한·미 안보협의회의

박근혜 정부는 북한의 핵·탄도미사일 프로그램과 확산 활동을 강력히 규탄하고 특별히 잠수함 탄도미사일 수중 사출 시험을 규탄하였다. 9·19 공동성명과 안보리 결의 1718·1874·2087·2094호 준수를 촉구하였다.

북한의 핵무기와 핵 프로그램의 완전하고 검증 가능하며 불가역적인 포기를 촉구하였으며 미국의 한국에 대한 핵우산의 맞춤형 억제 전략에 대한 이행상황을 주기적으로 점검하기 위해 억제전략위원회를 출범시키고 억제 전략의 구체적인 실행방안을 발전시켰다.

맞춤형 억제 전략 실행을 위한 '동맹의 포괄적 미사일 대응 작전의 개념과 원칙'(미사일 위협 탐지, 방어, 교란, 파괴)을 정립하고 상호운용이 가능하도록 한국의 킬체인(Kill-Chain)과 한국형 미사일방어체계(KAMD)를 발전시켜 나가고 정보공유를 강화하기로 하였다.118)

박근혜 정부 조직에서 추진하여 한·미안보협의회의를 통한 확장억제 보장의 주요 내용은 [표 2-39]와 같다.

[표 2-39] 박근혜 정부 한 · 미안보협의회의 공동 성명 중 핵 관련 내용

한 · 미안보협의회의 공동성명 중 핵 관련 내용	비 고
• 핵 · 탄도미사일 프로그램과 확산활동 강력히 규탄 (잠수함 탄도미사일 수중 사출 시험 규탄) • 9 · 19성명 · 안보리 결의1718 · 1874 · 2087 · 2094호 준수 촉구 • 핵무기 · 프로그램의 완전 · 검증가능 · 불가역적 포기 촉구	4차 핵 실험 (2013)
• 핵우산 · 맞춤형 억제전략 이행상황 주기적 점검 (억제전략위원회 출범, 맞춤형 억제전략 구체 발전) • '동맹의 포괄적 미사일 대응작전 개념 · 원칙' 정립 (미사일 위협 탐지, 방어, 교란, 파괴) • 상호운용 가능한 Kill-Chain · KAMD발전, 정보공유 강화	5차 핵 실험 (2016)

출처: 국방부, 『국방백서』(서울: 2014, 2016).

박근혜 정부의 북한 핵 대응정책 정부정치 분석

박근혜 정부의 경기자와 정책 갈등 사례분석

박근혜 대통령은 군인과 대통령이었던 아버지와 함께 생활하며 남·북대결의 전장에서 어머니와 아버지를 충격으로 잃은 충격을 딛고 최초의 여성 대통령이 되었다. 그는 앞선 두 유형의 정부가 추진했던 대화와 화해 위주의 포용 정책과 원칙 중심의 대북정책 모두 실패했다고 보고 취임 초기 행복한 통일시대 기반을 구축하기 위해 '한반도 신뢰 프로세스'를 추진하였다.

김정은의 핵무장 가속화에 전반적으로 강경한 입장이었으나 북한과 대화를 시도하고 이산가족 상봉 등 인도적 문제들을 해결하기 위해 노력하는 한편[119] [표 2-40]과 같이 책임자들을 구성 하여 한·미 확장억제의 실효성 제고와 함께 한국형 3축 체계 구축 등 실질적인 군사적 대응조치들을 실행해 나갔다.

김정은은 핵 무력이 완성되어 감에 따라 "우리식의 정밀 핵 타격 수단으로 워싱턴과 서울을 비롯한 침략의 아성을 적들의 최후무덤으로 만들어야 한다"라고[120] 하며 핵무장의 본색을 서서히 드러내기 시작하였다.

박근혜 정부 내에서 이에 대응할 대북정책에 높은 상징성을 갖는 개성공단 가동중단을 놓고 대화를 지향하는 정책 선호를 가진 통일부와 대화와 제재의 병행 전략을 선호하는 외교부, 그리고 북한에 대한 강경책을 선호하는 국방부 사이에 밀고 당기기가 존재했다.

[표 2-40] 박근혜 정부의 북한 핵 대응정책 책임자

구 분	책임자(기간, 출신)
안보실장	• 김장수(2013. 3~2014. 5, 군인) • 김관진(2014. 6~2017. 5, 군인)
외교부 장관	• 윤병세(2013. 3~2017. 6, 외교관)
통일부 장관	• 류길재(2013. 3~2015. 3, 교수) • 홍용표(2015. 3~2017. 7, 교수)
국방부 장관	• 김관진(2013. 3~2014. 6, 군인) • 한민구(2014. 6~2017. 7, 군인)
국가정보원장	• 남재준(2013. 3~2014. 5, 군인) • 이병기(2014. 7~2015. 3, 외교관) • 이병호(2015. 3~2017. 5, 정보관료)

* 출신은 직책에 임명되기 이전의 주요한 경력을 토대로 작성

출처: 장관은 각 부 홈페이지의 역대 장관 명단.; 안보실장은 네이버 · 위키백과 인물사전.;
　　　정보책임자와 안보책임자는 김한찬, 『한국의 대통령들』(서울: 도서출판 호박, 2017).
　　　pp. 36-272.; 빅카인즈 해당 시기 뉴스 검색.

개성공단 가동은 박근혜 정부 초기인 2013년 4월부터 9월까지 북한에 의해 일방적으로 중단되었으나 통일부의 대화를 통한 재가동, 외교부의 설득과 압박 병행, 국방부의 강경 대응 안이 조율을 거쳐 재가동도 아니고 계속 중단도 아닌 '개성공단 운영위원회를 설치하고 운영원칙을 정리한 연후의 재가동'으로 결말지어졌다.

이 과정에서 통일부는 전문성과 국회, 언론 등을, 외교부는 국제사회의 여론, 국제기구, 다자협의체 등을, 국방부는 군사정보를 바탕으로 한 전문성과 국제기구, 언론 등을 권력자원으로 활용하였다.[121]

2016년 2월, 북한의 4차 핵실험과 미사일 도발로 박근혜 정부는

개성공단을 폐쇄하고 남측 근로자들을 모두 철수시켰으며, 개성공단 입주기업도 철수했으며 단전·단수를 하였다. 북한도 다음 날인 2월 11일, 개성공단 폐쇄 및 개성공단 내 자산 동결, 남측 인원 추방 등을 통보했다.

제 9 장

역대 한국 정부의 북한 핵 대응정책 평가

 북한 핵 대응정책의 합리성 평가

핵무기 개발 시 핵실험이 절대적으로 필요한 것은 아니다.[122] 그러나 핵실험은 신뢰성 및 효율성을 담보하는 것으로 적절한 실험이 없다면 그 폭탄이 필요할 때 제대로 작동할 것인지 알 수 없다.[123] 핵무기의 확산을 억제하고 군비를 축소하기 위한 최선의 방법으로 핵실험을 중지하는 조약들이 ―부분 핵실험 금지조약, 포괄적 핵실험 금지조약― 시행되거나 체결되는 것은 핵무장에서 핵실험의 중요성을 반증하는 것들이다.

북한은 6차례의 핵실험을 통해서 핵에너지를 군사적 목적으로 사용할 것임을 전 세계에 분명히 천명하였다. **핵 사용전략은 다섯 단계로 나누어 볼 수 있다.** 핵으로 위협하는 단계, 핵실험을 바탕으로 핵사용 의지를 강력하게 시사하는 단계, 전시적 사용 단계, 대 군사 표적 사용단계, 그리고 대 가치 표적 사용 단계 등의 구분이 가능하다.

　　이러한 관점에서 북한의 핵사용 전략을 평가한다면, 2단계를 넘어선 것으로 보아야 하며 북한 핵에 대한 중대한 전환이 일어난 기준점과 역대 한국 정부의 군사 대응책의 분기점은 핵실험 이전과 이후로 구분하는 것이 타당할 것이다.

핵무기 사용전략은

① 언술적 차원에서 핵사용을 위협하는 협박단계
② 핵실험 등을 통해 핵사용 의지를 강력하게 시사하는 과시단계
③ 사람이 없는 지역에 시범적으로 핵을 투발하는 전시적 사용단계
④ 전선이나 군사시설에 대해 제한적으로 핵을 사용하는 대(對)군사력 사용단계
⑤ 수도나 산업시설, 인구밀집지역 등을 타격하는 대(對)가치 사용단계로 나눌 수 있다.

출처: 장성욱, "북한 '공격우위 신화'와 선군정치," 고려대 박사학위논문, 2009. pp.127-131.

북한 핵실험 이전 한국 정부의 대응정책 합리성 평가

　　한국 정부의 북한 핵실험 이전 대응 정책은 [표 2-41]에서 보는 바와 같이 핵 대응 전략목표가 일관성이 있었고 합리적이라 평가할 수 있다. 그러나 위협인식과 대안을 선택하는 기준이 정부별 차이가 있었고 대안의 효용성은 의문시되며 합리성을 제약하는 몇 가지 요인들이 있었음을 알 수 있다.

[표 2-41] 한국 정부의 북한 핵무장 대응 정책 비교(북한 핵실험 이전)

구 분	목 표	대응 정책(대안)
노태우 정부	비핵화	• 북방정책(한·러 및 한·중 수교, 구 동구권 국가들과 수교) • 남·북 사이의 화해와 불가침 및 교류·협력에 관한 합의서 • 한반도 비핵화 공동선언, 핵통제 공동위원회 구성·운영
김영삼 정부	비핵화	• 한·미 간 핵억제 대책 강화 • 한국 정부 주도하 북한 경수로 지원
김대중 정부	비핵화	• 미·북 간 제네바 협의 충실한 이행 • 교류와 화해협력으로 북한의 변화(정상회담, 경제지원) • 남·북한 군사적 신뢰 구축(先신뢰구축 後군비축소)

출처: 『국방백서』·『통일백서』·『외교백서』(해당 기간).

노태우-김영삼-김대중 정부는 국제정세의 변화와 북한의 태도 급변, 그리고 정부별 대북정책 기조의 차이점 등 여러 가지 변수가 존재했음에도 불구하고 북한 비핵화를 대응 전략목표로 일관되게 추진하였다. 그러나 대북정책 방향의 차이만큼 대안을 선택하는 기준은 정부별로 차이가 있었다.

김영삼 정부에서 미·북 간의 직접 대화를 허용하면서 본격 추진된 한·미 공조를 통한 해결책은 제네바합의로 비핵화의 시작이라는 일시적 성과를 달성하기도 하였으나 목표를 성취하지 못했고 불안정한 외면 상태를 이어나갔다.

김대중 정부는 제네바합의를 이행하면서 포용 정책으로 교류와 협력을 지속하면 북한의 변화를 이끌어 낼 수 있으며 북한 핵도 통일과 함께 해결될 것으로 기대하였으나 북한의 핵무장 의지에는 영향을 미치지 못했고 오히려 고농축우라늄으로 핵 정책은 진화하고 있었다.

　김영삼, 김대중 정부에서 북한 핵 대응의 합리적 정책 결정을 제약하는 세 가지 요인들이 발견된다. 첫째는 북한의 핵무장이 궁극적으로 한국을 향한 것이라는 사실에 대한 오인식과 선택적 인식이다.

　북한 핵 능력이 남·북 간 체제경쟁의 불가피한 산물이라는 측면을 외면하고 핵 문제는 국제적인 문제이며 미국의 핵 위협과 압살 책동에 살아남기 위한 것이라는 북한의 주장과 북한이 처한 현실을 인정하면서 미국이 해결의 주체가 되어야 한다고 판단한 것이다.

　북한은 이러한 한국 정부의 오인식에서 발견되는 전략적 이점을 충분히 활용하여 핵 문제를 국제이슈로 만들었으며 미국과 본격적인 협상에 돌입하였고 한국이 무시당할 수밖에 없는 논리 구조가 형성되기 시작하였다.

　두 번째는 북한이 핵무기를 만든다는 것은 군사적인 도발과 행동이며 해결책도 군사적인 방안을 우선 검토해야 한다는 점을 간과한 것이다. 북한이 핵을 평화적으로 이용하지 않고 핵무기를 만들 수 있는 핵물질을 생산하려 하고 수십 차례의 고폭실험을 마치고 운반수단인 미사일을 발사한다는 사실은 남·북한이 핵 대결의 장으로 끌려 들어갈 수 있다는 것을 통찰하지 못했다.

　북한의 핵 개발을 억제할 군사적 수단은 강구되지 않았고 재래식 전력 건설에 주력하였다. 핵을 제외하고 군사적 신뢰 구축과 긴장 완화를 추구하는 합리성이 결여된 정부의 행동들이 시도되기 시작하였다. 이러한 시도는 군사 당국자들이 북한의 핵 개발과 핵무장을 직접적으로 억제하려는 당사자 입장에서 멀어지는 결과를 초래했고 근본적인 해결책에 접근하려는 노력도 위축시키는 현상이 나타나게 하였다.

셋째로 정책결정자인 대통령의 감성적 편견이 북한 핵 대응 정책의 합리성을 제약시켰다는 점이다. 김영삼 대통령은 민족에 대한 감성이 동맹보다 우선한다고 강조하였고 김대중 대통령의 통일 열망은 매우 강렬하였고 일생을 통해 고민하고 준비한 과제였다.

민족 감성과 통일 열망은 북한과의 교류협력과 포용에는 효과를 발휘하였지만, 북한의 핵 관련 행동과 방향을 냉철하게 직시하면서 판단하고 대응책을 마련하는, 북한과 대립각을 세워야 하는 국면에는 마찰 요소로 작용할 수밖에 없었다.

1차 북한 핵 위기를 통해서 북한의 핵 개발을 억제하는 것은 비용이 많이 들고 매우 어려운 과정이라는 것을 한국 정부는 학습하게 되었다. 그러나 북한이 핵 개발을 완성했을 때 한국 정부가 치러야 할 비용과 북한의 핵무장을 포기시킬 가능성과 비교해 보면 자명하게 한국 정부는 대가를 더 지불하더라도 초기에 북한의 핵 개발을 억제하는 것이 비용이 덜 들고 가치를 극대화하는 전략이었음은 명백하다. 북한 핵 대응의 어려움과 과도한 비용에 대한 학습은 자연스럽게 그 해결을 미국과 국제 비확산체제에 의존하게 되는 결과를 초래하게 되었다.

북한 핵실험 이후 한국 정부 대응정책의 합리성 평가

북한이 핵실험을 감행한 이후에도 한국 정부는 핵무장 억제를 위한 근본적이고 획기적인 수단들을 마련하지 못했다. 북한이 핵을 보유하는 것을 인정하지 않고 비핵화를 일관되게 추진했지만, 대안의 한계를 드러내 수단이 목적을 저해하는, 전략—능력의 불균형(Strategy—Capabilities Miss match)이라는[124] 결과를 초래하였음을 [표 2—42]에서 보여준다.

[표 2-42] 한국 정부의 북한 핵무장 대응정책 비교(북한 핵실험 이후)

구 분	목 표	대응 정책(대안)
노무현 정부	비핵화 북 핵 불용	• 북한 핵 3원칙: 핵보유 불용, 평화적 방법, 주도적 역할 • 군사적 신뢰 구축과 긴장완화(장성 · 군사실무회담)
이명박 정부	비핵화 북 핵 불용	• 한 · 미동맹 확장억제 • 대량살상무기 확산방지구상(PSI) 전면 참여 • 군사적 신뢰 구축과 긴장완화(군사실무회담)
박근혜 정부	비핵화 북 핵 불용	• 대북 독자제재(금융, 해운, 출입국 등), 개성공단 중단 • 사드 배치 결정, 미사일 대응작전수행지침(4D) 발전 • 한 · 미 억제전력위원회 출범, 대북 확성기 방송 재개 • 한국형 3축 체계 구축: Kill Chain, KAMD, KMPR
문재인 정부	비핵화	• 남 · 북 정상회담: '판문점 선언', '9 · 19공동성명' • 미 · 북 정상회담: 싱가포르 성명, 하노이 회담 결렬

출처: 『국방백서』 · 『통일백서』 · 『외교백서』(해당 기간).

역대 정부들은 공통적으로 한·미 및 국제사회와의 공조의 틀에서 북한 핵 위협을 해소하려 했다. 또한, 남·북 간의 교류 협력 활성화를 통해 북한의 변화를 추구했으며 북한의 핵 위협에 대한 대안과 선택지로 경제적 지원, 국제사회의 지지와 지원 유도, 대화를 통한 평화적 해결을 모색하였다.

핵무기를 보유하지 않은 국가의, 미국의 핵우산 보호 속에 있는 동맹국의 전략적 선택지가 제한될 수밖에 없다는 한계를 부정할 수는 없다. 하지만, 북한의 핵 개발 초기와 1차 및 2차 핵 위기 시, 그리고 북한이 핵실험을 했을 때의 정책 대안과 선택지는, 한·미 공조를 기본으로 하여 역대 정부가 취했던 대안들보다 좀 더 근원적이고 본질적인 선택지를 검토하고 나아갔어야 했다.

북한 핵 위협에 대한 대응 정책은 대화와 협상, 제재, 미사일 방어체계 구축, 전술핵 재배치, 핵무장, 예방적 타격, 선제타격, 전면전쟁에 이르기까지 모든 가능한 대안을[125] 검토하고 가능한 방안을 모색해야 한다.

핵을 평화적으로 사용하지 않고 무기로 사용할 의도와 능력을 갖춘다는 것은 본질적으로 군사 문제로 다루어야 하며, 그 대응책도 당연히 군사적 대응 방안 마련이 기본 대안이어야 함에도 불구하고 상당 기간 이 점이 의도적으로 또는 애써 외면되었다. 뒤늦게 박근혜 정부에서 한국형 3축 체계 구축 등 군사 차원의 해결 수단들이 제시되고 추진되었으나 문재인 정부에서도 진지하게 계속되고 있는지는 의문이다.

군사적 대응의 미비는 오랜 시간 북한의 비핵화라는 목표를 추구했으나 달성하지 못한 주요한 원인이라 할 수 있다. 헨리 키신저는 6·25 전쟁이 미국의 국가전략에 미친 영향을 분석하면서 휴전협정 전의 2년간의 지리한 협상에 대해 "힘을 외교에서 분리하는 것을 고집한다는 것은, 그 목적달성을 어렵게 하며 교섭에서 힘을 상실케 한다"라고 평가하였다.[126]

북한의 핵무장이 궁극적으로 한국을 향한 것이라는 사실에 대한 오인식과 선택적 인식은 북한 핵실험 이후에도 냉철한 방향으로 전환되지 않았고 오히려 확산되어 일반적인 견해가 되어갔고 이는 북한 핵 논의에서 한국이 외면당하는 논리 구조가 더욱 공고화되는 결과를 가져왔다.

역대 한국 정부는 북한의 핵실험에도 불구하고 앨리슨 합리모형의 일반명제에 반하는 결정을 내려왔다. 한국 정부는 교류 협력, 화해, 경제 지원, 외교 등의 대안을 선택함으로써 성공 가능성이 작았던 북한의 핵무장이 성공하는 모습을 지켜보아야만 했고 이제는 값비싼 대가를 지불해야만 하는 상황에 처하게 되었다.

이러한 정책과 전략 수단은 그 행동으로부터 초래될 결과의 가치가 실제적으로 현시되었거나 증대되리라는 어떤 증거도 없고 그 결과로서 북한의 비핵화가 이루어지지도 않았고 가능성은 점차 줄어만 가고 있는데 한국 정부는 지속적으로 그 대안들을 고집스럽게 채택해 왔다.

북한 핵무장 대응정책의 합리모형 구축 필요

한국 정부의 북한 핵 대응 정책의 합리모형은 이념이나 진영, 정권의 교체에도 지속 추진될 수 있는 북한 핵에 관한 근본적인 해결방안의 최대공약수이며 국가안보와 국가 이익에 대한 공통의 인식을 바탕으로 구축되어야 한다.

먼저, 역대 정부가 일관성을 가지고 북한의 비핵화를 정책 목표로 추진했던 합리성을 확고하게 이어나가는 것으로부터 시작하여야 한다. 일관된 목표를 지속 유지하기 위해서는 그 기준, 준거가 필요하다.

합리모형의 준거는 노태우 정부의 '한반도 비핵화 공동선언'이 되어야 한다. 남·북이 유일하게 핵 관련 합의를 도출해 낸 역사의 산물이며 세계도 타당성을 인정하고 준수를 촉구한 바 있다.

한국과 북한은 핵무기 시험, 제조, 생산, 접수, 보유, 저장, 배비, 사용하지 않겠다는 약속의 원형을 성실히 이행해야 한반도에서 평화가 정착될 수 있다. 최근에 '한반도 비핵화'라는 용어의 혼란으로 이 원형을 훼손하려는 시도들이 드러나고 있다.

이러한 시도들은 북한 핵무장을 묵인하거나 정당화하려 하고 북한 핵무기가 존재해도 한반도에 평화가 가능하다고 강변하며 핵무장 정책으로 처참해진 북한 주민을 외면하고 북한 정권에 합리성을 부여하려 한다. '한반도 비핵화 공동선언'에는 미국이나 일본, 중국이나 러시아의 핵과 관련한 어떤 사항도 포함되어 있지 않다.

두 번째 고려해야 할 사항은 정부의 정책 수단 선정 기준이 합리적이고 일관성이 있어야 한다는 것이다. 정책 수단 선정의 기준은 당연히 정책 목표를 효과적으로 달성할 수 있어야 한다.

역대 정부가 비핵화의 정책 수단으로 선택했던 대화, 교류 협력, 경제 지원, 외교적 압박 또는 지원 등이 북한 비핵화 촉진에 기여했는지 여부를 객관적으로 평가해 보아야 한다. 한국의 비핵화 목표와 목적에 비추어 가장 큰 효용과 가치를 가져다주는 대안을 선택해야 한다.

세 번째는 북한 핵 대응 전략의 합리성을 추구함에 있어 역대 정부에 대한 분석에서 교훈을 얻어야 한다. 한국 정부는 북한 핵에 대한 오인식과 선택적 인식 등 합리성을 제약하는 요인들을 경계하고 벗어나도록 노력해야 한다.

북한 핵무장은 궁극적으로 한국을 향하고 있다는 사실을 인정해야 한다. 북한의 핵무장과 핵 능력 고도화는 기본적으로 군사적인 문제이고 따라서 대응조치도 군사 차원의 대응조치를 기초로 하여 다른 분야들이 발전될 수 있음을 견지해야 한다. 역대 한국 정부가 합리성의 제한으로 만족할 만한, 꽤 괜찮은 모형을 선택해 왔던 관행에서 탈피해야 근본적인 북한 핵 해결책을 찾을 수 있다.

향후 출범하는 어떤 한국 정부도 제한된 합리성 가운데 정책 결정을 할 수밖에 없겠지만, 구축된 합리모형에 따른 정책을 지향해야 북한 핵 위협 억제 또는 제거가 가능하다. 미국이 북한 핵 대응 정책에 '완전하고 검증 가능하며 불가역적인 비핵화(Complete Verifiable Irreversible Dismantlement, CVID)'또는 '최종적이고 완전히 검증된 비핵화(Final Fully Verified Denuclearization, FFVD)'를 정책 목표로 정하고 이것을 벗어나는 어떤 것도 양보하지 않고 있다는 사실을 참고할 필요가 있다.

대통령이나 북한 핵 대응의 중요한 역할을 담당하는 부서의 수장들이 품고 있는 민족적 감성이나 통일 열망이 합리성을 제약하는 요소로 작용하지 않도록 냉철한 자세가 요구된다.

북한 주민을 포용하는 것은 마땅하지만, 북한 핵까지 포용할 수는 없다. 북한 핵에 관한 오인식과 선택적 인식, 그리고 민족적 감성과 통일 열망이 합리성을 제약하는 근저에는 한국이 북한과의 체제 경쟁에서 이미 승리했다는 자만심이 작용하고 있기 때문이다.

북한 핵 대응 조직행태 종합 분석

북한 핵 대응 주무부서인 국방부

북 핵 위협에 주도적으로 대처하고 있는 국방부는 정부 내 중앙 부처 중에서 상당한 권력과 영향력을 지속적으로 유지해 오고 있다. 오재록은 자원, 자율성, 네트워크, 잉여력, 잠재력 등을 기준으로 중앙부처의 상대 권력 순위와 권력 크기를 측정해 오고 있는데 국방부가 받은 점수는 100점 만점을 기준으로 [표 2−43]과 같다.

[표 2-43] 노무현, 이명박, 박근혜 정부의 관료제 권력 측정결과

구 분	노무현 정부	이명박 정부	박근혜 정부
1순위 부서와 권력지수	재정경제부 84.71	기획재정부 75.76	기획재정부 72.1
국방부 순위와 권력지수	2위 76.80	3위 62.95	3위 68.71

출처: 오재록, "관료제 권력 측정," 『한국행정학보』 52권 1호, 2018. pp.139-158.

표에서 보는 바와 같이 20여 년 가까이 중앙정부 내에서 국방부의 상대적 권력이 3위 이내인 것을 알 수 있다. 박근혜 정부의 국방부 권력 지수를 세부적으로 살펴보면 [표 2−44]와 같다. 북한 핵 관련 기관이라 할 수 있는 외교부, 통일부의 권력 지수와의 비교도 눈여겨볼 필요가 있다.

국방부는 자원과 네트워크에서 모든 중앙정부보다 권력과 영향

력이 가장 크다는 것을 알 수 있다. 특히 북한 핵 정책에 관여하고 있는 외교부, 통일부보다 권력 지수에서 월등히 높다는 것을 알 수 있다.

[표 2-44] 박근혜 정부의 관료제 권력 측정결과

순 위	기관명	자원	자율성	네트워크	잉여력	잠재력	권력지수
1	기획재정부	67.32	81.57	18.08	85.46	86.63	72.10
3	국방부	100.00	36.69	100.00	49.59	46.42	68.77
11	외교부	44.87	54.53	21.41	46.43	7.76	38.88
28	통일부	10.10	26.42	4.51	16.66	5.28	13.93

출처: 오재록, "관료제 권력 측정,"『한국행정학보』52권 1호, 2018. pp.159-160.

권력과 영향력의 계량화된 측정이 여러 한계가 있음에도 불구하고 국방부와 군은 많은 예산과 인적 자원으로 인해 국가와 국민에게 큰 영향을 미치는 주요 국가부서임을 부인할 사람은 없다. 국방부가 다른 면에서는 대체로 다 월등한 점수를 받고 있는 반면, 유독 자율성 측면에서는 낮은 점수를 받고 있음도 유의해 봐야 할 점이다.

영향력이 큰 국방부와 군사 당국이 북한의 핵무장에 대응한다는 좋은 명분이 있음에도 불구하고 일각의 주장대로 근본적인 전력 증강을 하지 못하고 있다.[127] 1, 2차 북한 핵 위기나 6차례의 핵실험 시 강경한 입장을 견지하지 못했으며 오히려 '핵을 제외한 남·북 간 긴장 완화'나 '선 신뢰 구축 후 군비축소'와 같은 **군사적 상식으로는 납득하기 어려운 행태들을** 지속하고 있다.

이에 대한 설명은 미국의 확장억제 전략에의 의존, 정치권력에 의한 관료 길들이기 차원의 설명도 있지만, 앨리슨의 조직행태모형을 통해서도 설명 가능한 부분이 있음을 앞서 살펴보았다. 북한의 핵무장과 관련한 주요 한국 정부의 조직인 통일부, 외교부, 국방부의 조직 산출물 중에서 대표적인 북한 핵 위협인식, 핵 대응 전력 건설과 예산 배정, 한·미 동맹 강화를 통한 핵우산 보장, 그리고 남·북한 정치·군사회담 등의 요소를 살펴보면 자명해진다.

정부별로 차이가 심한 북한 핵 위협인식

역대 한국 정부는, 정부별로 북한 핵을 위협으로 인식하는 정도의 차이가 컸다. 북한 핵을 군사적 위협으로 심각하게 또는 과장해서 평가했던 정부로부터 위협 자체로 인식하지 않으려는 태도를 견지한 정부까지 편차가 심했음을 알 수 있으며 북한이 핵실험을 감행한 이후에도 별다른 변화가 없었다는 것은 매우 심각한 현상으로 볼 수 있다.

북한정세를 파악하고 북한의 위협을 평가하는 표준화된 국방부의 조직적 활동들이 중지되었거나 조직 자체가 없어지지는 않았고 점차 첨단화되고 강화되어 왔다. 국방부와 합동참모본부의 정보 관련자들과 국방부 직할 부대들 중 대북 정보를 담당하는 부대들도 부지런히 임무를 수행해 왔고 여전히 정보활동에 매진하고 있다.

그들의 활동을 종합해서 평가하고 이를 국민들에게 알릴 책임이 있는 어느 부분에서인가 북한 핵에 대한 위협을 사실 그대로가 아닌 어떤 필요에 의해서 재단, 첨삭하였고 이에 관료들이 순응했을 가능성을 추정해 볼 수 있다.

김대중 정부 중·후반기 국방백서 발간이 보류되었다가 임기 말에 발간된 국방백서(국방정책)에 북한 핵 위협이 포함되지 않았다. 김대중 정부에서는 '햇볕정책'으로 포장된 포용 정책과 미·북 제네바합의에 따라 북한 핵 문제가 해결된 것으로 본다는 논리에 관료들이 순응했다고 추정할 수 있다.

2차 북한 핵 위기가 한창 고조되었고 북한이 최초의 핵실험을 강행하던 노무현 정부에서 북한 핵 위협이 전·후의 정부에 비해 구체화 되어 있지 않으며 북한의 최초 핵실험 이후 '북한 핵 문제해결을 위한 노력'이란 별도의 항목이 누락되었다는 사실은 놀랍다.

정보당국자가 간과했을 리는 없고 국방백서를 발간하는 부서에서 또는 발간부서와 청와대 안보실과의 협의 과정에서 순응했을 가능성을 배제할 수 없다.

북한 핵 위협인식의 또 다른 중요한 점은 북한의 핵 개발과 핵무장 포기 의사가 사실인지 아닌지 그 여부를 사진을 찍듯이 끊임없이 확인하여 통수권자에게 보고하고 국민에게 알려야 하는 의무가 국방부와 정보당국에 있다는 사실이다.

미·북 간의 비핵화 합의가 제대로 이행되고 있는지 군사적 차원에서 점검, 분석하고 추이를 지켜보는 한국 국방부의 역할은 북한의 핵 개발과 핵무장 의지를 억제하는데 매우 중요한 일이다.

역대 정부들은 노태우 정부의 '한반도 비핵화 공동선언'의 취지를 살리고 그 동력을 유지하기 위해서 이를 이행하지 않는 북한의 활동을 끊임없이 살펴서 그 위험성을 지적하고 국민에게 제기했어야 했다. 이러한 활동을 '북한 핵 문제해결을 위한 노력'으로 진지하게 산출물을 제시한 정부도 있었고 그렇지 않은 정부도 있었다.

북한이 사실상(de facto) 핵을 보유했다는 현재 상황과 한국은 핵무기가 없다는 불편한 진실을 직시해야 한다. 조 바이든(Joseph Robinette Biden Jr.)은 2020년 10월 미국 대통령 선거 후보 TV토론에서 "한반도 비핵화(Nuclear Free Zone)를 이끌기 위해 핵 능력을 감축(Drawing down)하는데 동의한다는 조건하에 김정은을 만날 수 있다"라고 밝혔다.128) 미국 야당인 민주당의 대선 후보가 북한이 핵 능력을 이미 갖추고 있음을 자연스럽게 인정하는 발언이다.

지난 30년간 북한 핵 외교는 실패했고 북한의 핵무장은 현실화하였다. 북한의 핵 능력은 계속 증가하고 이에 따르는 비핵화 비용도 증가할 것이다. 북한은 더 이상 1990년대의 체제 위기와 정권 위기 속에서 붕괴가 임박한 나라가 아니다. 북한 핵 위기가 장기화하면서 만성적이고 일상적인 안보 사건으로 취급되던 북한 핵무장은 이제 실존적이며 적대적인 안보 위협이 되었다.129)

김정은은 상업적 거래에 익숙한 트럼프와 조건을 잘 맞추면 핵을 현 상태에서 동결하는 수준으로 비핵화 합의가 가능하다고 생각하였다. 트럼프가 이를 받아들이면 북한은 사실상 핵보유국이 되고 국제사회는 더 이상 미국의 핵확산 억제 의지에 신뢰를 보낼 수 없게 되고 북한 핵 피해의 직접 당사자인 한국과 일본이 북한 핵 협상의 전면에 나서서 핵무장을 추진하지 않을 수 없게 될 것이다.130)

북한의 핵 위협을 정확히 파악하고 인식하기 위해서는 다음과 같은 세 가지 방향에서의 이해가 중요하다. 첫째로 북한의 핵을 위협으로 인식하는 것은 북한의 **핵 능력**에 집중한다는 의미이다. 역대 한국 정부가 북한의 **핵무장 의도**에 집중했으며 정부 성격에 따라 그 의도를 해석하는 것에서 차이를 드러냈다. 북한의 핵무장 의도에 집중하게 되면 오인과 왜곡, 그로 인한 내부 갈등과 분열이 발생하게 되어 근본적인 문제해결에 어려움을 가중시킬 수 있다.

북한이 핵을 들고 '서울 불바다' 등과 같은 위협적인 언동을 쏟아내는 것과 자위적인 조치이며 핵의 선제 불사용(No First Use)을 주장한 의도를 분석하는 것도 중요하지만, 북한이 핵무기와 운반체계를 보유하고 있다는 그 자체를 한국에 대한 위협으로 인식해야 하며 얼마나 어느 정도의 수준으로 보유하고 있느냐 하는 것을 분석하는 데 집중해야 함을 뜻한다. 미국이 핵무장에 성공하자 제2차 세계대전을 함께 치른 동맹국 소련이 서둘러 핵무장을 하였고 심지어 형제국과 같은 영국도 앞 다투어 핵무장을 했던 역사적 사례들은 이러한 점에서 많은 것을 시사하는 것이다.

둘째로 북한 핵 위협인식에서 '미·북 프레임'을 재설정해야 한다. 북한은 '미국을 위수로 한 적대세력들의 날로 가중되는 핵 위협과 공갈로부터 나라의 자주권과 민족의 생존권을 철저히 수호'하기 위해131) 불가피하게 핵무장을 추진하게 되었다고 주장한다. 이 프레임은 한국과 일본의 반발을 일정부분 완화시키면서 핵 개발과 핵무장까지 이를 수 있는 억지 명분을 제공해 주었으나 필연적으로 전략적 딜레마에 봉착하게 되었다.

북한은 4차 핵실험과 5차 핵탄두 실험, 6차 수소폭탄 실험 감행을 통해 핵 무력 완성을 주장하면서 한반도에서의 현상 변경을 꾀하고 있다. 북한이 4차 핵실험 후 개최한 조선로동당 제7차 대회에서 핵무기와 관련된 대외전략을 구체화하였는데 그들의 결정서에 의하면 '핵 무력 경제 병진 노선'을 유지하면서 '동방의 핵 대국'을 지향하며 미국의 적대시 정책을 철회시키고 정전협정을 평화협정으로 변환하겠다는 것이다.

북한이 강화된 핵무기 능력을 바탕으로 '남한 내에서 미군과 전쟁 장비들을 철수'시키고 '한미의 전쟁 연습을 전면중지'하도록 유도하고 미국과의 핵 군축 협상을 통해 미국의 대한반도 정책을 변화시키고자 하는 구체적인 정책을 포함하고 있다.

북한이 1990년대의 체제생존을 위한 현상 유지전략에서 한·미 우위의 세력균형에 대한 현상타파를 통해 한반도에서 북한에 유리한 세력균형으로 재편하려 하는데 북한의 핵무장을 결정적인 요인으로 평가하는 것은 지극히 타당하다.[132] 북한 핵무장의 직접 당사자가 한국임은 너무도 자명한 것이다.

세 번째는 북한 핵 위협이 국가 지도자나 정부의 특정한 목표에 따라 국민들이 오인하도록 유도하거나 정보를 왜곡시키는 현상이 배제되어야 한다는 의미를 포함한다. 북한 핵 위협이 특정 시기, 북한 핵 대응 주무부서의 백서에서 누락되었다는 사실을 앞에서 이미 살펴보았다.

노무현은 "북한의 핵 보유 선언, 미사일 발사, 핵실험 등 북쪽에서는 이것을 하나하나 정치적 무기로 사용하고 있는데, 당장 위험이 있는 것은 아니었습니다. 그러니 그 수준에 맞추어 국민들이 불안해하지 않도록 관리하고, 북쪽과는 회복하기 어려울 만큼 심각한 갈등을 만들지 않는 것이 나중에 문제를 풀어가는 데 도움이 되지 않겠습니까?"라고[133] 회고록에서 주장하고 있는데 핵 위협의 오인이나 왜곡 또는 위협인식의 완화가 당장에는 불편함을 없앨 수 있을지 모르지만, 위협이 현실이 되는 순간, 국가 존망의 기로에 서게 되는 것이다.

핵 대응전력 건설을 위한 국방예산 배정

1, 2차 핵 위기, 여섯 차례의 핵실험과 같은 국가 위기가 발생하였고 국민 여론의 강한 지지 가운데 역대 정부는 국방력 강화를 천명했지만, 실제 예산분배에서는 국방기능보다 타 분야 비중이 더 높았음을 알 수 있다. 심각한 군사위기가 발생했음에도 추경예산조차 대규모로 군사력 건설에 투입되는 경우는 없었다.[134]

또한, 역대 정부가 대북 우위의 군사력 건설에 많은 노력을 기울였으나 핵 위협 해소를 위한 전력증강에 집중하지 못했음을 알 수 있다. 적의 위협으로 인한 안보 환경이 근본적으로 변화되어 획기적인 대응책과 전력구비가 필요했음에도 불구하고 재래식 전력 위주의 점증주의적인 예산 투입이 계속되었다. 북한의 핵 위협이 고조되었던 시기를 전후한 국방예산을 보면 [표 2-45]와 같다.

[표 2-45] 1, 2차 북한 핵 위기 및 핵실험 전후의 국방예산 현황

구 분	국방비(억원)	GDP대비 국방비(%)	재정 대비 국방비(%)	국방비 증가율(%)	비 고
김영삼 정부	1994: 10조 0,753	2.70	23.3	9.3	1차 북핵 위기(1994)
	1995: 11조 0,744	2.53	21.3	9.9	
노무현 정부	2002: 16조 3,640	2.09	15.5	6.3	2차 북핵 위기(2002)
	2003: 17조 4,264	2.08	15.6	6.5	
	2006: 22조 5,129	2.24	15.5	8.1	1차 핵 실험(2006)
	2007: 24조 4,972	2.25	15.7	8.8	
이명박 정부	2009: 28조 5,326	2.37	14.5	7.1	2차 핵 실험(2009) 3차 핵 실험(2013)
	2010: 29조 5,627	2.24	14.7	3.6	
	2011: 31조 4,031	2.26	15.0	6.2	
	2012: 32조 9,576	2.29	14.8	5.0	
	2013: 34조 4,970	2.29	14.5	4.2	
박근혜 정부	2015: 37조 4,560	2.26	14.5	4.9	4차 핵 실험(2016) 5차 핵 실험(2016)
	2016: 38조 7,995	2.23	14.5	3.6	
	2017: 40조 3,347	2.20	14.7	4.0	
문재인 정부	2018: 43조 1,581	2.27	14.3	7.0	6차 핵 실험(2017)
	2019: 46조 6,971	2.43	14.1	8.2	
	2020: 50조 1,527	2.62	14.1	7.4	

출처: 국방부, 『국방백서』(서울: 국방부, 2020). p.289.

국방예산이 북한의 핵 대응을 위해 어떻게 사용되었는지를 살펴보면 긍정적이지 않다는 것을 알 수 있다. 북한이 최초로 핵실험을 감행한 2006년보다 훨씬 전부터 북한 핵 문제는 한반도와 동북아시아, 국제정치에서 심각한 문제를 일으키고 있었음은 모두에게 알려진 사실이다.

1990년 초 북한 핵 문제가 처음 불거져 1차 핵 위기가 한반도에 검은 구름을 드리워 1994년 미·북 간의 제네바합의가 이루어졌고 2000년대 초반에는 북한의 우라늄 농축 프로그램 추진으로 인한 2차 핵 위기가 있었다.

북한 핵실험 이전 정부들의 주요한 전력증강 내용들을 살펴보면, 군사력에서 대북한 우위를 달성하고자 하는 재래식 위주의 전력증강에 집중했음을 알 수 있다. 북한 핵 위기를 겪었으며 핵무기 보유가 갖는 국제정치에서의 영향력도 충분히 인지하고 있으면서 북한 비핵화라는 전략목표에 일관되게 정렬된 전력증강이 이루어지지 못했으며 그 절박성도 찾아보기 어렵다. 북한 핵 문제해결에 대한 현저한 국가 의지가 북한 핵실험 이전 3개 정부의 국방예산과 전력증강을 통해 구현되었다고 보기 어렵다.

북한의 최초 핵실험 이후의 전력증강 내용과 예산 배정을 살펴보아도, 북한이 핵실험을 통해 원자력의 군사적 이용을 대내외에 천명했음에도 불구하고 한국 정부의 국방예산과 전력증강은 획기적인 변환의 전기를 마련하지 못하고 타성과 점증주의에서 벗어나지 못했음을 알 수 있다.

북한 핵 대응 전력건설은 확고한 재래식 전력의 우위 유지, 한국형 3축 체계 구축과 한·미간의 상호운용성 증대, 그리고 남·북간 핵 균형을 위한 준비와 실행 등으로 구분하여 추진하여야 한다.

한국형 3축 체계는 문재인 정부에서 상실한 동력을 신속히 복구하여야 한다. 무기체계 개발이나 도입, 전력화, 작전 배치에는 상당한 시간이 소요된다는 점을 고려하여 서둘러야 하며 북한 핵 위협의 위중함을 고려하여 점증주의를 배격한 연도-중기계획의 특별한 예산편성이 요구된다.

한국 정부는 2021년도 예산 558조 가운데 '코로나바이러스 감염증-19' 예방과 퇴치를 위해 7조 497억을 복지부 예산에 증가 편성하였다. 이는 중앙정부와 지방정부의 각종 지원금을 제외하고 순수하게 복지부 예산이 전년 대비 8.5% 증가한 것으로 국민의 생명과 안전을 지키기 위한 당연한 조치로 받아들여지고 있다.

코로나-19를 포함한 팬데믹과는 내용과 차원이 다른 위협이지만, 북한의 스커드와 노동 미사일 등 한반도 전역을 타격할 수 있는 미사일 100여 기가 작전 배치되어 주기적으로 사격 연습을 하고 있다. 북한은 이 미사일들에 핵탄두, 화학무기, 생물학무기를 모두 탑재할 능력을 갖추고 있어 한국 국방부는 이를 대량살상무기로 분류하고 있다. 안보상의 위협은 사후 대처가 불가능하며 상상할 수 없을 정도의 비용 증가로 사전 대비하는 것을 상식으로 여기고 있다. 한국 정부는 예산을 배정하여 한국형 3축 체계를 조기에 구축하고 북한 핵을 전담할 조직인 전략사령부를 창설해야 한다.

북한의 미사일은 핵, 화학, 생물무기를 북한 전역에서 발사 가능하며 발사된 대량살상무기가 한국의 인구 밀집 지역이나 산업 기반시설이 집중된 지역에 떨어지기까지는 불과 수십 분 이내의 시간 밖에 걸리지 않는다. 이와 같은 급박한 상황에 대응하기 위해서는 4D 작전(Detect－Disrupt－Destroy－ Defense; 탐지－교란－파괴－방어) 이 신속하고 원활하게 작동해야 한다. 육군과 해군, 공군에 분산되어 있는 탐지, 교란, 파괴, 방어 수단들을 통합하여 지휘 통제할 전략사령부가 필요한 것이다. 전략사령부는 각 군의 조직과 예산편성에서 자유롭고 전략적인 임무를 수행할 수 있도록 별도의 조직으로 편성하여 효율성을 높여야 한다.

한국형 3축 체계 구축, 전략사령부 창설 추진과 동시에 한국 정부는 근본적인 해결책인 핵 균형 전략 추진을 위한 예산을 편성해야 한다. 별도의 전담 조직을 구성하여 3축 체계의 운용전략으로서 예방타격이나 선제타격과 같은 교리를 연구, 정립하고 핵 균형 전략을 마련하고 단계별 조건 평가 기준과 시행방안을 마련해 나가야 한다.

쿠바 핵미사일 위기 사례를 정책 차원에서 분석한 앨리슨이 "거듭 말하거니와 흐루쇼프가 미사일을 철수한 것은 봉쇄 때문이 아니라 추가적인 행동의 위협 때문이었다. 일종의 중도 안이었던 봉쇄는 미국의 단호한 결단에 소련이 적응할 시간을 벌어줬을 따름이다. 그리고 그 시간은 소련이 미사일 기지를 완성할 수도 있는 시간이었다. 흐루쇼프는 미국이 사태를 확전의 사다리로 몰고 가려고 한다는 분명하고 시급한 위험을 인식하였다. 그 확전의 사다리의 매 단계에서 미국이 핵 및 재래식 전력에서 모두 우위를 누리고 있었다는 것이 미국에 유리하게 작용했음은 물론이다."[135]라고 한 말을 한국 정부는 유념할 필요가 있다.

한·미 동맹 강화와 확장억제정책으로서의 핵우산

국방부의 산출물 중에 군사 외교의 핵심으로서 한·미 동맹 강화는 국가적으로도 중요한 기능을 수행하고 있다. 한국 정부가 미국의 확장억제를 제공받고 있으므로 사실상 북한 핵 개발과 핵무장을 억제하는 가장 핵심적인 기능을 수행하고 있다고 볼 수 있다.

한·미 동맹 강화를 위한 여러 활동 들 중 양국 국방장관 수준의 협의체인 한·미 안보협의회의(SCM)는 매년 개최 장소를 한국과 미국에서 바꾸어 가며 안보 현안을 토의하고 있으며 회의 결과를 발표하면서 미국의 핵우산 보장에 관한 의지를 천명하고 재확인하고 있다. 한·미 안보협의회의는 한·미 군사 협력관계의 상징으로, 한·미 연합방위태세에도 실질적으로 기여하여 왔다.

한·미 안보협의 회의(SCM)

- 1968년 사이러스 벤스(Cyrus R. Vance) 미 국무장관이 존슨 미 대통령 특사로 방한했을 때 1.21 사태 및 미 해군 정보함 '푸에블로'호 사건에 따른 한반도 긴장 고조, 한국의 월남 파병에 따른 양국 간의 우호적인 군사협력 분위기를 기반으로 한국의 안전 보장에 관한 제반 문제를 협의하기 위해 양국이 국방 각료급의 연례회의를 갖기로 합의함으로써 비롯되었다.
- 1968년에 1차 국방 각료회담이 개최되었으며 1971년 4차 회의부터 한·미 국방장관을 책임자로 하는 한·미 안보 협의회의(Security Consultative Meeting, SCM)로 정착되었다. 1978년부터 한·미 안보협력의 군사적 구현을 목적으로 양국 합참의장을 대표로 하는 군사위원회(Military Committee, MC)가 별도로 설치, 운영되었다.

출처: 국방부, 『국방백서』(서울: 국방부, 1989). pp.153-161.

1970년대에는 이 회의를 통해 미국의 대외군사 판매(Foreign Military Sales, FMS) 차관을 적극 도입하여 전력증강을 통한 자주국방의 계기를 마련하였고 1980년대에는 한·미 연합 전쟁 지속 능력의 강화를 위한 제반 제도 및 절차에 합의하여 유사시 미국의 신속한 군수지원을 가능케 하였고 한국의 방위산업 및 기술 능력의 향상을 기할 수 있었다.[136)]

1990년대 이후에는 북한 핵 위협의 억제 및 제거를 위한 노력과 미국의 핵 억제정책이 유효함을 공동성명에 역대 모든 정부에서 일관되게 포함하고 있다.

북한의 핵실험 이후 한국 국방부가 표준화된 절차에 따라 한·미 안보협의회의를 통해 산출한 결과들을 살펴보면, 역대 정부에서 북한의 핵실험과 미사일 개발을 심각한 위협으로 인식하고 있고 북한의 핵무장에 대해 깊은 우려를 표했으며 북한의 핵 보유를 인정하지 않고 있다.

미국이 한국 정부에 핵우산을 제공한다는 것을 지속적으로 약속하고 재확인하고 있으며 북한의 최초 핵실험 이후에는 확장억제 개념을 도입했다. 이명박 정부부터 확장억제의 실질적인 효율성을 담보하기 위해 지속적으로 노력하여 박근혜 정부에 들어서는 맞춤형 억제 전략으로 발전시켰다.

확장 억제 전략의 이행상황을 주기적으로 점검하기 위해 억제 전략위원회를 출범시켰으며 '동맹의 포괄적 미사일 대응 작전개념·원칙 (미사일 위협 탐지, 방어, 교란, 파괴)'을 정립하였다.

한·미가 공동으로 유엔안보리 대북 제재 지지에 대한 결의를 보였으며 국제 비확산체제가 북한과 맺은 비핵화 합의 이행을 촉구하였고 북한 핵무장 억제와 대비를 위한 정보와 군사력의 상호 운용성을 강화하는 데 노력을 기울여 왔음을 알 수 있다.

한국 정부의 산출물 중에 한·미 동맹 강화를 통한 핵우산 보장만큼 북한 핵을 억제하는데 이바지한 것은 없다. 양국 국방부 장관을 중심으로 한 안보협의회의(SCM)를 지속 발전시켜 나가야 함은 물론, 외교 안보 분야의 전방위적인 협력체제를 구축하면서 동맹의 수준을 한 단계 업그레이드한다는 상징적 의미를 갖는 외교-국방장관 협의체(2+2회의)도 활성화되어야 한다. 2+2회의는 이명박 정부에서 시작되어 지속 개최되다 멈추었다. 문재인 정부에서는 4년차에 처음으로 바이든 정부 국무·국방 장관이 방한하여 2021년 3월 17~18일 양일간 개최되었다.

고도화하고 있는 북한 핵 위협에 대응하기 위해 점진적으로 발전해 온 한·미 양국 공동 협의체의 발전을 통해 미국의 맞춤형 확장억제 전략의 실효성을 향상시켜야 한다. 한·미는 굳건한 동맹으로서 북한 핵 억제를 위해 '확장억제 정책위원회(EDPC)', '미사일 대응능력 위원회(Counter Missile Capability, CMCC)', '억제전략위원회(DSC)', '통합 국방 협의체(Korea-U.S. Integrated Defense Dialogue, KIDD)'등의 워킹그룹(Working Group)을 구성해 확장억제 수단의 운용 연습을 매년 실시하고 있으며 동맹의 미사일 대응 작전개념을 4D(Detect, Disrupt, Destroy, Defend)로 수립하고 이행지침을 한·미안보협의회에서 마련해 왔음은 앞서 살펴본 바 있다.

특히, 2016년 SCM에서 협의가 이뤄지어 한·미 양국 차관이 참석하는 '고위급 외교－국방 전략 협의체(EDSCG)'를 중심으로 북한 핵 위협 대응체계를 발전시켜 나갈 필요가 있다. EDSCG는 미국의 대한(對韓) 확장억제 공약을 제도화하고 유사시 이를 신속하게 집행하기 위해 설치하였다. 2016년 10월, 북한의 5차 핵실험 후 나흘이 지나서야 괌에서 출격한 초음속 전략폭격기가 비무장 상태로 날아와 30~40분 간 한반도 상공에서 머물다 돌아간 뒤 한국 내에서 불거진 '에어 쇼', '일회성 시위' 등의 지적을 배경으로 창설되었다.

EDSCG는 북한 핵미사일 위협 시 한·미 양국의 외교·국방 고위 당국자(차관)들이 한반도에서 벌어질 미 전략자산의 유형－규모－방식 등을 결정하는 협의체로 미국이 나토에서 회원국과 전술핵무기를 공동 관리하는 것과 유사한 방식으로 운영되는 것으로 알려져 있다.

이 협의체를 지속 운영, 발전시켜 미 전략자산의 순환 또는 상시 배치도 논의해 나가야 하고 필요하다면 나토와 같이 별도의 지원 그룹을 편성, 운영해야 한다. 이러한 차원에서 한·미간의 공동현안인 방위비 분담, 한·미·일 정보공유, 전작권 전환 등에 대한 이견과 갈등을 조속하고 원만한 합의를 통해 공동보조를 취해 나갈 것이 요구된다.

북한 핵 위협을 외면한 남·북 정치·군사회담

　　통일부에서 공식 집계한 남·북 간의 회담은 1971년부터 2019년 현재까지 679회이며 이 중 남·북회담 합의서를 채택한 것은 258건이다.[137] 북한 핵 문제가 국제문제로 대두된 이후인 노태우 정부로부터 현 정부까지 역대 정부에서 추진한 남·북 간의 정치 및 군사 회담은 [표 2-46]에서 보는 바와 같다.

[표 2-46] 역대 정부의 정치·군사 회담 현황

구 분	계	노태우 정부	김영삼 정부	김대중 정부
횟 수	209	54	21	36
노무현 정부		이명박 정부	박근혜 정부	문재인 정부
64		4	7	23

출처: 통일부, 『통일백서』(서울: 통일부, 2019). p.279.; 통일부 홈페이지 자료실.

　　209회의 남·북 정치·군사 회담 중 정상회담과 정치 및 군사 회담이 활발했던 노태우 정부, 김대중 정부와 노무현 정부, 그리고 문재인 정부의 회담 의제와 경과, 합의 내용 및 결과에 대한 분석은 앞서 살펴보았다.

　　역대 정부의 남·북 정치·군사회담 분석을 통해 얻을 수 있는 가장 큰 교훈은 회담의 주도권을 확보, 유지해야 한다는 점이다. 남·북 정치·군사 회담에서의 주도권 확보를 위해서는 먼저 역대 정부의 사례에서 도출해 낸 교훈 가운데 몇 가지 유념해야 할 사항을 살펴 볼 필요가 있다.

먼저 정상회담 관련 내용으로 포용 정책을 선호하는 한국의 정치인, 학자 등에게 남·북 정상회담을 통한 돌파구 마련과 이를 동력으로 제 분야별 협력을 이끌어내는 것은 매력적인 대응책 중의 하나로 자리 잡았다.

김대중, 노무현, 문재인 정부에서 세 번의 시도가 있었고 정상회담과 경제협력을 필두로 한 제반 협력 활동이 활발하게 이루어지는 것까지는 성공했으나 정작 북한 핵은 개발 단계를 거쳐 무장 단계에 이르렀고 이제는 고도화의 단계를 거치고 있다.

세 정부의 북한 핵 대응 정책 경기자들이 좋은 의도로 북한의 변화를 유도하려 하였지만 실패한 원인은 민족적 감성, 통일 열망, 그리고 남·북 체제경쟁 승리에 대한 자만심으로 북에 주도권을 일정부분 넘겨주어도 좋다고 생각한 데 있다. 포용 정책을 취했던 역대 정부의 노력들이 통일 이후 북한을 변화시킨 긍정적인 요인으로 평가받도록 하려면 북한 비핵화를 촉진시키는 방향으로 주도권을 가지고 추진해야 한다.

두 번의 남·북 정상회담에 대한 진솔한 기록을 남긴 김대중, 노무현 전 대통령의 회고록을 보면, 회담의 의제와 방법, 시기 등 모든 면에서 한국 정부와 한국 대통령이 주도권을 갖지 못했었음을 살펴볼 수 있다. 생존을 위해 핵 개발과 핵무장을 추진하는 북한 김정일, 김정은에게 주도권을 가지지 않은 상태에서 핵을 의제화하거나 북한 비핵화를 위해 북한에 강한 요구를 할 수 없었을 것이다. 그러나 **미국도 미·북 정상회담을 준비하면서** 김정은이 평양이나 판문점에서 만나길 원했지만, **장소 면에서의 주도권을 위해** 북한의 제의를 일축하고 싱가포르, 하노이를 선택했고 회담의 주도권을 잃지 않기 위한 노력을 기울였음을 알 수 있다.

트럼프 미 대통령은 2019년 하노이 회담을 위한 백악관 준비회의를 마치고 요점을 3가지로 정리했다.
"주도권은 내가 쥐고 있다", "서두를 필요 없다", "언제라도 협상장을 박차고 나갈 수 있다".

출처: John Bolton, 2020. 박산호 등 역, 『그 일이 일어난 방』. pp.125, 463-465.

먼저 노무현과 김정일의 정상회담 과정을 살펴보겠다. 노무현은 정상회담 첫날 김정일 위원장이 아닌 김영남 위원장을 만났는데 한국 정부의 태도를 질책하는 장황한 설명을 45분간 들어야 했고 속이 불편한 내용도 있었지만, 적절히 대처했다고 회고하였다. 다음은 의제와 회담 내용에 대한 준비에 주도권이 없었음을 여실히 보여주는 대목이다.[138]

(2일차) 정상회담은 전체적으로 봐서 약 4시간 정도 대화를 한 셈인데 사전에 결론에 관한 조율은 물론, 의제도 다 조율이 되지 않은 상태에서 직접 맞닥뜨린 것이었습니다.

--- 중략 ---

(3일차) 오전에는 매듭지은 것이 별로 없었습니다. 특히 경제 문제에 대해서는 하나도 매듭지은 것이 없었습니다. 그런데도 북측은 대강 마친 것 아닌가 하는 표정이었습니다. 그런데 오후에 가보니 의외로 오전에는 안 된다고 하던 것도 언제 그랬냐는 듯이

확 다 풀어버리고 그냥 꺼내는 대로 '다 좋다' 이렇게 되었던 것입니다. 그렇게 해서 다 풀렸습니다. 오전에 어려웠던 회담이 오후에 풀리게 된 것은 김위원장이 한 번 확 밀어붙인 다음 나중에 조금씩 풀어나가는 스타일이라서 그런지 알 수는 없습니다.

노무현이 퇴임 후 직접 구상하고 작성한 회고록의 첫 장, '미완의 회고'에서 "개인적으로 준비되지 않은 사람이, 준비된 조직적 세력도 없이 정권을 잡았고 대통령이 되려고 한 것이 가장 큰 오류"라고 솔직히 회고하였다. 첫 장 내용에 대통령 취임 전부터 해답을 찾으려고 노력했으나 답을 찾지 못한 이야기들이 수십 가지 열거되는데 북한 핵 문제는 포함되지 않았다.[139]

김대중－김정일 정상회담은 준비과정에서부터 주도권 싸움이 치열했다. 2000년 5월 27일 임동원은 특사로 첫 평양방문에서 북한의 임동옥 통일전선부 제1부부장을 만났는데 남쪽 대통령이 금수산궁전(김일성 시신이 안치된) 방문을 안 할 경우 김정일 위원장과 상봉할 수 없다고 하였다.

임동원이 이를 수용할 수 없다고 거절하자 김정일은 물론 김용순조차 만나지 못하고 돌아왔다. 이 문제는 김대중 대통령이 방북기간 중에야 김정일의 넓은 아량(?)으로 해결되었다는 통보를 받을 수 있었다.

6월 12~15일까지의 정상회담에 대한 합의가 4월 8일에 이루어져서 준비시간이 부족했었음을 김대중은 회고하고 있다. 회고록의 다음 내용들은 첫 남·북 정상 간 역사적 만남의 의미와 6·15 공동선언의 화려함 속에 한국의 주도권과 핵 문제가 그늘 속에 있었음을

보여준다.[140)]

6월 13일, 북으로 가는 출발 성명을 낭독하는 순간까지 사실 북과는 정리되지 않은 몇 가지 일이 있었다. 공동 선언문이 합의되지 않았고, 금수산 궁전 참배문제도 매듭을 짓지 못했다. 북측은 조선일보와 KBS 기자들의 입북을 불허하고 있었다.

- 중략 -

비공개 회담에서 김정일은 평양방문을 누가 주도했느냐에 관심을 가졌다. "국정원이 주도했다면 안 했을 것이다. 아태위와 현대가 하는 경제 차원의 사업이 잘되고 활성화돼 가니까 하기로 한 것이다. 남한 대학가에 인공기가 나부낀 것에 대해 국가보안법 위반이니 사법처리를 하겠다는 것에 대해 대단히 섭섭하여 헤어지려고 했는데 주위에서 만류해서 나온 것이다."고 했다.

- 중략 -

화해와 통일, 긴장 완화와 평화문제, 남·북 교류협력 문제, 이산가족 상봉 4가지 의제를 30여 분 설명하고 내용을 요약한 문건을 김정일에게 건넸다. 김정일은 합의문과 관련해서 큼직한 선언적인 내용만 넣고 나머지는 당국 간 장관급 회담에 위임하자고 했다.

문재인 대통령의 두 차례 정상회담과 판문점에서의 만남이 어떤 의제와 과정을 거쳤고 회담 내용이 무엇이었는지는 자세히 알 수 없으나 회담 전후 북한의 언행으로 보아, 특히 하노이 회담 결렬 이후의 악의에 찬 비난 들을 볼 때, 한국 정부가 주도권을 가지고 회담을 주도했고 그 이후도 남·북관계를 주도하고 있다고 보기는 어렵다.

톱다운 방식의 정상회담은 때로는 어려운 현안을 일괄 타결하는 방법이 될 수 있다. 그러나 최근 두 차례의 미·북 정상회담과 한 번의 만남(판문점)은 북한 핵 협상을 세계 언론의 주목을 받는 화려한 외교 이벤트로 변질시켰고, 비핵화라는 협상의 본질은 뒷전으로 밀려난 채, 트럼프와 김정은의 국내정치적 필요에 따라 비핵화의 수준이 결정될 수도 있는 위기의 상황으로 변질되어 갔다.[141]

북한의 특수성을 고려할 때 북한 핵 대응 정책에서 정상회담을 고려할 수 있다. 남·북 정상회담을 기획하고 시행할 때는 거래의 달인인 미국 대통령 트럼프가 2차 미·북 정상회담인 하노이 회담을 앞두고 핵심을 정리했듯이 '주도권을 가지고', '서두를 필요 없이', '(목표에 미치지 못하면) 회담장을 박차고 나올 준비'를 하고 임해야 한다.

남·북 간에 만남과 대화 자체를 중시하는 것은 지금까지의 경험으로 족하다. 만남과 대화 자체에 집착하는 순간 주도권은 북한에 넘어가고 한국의 근본적인 목표는 사라지거나 정치적 만족을 위해 애매모호하게 제시된 수사 정도의 업적만 받아들여야 하는 처지가 될 가능성이 크다.

정상회담이나 정치·군사 회담에서 주도권 확보를 위해서는 장소의 문제 등 여건 조성이 필요하다. 여건 조성을 위해서 몇 가지 유념해야 할 사항들이 있다. 첫째는 한국 대통령의 통일 열망을 북한이 전략적으로 활용하도록 해서는 안 된다는 점이다. 앞에서 살펴본 바와 같이 대체로 한국 대통령이 만남을 희망하고 북한의 요구에 대가를 지불했던 관행은 멈추어야 한다.

북한 핵 능력이 고도화될수록, 정상회담의 누적 기록이 올라가는 것과 비례하여 북한이 요구하는 대가의 규모와 범위는 증대될 것이다. 이에 반해 국제 비확산체제의 제재와 한국 내 언론의 영향으로 북한의 요구에 화답할 수 없는 한국 정상의 처지는 궁색해질 수밖에 없는 논리 구조가 이미 형성되었다고 보인다.

두 번째는 정상회담 준비 간 사소하게 보이는 부분들이 실제 회담에 임했을 때 주도권 확보에 매우 중요하게 작용한다는 점이다. 대표적인 것으로 정상회담 장소를 들 수 있다. 회담 장소가 어디냐에 따라 전반적인 분위기와 회담에서의 여유가 생성되는 것이다. 회담 의제와 결과가 가장 중요하겠지만, 회담 기간과 일정, 일정별 만나는 사람과 배석자, 회담을 수행하는 사람들 등등 모든 것에 치열한 밀고 당기기, 샅바 싸움에서 이미 주도권의 기울기는 결정되는 것이다.

세 번째는 회담을 유리하게 만들 공세적 옵션들을 생산해 내서 카드로 활용해야 한다. 한국은 북한 핵에 직접 당사자이면서 가장 큰 영향을 미칠 수 있는 나라 중 하나라는 사실을 자각해야 한다. 한국 정부가 용기를 갖는다면 북한 핵에 영향을 미칠 수 있는 옵션 생산은 얼마든지 가능하고 다양한 자원을 우리는 가지고 있다.

가장 손쉬운 방법은 북한의 불법적인(한반도 비핵화 공동선언 위반) 핵 활동에 다양한 방법으로 제재를 가할 수 있다. 대북 경제 지원에도 옵션을 포함시킬 수 있으며 대량살상무기(Weapons of Mass Destruction, WMD) 확산방지구상(PSI) 참여 등 국제 비확산체제 참여 강도의 조절, 북한 동포들의 인권 문제, 북한의 사이버 범죄에 대한 응징, 주변국과의 공조 또는 압박 등 다양하다. 공세적 옵션들은 반드시 비핵화를 촉진하는 방향으로 선택하고 추진해야 하며 과거 심리전 선전물 철거와 같은 실패사례를 거울삼아 장기간의 전략적 관점에서 검토되어야 한다.

네 번째는 주도권 획득을 위한 인내와 신뢰가 필요하다. 한국이 주도권 확보를 추구하게 되면 북한은 이에 반발하여 대화를 거부하거나 무시하려 할 것이며 더 나아가 국지적인 도발을 감행함으로써 자신들의 존재감을 드러내고 안보 불안을 조성하여 한국 내에서 정부의 대북정책에 대한 부정적인 여론이 형성되고 결국, 주도권을 상실한 채 남·북 대화에 나서도록 강압할 가능성이 크다. 과거에도 몇 차례 반복되었던 이러한 악순환을 단절하려면 국민의 인내와 정부 정책에 대한 신뢰가 필요하며 정부의 대국민 소통 노력도 병행돼야 한다.

마지막으로 남·북 정치·군사 회담에서는 반드시 핵을 우선적인 의제로 삼아야 한다. 정상회담으로부터 실무회담에 이르기까지 핵을 의제로 체계적인 남·북 회담이 진행되어야 한다. 북한이 미국이나 국제 비확산체제와의 회담을 진행하고 있어도 남·북 간에는 '한반도 비핵화 공동선언'에 의한 핵 해결이 우선이라는 의지와 결의, 공감대가 필요하다. 2년여의 준비과정과 2년여의 회담 진행을 통해 남·북이 함께 체결한 '한반도 비핵화 공동선언'은 모범 선례로서 연구되고 발전적으로 적용되어야 한다.

북한 핵 대응 정부정치의 특징

북한 핵 대응정책 경기자와 정책갈등 분석

국가안전보장회의는 위상과 역할, 비중이 역대 정부에서 다른 모습을 보여 왔지만, 철저히 대통령을 위한 기구로 존재해 왔다는 공통점이 있다. 국가 안전보장과 관련해 중장기 정책의 수립과 조정, 현안에 대한 조율과 실행에 대통령을 견제하는 입법부나 사법부의 개입으로부터 다소 자유롭게 운영할 수 있도록 대통령이 의장으로 회의를 주관하고 대통령령으로 상임위원회와 사무처 구성과 운영을 결정할 수 있으며 자신의 정책 의도와 철학을 충분히 이해할 수 있는 인사들을 관련 직위에 임명해 왔다.[142]

> 국가안전보장회의는 1963년 12월 17일 발족하여 상임위원회와 사무처의 설치와 폐지를 반복하다가 2014년 1월 10일 상임위원회와 사무처를 설치하여 현재에 이르고 있다. 대통령은 필요시 국무총리에게 위임할 수 있다.

한국의 대북정책에 참여하는 경기자들은 큰 틀에서 애국심을 가지고 국가 이익을 위해 헌신하고 자신의 임명권자에게 충성하지만, 세부적인 정책 사안에 대한 기본적인 입장은 모두 다르다. 먼저 대통령과 청와대의 대북정책에 대한 인식은 양면적이다. 남·북한 문제는 쉽게 해결될 수 없는 큰 부담인 동시에 임기 내에 큰 성과를 거둠으로써 역사에 기록되고자 하는 정치적 욕구의 1차적 대상이다.

통일부는 1969년 국토 통일원으로 출범하여 노태우 정부에서 위상이 강화되었다가 부침을 거듭해 오고 있는데 존재 목적이 '통일 및 남·북대화·교류·협력에 관한 종합'적인 업무를 수행하므로 남·북한의 교류 협력을 선호하여 남·북한 관계가 활성화되어야 정부 내 위상도 높아질 것으로 기대한다.

외교부는 기본적으로 대화를 중시하면서도 설득과 압박, 대화와 제재의 병행 전략을 선호한다. 국제공조 체제를 중시하여 국제사회의 여론과 국제기구에서의 입지 등을 중시하며 때로는 주변국의 동향에 대한 정보와 주변국의 영향력을 정책 결정의 중요 요소로 여긴다.

국방부는 외부의 적으로부터 국가와 국민의 안전을 군사적으로 보호하는 것을 기본 임무로 하며 남·북 관계가 종전이 된, 평화 상태가 아니라 휴전협정에 의한 정전상태임을 강조하며 북한에 대한 강경하고 보수적인 정책 선호를 가진다.

국가정보원은 1961년 신설된 이래 시대에 부응하여 몇 차례의 변신을 거쳤으나 기본적으로 국가안전을 보장하기 위해 부정적인 내용에 기초하여 대북관을 견지하고 국외 정보와 대공·대정부 전복·방첩·대테러 정보를 관장하며 북한을 상대로 첩보 전쟁을 수행하고 있다.[143]

북 핵 대응 정부정치모형 분석에서 경기자의 중요성을 살펴보았다. 국군 통수권자인 대통령의 군 경력과 안보 지식은 국가의 안보와 미래에 심대한 영향을 미친다. 대통령이 모든 분야에 뛰어날 수 없으므로 통일부와 외교부, 국방부의 정책 선호를 적극적으로 개진할 수 있는 안보 전문가를 기용하고 자유로운 토론 여건 속에서 균형감을 가지고 정책을 결정해야 한다.

북 핵 위기가 시작되는 시점에 대통령은 핵무기와 안보에 관한 지식이 부족하고 비전문가가 중용되어 편향된 시각에 치중하여 균형감을 상실하고 혼선을 빚어 북 핵의 초기 해결과 통일의 호기를 상실한 앞선 사례를 교훈 삼아야 한다. 반대로 군 경력에 자신이 없었던 대통령이 통일, 외교, 군사 분야를 섭렵한 전문가를 중용하여 자신의 정치적 신념과 목표를 구현해 나갔던 선례도 귀중한 교훈이라 할 수 있다.

북 핵 대응 경기자는 무엇보다 북한 핵 위협에 대한 인식이 남달라야 한다. 북한과의 핵 대결에서 과거 케네디가 쿠바 핵미사일 위기 시 맡았던 화약 냄새를 맡을 수 있어야 한다. 그리고 그 책임성도 막중해야 한다. 북한 핵의 무게는 이제 국내 정치를 압도하고 있다. 현존하는 대한민국 국민의 생존과 안위, 그리고 미래세대의 평화와 번영이 경기자의 결정에 좌우된다는 엄중한 태도를 견지해야 하며 국민들도 이러한 시각으로 경기자를 선출하고 바라보아야 한다.

국방부를 비롯한 군사 당국자들은 국민의 기대와 여망, 그리고 정부 내 영향력에 자신감을 가지고 전문성과 역사적 안목에 입각하여 업무를 처리하고 적극적으로 자신들의 정책 선호를 설득하고 공감을 얻도록 노력해야 한다.

과거 군의 정치 개입에 대한 반동으로 현재 군에 복무하는 군인들에게 '군의 정치적 중립'은 엄격하고 민감하게 적용되었다. 이러한 사조의 영향력은 군의 정치적 중립이라는 사회 안전망을 확고히 하는데 기여를 했지만, 군이 전문성을 가지고 당당하게 의견을 개진하는 것을 위축시키는 현상으로 나타난 것 또한 사실이다.

이제 군은 관료조직의 행태가 보여주는 '순응'만이 업무달성의 기준이 되어서는 안 된다. 국가안보, 특히 북한 핵과 관련해서 전문성에 입각한 견해를 용기있게 말하고 국민과 통수권자는 이를 수용하는 문화를 만들어나가야 한다. 한국의 군이 건강하고 발전하는 자유민주주의의 전문 직업군으로 정착되어 마음껏 영향력과 창의성을 발휘할 수 있을 때, 대한민국은 북한의 선군정치를 제압하고 최후의 승리자가 될 수 있을 것이다.

한국 정부의 북한 핵 대응 정부정치 특징

정부정치모형으로 한국 정부의 북한 핵무장 대응 정책을 분석한 결과 다음과 같은 세 가지 특징을 발견하였다.

첫째는 북한 핵무장과 핵 개발에 대한 한국 정부의 대응 정책에 대한 대통령의 책임성의 크기 문제이다. 정부정치모형을 외교정책에 적용하는데 있어 최고정책결정자인 대통령에 대한 낮은 비중과 대통령에게 책임 회피의 기제를 제공한다는 비판이 제기되어 왔다.[144] 한국 정부의 북한 핵무장 대응 정책 과정에서 정부정치모형을 적용해 본 결과 합리모형이나 관료행태모형으로 설명할 수 없는 부분들에서 대통령은 높은 비중을 가지고 정책 결정을 주도해 왔음은 종합적인 설명력을 제고시키고 있다.

따라서 그에 대한 책임도 대통령이 대부분 지는 것이 마땅하나 한국에서 그러한 현상은 일어나지 않았다. 케네디는 쿠바 핵미사일 사태를 잘못 처리할 경우 자신이 탄핵당할 가능성에 대해 동생인 법무장관 로버트 케네디와 심각하게 고민했었다. 한국의 노무현은 정치 중립 위반과 측근 비리 혐의로 탄핵의 문턱까지 갔었고 박근혜는 이른바 국정농단으로 탄핵을 당하였다. 한국 국민들은 자신들의 생존과 관련된 문제인 북한의 핵무장과 핵 개발에 비교적 관대했거나 무지했음을 보여주는 현상이다.

두 번째 특징으로 한국 정부의 대북정책은 통일부와 청와대, 외교부, 국방부 등이 정책형성에 직간접적으로 관여하고 있음을 알 수 있다. 이들 부처는 국가안전보장회의, 안보 관계 장관회의, 안보 정책 조정회의 등을 통해 대북정책을 논의하면서 자신의 정책 선호가 정책에 반영되도록 경쟁하고 있고 그 과정에서 정치 활동이 발생하고 다양한 권력자원을 동원하고 있다.145)

세 번째 특징은 북한이 민주화된 한국 정부의 정권 교체와 대통령의 통일에 대한 열망을 교묘히 활용하고 있다는 점이다. 북한은 세습체제로 내부 권력투쟁에서만 안정을 누릴 수 있다면 남쪽의 한국 정부에 의해서 정치적 영향을 받는 일은 심각하게 여기지 않아도 될 것이다. 그러나 북한은 얼마든지 한국 정부의 개방되고 민주화된 언론과 다양한 방법을 통해서 영향력을 미칠 수 있다.

한국 내의 선거, 특정 이슈에 대한 프레임과 어젠다 설정, 특정 정치인에 대한 평가 등 모든 가능성이 열려 있다고 보아야 한다. 정권 교체가 자유롭게 이루어지는 한국 정부의 성격과 취약점을 면밀히 파악하고 5년 동안의 대응 전략을 마련하여 주도권을 유지하면서 자신들이 원하는 방향으로 이끌어가다 정권 임기가 끝나면 냉정한 자세로 대하는 패턴이 지속되고 있다. 한국 대통령들이 갖게 되는 역사적 소명의식인 통일에 대한 열망을 자극하여 핵 문제해결보다 평화적인 만남과 교류 협력을 우선하게 만드는데 남·북 정상회담이라는 가장 매력적인 도구를 활용하고 있다.

　김영삼 대통령은 특사 교환을 통해 정상회담을 추진하다 카터 전 미국 대통령의 방북을 통해 남·북 정상회담 날짜까지 정해졌으나 김일성 사망으로 성사되지 못했다. 김대중 대통령과 노무현 대통령은 핵 문제를 제외한 정상회담을 가졌으며 이명박 대통령은 취임 초기 북한의 정상회담 제의가 있었으나 거절하였다.

> 김대중 전 대통령 서거에 따른 북한 조문단이 이명박 대통령과의 면담에서 정상회담을 언급하였다. 북한이 먼저 남·북 정상회담 의사를 내비친 것은 이례적이었다고 회고하였다.
>
> 출처: 이명박, 『대통령의 시간』(서울: 알에이치코리아, 2015). pp.325-330.

　박근혜 대통령 재임 시 북한의 제의가 있었는지는 알려지지 않고 있으나 문재인 대통령은 가장 많은 정상회담을 하였다. 그러나 정상회담을 통해 북한의 핵무장을 억제하기 위한 어떠한 실질적인 진전도 없었으며 자신도 모르는 사이에 김정일과 김정은의 전략·전술에 끌려가게 되면서도 보류된 일시적이고 꾸며진 평화획득에 만족해야 했다.

1) Vipin Narang, 권태욱 김용범 역, 『현대 핵전략』(서울: 국방대학교, 2016). 3장과 4장.

2) 함형필, "북한의 핵전략 구상과 전략적 딜레마 고찰," 『국방정책연구』 25권 2호, 2009.; 김주환, "전략문화 관점에서 본 '북한−파키스탄'의 핵개발 동인: 북한 핵능력 고도화에 주는 함의," 『한국국제정치학회 60주년 기념 학술대회』, 2016. 참조.

3) 손한별, "핵보유국에 대한 '전략적 강압'−1999년 카르길(Kargil) 전쟁−," 『국가전략』 제23권 4호, 2017.; 김재엽, "핵무장국 사이의 제한전쟁 수행과 한반도에의 적용: 1999년 인도·파키스탄의 카르길 전쟁 사례를 중심으로," 『국제문제연구』 제14권 3호, 2014.

4) Herbert A. Simon, *Behavioral Model of Rational Choice, Quarterly Journal of Economics*, Vol.69, 1955.; 정정길 등, 『정책학원론』(서울: 대명출판사, 2017). pp.444−450.

5) 조명현, "외교정책결정 모형에 관한 연구: 합리적 결정과정에 대한 분석과 비판," 『사회과학연구』 제11권(2000). pp.221−250.

6) Graham Allison, Philip Zelikow, *Essence of Decision*, New York: Longman, 1999. p.386.; 정정길 등, 『정책학 원론』(서울: 대명출판사, 2017). pp.495−499.

7) 배종윤, "1990년대 한국의 대북정책과 관료정치: 통일부와 국가정보원을 중심으로," 『한국정치학회보』 제37집 5호, 2003. pp.148−150.

8) 안병만, 『한국정부론』(서울: 다산출판사, 1999). p.198.

9) Graham Allison, Philip Zelikow, Ibid. p.392.

10) *NewYork Times*. 30 May, 2017.

11) Robert F. Kennedy, 1971, Arthur Schlesinger 3rd ed, 1991. 박수민 역, 『13일 쿠바 미사일 위기 회고록』(서울: 열린책들, 2012). p.108.

12) 조명현, "외교정책결정 모형에 관한 연구," 『사회과학연구』 제11권(2000). pp.221−250.

13) 배종윤, "한국외교정책 결정과정의 관료정치적 이해," 『국제정치논총』 제42집4호(2002). pp.97−116.

14) 배종윤, 앞의 글(2003). pp.147−185.

15) 김영인·배종윤, "한국 외교안보정책에 있어 대통령의 정책조율과 현실적 한계에 관한 연구: 노무현 정부 NSC 운용사례를 중심으로," 『국제정치논총』 제56집 3호(2016). pp.89−127.

16) 안문석, "북한 핵실험에 대한 한국의 대북정책 결정과정 분석: 관료정치 모델의 적용," 『한국정치학회보』 제42집 1호(2008). pp.207−226.

17) 안문석, "관료정치와 관료세력의 권력자원 동원: 박근혜 정부 대북정책 결정 과정을 중심으로,"『국제정치논총』제55집 4호(2015). pp.169－201.

18) 안병진, 『예정된 위기』(서울: 모던아카이브, 2018). 부제 "북한은 제2의 쿠바가 될 것인가"에서 보듯이 전체분량을 할애하여 쿠바 위기 사례를 분석하여 한반도 핵 위기를 살펴보았다.

19) 외교부, 『외교백서 1990』(서울: 외교부, 1991). pp.43－44.

20) 통일부, 『통일백서 1990』(서울: 통일부, 1990). pp.45－47.

21) 남·북고위급회담을 3단계로 구분하여 설명한 내용은 통일부의 견해를 인용하였다. 통일부, 『통일백서 1992』(서울: 통일부, 1992). pp.133－138.

22) 국방부, 『국방백서 1991－1992』(서울: 국방부, 1991). pp.115－116.

23) 국방부, 『국방백서 1992－1993』(서울: 국방부, 1992). p.61.

24) 왕선택 편, 『북핵위기 20년 또는 60년』(서울: 선인, 2013). pp.27－48.

25) 외교부, 『외교백서 1992』(서울: 외교부, 1992), pp.73－75.

26) 국방부, 『국방백서 1992－1993』(서울: 국방부, 1992). pp.74－77. ; 국방부, 『남북군사회담 자료집』(서울: 국방부, 2013). pp. 100－104.

27) 국방부, 『국방백서』(서울: 국방부, 1988). pp.68－69.; 국방부, 『국방백서』(서울: 국방부, 1989). p.74.

28) 국방부, 『국방백서』(서울: 국방부, 1990). pp.87－88.

29) 국방부, 『국방백서』(서울: 국방부, 1991). pp.113－116.

30) 국방부, 『국방백서』(서울: 국방부, 1992). pp.59－61.

31) 국방부, 『국방백서 1994』(서울: 국방부, 1994). p.47.; 이미숙, "한국 국방획득정책의 변천과정과 전력증강 방향 고찰 －노태우·김영삼·김대중 정부를 중심으로－,"『국방연구』제60권 2호, 2017. pp.105－112.; 이필중·김용휘, "주한미군의 군사력 변화와 한국의 군사력 건설: 한국의 국방예산 증가율 및 그 추이를 중심으로,"『국제정치논총』제47집 1호, 2017. pp.182－184.

32) 국방부, 『국방백서』(서울: 국방부, 1988~1992).

33) 대한민국 헌법 제66조 ②, ③항, 제91조 ①, ②항.

34) 김충남, 『대통령과 국가경영』(서울: 서울대학교 출판부, 2006). pp.429－500.

35) 통일부, 『통일백서 1998』(서울: 통일부, 1998). pp.16－19.

36) 외교부, 『2002년도 외교백서』(서울: 외교부, 2003). pp.29－30.

37) 외교부, 『2002년도 외교백서』(서울: 외교부, 2003). pp.160－161.

38) 국방부, 『국방백서』(서울: 국방부, 1998). pp.43－45.; 국방부, 『국방백서』(서울: 국방부, 1999). pp.44－47.

39) 국방부, 『2001년도 국방 주요자료집』(서울: 국방부, 2001). p.10.

40) 국방부, 『1998~2002 국방정책』(서울: 국방부, 2002). pp.49-52.

41) 1992년 국방백서에 '북한의 핵개발 년표'가 처음 부록(자료)에 포함되었으며 1995년 국방백서에 '북한 핵관련 주요 경과일지'로 확장되어 부록에 지속 포함되고 있다.

42) 이미숙, 앞의 글, pp.121-128.; 이필중, "한국 국방예산의 소요와 배분에 관한 연구(1953-현재)," 『국방정책연구』 제32권 3호, 2016. pp.214-217.

43) 국방부, 『국방백서』(서울: 국방부, 1998~1999).; 국방부, 『1998~1992 국방정책』(서울: 국방부, 2002).

44) 통일부, 『통일백서』(서울: 통일부, 1999). p.8.; 통일부, 『통일백서』(서울: 통일부, 2000). p.2.; 통일부, 『통일백서』(서울: 통일부, 2001). p.3.; 통일부, 『통일백서』(서울: 통일부, 2002). p.5.; 통일부, 『통일백서』(서울: 통일부, 2003). p.6.

45) 통일부, 『통일백서』(서울: 통일부, 1999~2003).; 국방부, 『국방백서』(서울: 국방부, 1999~2003).

46) 통일부, 『통일백서』(서울: 통일부, 2003). p.21.

47) 김대중, 『나의 삶 나의 길』(서울: 도서출판 산하, 1997). pp.73-74.

48) 김충남, 『대통령과 국가경영』(서울: 서울대학교 출판부, 2006). pp.579-657.

49) 통일부, 『통일백서 2004』(서울: 통일부, 2004). p.28.

50) 통일부, 『통일백서 2005』(서울: 통일부, 2005). pp.25-26.

51) 국방부, 『국방백서 2004』(서울: 국방부, 2005). p.132.

52) 외교부, 『2006년 외교백서』(서울: 외교부, 2006). pp.33-34.

53) 외교부, 『2007년도 외교백서』(서울: 외교부, 2007). pp.35-37. 2·13 합의 주요 내용은 북핵시설 불능화, 북에 중유 제공(불능화 과정과 연계), 미·북 및 일·북 관계 정상화 등이다.

54) 북한 핵실험 후 개성공단과 금강산 관광사업 지속, PSI참여 확대 논란에 대한 사례 연구는 다음 참조. 안문석, "북한 핵실험에 대한 한국의 대북정책 결정과정 분석-관료정치 모델의 적용," 『한국정치학회보』 제42집 1호, 2008. pp.207-226.

55) 국방부, 『국방백서』(서울: 국방부, 2004). pp.39-41, 129-130.

56) 국방부, 『국방백서』(서울: 국방부, 2006). pp.23-24, 76, 112-117.

57) 국방부, 『국방백서 2004』(서울: 국방부, 2005). pp.86, 139.

58) 이필중, "한국 국방예산의 소요와 배분에 관한 연구(1953-현재)," 『국방정책연구』 제32권 3호, 2016. pp.216-218.

59) 이필중, "국방예산 10년 평가와 중기 운용정책," 『국방정책연구』 제29권 1호, 2013. pp.19-21.

60) 통일부, 『통일백서』(서울: 통일부, 2004~2008).; 국방부, 『국방백서』(서울: 국방부, 2004~2008).

61) 이종은, 『국민에게 대통령의 길을 묻다』(서울: 호영, 2017). pp.141－151.

62) 김인수, 『시대정신과 대통령 리더십』(서울: 신원문화사, 2003). pp.301－330.

63) 경향신문, 2006.10.10.

64) 안문석, 앞의 글(2008). pp.207－219.

65) 문화일보, 2006.10.12.; 김대중, 『김대중 자서전2』(서울: 삼인, 2010). pp.551－553.

66) 중앙일보, 2017.5.27.

67) 안문석, 앞의 글(2008). pp.221－222.

68) 안문석, 앞의 글(2008). pp.219－221.

69) 김영인·배종윤, 앞의 글(2016). pp.89－127.

70) 국가안보실, 『문재인 정부의 국가안보전략』(서울: 국가안보실, 2018). p.9.

71) 2017년 7월 6일 문재인 대통령이 독일 베를린 쾨르버 재단 초청 한반도 평화를 위한 '베를린 구상'에서 밝힌 내용이다. 국가안보실, 앞의 책. p.28.

72) 통일부, 『통일백서』(서울: 통일부, 2019). pp.55－57.

73) 외교부, 『외교백서』(서울: 외교부, 2019). pp.36－37.

74) 국방부, 『국방백서』(서울: 국방부, 2018). pp.271－284.

75) 외교부, 『외교백서』(서울: 외교부, 2019). pp.19－23.

76) 통일부, 『통일백서』(서울: 통일부, 2018~2020).; 국방부, 『국방백서』(서울: 국방부, 2018).

77) 국방부, 『국방백서』(서울: 국방부, 2018). pp.18－27, 51－54, 210－217, 227－229, 247－260.

78) 외교부, 『외교백서 1995』(서울: 외교부, 1996). pp.48－49.

79) 통일부, 『통일백서 1994』(서울: 통일부, 1994). pp.53, 70－71.

80) 국방부, 『국방백서 1993－1994』(서울: 국방부, 1993). pp.45－46.

81) 국방부, 『국방백서 1993－1994』(서울: 국방부, 1993). pp.56－58.

82) 외교부, 『외교백서 1995』(서울: 외교부, 1996). p.139.

83) 최완규, "김영삼 정부의 대북정책 실패요인 분석," 『한국과 국제정치』 제14권 2호, 1998.; 이희선, "대북정책 일관성에 대한 평가 분석(김영삼 정부를 중심으로)," 『한국정책학회보』 제8권 2호, 1999.; 박태균, "남남 갈등으로 표류한 김영삼 정부의 대북정책," 『통일과 평화』 제6권 2호, 2014.

84) 임동원, 『피스메이커』(서울: 창비, 2015). pp.605－511.; 왕선택, 『북핵위기 20년 또는 60년』(서울: 선인, 2013). pp.72－74.

85) 국방부, 『국방백서』(서울: 국방부, 1993). pp.45 – 46, 56 – 58.

86) 국방부, 『국방백서』(서울: 국방부, 1994). pp.60 – 63.

87) 국방부, 『국방백서』(서울: 국방부, 1995). pp.64 – 66.

88) 국방부, 『국방백서』(서울: 국방부, 1996). pp.52 – 55.

89) 국방부, 『국방백서』(서울: 국방부, 1997). pp.54 – 57.

90) 국방부, 『1998 국방백서』(서울: 국방부, 1998). p.113.; 국방부, 『미래를 대비하는 한국의 국방비 2002』(서울: 국방부, 2002). p.17 – 18.; 이미숙, 앞의 글. pp.115 – 120.

91) 국방부, 『국방백서』(서울: 국방부, 1993~1998).

92) 통일부, 『통일백서』(서울: 통일부, 1990~1993).; 국방부, 『국방백서』(서울: 국방부, 1990~1993).

93) 김충남, 『대통령과 국가경영』(서울: 서울대학교 출판부, 2006). pp.501 – 578.

94) 이용재, "역대 정부 행정엘리트 충원에 관한 연구 – 장·차관을 중심으로," 국민대학교 박사학위논문, 2002. pp.92 – 102.

95) 김영삼 정부의 정부정치모형 사례연구는 배종윤, 앞의 글(2003). pp.153 – 155.

96) 외교부, 『2009 외교백서』(서울: 외교부, 2009). pp.24 – 26.

97) 통일부, 『2009 통일백서』(서울: 통일부, 2009). pp.22 – 23, 40 – 41.

98) 국방부, 『2010 국방백서』(서울: 국방부, 2010). pp.27 – 29.

99) 국방부, 『2010 국방백서』(서울: 국방부, 2010). pp.94 – 95.

100) 통일부, 『2010 통일백서』(서울: 통일부, 2010). pp.41 – 43.

101) 외교부, 『2010 외교백서』(서울: 외교부, 2010). pp.25 – 29.

102) 외교부, 『2011 외교백서』(서울: 외교부, 2011). pp.27 – 28.

103) 외교부, 『2012 외교백서』(서울: 외교부, 2012). pp.37 – 39.

104) 국방부, 『국방백서』(서울: 국방부, 2008). pp.28 – 30, 118 – 125.

105) 국방부, 『국방백서』(서울: 국방부, 2010). pp.20 – 29, 94 – 99.; 국방부, 『국방백서』(서울: 국방부, 2012). pp.21 – 31, 104 – 109.

106) 국방부, 『국방백서 2008』(서울: 국방부, 2008). pp.86 – 90.; 이필중, 앞의 글(2013). pp.22 – 26.

107) 국방부, 『국방백서』(서울: 국방부, 2008, 2010, 2012).

108) 이명박, 『대통령의 시간』(서울: 알에이치코리아, 2015). pp.301 – 371.

109) 위키 백과 인물사전.; 뉴시스, 2007.7.19.; SBS News, 2007.8.2.

110) 국방부, 『2016 국방백서』(서울: 국방부, 2016). pp.27 – 28.

111) http://www.newsis.com/ar_detail/view.html/?ar_id＝Nisx(검색일:

2017.8.31.).

112) 통일부, 『2014 통일백서』(서울: 통일부, 2014). pp.17, 20, 22－23.

113) 국방부, 『2016 국방백서』(서울: 국방부, 2016). pp.56－57.

114) 국방부, 『2016 국방백서』(서울: 국방부, 2016). pp.58－60.

115) 국방부, 『국방백서』(서울: 국방부, 2014). pp.20－30, 56－59.

116) 국방부, 『국방백서』(서울: 국방부, 20146. pp.18－29, 56－62.

117) 국방부, 『2016 국방백서』(서울: 국방부, 2016). pp.56－60.

118) 국방부, 『국방백서』(서울: 국방부, 2014, 2016).

119) 김창희, 『남북관계와 한반도』(서울: 삼우사, 2014). pp.317－333. ; 김창진, 『대통령과 통일정책』(서울: 문운당, 2019). pp.324－336.

120) 로동신문, 2013.3.7.

121) 안문석, 앞의 글(2015). pp.169－201.

122) 핵실험 없이 실전에 사용했던 사례로 히로시마 탄을 들고 있다. 국방부, 『대량살상무기(WMD) 문답 백과』(서울: 국방부, 2004). pp.38－39.

123) Andrew Futter, 고봉준 역, 『핵무기의 정치』(서울: 명인문화사, 2016). pp.47－50.

124) 이종학 편, 『군사전략론』(대전: 충남대학교 출판부, 2009). pp.87－88.

125) 송대성, 『우리도 핵을 갖자』(서울: 기파랑, 2017). p.81.; 권태영 등, 『북한 핵·미사일 위협 대응』(서울: 북코리아, 2016). pp.285－286.

126) Henry A. Kissinger, *Nuclear Weapons and Foreign Policy*, 최영두 등 옮김, 『핵무기와 외교정책』(서울: 국방연구원 출판부, 1958). p.62.

127) 송대성, 『우리도 핵을 갖자』(서울: 기파랑, 2017). pp.125－179.; 장준익, 『북한 핵미사일 전쟁』(서울: 서문당, 1999). pp.389－404.

128) 중앙일보, 중앙 선데이 2020.10.24.－25.

129) 전봉근, 『비핵화의 정치』(서울: 명인문화사, 2020). p.404.

130) 박성수, 『북핵 드라마: 무엇이 문제인가?』(서울: 하움, 2020). p.9.

131) 조선중앙통신, 2016.1.15., 4차 핵실험 직후 발표내용.

132) 황지환, "북한은 핵실험 이후 더 공격적인가?," 윤영관 편, 『북한이 핵보유국이 된다면 어떻게 달라지는가』(서울: 사회평론아카데미, 2020). pp.370－375.

133) 노무현, 『성공과 좌절』(서울: 학고재, 2009). pp.216－217.

134) 김민호, "국방예산에 영향을 미치는 요인분석," 『국방정책연구』 제33권3호, 2017. pp.115－122.

135) Graham Allison, Philip Zelikow, Ibid. p.179.

136) 국방부, 『국방백서』(서울: 국방부, 1990). pp.158－159.

137) 통일부, 『통일백서』(서울: 통일부, 2020). p.279.

138) 노무현－김정일 정상회담은 노무현 회고록을 참조. 노무현, 앞의 책. pp.195－209.

139) 노무현, 앞의 책. pp.15－42.

140) 김대중, 『김대중 자서전 2』(서울: 삼인, 2010). pp.225－312.

141) 박성수, 앞의 책. p.26.

142) 김영인·배종윤, "한국 외교안보정책에 있어 대통령의 정책조율과 현실적 한계에 관한 연구: 노무현 정부 NSC 운용사례를 중심으로," 『국제정치논총』 제56집 3호(2016). pp.91－92.

143) 경기에 참여하는 관료조직들의 기본입장과 성격은 다음을 토대로 작성하였다. 정부조직법.; 국가정보원법.; 배종윤, "앞의 글(2003).149－150.; 안문석, 앞의 글(2015). pp.169, 182－185.

144) Robert J. Art, "Bureaucratic Politics and American Foreign Policy," *Policy Science*, vol.4 (December), 1973. pp.467－490.; Stephen D. Krasner, "Are Bureaucracies Important? A Reexamination of Accounts of the Cuban Missile Crisis," Eugene R. Wittkopf, ed. *The Domestic Sources of American Foreign Policy: Insights and Evidence*, 2nd ed. New York: St.Martin's Press, 1994. pp.311－323.; Jerel A. Rosati, "Developing a Systematic Decision－Making Framework," World Politics, vol.33 no2, 1981. pp.234－252.

145) 안문석, 앞의 글(2015). pp.178.

대한민국의 전략은?

김정은 등장 이후 북한의 핵무장은 급격히 가속되어 핵보유국의 문턱까지 질주해 왔다. 세계적인 군사력 전문 평가기관이나 전문가들은 북한이 핵보유국으로 인정받을 가능성은 없다고 단정하면서도 사실상(*de facto*) 핵무장 국가로 평가하고 있다.

제2차 핵 시대의 특징을 제시한 폴 브래큰의 우려와 같이 군사력이 크지 않지만, 원자폭탄과 미사일을 보유한 북한이 국제체제에서 불안정을 초래하는 주범이 될 가능성이 커지고 있다. 그들이 위기에 처했을 때 핵 공격으로 위협하는 것 말고는 별다른 선택지가 없기 때문이다.

앨리슨 모형 분석 결과를 토대로 김정은의 핵무장에 대한 한국 정부가 취해야 할 전략 대안과 방향을 두 가지로 정리, 제시하였다.

첫째는, 기존 정부들의 유산(*legacy*)을 토대로 하되 장점을 살리고 약점을 최소화하는 현상유지전략이다.

역대 정부가 해 온 것처럼 일관되게 북한 비핵화 목표를 계속 유지하되 정책 수단의 선정 기준을 비핵화 촉진에 지향시키고 오인식과 민족적 감성, 통일 열망이 합리성을 제약하지 않도록 '합리모형'을 구축하여 이념, 진영, 정권 교체와 상관없이 일관되게 추진하는 것이다.

북한 핵에 대한 오인식이나 민족적 감성, 통일 열망이 합리성을 제약한 근저에는 남·북 체제경쟁에서 승리했다는 자만심이 작용하고 있으므로 체제경쟁의 승패는 아직 끝나지 않았다는 냉철한 현실 인식으로 북한 핵을 다루어야 한다.

기존의 북한 핵 대응정책 수단들을 계속 활용하되 주도권 확보와 북한 주민에게 초점을 두도록 전환해야 한다. 군사적 수단은 재래식 전력의 확고한 우위를 유지한 가운데 한국형 3축 체계를 조기에 구축한다.

정부의 조직 산출물들은 북한 핵무장 억제 또는 제거에 정렬되어야 한다. 북한 핵 능력에 집중하여 위협을 인식하고 한국형 3축 체계 조기 구축을 위한 점증주의를 배격한 특별예산 편성이 필요하다. 북한 핵 억제에 가장 큰 기여를 해 온 한·미동맹 강화를 통한 확장억제는 다양한 차원과 방법으로 발전시키되 '고위급 외교국방전략협의체(EDSCG)'를 중심으로 나토 수준까지의 발전을 지향해야 한다.

남·북 정치 및 군사 회담에서 주도권을 확보해야 한다. 대통령의 민족적 감성이나 통일 열망을 북한이 전략적으로 이용하지 못하도록 정상회담은 '주도권을 가지고', '서두르지 말고', '언제든 박차고 나올 준비를 하고' 진행해야 한다. 회담 준비간의 사소한 양보가 회담 주도권에 중요한 요인으로 발전할 수 있음을 인식해야 한다. 회담이 정체되어 북한이 도발해도 국민의 이해와 신뢰, 인내가 필요하다. 정상회담에서 실무회담까지 핵을 의제화하여 체계적으로 진행하되 북한이 미국이나 국제 비확산체제와 협상을 진행하여도 남·북 간의 핵 협상은 '한반도 비핵화 공동선언'에 입각, 병행하여 진전되어야 한다.

북핵 대응 정책에 가장 중요한 경기자인 대통령의 군과 안보 지식은 중요하며 북한 핵 위협인식과 정치적 책임성은 막중해야 한다. 국방부와 군은 북한 핵 관련 전문성에 근거하여 정책 선호를 적극적으로 반영하고 국민과 통수권자는 이를 수용하는 문화가 조성되어야 한다.

둘째는, 패러다임 전환을 통한 현상변경을 추구하는 '핵균형 전략'으로 근본적인 북한 핵 억제 및 제거 전략이다. 합리모형을 구축하고 전략적 대응 수단을 마련하면서 북한 핵 프레임을 '미·북 프레임'에서 북한 핵의 위협 대상자들이 해결의 주체가 되는 '당사자(미-남·북) 프레임'으로 전환해야 한다. 북한도 핵보유국이라는 것을 기정사실화 하면서 한반도에서 현상 변경을 추진할 것이다.

북한이 주도하여 '남·북 프레임'으로 현상 변경이 이루어지면 전략적 대응 수단을 마련하지 못한 한국은 재앙스러운 상황을 맞게 된다. 이러한 함정에 빠지지 않고 북한 핵 위협 제거라는 근본적인 목표를 달성하려면 미국의 맞춤형 억제 전략을 보장받는 가운데 한국의 전략적 대응수단을 마련할 수 있는 '당사자(미-남·북) 프레임'으로 전환해야 한다.

북한 비핵화에 영향을 미치는 요인들을 조건화하여 평가하고 근본적으로 북한 핵 위협을 제거할 수 있는, 전략적 현실주의에 기초한 단계별 대응 전략인 '핵 균형 전략'을 제시하였다.

1단계 핵 옵션 오픈(Option Open) 전략은 핵을 가지고 있지는 않지만 급박한 상황이 전개되면 단시간 내 핵무기를 보유할 수 있는 전략이다. 2단계 핵 공유 또는 전술핵 재배치는 4가지 방법을 선택할 수 있는데, 과거와 같이 미국의 전술핵을 한반도에 재배치하는 방법, 한국이 다자협의체인 QUAD plus에 참여하고 이를 통해 한국 또는 괌 등 해외에 전술핵을 배치하고 공유하는 방법, 그리고 한국과 미국이 단독 핵 공유 협정을 맺는 방법 등이 있다.

3단계 한국이 독자적 핵무장을 하는 것은 가장 근본적인 북한 핵 해결책으로 남·북 간 '핵의 균형 시대'를 열어 한국의 전략적 취약성을 해소하고 안정적인 남·북관계를 관리할 수 있으며 주도권을 가지고 맞춤식의 북한 비핵화를 견인할 수 있다.

'핵 균형 전략'은 북한 비핵화에 영향을 미치는 영향요인들을 면밀히 관찰하고 평가하여 세 단계의 전략을 순서대로 추진할 수도 있으며 각 단계별로 별도 추진도 가능하고 단계와 단계를 조합하여 추진할 수 있다. 단, '핵 균형 전략'은 궁극적 목표인 북한 비핵화가 달성되면 폐기 절차에 돌입하는 한시적 전략이다.

한국 정부는 1단계 핵 옵션 오픈(Option Open) 전략을 시행 대안으로, 2단계 전술핵 공유 또는 재배치 전략을 예비 대안으로, 3단계 핵무장 전략을 최후 대안으로 추진해야 한다.

제 10 장

제2차 핵시대의 핵전략

 ## 전략, 핵전략, 핵 억제 전략

전략, 핵전략

전략의 사전적 의미는 '전쟁을 전반적으로 이끌어 가는 방법이나 책략으로 전술보다 상위의 개념' 또는 '정치, 경제 따위의 사회적 활동에 필요한 책략'으로 정의되고 있다.

전략이란 용어의 어원은 고대 아테네에서 10개의 부족 단체로부터 차출된 10개 연대(Taxi)를 총지휘했던 장군의 명칭인 Strategos가 구사하는 용병술을 Strategia라고 일컫는 데서 시작되었다. 이 용병술은 현대 장군의 지휘술(Generalship) 또는 장군의 술(The Art of the General)로 볼 수 있다. 초기에는 순수한 군사적 의미로 사용되었으나 18세기 이후 보편화되어 군사 이외의 정치 분야 등을 포함한 포괄적 개념으로 널리 활용되고 있다.

　나폴레옹 전쟁을 계기로 **군사적 요소**와 비군사적 요소의 구별이
어려워지고 제1차 세계대전이 총력전화 함에 따라 군사 이외의 정
치, 경제, 사회, 과학기술 등 국력의 제 요소를 상호 통합하고 조정
하는 국가전략으로 발전하였다.

1801년 프랑스 파리에서 발간된 군사사전은 최초로 전략(Strategime)이라는 용
어를 '전투의 규칙(rese de guerre) 또는 적을 패배, 굴복시키는 방법'으로 정의
하고 있다.

출처: 육군사관학교 편, 『전략개론』(서울: 도서출판 한원, 1991). pp.11~17에서
　　재인용.

　전쟁을 연구하는 전략사상가들은 전략의 중요성을 인식하고 나
름의 개념 정립을 시도해 왔다. 클라우제비츠(Carl von Clausewitz)는
'전략이란 전쟁목적을 달성하기 위한 수단으로서의 전투의 사용'으
로 보았으며[1] 리델하트(B. H. Liddell Hart)는 '정치적 목적을 달성하
기 위하여 군사적 수단을 배분하고 적용하는 술(術; Art)'로 정의하였다.[2]

　로버트 오스굿(R. E. Osgood)은 '군사전략이란 명시적, 비공개적
또는 묵시적 수단에 의하여 외교정책을 가장 효과적으로 지원하기
위해 국력의 통합적인 요소인 경제, 외교, 심리적 수단과 더불어 군
사력을 사용하기 위한 전반적인 계획'으로 보았다.[3] 레이몽 아롱
(Raymond Aron)은 특정한 시대와 역사상의 계기마다 사건 그 자체가
안고 있는 문제로부터 전략적 영감을 끌어내는 데 이를 '전략사상'이
라고 정의했다.[4]

존 가네트(John Garnett)는 '전략이 전장과 전역에 관한 것이지만, 정치적 목적달성을 위해 군사력이 사용될 수 있는 방법에 관한 것'으로 평시의 군사 활동까지도 포함해야 한다고 보았다.[5]

소련의 군사 이론가인 스베친(Alexsander A. Svechin)은 리델하트의 주장대로 대전략 차원에서 본 국가자원 동원과 이에 근거하여 결정된 작전의 형태, 규모, 빈도 등을 조합하는 것까지를 전략의 범주에 포함하고 실제 작전을 계획 – 준비 – 시행하는 것을 일관하는 작전술이라는 새로운 개념을 별도로 제시하였다.[6]

전쟁을 계획하고 지휘하는 장군들도 전략의 개념과 실체에 대해 파악하고자 많은 노력을 기울였다. 몰트케(Von Moltke)는 전략을 '의도하는 목적을 달성하기 위하여 한 장군의 재량에 속하는 수단을 실제로 적용하는 것'으로 정의하였다.[7]

앙드레 보프레(André Beaufre)는 전략에 관한 많은 연구와 저작을 남겼는데 현대전략은 정책의 정치, 경제, 군사적 수단을 협동시키고 조화시킬 수 있는 '총체 전략(Overall Strategy)'을 필요로 한다고 역설하였다.[8]

보프레에 의하면 국가전략은 '국가가 그 목적을 달성하기 위해 힘을 이용하는 장기계획으로 국가 내의 정치, 경제, 심리, 군사적 힘의 자원을 사용하는 것'으로 정의하면서 [그림 3 – 1]과 같이 핵 시대 전략의 '일반공식'을 도출해 내었다.[9]

그에 의하면 핵전략은 '직접 전략'과 '간접 전략'의 형태가 공존하면서 상호 의존적 보완관계를 유지하고 있으며 '직접 전략'은 물리적인 힘(F)을, '간접 전략'은 심리적인 힘(∅)을 지배적인 요소로 보았다.

[그림 3-1] 핵 시대 전략 공식(보프레)

$$S(전략) = KFØT$$

$$F = \text{Material Forces(물리적인 힘)}$$

$$Ø = \text{Psychological Forces(심리적인 힘)}$$

$$T = \text{Time(시간)}$$

$$K = \text{특정 상황 여건에 적용 가능한 특정 요소}$$

'간접 전략'은 핵 억제력 또는 정치적 억제력에 의해서 무력 행사가 제한되어 있는 경우에 심리, 정치, 경제적 방법 등의 비군사적 방법을 사용하여 정치목표를 달성하는 전략으로 핵무기의 존재에 의한 억제 효과로 행동의 자유를 최대한 누릴 수 있으며 목적달성을 위해 사용 가능한 군사적 수단이 엄격히 제한되어도 결정적인 승리를 얻을 수 있다고 주장하였다.[10]

보프레는 전략을 규정짓는 목표선정을 중시하였는데 "정치는 정치철학에 비추어 국민의 여망을 파악하고 물질적 가능성(힘)을 정확히 평가하여 행동의 목표를 선정해야 한다"라고 하였다. 그는 제2차 세계대전 당시 유럽의 몰락으로 이어진 프랑스 패배의 원인이 군사전략을 등한시한 결과였음을 교훈으로 삼아야 한다고 하였다.[11]

전략사상가들과 장군들의 전략 개념과 정의들을 살펴보면 전략은 기본적으로 '목적'에 관한 것보다 '수단'에 중점을 두고 있다는 것을 알 수 있다. 국가의 궁극적인 목적은 국가 이익으로 표현되고 국가 이익은 다양한 정의가 있을 수 있지만, 대체로 국가의 안전과 번영이라 할 수 있다.[12]

전쟁을 통해 달성하려 하는 것이 정치 목적이고 전략이 전쟁목적 달성을 위한 수단으로 본다면, 전쟁의 정치 목적에는 주권과 독립의 수호, 패권과 이권의 다툼, 이념이나 종교의 다툼에서 승리, 식민지 획득 또는 약탈 등이 포함된다.[13]

특정한 정치적 목표를 결정하는 것은 정치가의 업무이며 전략가들은 정치적 목표를 달성하는데 국가 내의 자원을 어떻게 하면 효율적으로 국익에 도움을 주는 방향으로 활용할 것인가(수단)에 관심을 두는 것이다.

인류의 전쟁역사에 무기체계와 전략, 전술은 밀접한 관계를 지으며 발전해 왔다. 창, 칼, 화살, 총검이 주요 무기로 쓰이던 고대와 중세, 근대까지는 마주하는 적을 효과적으로 쓰러뜨리는 전투 중심의 전술과 소모전략이 발전, 고양되었는데 간략히 정리하면 [표 3-1]과 같다.

현대에 들어서면서 화력과 기술의 발달이 적 인원과 부대를 격멸해서 궁극적인 승리를 달성하는 섬멸 작전 구상을 가능하게 하기에 이르렀다. 제2차 세계대전을 통해 사용된 원자폭탄과 이후 발전된 수소폭탄은 근대 이전의 전략가들이 고대하였던 궁극적인 섬멸전이 기술적으로 가능하게 하였다.

전략의 발전에 있어 패러다임 변화를 요구한 것은 물리적 힘으로서 '수단'의 하나인 핵무기의 등장이라 할 수 있다. 핵무기가 가져온 변화는 파괴력의 혁명과 운반수단의 혁명, 그리고 통신·전자 유도 무기체계의 혁명으로 나누어 볼 수 있는데[14] 핵무기의 살상력과 파괴력은 이론상 무기 한계치의 의미를 상실케 하였다.

1945년 히로시마, 나가사키에 투하되었던 원자폭탄을 '표준 원

[표 3-1] 무기체계와 전략-전술 변천과정(요약)

구 분	주요 전쟁	무기체계	전략-전술	비 고
고대	• 알렉산더 원정 • 포에니 전쟁	• 창, 칼, 화살 • 방패, 갑주	• 밀집대형 • 백병전	인간 에너지 (근력)
중세	• 십자군 전쟁 • 100년 전쟁	• 화승총 • 화포	• 횡대대형 • 기병전	화약 에너지
근대	• 나폴레옹 전쟁 • 미국 남·북전쟁	• 소총 • 전략철도수송	• 소모전략, 섬멸전략 • 내선/외선작전	• 국민전 • 총력전
현대	• 세계대전(1, 2차) • 한국전쟁, 월남전 • 걸프전, 이라크전	• 기관총, 야포 • 전차, 항공기, 잠수함 • 핵무기, 미사일, 전자파	• 소모+섬멸전략 • 간접접근전략 • 정규+비정규전	• 총력전 • 냉전 • 대테러전

출처: 이영민, 『군사전략』(서울: 송산출판사, 1991). pp.577-599를 보완.

폭'이라 하는데 TNT 2만 톤에 해당하는 위력(20KT)으로 약 400만 문의 야포가 일시에 발사한 포탄의 폭발력에 해당하는 것으로 계산된다. 수소폭탄을 기준으로 한 '표준 핵폭탄'은 TNT 100만 톤에 해당하는 위력(1MT)으로 야포 약 2억 문이 일시에 발사한 포탄의 폭발력과 같다.[15]

　　1961년 구소련이 북극권의 외딴 섬에서 투하한 수소폭탄인 '차르 봄바(Tsar Bomba)'는 지면 4,000m에서 폭발하였는데 폭발 후의 버섯구름은 높이 60Km, 폭 30~40Km까지 솟아올랐다. 100Km 떨어진 곳에서도 3도 화상에 걸릴 정도의 열이 발생했고 폭풍은 1,000Km 거리에 있는 핀란드의 유리창을 깰 정도였으며 폭탄에 의한 지진파는 지구를 세 바퀴나 돌았다. 차르 폭탄의 폭발력은 58MT

으로 히로시마, 나가사키에 투하된 원자폭탄보다 3,800배 이상 강한 것으로 평가되고 있다.[16]

전쟁 전문가인 두푸이(Trevor N. Dupuy)는 인류 전쟁사에 사용된 각종 무기의 상대적인 파괴 효과를 사정거리 등을 비교하여 **이론적인 치사도** 자료를 제시했는데 [표 3-2]와 같이 재래식 무기와 비교할 수 없는 핵무기의 치명도를 확인할 수 있다.

[표 3-2] 이론적인 무기 치명도 지수

무 기	치사도	무 기	치사도
도검	19	75M대포(프랑스)	386,530
장궁	36	105M 곡사포	637,215
화승총(18세기)	43	중전차(제2차 세계대전)	935,458
라이플(19세기)	153	핵폭탄(20KT)	49,086,000
기관총(2차 대전)	4,973	수소폭탄(1MT)	695,385,000

이론적인 치사도표는 무기의 사정거리, 발사율, 정확도, 신뢰도, 피해반경 등을 고려하여 상대적인 효과성을 나타낸 것으로 Trevor N. Dupuy의 "The Evolution of Weapons and Warfare"를 편집하여 정리한 것임.

출처: 박재하 편역, 『무기체계와 전쟁』(서울: 병학사, 1996). p.130.

핵 억제 전략

국가의 전략이론은 투쟁할 가치가 있는 목적을 규정하고 그 목적을 달성하기 위하여 힘의 적절한 규모를 결정하는 것에서 출발한다. 그런데 무기의 위력이 증대하면 할수록 이를 사용하는 것을 주저하게 된다. 핵무기의 위력과 그것을 사용하려는 목적 간에 야기되는 현저한 불균형과 강한 도덕적 갈등으로 인해 전쟁을 억제하려는 의식적 노력이 작용하게 된다.[17]

군에서도 핵전략을 "핵무기가 갖는 초 파괴력과 방사능의 위력을 배경으로 전쟁의 발생을 억제 및 관리하고, 억제 실패로 핵 공격을 받는 경우 이에 핵으로 대응하기 위한 전략"으로 정의하여 억제를 강조하고 있다.[18]

핵전략의 지배적인 개념인 **억제(Deterrence)**는 1946년 브로디(Bernard Brodie) 교수의 논문에 처음 등장했다. 그는 "원자폭탄이 사용되는 미래 전쟁에서 누가 이길 것인가에 대해 생각할 필요가 없다. 종전까지 미군의 주요한 목적은 전쟁에서 승리하는 일이었으나 이제부터는 전쟁을 회피하거나 억제하는 데 그 목적을 두어야 할 것이며 그 이외의 유용한 목적은 있을 수 없다"라고 지적하였다.[19]

그는 핵무기가 출현하여 핵 보복력의 괴멸적 파괴력이 세상 사람들에게 인식된 연후에 억제 전략은 국가전략의 중요한 요소로서 의미를 갖게 되었으며 억제 전략은 시대에 따라 변화, 발전되었는데 제재적 억제, 거부억제 및 보상억제 등이 있다고 주장하였다. 이제 전략은 군사력의 효과적 · 기술적 불사용(skilfull – no use – strategy; skilfull – non – use of force)으로 전환하게 되었다.[20]

Deterrence는 억제(抑制)나 억지(抑止)로 혼용되기도 하는데 억제는 강압적인 방법으로 어떤 행위 자체를 못하도록 하는 의미로 사용되는데 반해 억지는 어떤 행위를 못하도록 하는 의미 외에 진행하던 행위를 중지하도록 한다거나 더 이상 진행시키지 않게 한다는 의미로도 사용될 수 있기 때문에 전략, 특히 핵전략에서 상대가 핵무기를 아예 사용하지 못하도록 한다는 의미를 부각시키는 용어로서 억제가 더 합당할 것으로 판단한다.

출처: 온창일, 『전략론』(서울: 집문당, 2004). p.175.

리델하트(B. H. Liddell Hart)는 현대적 기술이 전쟁을 인류의 종말인 '아마겟돈'으로 치닫도록 위협하고 있다고 지적하며 "종래의 전략 개념과 정의는 쓸모없게 되었을 뿐만 아니라 핵무기의 발전에 따라 무의미하게 되었다. 핵 시대에 있어서 전쟁에서의 승리를 위해 전쟁계획에 노력을 집중하는 것은 미친 짓이 아닐 수 없다"라고 주장하였다.[21]

스나이더(Glenn H. Snyder)는 억제를 상대방을 억압해서 포기케 하는 측면(보복)보다 설득해서 그만두게 하는 측면(보상)에 주목하여 '억제는 강제 혹은 강요하는 힘과는 반대로 정치력을 활용하여 상대방을 단념시키는 힘(the power to dissuade)'이라 정의하였다.[22]

억제는 전쟁 회피가 그 목적으로 두 가지 측면이 동시에 존재한다. 첫째는 정책·전략적 측면에서 적대국에게 불응할 때는 가차 없이 징벌이 가해진다는 위협을 전달함으로써 어떤 일을 하도록 유인하거나 하지 못하도록 하는 계획적인 시도라 할 수 있다. 다른 하나는 상황 또는 체제의 측면에서 행사될 수 있는 위협의 범위 내에서 충돌이 보류되어 있는 현상이나 메커니즘으로도 볼 수 있다.[23]

저비스(Robert Jervis)는 제2차 세계대전 종전 이후 1960년대의 억제 전략을 합리적 억제이론으로 분류하였다. 그는 억제의 성공조건으로 적이 받아들일 수 없을 정도의 명확히 정의된 보복 행동, 적이 도발하면 보복당하게 될 것이라는 의사의 전달, 의지를 이행하기 위한 충분한 능력, 억제 실패 시 반드시 보복이 이루어진다는 것에 대한 신뢰성 등을 제시하였는데 억제 실패의 핵심 요소는 억제위협의 신뢰성 부족을 강조하였다.24)

르보우(Richard N. Lebow)와 스테인(Janice Stein)은 저비스와의 억제에 실패한 사례 공동연구를 통해 합리적 억제이론의 4가지 조건들이 충분조건이 아님을 주장하였다. 억제대상국의 국내 정치나 국제적 입지가 불리할 때 심리적인 변수에 의해 억제의 신뢰성이 훼손될 수 있음을 논증하였다.25)

미국과 소련의 핵 억제 전략에 의해서 핵무기의 수가 기하급수적으로 증가하고 운반체계가 다양하게 발달했지만 몇 차례의 위기와 분쟁에서 핵무기가 사용되지 않았다. 이러한 사실에 주목하여 학자들은 핵무기의 실제적 활용보다는 핵무기의 영향력을 중시한 연구들이 주류를 형성해 왔음을 알 수 있다.26)

제2차 대전 후 많은 전략 이론가들은 억제를 제재적 억제 또는 보복 내지 징벌적 억제로 이해하였으며 억제 전략과 핵전략을 동일시하였다.27) 핵 시대에 있어서 잠재적 침략국에 감당할 수 없는 제재의 공포를 줄 수 있는 것은 보복력이기 때문에 제재적 억제력의 구체적인 내용은 보복력인 것이다. 보복력은 가장 중요한 군사시설, 인구 또는 산업시설 등을 비롯한 침략국의 존립에 불가결한 가치가

있는 목표를 파괴할 수 있는 힘이어야 한다.[28]

억제의 기능에는 징벌(보복)과 거부(보상) 기능이 있으며 억제가 이루어지려면 징벌의 약속이나 보장의 거부라는 심리적 위협이 상대방에게 전달되고 신뢰를 주어야 한다. 위협의 신뢰성은 억제자의 능력과 의도에서 나오는 것으로 능력의 우열은 핵무기의 수량과 형태, 운반체계의 우위, 완벽한 대비태세의 유지, 즉각 대응 가능한 지휘 및 통제 수단 등에 의해 결정된다. 의도는 어떤 계획을 실행하기 위한 결의로 쉽게 은폐되고 변화에 민감하다. 의도는 이익, 목표, 정책, 원칙, 공약 등에 의해 형성되지만, 부분적으로 표출되지 않을 수도 있으며 상대방에게 전달되는 소통체계까지를 포함해야 한다.[29]

퍼터(Andrew Futter)는 핵 억제 전략을 핵 준비태세와 연관 지어 분류하였다. 핵보유국이 핵무기의 유용성 및 역할에 대한 전략적 방안을 설계하는 것은 다양하다. 핵무기의 총체적 목적, 핵무기의 유형과 숫자, 전략적 목적을 달성하기 위한 핵무기 운용 계획과 태세, 억제 대상, 특정 시간에 요구되는 전략적 필요성 등을 고려하여 핵보유국들이 핵 억제 전략을 달성하기 위한 핵 준비태세를 평소부터 갖추고 있는데 [표 3-3]과 같이 크게 3가지 수준으로 분류하였다.[30]

수소폭탄을 포함한 핵무기의 가공할 위력은 그 보유국들 간에 묵시적인 불가침조약을 체결하고 있는 것과 같은 교착상태를 조성하게 된다. 즉 전쟁이란 더는 국가정책의 수단이 될 수 없으며 국제분쟁은 외교적 수단에 의해서만 해결될 수 있다는 사실을 승인하게 된 것처럼 보인다. 그러나 분쟁을 무력에 호소한다는 것이 사실상 불가능하게 되었다면 외교는 그 효과를 상실하게 되는 역설적인 상황에

[표 3-3] 핵 억제 전략의 3 수준

구 분	최소 핵억제	제한적 핵억제	최대 핵억제
교 리	자국에 대한 핵공격 억제	자국 안보와 관련된 모든 유형의 위협 억제	전략적 이점 및 핵 우위 추구
운반 수단/ 무기 규모	• 소량의 생존 가능한 운반수단 • 저위력 무기/정확도는 유지하나 본질이 아님 • 제한적 수량의 무기	• 소규모의 탄두와 생존 가능한 핵전력 • 정밀도가 높은 다양한 파괴력의 무기의 조합	• 핵 삼각체계 및 다수의 다양한 운반수단 • 전략, 전술 핵탄두 조합 • 고도의 정확도와 관통 능력을 보유한 파괴력 높은 무기
대비 태세	• 핵무기가 즉시 대기 상태에 있지 않음 • 표적 미부여 • 탄두와 운반체 분리	필요시 신속히 보복할 수 있도록 소량의 핵무기 대기태세 유지	• 즉시 대기상태에서 전세계적으로 배치된 핵무기가 대규모의 공격개시할 준비 • 경보즉시 발사 가능
공식 핵전략	• 핵무기는 핵공격에 대한 대응으로만 사용 • 선제불사용 정책	핵무기는 예외적으로 특정 상황에 사용 가능	• 모든 대안 고려 • 필요시 핵무기 선제적 (pre-emptive)으로 사용
목 표	연성 목표물 및 대가치	대가치와 대군사의 조합	모든 표적 가능
사 례	중국	영국, 프랑스, 인도, (파키스탄, 이스라엘)	미국, 러시아

출처: Andrew Futter, 고봉준 역, 『핵무기의 정치』(서울: 명인문화사, 2016). p.121.

처하게 된다.[31]

　　현대 핵무기의 위력을 감안 한다면 전략 교리의 일차적인 업무는 전쟁을 계획하고 수행하는 것이 아니라 핵무기(수소폭탄)에 의한 대학살과 같은 비극을 피할 수 있는 대안을 창안해 내는 것이 될 것이다.

전략의 순수한 군사적 정의는 사실상 사라지고 전략의 중점이 전쟁보다는 평화에 있을지라도 평화를 관리하는 데 실패한다면 전쟁에서 생존해야 한다는 점은 명확하게 인식해야 한다.[32] 리델하트도 수소폭탄이 전면전쟁의 가능성을 감소시키는 것과 같은 정도로 간접적이며 광범한 국지 침략에 의한 제한전쟁의 가능성을 증대시키고 있다고 보았다.[33]

냉전 시기의 핵전략: 수직적 핵 확산과 상호확증파괴

미국의 핵 독점 및 우위

제2차 세계대전 중 미국은 소련에 대해 두 가지 생각을 가지고 있었다. 독일 등의 추축국과 맞서 싸우는 동맹과 서구 자본주의의 멸망을 추구하는 공산주의 체제 국가라는 점이다. 미국은 전쟁 중에는 전자에 비중을 두어 1941년 대서양 회의에서 전후(戰後) 질서 형성에 지정학적 이유를 들어 동구 유럽에 대한 소련의 영향권 귀속을 주장하는 스탈린에 이견을 제시하지 않았다.[34]

트루먼은 동유럽인들의 민족자결주의에 호소하며 포츠담 회담(1945년 7~8월), 런던(1945년 9~10월)과 모스크바(1945년 12월) 외무장관 회담 등에서 강경한 태도 표명을 통해 소련의 영향력을 약화시키고자 했으나 효과를 보지 못했다.

미국의 일부 관리들은 미국이 원자폭탄을 독점적으로 보유하기 때문에 소련의 양보를 얻어낼 수 있을 것으로 생각했으나[35] 트루먼은 위협적인 '원자폭탄 외교'를 시도하지는 않았고 미·소 간의 대립과 갈등은 독일-일본-중국 문제와 경제협력, 원자력 관리 문제에까지 확대되었다.[36]

원자력 관리 문제는 미·소 두 나라의 미래에 가장 불길한 영향을 미쳤다. 미국과 영국은 전시 중에 동맹으로서 원자폭탄 개발에 긴밀한 공조 관계를 가졌으나 소련은 1945년 7월 뉴멕시코에서 최초의 원자폭탄 실험이 이루어질 때까지 공식적인 정보를 얻지 못했다.

미국은 전후 원자폭탄을 소련에 대한 정치적 지렛대로 이용하고자 했으나 실질적 이득은 없이 소련의 불안감을 자극하여 안보에 대해 보다 많은 관심을 갖도록 하는 역효과를 초래하고 말았다. 1946년 6월 원자력의 국제관리를 위한 미국의 '바루크 플랜(Baruch Plan)'이 국제연합 원자력위원회에 제출되었는데, 미·소 관계를 악화시키는 데 한몫을 하게 되었다.

노(老) 정치가 바루크(Bernard Baruch)에 의해 마무리된 것으로 원자력의 국제관리를 여덟 단계로 나누었다. 원자력의 국제관리를 위한 기구 수립, 이 기구에 의한 핵 원료의 국제 통제, 위반행위를 막기 위한 엄격한 통제와 감시, 원자력 관리와 위반 사실에 대한 안전보장 이사회의 거부권 배제, 평화 목적의 원자력 발전소의 세계적 확산, 원자폭탄 제조 금지, 기존 원자폭탄의 제거, 미국의 원자폭탄 독점의 포기 등이었다.

출처: 김진웅, 『냉전의 역사』(서울: 비봉출판사, 1999). pp.34-37.

소련은 '바루크 플랜'의 여러 단계를 거치는 동안 자국의 안보가 위협받을 것이 자명하다고 보고 미국의 제안을 거부하며 원자력의 국제관리를 위한 제도를 마련하기 이전에 원자폭탄의 사용을 불법화하고 핵무기의 생산을 금지할 국제협약 마련을 주장했으나 미국은 이를 거부하였고 양국은 자신의 핵무기 개발 계획을 진전시켜 나갔다.[37]

원자탄의 출현과 냉전의 전개 간의 상호작용은 복잡하였다. 원자폭탄은 미·소 초강대국 간의 대립을 더욱 날카롭게 만들었고 동·서 냉전을 가능한 것으로 만들었다. 냉전은 원자탄의 전략적 의미를 검토할 토대를 마련해 주었다.[38]

미국은 전쟁을 정치의 최종단계로 보고 평시 군사력은 최소한의 수준을 유지하고 전쟁 시 대량 동원하는 동원전략(Strategy of Mobilization)을 전통으로 하고 있었으며 [표 3-4]는 이러한 사실을 적절하게 설명해주고 있다.[39]

[표 3-4] 미국의 전쟁 전후 국방예산

구 분	제1차 세계대전		제2차 세계대전		한국전쟁
	1919년	1939년	1944년	1946년	
예산(달러)	96억	12억	886억	114억	720억
비 고	-84억 달러, 12.5%		-772억 달러, 12.9%		

미국은 압도적 파괴력을 지닌 핵무기의 출현과 독점의 붕괴를 고려하여 동원전략을 '상시 즉응전략(Force-in-being Strategy)'으로 전환하기 시작하였고 핵 우위를 바탕으로 기존의 '공격 중심의 전략'을 재확인하였다. 미국의 핵 독점 및 우위 시기의 공격전략은 [표 3-5]에서 보는 바와 같이 미 합동참모본부의 전쟁계획에 반영되었으며 이는 이후의 '대량보복전략'으로 발전하였다.

[표 3-5] 미국 핵 우위 시기 합참 전쟁계획

구 분	1946년	1947년	1948년	1949년
작전 명칭	핀처 (Pincher)	브로일러 (Broiler)	하프문 (Half-Moon)	오프태클 (Off-Tackle)
주요 내용	소련군이 유럽과 중동지역 공격시 20여 개 도시에 핵폭탄 투하	소련내의 주요 산업시설이나 대도시에 100여 개의 핵탄두 투하	개전 초 소련의 70여 개 도시에 130여 개의 핵탄두 투하	소련의 100여 개 도시에 720여 개의 원자탄 투하

출처: 하영선, "21세기 미국 군사의 역사적 전망,"『미국학』제23호, 2000. p.152.

미국이 핵 위주의 '상시 즉응전략'과 '공격 중심의 전략'을 택한 것은 안보 환경 평가나 위협에 대한 정밀한 대응에서 염출 된 것이 아니라 재정상의 이유가 가장 큰 영향을 미친 것으로 국가전략으로서의 핵전략으로 보기에는 무리가 있다.

그러나 미국은 제2차 세계대전 전후의 인플레 대책과 균형 재정 주의를 중시하였다. [표 3-6]과 같이 미국의 제2차 세계대전 이후의 재정지수는 상당한 적자를 기록하고 있었으며 의회와 여론이 소련에 의한 '경제적 붕괴에 의한 승리(Victory by Bankruptcy)'를 경계하고 있었음을 반영하고 있다.

[표 3-6] 제2차 세계대전 직후 미국의 재정지수표

단위: 10억달러

구 분	트루먼 정부							아이젠하워 정부		
연 도	1946	1947	1948	1949	1950	1951	1952	1953	1954	1955
적 자	15.9				3.1		1.5	6.5	1.2	3.0
흑 자		3.9	12.0	0.6		6.1				

출처: U.S. News & World Report, July 28, 1975. pp.32-33. 야마다 히로시, 최병갑 역, 『핵 억지전략의 역사와 이론』(서울: 을지서적, 1982). p.35에서 재인용.

소련은 군사적 승리뿐만 아니라 보다 많은 국방비를 지출케 함으로써 미국의 경제적 파탄을 노리고 있다는 견해로 1947년을 전후 해 모스크바의 공식성명에서 미국에 임박한 경제적 파국에 관한 언급이 많았으며 미국인들도 이를 심각하게 받아들이고 있었다.

출처: 야마다 히로시, 최병갑 역, 『핵 억지전략의 역사와 이론』(서울: 국방대학원, 1979). pp.35-36.

1948년 트루먼이 승인한 NSC-30(United States Policy on Atomic Warfare)은 1950년대까지 미국의 총괄적인 핵 정책에 관한 유일한 문서였으나 "적대행위 발생 시 핵무기를 포함한 모든 이용 가능한 수단을 사용할 수 있으며 전시 핵무기 사용 결정 권한은 오직 최고 통수권자에게 부여되었음"을 명시하고 있을 뿐이어서 핵전략이라고 보기에는 어려움이 있었다.[40]

1950년 4월 트루먼은 한 해 전 발생한 소련의 핵실험과 중국의 공산화라는 새로운 상황에 대처할 NSC-68(United States Objectives and Programs for National Security)을 작성해 대소 봉쇄정책의 청사진을 제시하였다. 수소폭탄 개발과 그에 따르는 예산 반영과 재래식 전력의 대폭 예산 증강, 소련의 핵무장에 대비한 예방적 핵 사용 옵션은 거부한 반면, 핵무기 선제 불사용 거부전략을 채택하였다.

그러나 핵무기 선제사용이 언제 어떠한 경우에 해당한다는 구체적 내용은 포함되지 않았다. 트루먼 정부의 핵전략은 철저한 문민통제 원칙을 고수하고 극도의 기밀 유지를 요구하여 국가적 차원의 핵전략 수립을 저해하는 요인으로 작용하기도 하였다.[41]

아이젠하워의 뉴룩 정책(New Look Policy)에 따라 경제적 긴축의 희망과 안전보장을 위한 군사적 필요와의 모순을 해결하기 위해 전면전쟁과 대규모의 제한전쟁에서 핵무기는 실질적인 통상 병기로서의 지위를 획득하게 되어 미국의 공군뿐만 아니라 육군과 해군도 핵무기를 사용할 태세에 돌입하게 되었다.

1953년 10월 승인된 NSC 162-2에서는 핵무기의 중요성과 전략공군(Strategic Air Command, SAC)의 역할 강조와 해외 전략기지 마

련의 필요성과 함께 핵 장비의 항모 기동부대 건설이 포함되었다.[42]

'대량보복전략(Massive Retaliation)'은 1961년까지 미국의 공식전략이 되었는데 소련의 전면전쟁 도발과 핵 위협을 억제하기 위하여 필요시 소련 및 소련권 전체의 광범위한 전략목표물에 대한 전면적─동시적인 대량 공격 강행을 상정하였고 소련과의 전면전시 초전 단계에서 속전속결주의로 결전을 하겠다는 전략구상이었다.[43]

소련의 체코 침공, 베를린 봉쇄, 그리고 한국전쟁으로 미국과 서방측 지도자들은 소련을 억제하지 않으면 침공을 당할지 모른다고 생각하기에 이르렀다. 미국은 핵무기만이 공산권의 행동을 자제시키는데 필요한 파국적 징벌의 위협을 가할 수 있는 유일한 전략적 억제 도구임을 인식하고 핵의 우위를 바탕으로 한 대량보복 전략을 채택하게 되었다.[44] 아이젠하워 대통령에 의한 즉시 대량보복전략(뉴룩전략)은 미국 핵 억제 전략 확립의 초석이 되었다.

키신저(Henry A. Kissinger)는 2차 대전을 이끌고 핵 독점 국가의 지위를 누리던 미국의 10년을 ─최소한 2차 대전 후 소련의 핵 보복 공격 위협에서 면제되었던 10년─ 핵 시대에 적합한 전략이 없었던 핵전략 부재의 시기로 평가하고 있다.[45]

그는 핵전략 부재의 10년 동안 미국은 동부 유럽 위성국에 대한 소련의 통제권 강화, 중국에서 공산당의 승리, 가장 중요한 소련의 핵무장 등을 목격하게 되었다고 평가하였다. 핵무기를 보유하고 있다는 사실은 적대국이 그 영향력을 확대하고 미국에 치명적인 타격을 가할 수 있는 능력을 발전시키는 것을 방지하지 못했다.[46]

이는 미국이 핵무기를 독점했던 10여 년간, 군사적 우위의 이점을 정치적으로 활용하지 못했다는 의미이며 그 요인으로 전면적 승리의 필요성에 입각한 전쟁이론, 소련이 전시에 미국의 동맹이었다는 기억, 인도주의적인 이상, 미국이 관련되고 있는 제반 문제의 추이에 대한 명확한 태도의 결여 등을 들고 있다.[47]

수직적 핵 확산과 상호확증파괴

1949년 소련의 첫 핵실험 성공은 미국의 원자 독점을 깼다. 미국의 핵 독점이 일시적일 것이라는 인식이 냉전 초기에 미국과 소련, 세계 양 진영 간의 지배적인 시각이었으나 **미국 국민 심리의 현실적 측면**을 반영하는 주장이 제기되기도 하였다.

1945년 미국은 소련이 미국의 핵독점을 5년 이내에 타파할 것이라고 보는 견해가 지배적이었으나 이같은 예측은 그 다음 해에도 또 그다음 해에도 똑같이 5년으로 남아 있었다. 유력한 군사분석가 중의 한 사람은 소련이 웬만큼의 핵탄두를 비축하는데 20년 이상 소요될 것이고 어떤 경우에도 장거리 운반체계를 갖추지는 못할 것으로 예측하였다.

출처: Henry A. Kissinger, 1969. 이춘근 역, 『핵무기와 외교정책』(서울: 청아출판사, 1980). p.38.

대량보복전략에 대한 비판과 함께 1957년 8월 소련이 대륙간탄도미사일(Intercon −tinental Ballistic Missile, ICBM) 발사 실험에 성공하고 10월에는 인류 최초의 인공위성 제1호(Sputnik)를 발사하여 성공적으로 지구 궤도에 올려놓자 미국의 절대적 핵 우위는 종말을 고

했고 미국은 상대적 핵 우위의 전략을 검토하게 되었다.[48]

　미국은 원자무기의 독점에 입각한 '독트린'의 발전을 단념하고 소련의 핵 능력을 계산에 포함한 핵전략을 추구하면서 기술적으로 진보한 수소폭탄의 개발과 원자폭탄의 생산 확대를 추진하여 핵무기의 다량화 시대가 가속화되었다. 모든 유형의 원자폭탄 생산 확대에는 이론(異論)이 없었지만, **수소폭탄 개발과 생산에는 도덕적, 전략적 논쟁**이 치열했다. 인류의 몰살과 소련의 팽창에 대량파괴무기에만 의존하게 되는 점 등의 반론이 거세었지만, 베를린 사태와 중국의 공산화에 이어진 소련의 원자탄 보유는 이전과는 다른 군비경쟁 충동을 가져왔고 미국은 수소폭탄 개발연구와 생산을 결정하였다.

미국의 원자력위원장인 릴리엔탈(David Lilienthal), 맨하탄 프로젝트를 이끌었던 오펜하이머(Robert Oppenheimer), 봉쇄정책 입안자 케넌(George Kennan) 등의 반대가 거세었지만 미국은 이제 앞서는 것만이 중요하다고 생각되었다. 수소폭탄 반대론자들은 핵무기의 파괴력이 민간인들보다는 군인들에게 가해질 수 있는 전술핵무기를 전략적 대안으로 제시하였다.

출처: Lawrence Freedman, 최병갑 등 역, 『핵전략의 대두』(서울: 국방대학원, 1984). pp.101-107.

　미국은 대량보복전략이 갖는 양자택일(All or Nothing)의 경직성으로 실제 작동하기 어렵다는 비판을 보완하여 제한전쟁(Limited War)에 적절하게 대응할 수 있는 전략을 발전시켜 나갔다. 핵과 재래식의 균형된 전력 보유를 주장한 테일러(Maxwell D. Taylor)에 의해 제안된 유연반응전략(Flexible Response Strategy)은 케네디에 의해 정책화되었다.[49]

케네디 행정부의 맥나마라 국방장관은 전면핵전쟁 회피, 전술핵 사용 억제, 지역분쟁에 선택적 대응을 축으로 '제2격론'을 발전시켰다. 적의 충분히 계획된 기습공격을 받은 뒤에도 침략국의 정상적인 사회생활이 불가능할 정도의 확실한 파괴(Assured Destruction) 능력을 갖추어 핵 공격을 억제하고 억제가 실패하여 전쟁이 발발해도 한정된 손실 (Damage-Limiting)에 그칠 수 있도록 적의 공격 능력을 없애거나 감소시키고 핵폭발로부터의 방호수단을 강구 하고자 하였다.50)

'핵 교착상태(Nuclear Statement)'는 구소련이 수소폭탄과 장거리 폭격기를 보유하고 대륙간탄도미사일을 배치함으로써 미국에 보복능력을 갖추게 되면서 시작되어 1967년 소련이 요격 유도탄(ABM) 체계를 실전 배치하자 미국의 전략적 우위가 소멸하면서 정착되었다.51)

닉슨 행정부의 레어드(Melvin R. Laird) 국방장관은 소련 핵전력의 급속한 증강을 지적하며 '충분성의 전략'과 '현실적 억제전략 (Strategy of Realistic Deterrence)'을 추진하였다. 미국의 핵전력은 적의 핵 공격 억제가 제1의 과제이며 당분간은 억제에 필요한 충분한 능력이 있지만 지속적으로 충분할지 여부는 확실치 않다고 국방백서를 통해 지적하였다.52)

1971년 엔쏘벤(A. Enthoven)과 스미스(K. W. Smith)가 발간한 How much is Enough?에 의하면 1MT급 핵탄두 400개로 소련 인구 30%와 산업시설의 70%를 파괴하는데 충분하며 이것이 불가침적 보복력의 충분한 한계라고 주장하였다. 만일 400MT에서 800MT으로 핵 위력을 배가시킨다 해도 9%의 인구를 더 살상하고 1%의 산업시설을 추가 파괴할 따름이므로 이 이상의 핵 타격력은 낭비라고 지적

하였다.53)

　　미·소 양국의 핵무기 경쟁과 교착은 급속한 양적 증가와 함께 다양한 운반수단의 기술적 발전을 가져왔다. ICBM은 MIRV(Multiple Independently Targetable Re-entry Vehicle, 다탄두 각개 목표 재돌입장치)화와 정밀도의 향상이 두드러졌다. 대륙간탄도미사일 개발에서 뒤졌던 미국은 신속히 이를 따라잡았고 MIRV 체계로 발전시켜 미·소 간의 균형을 유지해 나갔다. 탄두의 정밀도(Circular Error Probability, CEP; 공산오차)는 소련이 뒤져있었지만, 그 갭을 수백(500~700) 피트 이하로 줄여 대(對)군사 표적을 선정하고 정확하게 타격할 수 있게 되었다.54)

　　1974년 슐레진저(James R. Schlesinger) 국방장관은 선택성(Selectivity)과 유연성(Flexibility)에 중점을 둔 '목표 선택전략(Selective Targeting Strategy)'을 발표하였다. 확실파괴전략과 수행전력은 억제의 불가결한 요소(Essential Ingredients)로 눈에 보이도록 전략핵 균형을 유지하고 유연한 목표의 선택(Selective Targeting Options)을 가능하게 함으로써 상대방으로 하여금 불합리한 핵 공격을 가하고자 하는 유혹에 빠지지 않도록 하여 억제력을 높이고자 하였다.55)

　　1970년대 중반 미·소의 핵전력은 [표 3-7]과 같이 식별되는 균형(Perceived Equivalence)과 실질적 대등성(Essential Equivalence)을 유지하게 되어 상호 간에 대도시 파괴 회피와 전면적 핵전쟁 이전에 분쟁을 조기 종결시키고자 하는 노력을 경주하지 않으면 안 되도록 하였다. 이른바 **상호확증파괴(Mutual Assured Destruction, MAD)**에 의한 공포의 균형이 성립되어 간 것이다.

[표 3-7] 미·소의 핵전력 비교(1974년 기준)

구 분		미 국	소 련
공 격 전 력	ICBM	1,054	1,575
	SLBM	656	660
	전략폭격기	496	140
방 어 전 력	요격기	532	2,600
	SAM	261	9,800
	ABM	0	64

출처: Report of the Secretary of Defense James R. Schlesinger to the Congress of the FY 1975 Defense Budget and FY 1975-1979 Defense Program(Washington, D.C.: U.S. Government Printing Office, March 1, 1974), p.50. 최영, 『현대전략이론』(서울: 일지사, 1982). pp.62-63.에서 재인용.

상호 확고한 파괴능력 유지가 억제를 위해 필요하다는 논리는 맥나마라 이전인 1950년대 말경부터 '안정된 공포의 균형'으로 회자 되었다. 그러나 '상호 확고한 파괴력'이라는 새 개념은 이른바 'MAD'라는 이성을 잃은 상태와 대결의 의미를 어원적으로 풍기고 있었다. 냉전 시기 동·서간의 싸움은 근본적이었고 쌍방의 입장은 타협될 수 없는 것으로 생각되었다. 상호파괴의 가능성만이 자제의 유인을 마련해 주고 있었다.

출처: Lawrence Freedman, 최병갑 등 역, 『핵전략의 대두』(서울: 국방대학원, 1984). pp.84-87.

상호확증파괴 능력에 의한 공포의 균형은 매우 구체적이고 실증적인 것이었다. 미국의 경우 12개 주요 도시에 인구의 1/4이, 60개 도시에 1/2이 살고 있으며 적정위력의 핵무기 224개를 미국 전역에 투발할 때 산업시설은 75%가 파괴되고 인구는 5천만 명이 살상

되며 그중 2천만 명은 회복 불능의 치명상을 입는다는 컴퓨터 계산 결과가 있으며 소련은 지리적으로 인구가 분산되어 있으나 200개 도시에 인구의 34%와 산업시설의 62%가 집중되어 있다는 점 등을 토대로 미·소가 핵 운용 계획을 발전시켰음을 알 수 있다.[56]

소련의 핵전력 증강과 첨단화는 미국의 제2격 능력의 한정과 저하, 대군사 목표 타격 능력 상실에 대한 우려로 나타났으며 카터 행정부는 **상쇄전략(Countervailing Strategy)**을 추진하게 되었다.

• 상쇄(相殺)전략은 1974년 닉슨행정부의 국방장관 슐레진저가 처음 제창하여 각광을 받았으나 발달된 핵무기를 충분히 보유하지 못해 정책으로 채택되지 못하다 다탄두 미사일(MIRV)과 크루즈미사일 개발 등 핵무기의 성능향상과 다량 배비로 실행이 가능해졌다.

출처: 이영민, 『군사전략』(서울: 송산출판사, 1991). pp.74-75.

• 아이젠하워 행정부의 대량보복전략인 'New Look' 전략을 소련의 재래식 군사력의 수적 우위에 대응하여 미국의 핵무기를 활용해 상대적 우위를 달성하려 했던 '제1차 상쇄전략'으로 보는 견해도 있다.

출처: 박준혁, "미국의 제3차 상쇄전략," 『국가전략』 제23권 2호, 2017. pp.38-39.

소련의 MIRV화 된 ICBM과 잠수함발사탄도미사일(Submarine Launched Ballistic Missile, SLBM)의 정밀도가 향상되고 양적으로 강화된 것은 미국의 핵전력의 주력인 ICBM 지하 사이로를 정확히 타격하여 괴멸시킬 수 있다는 우려를 야기시켰다.

이는 미국의 제2격 능력이 전략폭격기와 SLBM으로 한정되며 핵무기의 대군사목표 선택이 제약을 받게 되고 미국은 미·소 모두의 파멸을 각오해야 하는 대도시 및 산업시설을 목표로 핵 보복을 하든지 소련에 항복하는 선택에 직면할 수밖에 없게 된다는 것을 의미한다.

카터 행정부는 생존성이 높은 이동식 ICBM, 전략폭격기에 탑재하는 크루즈미사일(Air Launched Cruise Missile, ALCM), 트라이던트 I, II형의 SLBM 개발과 확충을 추진하였다. 레이건 행정부는 전략방위구상(SDI)을 추진하는 등 미국의 대소(對蘇) 기술적 우위의 격차를 유지하고자 하는 노력이 지속되었다.

미국은 상쇄전략을 꾸준히 추진한 결과 1980년대 후반에 이르러 정밀유도무기, 정보감시정찰(Intelligence Surveillance and Reconnaissance, ISR) 자산, 스텔스 전투기 등이 전력화되면서 소련에 대한 미국의 상대적 군사력 우위를 유지할 수 있었다.[57]

제2차 핵시대의 핵전략: 수평적 핵 확산과 억제

핵무기의 수직적·수평적 확산

핵무기가 개발되고 한차례 사용된 이후 핵무기 자체와 운반수단에 관한 기술적인 연구와 함께 사회과학 분야에서는 국가가 왜 핵무기를 만들게 되는지, 즉 '핵 추구'의 이유들과 핵확산에 관한 연구가 활발하게 이루어졌다.

국가가 핵무기를 획득하고 보유하기로 결정하는 이유는 크게 세 가지 모델로 분류해 볼 수 있는데 국가의 위신과 국가 정체성과 관련되어 국력, 근대성과 활력으로 심지어 강대국의 지위를 제공받으려는 규범 모델, 특정한 국내정치적 또는 관료적 이유로 폭탄 제조와 보유를 선택한다는 국내정치모델 등이 있다. 가장 설득력 있는 이유는 국가안보 모델로 설명된다.

국가는 본질적으로 무정부적인 국제체제 내에서 외부의 위협에 대하여 자국 안보를 보장받기 위한 최선의 방법이라고 믿기 때문에 핵무기를 제조한다. 퍼터(Andrew Futter)는 핵무기 획득의 경우나 잠재적 획득의 경우에도 국가 안보적인 동기가 아닌 사례를 찾기 힘들다고 주장하며 다음과 같이 설명하고 있다.[58]

- 미국은 제2차 세계대전을 종식시키기 위해 핵폭탄을 제조
- 소련은 미국에 의한 위협을 느꼈기 때문에 핵폭탄을 제조
- 영국과 프랑스는 소련에 의한 위협에 대비해 핵폭탄을 제조

• 중국은 미국과 소련 양자의 위협 때문에 핵폭탄을 제조
• 이스라엘은 주변 아랍국들로부터 위협을 느꼈고 핵폭탄을 제조
• 인도는 중국에 의한 위협에 대항해 핵폭탄을 제조
• 파키스탄은 인도에 의한 위협 때문에 핵폭탄을 제조
• 북한은 미국의 공격을 두려워하여 핵폭탄 제조를 선택
• 이란은 미국과 이스라엘의 공격에 대한 두려움 때문에 핵무장
  가능성이 존재

핵확산은 기존 핵보유국들의 보유량 증가를 설명하는 수직적 확산과 새로운 주체들의 핵 보유인 수평적 확산으로 나뉜다. 퍼터는 1945년 이후 70여 년간 핵무기의 수직적 확산과 수평적 확산을 일목요연하게 표로 정리하였다. [표 3-8]에서 보는 바와 같이 2015년 현재 핵무기 보유국은 하나에서 아홉 개 국가로 늘어났으며 핵무기는 냉전이 한창이던 1985년 63,632기로 최고조에 이르렀다가 냉전 종식 후 점차 감소하여 16,300여 기로 줄어들었다.[59]

북한의 핵무장과 한국 정부의 대응 정책 연구에서 대부분의 연구자들은 수평적 확산 사례를 핵 개발 단계에 초점을 두고 분석하고 있다. 국제 비확산체제 하에서 미국의 이중적인 정책에 따라 수평적 핵확산은 핵 개발 포기와 암묵적 수용으로 구분되는데 동맹국에게 핵우산을 제공하여 핵을 포기한 한국과 대만, 경제 원조를 통해 핵을 포기한 우크라이나와 카자흐스탄, 벨라루스가 있으며 국내정치적인 이유로 자발적으로 핵을 포기한 브라질, 아르헨티나, 남아프리카공화국 등을 들고 있다.[60]

북한과의 핵 협상에 대한 접근방식의 재검토 필요성을 주장하

[표 3-8] 핵무기의 수직적·수평적 확산

연 도	핵무기 보유국	핵무기 수 (추정치)	증 감
1945	1(미국)	2	
1955	3(미국, 소련, 영국)	2,636	+2,632
1965	5(미국, 소련, 영국, 프랑스, 중국)	37,741	+35,105
1975	6(미국, 소련, 영국, 프랑스, 중국, 이스라엘)	47,454	+9,713
1985	6(미국, 소련, 영국, 프랑스, 중국, 이스라엘)	63,632	+16,178
1995	6(미국, 소련, 영국, 프랑스, 중국, 이스라엘)	39,123	-24,509
2005	8(미국, 소련, 영국, 프랑스, 중국, 이스라엘, 인도, 파키스탄)	26,388	-12,735
2015	9(미국, 소련, 영국, 프랑스, 중국, 이스라엘, 인도, 파키스탄, 북한)	16,360	-10,088

출처: Robert Norris and Hans Kristensen, "Global Nuclear Weapons Inventories, 1945-2010)," *Bulletin of the Atomic Scientists*, 66:7(July/August 2010)pp. 81-82 and Ploughshares Fund, "World Nuclear Stockpile Report, "updated 28 August 2014, available at http:// ploughshares.org/world-nuclear-stock pile-report. Andrew Futter, 고봉준 역, 『핵무기의 정치』(서울: 명인문화사, 201 6). p.85.에서 재인용.

며 6개국의 핵 개발 동기, 협상 동기, 협상안을 정치(정권의 안정, 국가의 위상), 경제(경제 제재 해제, 경제 지원), 안보(대외적 위협) 차원에서 비교한 연구도 유사한 결론을 도출하고 있다. 우크라이나, 리비아, 이란, 이라크는 포기유형이며 인도, 파키스탄은 묵인유형으로 분류하였다.[61]

수평적 핵확산 사례를 분석하여 북한의 핵무장과 한국 정부의 대응 방안을 마련하는데 적용하는 것은 다음 몇 가지 점에서 한계를 가진다. 먼저 시대착오적인 적용 결과를 생산해 낼 가능성이 있다. 이란, 이라크, 리비아, 브라질, 아르헨티나 등은 핵 개발 과정에서 미국과 국제 제재의 압박에 스스로 또는 강압에 의해 핵을 포기한 경우이다.

북한의 최초 핵실험 전인 2006년 이전에는 이러한 사례분석과 적용이 시의 적절했다고 볼 수 있으나 이미 6차례의 핵실험과 수소폭탄 실험까지 성공했다고 주장하는 오늘날의 북한에는 국제 제재의 기조는 유지하되 이전과는 전혀 다른 사례분석과 적용이 바람직하다.

둘째, 잘못된 학습에 의해 북한의 기대효용이 국제 비확산체제의 예상보다 증가할 가능성이 크다는 점이다. 비확산체제 측에서는 당연히 성공했던 리비아, 이란 모델 등을 적용하여 북한을 비핵화로 견인하려 하겠지만, 당사자인 북한이 인도나 파키스탄 사례를 모범으로 삼고 그 경로의 최종점을 목표로 돌진한다는 것은 자연스러운 것이다. 따라서 비확산체제의 국제사회와 북한은 합의점도 해결지점도 없는 지루하고 장기간의 교착된 줄다리기로 들어서게 될 따름인 것이다. 북한이 2003년 NPT를 탈퇴하고 현재까지 15년 이상의 시간이 흘렀다는 점, 그리고 내부 고발자인 태영호의 증언 등을 볼 때 이같은 예상은 더욱 자명해진다.

셋째는 남아프리카공화국의 특이한 사례를 제외하면 체제생존을 위해 극한의 어려움 속에 핵을 완성한 나라가 그 핵을 포기한 사례가 없으며 '핵무기는 그것을 보유한 국가의 생존을 보장한다. 즉,

핵무기는 일종의 최후의 보험인 셈'이라는 핵 신화만 더욱 공고하게 할 뿐이다.[62] 북한이 핵 보유를 선언하고 핵실험을 한 이후에는 적용 가능한 사례나 대응 정책에서 획기적인 전환이 이루어졌어야만 했다. 즉, 북한 핵을 바라보는 근본적인 시각과 관점이 전환되었어야 했다는 것이다. 북한의 핵 보유를 인정하는 일은 없겠지만, 핵무기로 심각한 위협을 받고 그 대응이 핵전쟁으로 귀결될 수도 있었던 사례를 분석하고 그 사례에서의 대응책을 참고하는 것은 지극히 상식적인 접근법이라 할 수 있다.

넷째로 수평적 비확산 사례를 북한에 적용할 때 상황 착오적인 적용 결과를 야기할 수 있다. 우크라이나, 카자흐스탄, 벨라루스와 북한과는 핵무장의 동기와 과정이 크게 다르다는 것을 쉽게 이해할 수 있다. 남아프리카공화국과 북한은 체제가 다르다. 만델라로 정권 교체가 이루어지기 전에 남아공은 보유한 핵을 포기했지만, 신정 독재 왕조 체제인 북한에서 정권 교체가 이루어질 가능성은 크지 않다. 남아공, 인도, 파키스탄의 핵무장 동기는 지역 국가에 의한 안보 위협이었다. 그들이 획득한 핵은 자신을 위협하는 인접 국가를 목표로 한 것이었다.

북한의 핵무장 동기는 미국의 핵 위협이라고 주장하였고 따라서 북한이 획득한 핵무기는 한국과 미국을 겨냥하고 있다. 국제 비확산체제를 주도하고 있는 미국이 자국을 타격목표로 삼고 있는 북한의 핵무기를 묵인할 수는 없을 것이다. 북한의 현존하는 핵능력과 의도, 3중 딜레마에 빠진 현실, 그리고 2차 핵시대의 특징을 고려한 사례분석과 그 결과를 토대로 한 대안 마련이 필요하다.

한편, 이스라엘이 이라크의 오시라크 핵발전소 타격과(1981년) 시리아 핵발전소 공격(2007년), 그리고 미국의 이라크 공격(2003년) 사례를 분석하여 예방 공격(preventive attack)과 선제타격(preemptive strike)의 필요성에 관한 주장도 제기되었다. 이스라엘의 예방 공격 결행 영향 요소를 절박성, 위험성, 성공 가능성, 국내 여건, 국제 여건 등에 가중치를 두어 분석하고 북한에 적용하고자 하였다.[63]

이스라엘 사례분석을 통해 실질적인 군사 조치들에 대한 대응 방안을 제시하는 것은 의미가 있으나 그 적용에 있어 제한점이 있다. 첫째는 이스라엘과 미국이 예방 공격을 단행한 시기가 이라크와 시리아의 핵 개발 단계였다는 점이다. 가능성을 부인할 수는 없지만 아직까지 핵실험을 통해 실질적으로 핵무장을 한 국가에 대해 미국을 포함해 어느 나라도 예방 공격을 감행한 사례는 없다. 둘째로 북한의 핵 위협에 대응해 예방 공격이나 선제타격을 채택하는 정책 결정 과정에 대한 사례분석이나 대응 방안을 제시하는 연구를 찾아보기 힘들다는 점이다.

제2차 핵 시대의 특징

핵 시대를 냉전 종식을 기준으로 2개의 시기로 구분하는 것은 일반적인 견해로 인정되고 있다. 퍼터(Andrew Futter)에 의하면 제1차 핵 시대는 미국과 '서방' 진영과 소련과 '동방' 진영 간의 초강대국 핵 경쟁에 의해 지배된 1945년부터 1991년 사이의 시기로, 제2차 핵 시대는 냉전의 종식과 함께 시작되어 보다 유동적인 전략 환경하

에 다자의 핵 주체가 관련되는 시기로 구분하고 있다.[64]

[그림 3-2] 제1, 2차 핵 시대의 구분

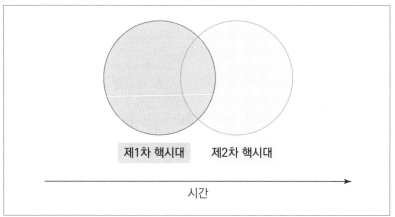

브레큰(Paul Bracken)은 핵 시대 구분의 일반적인 견해에 대해 몇 가지 문제점을 지적하며 [그림 3-2]와 같이 제2차 핵 시대는 제1차 핵 시대의 어느 시점부터 이미 시작되었고 일정 기간 중복되어 진행되어 왔다고 주장한다.[65]

브레큰은 중국의 핵무장 성격을 소련으로부터의 독립선언으로 보았다. 1964년 10월 첫 핵무기 실험 후 중국의 핵무장은 베트남에서 미국의 대규모 전쟁 확대를 저지하는데 기여하기도 했지만, 1969년 소련과의 우수리강 유역 분쟁 시 중국이 소련에 대한 핵 공격태세를 갖추었으며 1972년 미국이 중국에 정보 이전(information transfer)을 하면서 아시아지역에 배치된 소련의 핵무기 특성과 사진을 제공한 점 등의 사례로 볼 때 중국의 핵무기가 결코 '양극적인' 핵전쟁의 일부로만 해석할 수 없다고 주장하였다.[66]

브레큰은 1974년 5월 인도가 처음으로 원자폭탄 실험을 함으로써 중국과 인도가 핵보유국이 되어 아시아에서 서구의 군사력이 쇠퇴하게 되었고 역사상 가장 파괴적인 무기의 서구권 독점의 구도가 깨진 것으로 보았다.[67]

1956년 수에즈 위기를 계기로 국제무대에서 굴욕을 느낀 프랑스가 독자적인 핵무장을 추진하여 1960년 핵실험을 하였고 이 과정에서 뜻을 함께했던 동맹국 이스라엘에 '연구용 원자로'와 기폭장치를 제공하여 이스라엘은 1966년 핵무장에 성공하게 되었다.

이스라엘은 남아프리카공화국으로부터 우라늄을 획득하고 **핵실험 장소에 대한 허가를 얻어내며** 기초적인 핵무기를 제공하였다. 남아공은 1970년대에 핵 프로그램을 시작하여 최초의 핵무기를 1982년에 완성했고 이후 5년간 6기의 핵무기를 만들었다.

중성자탄은 건물을 거의 손상시키지 않고 인명 살상을 주로 하는 무기로 건물 밀집지역에서 상대편 군대를 분쇄하기에 이상적인 무기라고 평가되었다.
그러나 복잡한 무기특성상 실제 발사가능성을 확인하려면 물리적 실험이 필요했다. 이스라엘은 1979년 남아공과 협조하여 미국의 감시를 피하기 위해 케이프타운에서 남동쪽으로 2,500Km 떨어진 프린스 에드워드 제도에서 실험을 하였다.

출처: Paul Bracken, 이시은 역, 『제2차 핵시대』(서울: 아산 정책연구원, 2014). pp.136-142

브레큰은 제2차 핵 시대를 '냉전과는 상관없는 이유로 원자폭탄이 확산되는 시대'로 정의하고 확산된 핵보유국들 간에 새로운 역학 구조가 형성되었다고 주장한다. **새로운 역학 구조(System Dynamics)**

는 기존의 핵확산 금지와 봉쇄전략으로만 해결될 수 없으며 역학 구
조에 대한 이해와 불안정성을 줄이는 것이 주요 과제가 될 것으로
보았다.

그에 따르면 제2차 핵 시대는 [표 3−9]와 같이 3단계 구조를
지니며 이들 간의 역학관계는 제1차 핵 시대와는 유사점이 거의 없
이 다자간의 분권화와 역동성으로 앞으로의 핵전쟁은 주요국들 사이
에서가 아니라 특정 지역에서 일어날 위험이 가장 크고 지역의 분쟁
국들 사이에서 열띤 핵무장 경쟁이 벌어질 것으로 보았다.

[표 3-9] 제2차 핵 시대의 3단계 구조

구 분	내 용
주요국 (Major Powers)	• 국내총생산(GDP) 1조 달러 이상인 국가 • 핵무기 보유: 미국, 중국, 영국, 프랑스, 러시아 • 핵무기 미보유: 일본, 독일
지역 핵 보유국 (Second Powers)	• 국내총생산(GDP) 1조달러 미만인 국가 • 핵무기 보유: 이스라엘, 북한, 파키스탄
단체(Groups)	• 테러리스트(알카에다 등) • 무장세력(하마스, 헤즈볼라 등)

- 냉전시대에는 핵에 관한 모든 권한을 양진영을 대표하는 미국과 소련, 두 국가가 가지고 있었으며 묵시적인 엄격한 규율 속에 핵을 관리했다.
- 제2차 핵시대에는 NPT체제나 UN, 세계 여론, 세계질서를 보장하는 1등 국가 미국 등 다양한 구조가 지역 핵보유국에 미치는 영향은 제1차 핵시대에 미국-소련 양국이 동맹국에 미쳤던 영향력에 크게 못 미친다.

출처: Paul Bracken, 이시은 역, 『제2차 핵시대』(서울: 아산 정책연구원, 2014). pp.126-128.

퍼터(Andrew Futter)는 제1, 2차 핵 시대를 핵확산의 관점에서 [표 3−10]과 같이 비교 분석하였다. 그에 따르면 제1차 핵 시대에 핵무기는 냉전의 교착상태에서 평화유지 또는 최소한 제3차 세계대전을 예방하는 데 일조했다. 반면, 제2차 핵 시대에는 더 많은 행위자에게 핵무기가 확산되면서 새로운 지구적 도전이 발생하고 핵무기의 사용 가능성이 증대되고 있다.[68]

[표 3-10] 제1, 2차 핵 시대 비교

구 분	제1차 핵 시대(1945~1991년)	제2차 핵 시대(1991년~현재)
행위자	미국, 소련, 영국, 프랑스, 중국	미국, 러시아, 영국, 프랑스, 중국, 인도, 파키스탄, 북한, 이스라엘, 몇몇 비국가 행위자
위협	미국과 NATO가 주도하는 '서방'과 소련과 바르샤바조약기구가 주도하는 '동방'간 대규모 핵전쟁	• 지역 위기가 핵무기 사용으로 확대될 가능성 • 비국가 행위자 핵무기 획득 가능성
원인	• 초강대국 또는 대리인들 사이의 위기/오산이 대규모 핵교전 발발 • 어느 일방의 1차공격능력 확보시도	• 소규모의 지역적 핵교전 • 지역국가의 의도적 핵무기 사용 • 비국가 행위자의 소규모 핵사용
전략/주제	• 상호확증파괴(Mutual Assured Destruction; MAD)가 안정의 핵심 • 이는 2차 공격능력의 확보가 기초	• MAD의 완전한 적용에 의문 • 신규 핵무기 보유국 대부분은 확실한 2차 공격능력을 보유하지 못함
초점	핵위협을 다루기 위해 군비통제와 핵군축에 초점	핵위협을 다루기 위해 비(반)확산, 핵안보 및 군축에 초점
특징	수직적 핵확산, 상호확증파괴	수평적 핵확산, 국제 비확산레짐

출처: Andrew Futter, 고봉준 역, 『핵무기의 정치』(서울: 명인문화사, 2016). p.90.

[표 3-11] 제2차 핵 시대의 특징

제2차 핵 시대	제1차 핵 시대

• 다자간 게임(지역 핵보유국들)
  – 게임참가자 증가: 새로운 전략현상 발생
  (복잡하고 기만적인 전략 등장)
  – 다자간 상호작용의 복잡성, 연쇄적 역학
  관계로 게임의 안정성이 깨지기 쉽다
	• 양자 간 게임(미국과 소련, 양극화)
	  – 핵 양극화는 각 진영 내의 핵 열망 억제
	  – 양자 간 게임이 극도로 불안정하지만 불
	  안정하다는 사실 자체는 명백
	  (냉전 역학 구도를 안정화하는데 유용)

핵전략(정책)에 감정적인 지역 경쟁구도의 영향과 심리적 효과의 중요성 증대 (민족주의와 핵무기의 조합)	• 핵전략은 전문가들이 감정을 배제하고 이성으로 접근하고 분석(미·소 동일) • 열정, 증오, 히스테리의 배제
테러리즘의 목표: 핵전쟁으로의 촉매역할 가능성(촉매전)	테러리즘: 제2차 핵 시대 대비 평범한 목 표 지향
후발주자의 이점(앞선 핵보유국의 경험과 지식을 모방: 비용 절감, 전략개발 유리)	핵 개발을 위한 대형 연구개발 조직과 냉 전시대 핵전략 개발에 비용, 인력 투입
역사적 시기 차이(후발 주자의 약점: 미국 과 국제NPT체제의 제재에 직면, 극도의 비밀주의, 기만, 목표물의 강화와 분산 등)	미국과 소련의 핵무장을 막거나 지연시킬 초강대국이나 국제원자력기구가 없었음
바스쿠다가마 이후 시대*(서양의 핵 독점 붕괴: 핵확산금지체제가 성공 못할 것)	서방 국가들이 UN 안전보장이사회 상임이 사국 지위, 합법적 핵보유국 지위 독점
국방경제학의 변화(많은 국가들이 핵에만 집중된 국방체제를 구축하고 있음. 재래식 군사력은 약하지만 핵무장한 국가가 국제 체제에서 불안정을 초래하는 주범이 됨)	핵무기의 비용과 복잡한 기술로 국가들이 핵무기를 보유하기 힘들다는 주장 강력한 재래식 전력이 완충 장치 역할

출처: Paul Bracken, 이시은 역, 『제2차 핵시대』, pp.143-169. 요약정리.

* 포르투갈 탐험가 바스쿠다가마가 1948년 유럽에서 인도로 가는 해상로를 개척한 이래 지속된 서양의 우위와 핵 독점 시대가 제2차 핵 시대를 맞아 종말을 고하였음.

제2차 핵 시대만의 역학과 구조를 설명할 수 있는 특징을 브레큰은 제1차 핵 시대와 다른 7가지 관점에서 제시하였다.[69)] [표

3-11]에서 보는 바와 같이 제2차 핵 시대의 특징 중 한반도 비핵화에 시사하는 바가 큰 3가지는 다음과 같다.

첫째는, 독자적인 의사결정 주체가 여럿인 다자간 게임이 양 시대의 가장 큰 차이이며 광범위한 의미를 지닌다. 북한과 같은 불량 핵보유국의 목표물을 공격할 전력이 필요하다는 미국의 당연한 수요가 결과적으로 중국의 핵 전략태세에 영향을 미치고 중국의 대비는 인도의 핵 3원 체제의 변화를 촉구하게 되고 이는 파키스탄의 안보 불안을 야기하는 다자간 게임에서 벌어지는 연쇄적인 역학관계의 특징적 요소가 존재한다는 점이다.

둘째는, 집권 세력의 정통성을 확보하기 위해, 국가의 적절한 지휘하에 국민이 이루어 낼 수 있는 성취를 보여 줄 국가사업의 필요성 때문에 민족주의와 핵무기는 잠재적으로 치명적인 조합이 될 수 있다. 북한은 외부 세계와의 교류를 일체 차단하고 극단적인 주체사상을 내세워 북한 주민들에게 존경받는 민족으로서의 자부심을 세뇌하고 있다.

세 번째, 군사력이 크지 않지만, 원자폭탄과 미사일을 보유한 국가는 국제체제에서 불안정을 초래하는 주범이 될 가능성이 크다. 그들은 위기에 처했을 때 핵 공격으로 위협하는 것 말고는 별다른 선택지가 없기 때문이다. 북한은 열악한 경제 사정으로 재래식 전력이 부족하기 때문에 위기가 닥치면 핵 대결이 급속히 앞당겨질 위험이 있다는 브레큰의 경고는 심각하게 받아들여야 할 것이다.

나랑(Vipin Narang)은 핵 태세를 핵무기의 수와 종류 및 무기 운반과 배치, 지향하는 목표물, 지휘 통제 방법, 핵무기 사용 시기와 대상 등에 대한 핵보유국의 전반적인 운용전략으로 정의하였다. 그에 의하면 핵 태세는 실행 가능성(실질적으로 보유한 핵 기술), 채택한 정책(어떤 상황에서 핵을 사용할 것인가), 지휘 및 통제과정(어떻게 관리, 배치되고 어떤 대상을 목표로 하는가)을 지칭하는 것이다.[70]

[표 3-12] 제2차 핵 시대 핵 태세의 유형

구 분	촉매(Catalyst)	확증 보복(Assured Retaliation)	비대칭 확전(Assymetric Escalation)
전력 운용 시기/방법	3자의 지원 유도능력, 촉발능력	상당한 피해 후 핵으로 보복	핵 선제사용, 재래식 군대는 억제임무 중점
요구되는 능력	소수의 핵무기를 사용 가능한 능력	생존 가능한 제2타격 능력	선제사용능력
핵 지휘 통제	느슨하고 불투명	중앙집권적인 문민통제	위임적 관리(자산, 권한이 군대에 위임)
시그널 수준	애매모호한 능력, 배치	분명한 능력, 애매모호한 배치	분명한 능력과 분명한 배치
사 례	• 이스라엘 (1967~1990) • 남아공(1979~1991) • 파키스탄 (1986~1997)	• 중국(1964~현재) • 인도(1974~현재) • 이스라엘 (1991~현재)	• 프랑스(1960~현재) • 파키스탄 (1998~현재)

나랑은 냉전 시대의 초강대국들의 핵전략과는 차별되는 제2차 핵 시대의 핵전략을 **지역 핵 보유 강국들**이 각각의 안보 환경에서 믿을만한 제3자의 후원 가능성, 우월한 재래식 전력의 위협이 근거리에 위치하는지 여부, 그리고 자국의 자원 제약 여부와 민군관계 등

에 따라 취할 수 있는 세 가지 유형의 핵 태세(Nuclear Posture)를 [표 3-12]와 같이 제시하였다.

나랑은 연구대상 사례인 지역 핵보유국에서 영국과 북한을 제외했다. 핵전력을 완전한 독자 통제하에 두고 있는 프랑스와 달리 영국의 핵전력은 미국의 부속전력으로 간주되고 있으며 북한은 독립된 핵통제 권리를 행사한 적이 없으며 관련 정보도 없기 때문이다.

출처: Vipin Narang, 권태욱 등 역, 『현대 핵전략』(서울: 국방대학교, 2016). pp.3-6.

나랑(Vipin Narang)은 핵무기를 단 하나만 갖더라도 적에겐 위협이 되고 재래식 분쟁과 핵 분쟁을 억제한다는 '실존적 억제' 편향을 지적하며 사례 연구를 통해 단지 핵무기를 소유하고 강력한 제2격 능력을 갖추는 것만으로는 분쟁을 체계적으로 억제하지 못한다는 것을 밝혀냈다.

그는 지난 반세기가 넘는 핵 시대 억제의 성공 요인은 핵의 존재가 아닌 핵 태세의 차이가 분쟁을 억제하는 능력의 차이로 나타나며 국가가 핵 태세를 취하게 되는 과정과 원인을 믿을만한 제3자의 후원 가능성, 근거리에 우월한 재래식 위협의 존재 여부, 해당 국가의 민군관계, 그리고 국가자원에 제약이 있는지 여부에 따라 핵 태세가 달라짐을 [그림 3-3]과 같은 '태세 최적화 이론'으로 설명하였다.

[그림 3-3] 핵 태세의 최적화 이론(비핀 나랑)

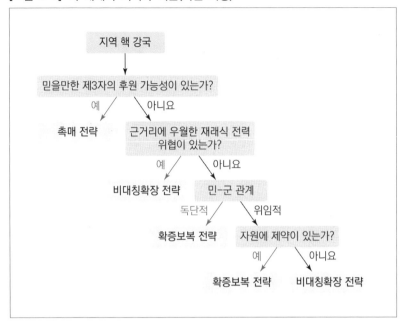

출처: Vipin Narang, 권태욱 등 역, 『현대 핵전략』(서울: 국방대학교, 2016). p.40.

    냉전의 종식으로 미국은 오랜 기간 최대의 안보위협이었던 소련이 약화되는 결과에 도달했으나 중국의 군사적 부상, 지역 핵무장 국가들의 등장, 불량국가와 진화된 테러리즘의 공격성 등 새로운 안보 위협이 과제로 대두하게 되었다.

    탈냉전 시대를 이끌어낸 부시 행정부는 냉전 시대 핵무기에 의한 모든 표적 목록들을 제거하였으며 테러 집단에 핵물질과 관련 기술이 넘어가지 않도록 소련의 핵무기 감축을 지원하였고 '대통령 핵구상(Presidential Nuclear Initiative, PNI)'을 발표하여 모든 핵무장 폭격기의 비상대기 태세 해제와 장착 미사일 발전계획 취소를 단행하

여 러시아와의 핵무기 동시 감축을 2차례에 걸쳐 추진하였다.[71]

클린턴 행정부는 새로운 안보 환경에 적응하기 위한 핵무기의 역할, 핵전력 구성 및 기반구조, 핵 지휘 통제, 핵 안전, 반 확산, 핵 태세 등 6가지 분야에 안보 전략의 변화를 시도했으며[72] 냉전 시기의 핵무기 3원 체제에 대한 재평가와 수평적 핵확산을 경고하고자 별도의 '핵 태세 검토보고서(Nuclear Posture Review, NPR)'을 발간하였다.

1994년 NPR에는 냉전이 종식되었지만, 핵무기의 역할에 대해 미국의 사활적 이익을 침해하는 적대 국가에 대해서 전략핵무기를 사용하여 억제할 것임을 분명히 하였고 북대서양조약기구(North Atlantic Treaty Organization, NATO)에 대해 지속적인 핵 공약을 제공하고 핵 보유를 추구하는 국가들에게 그것의 무익함을 확신시키고자 했으며 다양한 상황과 지역에 적합한 맞춤형 억제의 필요성을 제기하였다.

미국이 패권국이 되었다는 사실과 걸프전 교훈, 그리고 지역 핵무장 국가들의 등장과 불량국가의 미사일 개발과 발사 등은 클린턴 행정부로 하여금 미사일 방어(Missile Defense)에 대한 활발한 논쟁과 예산 반영 등을 통한 현저한 기술적 발전을 가져오게 하였다. 2000년 구성된 NMD(National Missile Defense) 배치 준비 검토 회의에서는 ABM(Anti-Ballistic Missile) 조약 수정범위와 3단계에 걸쳐 2015년까지 9개의 X-Band 레이더와 요격미사일 100기를 배치하는 계획을 수립하였다.

부시 행정부에 의한 2002년 NPR은 제2차 핵 시대에 부합하는 탄도요격미사일(ABM) 제한협정은 미·소가 방어무기를 제한함으로써 공격용 핵무기 증강 경쟁에 제동을 걸자는 취지에서 1972년 전략무기제한협정(SALT Ⅰ)에 포함 체결되어 5년마다 협정을 갱신하였다.

협정에 의하면 미·소가 각각 100기의 요격미사일을 보유할 수 있지만 전국토방위(Nationwide Missile Defense)를 금하고 한 지역에 대한 방위(Area Defense)만을 허용하고 있다.

냉전 종식 후 미국은 자국이 적대 국가들로부터 미사일 공격을 받는 것을 우려하여 협정 개정을 원했고 러시아는 핵 균형이 무너져 새로운 군비경쟁이 촉발될 것이라 주장하며 반대하였다.

2001년 9월 11일 미국 중심부가 테러 공격을 받은 이후 결국 미국 부시행정부는 2002년 협정에서 공식 탈퇴하였고 ABM협정은 영구 폐기되었다.

핵전략의 변화를 담았으며 2001년 9·11테러의 영향이 직접적으로 반영되었다. 부시 행정부는 테러리즘과 불량국가와 대량살상무기의 결합을 우려하여 핵확산 행위자에 대한 예방적, 선제 대응을 강조하였다.

2002년 NPR의 주요 내용은 핵 사용 대상으로 중국, 러시아, 이라크, 이란, 북한, 리비아, 시리아 등을 지목하고 핵무기가 사용될 수 있는 상황을 북한의 남한 공격, 아랍과 이스라엘 분쟁, 중국과 대만 간 분쟁 등의 구체적 사례를 들고 있다. 또한 적극적인 핵무기 사용 의지를 표명하여 기존의 억제 위주의 핵전략에서 적극적 핵 운용전략으로의 전환을 시사하고 있다. 재래식 무기로 파괴할 수 없는 목표물이나 대량살상무기를 파괴하기 위해 핵무기를 사용할 수 있으며 이를 위해 적절한 소형 전술핵무기의 개발 가능성을 시사하였다.[73]

부시 행정부는 미사일 방어(MD)의 배치를 본격적으로 시행하였다. 러시아의 비난을 감수하면서 ABM 조약에서 탈퇴하고 미사일 방어국을 중심으로 초기 시스템의 신속한 배치를 가속화 하였다. 2004년 알래스카에 5개의 지상 요격미사일(Ground Missile Defense)을 배치하고 수량을 증가시켰다. 2006년에는 태평양 지역에 해상기반 레이더를 포함하여 미사일 방어를 향상시키기 위한 다양한 레이더를 배치하고 전투 관리 본부에 통합하는 등 공세적인 핵전략을 추진했으나 실행에 있어 다양한 제약과 비판이 제기되었다.[74]

오바마 행정부는 '핵무기 없는 세계'를 위한 핵 군축, 비확산, 원자력의 평화적 이용에 중점을 둔 핵전략을 추진하였다. 2010 NPR은 핵무기 보유국 증가 억제와 핵 테러리즘 차단을 최우선순위의 전략으로 설정하였으며 핵무기가 수행하는 역할을 미국의 사활적 이익을 지키기 위한 극단적인 상황으로 한정하였고 러시아, 중국 등 핵 강대국과의 전략적 안정성을 보장하고 전술핵무기 감축과 국제 비확산체제를 강화하여 핵무기 의존도의 감소를 추진하였다. 또한 동맹국에 대한 지역 맞춤형 확장억제 체계를 강화하였고 추가적인 핵실험이나 탄두 개발 없이 안전하고 효과적인 핵 보유고를 유지하고자 러시아와 신 전략무기감축협정(New Strategic Arms Reduction Talks, START)을 체결하였다.[75]

오바마 행정부의 '핵 없는 세상 추진'은 미국의 전통적인 '핵무기 선제 불사용(No First Use, NFU)' 관련 논쟁을 불러일으켜 2013년 '핵 운용 전략보고서(Nuclear Employment Strategy Report)'를 발표하기에 이르렀다. 이 핵 억제 지침은 미국과 동맹국들의 잠재 적국이 핵무기와 대량살상무기를 사용하는 상황에 대한 대응과 억제 실패 시 핵무기를 어떻게 사용하여 적국을 격퇴할 것인가를 목적으로 작성되

었는데 2010 NPR을 보완하는 것이었다.[76)

국제관계의 속성을 '국가 간 대결'이라고 보며 과거에 향유했던 미국의 우위가 중국, 러시아에 의해 점차 잠식되고 있다는 인식을 가진 트럼프 행정부는 미국의 국익을 적극적으로 취한다는 '미국 우선주의(American First)'를 뒷받침하기 위해 '힘을 통한 평화(Peace Through Strength)'를 추진하고 있다.

트럼프 행정부는 미국이 핵 군비통제의 원칙과 핵 감축 협정들을 성실히 지켜왔지만, 러시아와 중국 등이 자국의 핵전력 현대화를 지속 추진해와 핵 군비통제 모멘텀이 상실되었다고 보고 핵 경쟁력 강화를 천명하면서 **중거리핵전력조약(Intermediate-Range Nuclear Forces Treaty, INF)**을 탈퇴하였다.

1987년 미국과 소련은 사거리 500~5,000Km인 중-단거리 탄도 및 순항미사일의 생산과 실험, 배치 전면금지를 합의했다. 이 조약에 따라 양국은 1991년까지 중-단거리 탄도 및 순항미사일 2,692기를 폐기하며 가장 성공한 핵 군비통제 사례로 꼽히곤 하였다.
미국은 러시아가 2017년에 실전 배치한 9M729 미사일의 사거리가 2,000~5,000Km에 이르고 지상 발사 순항미사일인 SSC-8의 생산으로 조약을 위반했으며 중-단거리 미사일 개발에 전력해 온 중국도 조약에 참여해야 한다고 주장하며 2019년 탈퇴를 공식 선언하였다.
러시아도 미국이 유럽에 구축한 미사일 방어(MD) 체계가 조약 위반이라고 주장하며 2019년 조약을 탈퇴하였다.

출처: MBC 뉴스투데이, 2019. 2. 2.

트럼프 행정부의 2018 NPR은 잠재적 적국의 제한 핵 운용 또는 핵 강압 위협이 증대하고 있다고 보고 제한 핵 확전(Limited

Nuclear Escalation)을 새로운 위협으로 규정하면서 대비책으로 핵 억제 실패 시 피해 제한(Damage Limitation)에 입각한 억제 재확립을 강조하였다.[77]

　　미국은 러시아가 전술핵무기의 수량과 종류를 공세적으로 증강하여 왔으며 '핵 확전의 위협 또는 실제 핵무기의 선제사용을 통해 분쟁을 러시아에 유리한 조건으로 완화'시킬 수 있는 교리를 발전시켜 왔다고 본다. 따라서 미국은 피해 제한 및 억제의 재확립 노력에 재래식 전력은 보조 수단이며 핵전력을 대신할 수 없으므로 융통성 있고 제한적인 핵 대응 옵션을 마련해야 하는데 미사일 방어(MD)와 적대세력의 기동 체계를 식별, 추적, 표적화할 수 있는 공격 능력이라는 두 개의 축을 중심으로 추진하고 있다.

　　트럼프 행정부는 2018 NPR에 따라 냉전 종식 후 가장 높은 수준으로 국방비를 증액하여 비전략 핵무기의 현대화와 신형 비 전략 핵무기 개발에 박차를 가하고 있다. 비전략 핵무기 증강에는 공중기반 B61 계열의 수명 연장 프로그램에 따라 첨단 정밀유도 장치와 폭발력 조정장치 장착, 이중성능 항공기(Dual Capability Aircraft, DCA) 장착 추진과 일부 잠수함 발사 탄도미사일(SLBM)을 저강도 핵 옵션 제공이 가능토록 개선하여 배치하는 계획이 포함되어 있는데 [표 3-13]과 같다.

　　미 의회는 이에 화답하여 2019 국방수권법에 저 위력 핵무기와 지하 관통 핵폭탄 개발에 대한 예산 6천 5백만 달러를 할당하였다. 미국 자신이 신형 핵무기를 개발하면서 범지구적 비확산 노력을 동시에 추구할 수 없다는, 일정 기간 유지되어왔던 핵 금기가 깨진 것

[표 3-13] 미국의 비전략핵무기 현대화 및 배치 계획

구 분	내 용

공중
기반
억제력
	• B61-12 중력탄 수명 연장 프로그램 추진
	  - 2021년부터 '정밀유도장치(Guidance Tail Kit)'와 '폭발력 조정장치
	   (Dial-a-Yield)'를 갖춘 신형 B61-12 중력탄 배치
	• 핵폭격기와 이중성능 항공기의 범세계적 전방 배치능력 보유
	  - 현재 미국의 비전략핵전력은 B61계열 중력탄을 장착할 수 있는 F-15E
	   이중성능 항공기(Dual Capacity Aircraft, DCA)에 의존
	  - 일부 나토 동맹국들은 전방배치된 미국의 비전략핵무기 장착 가능한
	   F-16(DCA) 제공
	  - 전방전개와 핵폭탄 장착가능한 F-35A로 대체, 지역 억제 안정성
	   (Regional Deterrence Stability)과 동맹국 안전보장에 핵심 기여

해상
기반
억제력
	• 단기: 일부 SLBM 탄두를 저강도 핵옵션 가능토록 성능 개선
	  - 신속대응 수단 확보
	  - 이중성능 항공기와 달리 동맹국(파트너 국가)의 기지제공 불요
	• 장기: 신형 해상발사 핵 쿠르즈 미사일(Submarine-Launched Cruise
	  Missile, SLCM) 개발
	  - SLCM은 적의 방공망 돌파 가능, 비전략 억제력의 신뢰성 제공

출처: 이병구, "21세기 안보환경 변화와 미국의 핵전략: 제한 핵전쟁에 대한 미국의 정책 변화를 중심으로," 『한국국가전략』 제8호, 2018. p.149.

이다. 앞서 미 의회는 1994 국방수권법에서 저 위력 핵무기와 지하 관통 핵폭탄의 연구개발을 금지시킨 바 있다.[78]

제2차 핵 시대에 들어서도 미국의 핵전략은 미국의 안보 전략에서 가장 큰 비중을 차지하고 있으며 초격차의 삼원체계 핵전력 구축, 핵 억제 전략 추구, 선제 불사용 거부, 국제 비확산체제 유지와 강화 등 큰 틀에서의 패러다임 변화는 없다고 보인다. 그러나 제2차 핵 시대에 적응하고 있는 변화의 조짐들은 명확히 나타나고 있다. 제2차 핵 시대에 직면하고 있는 수평적 핵확산의 증가, 지역 핵 보

유 강국들의 복잡하고 기만적인 전략 등에 대처하기 위해 미국의 핵전략이 가장 큰 변화를 보이는 분야는 미사일방어체계(MD) 구축 강행과 점차 증가하고 있는 핵전력의 사용 가능성(Usability)을 들 수 있다.

냉전 시기 양극 체제하에서 미국은 미사일 방어체계 구축을 몇 차례 시도했지만, 합리적이고 타당한 내외의 논리에 의해 자제되어 왔다. 냉전 후 패권국이 된 미국은 미사일 방어체계 구축에 박차를 가하고 있다. 가능성이 작아 보이지만 미국이 완벽한 미사일 방어체계를 갖출 수 있게 된다면 미국을 제외한 혹은 미국을 포함한 '핵 제로화 시대'가 열릴 수 있을 것이다. 기나긴 무기체계의 역사에서 보아 왔듯이 핵무기도 '창과 방패'의 무기 발전 순환 고리 속으로 자연스럽게 수렴되어 갈 수 있을지 현재로서는 예단할 수 없다.

첨단 장거리 정밀타격 능력과 파괴력 조절 기술의 결합, 사이버 및 우주 공간의 군사적 활용이라는 군사과학 기술의 진보와 확산, 끊임없는 지역분쟁들의 발생은 과거 사용 불가능하게 여겨졌던 핵전력의 사용 가능성을 높이고 있다. 2018 NPR에 따라 미국은 2020년 B61-12 탄두 개량에 성공했으며 북한이 비핵화에 임하지 않을 경우 '화염과 분노'에 직면할 수 있음을 경고하였다.[79]

제 11 장

북한 비핵화에 영향을 미치는 요인들과 현상 유지전략

　　북한 핵 해결을 위한 가능성 있는 모든 대안들을 현상 유지전략과 패러다임적 변화를 포함하는 현상타파전략으로 구분, 범주화하여 살펴보도록 하겠다.

　　현상 유지전략에는 지금까지 한국정부가 취해왔던 대부분의 정책들이 포함되는데 묵인으로부터 포용정책, 상쇄전략이라 할 수 있는 한국형 3축체계 구축전략까지를 포함한다.

 현상 유지전략에 안주하고 있는 한국

묵인

　　'묵인'은 아직 한국 정부의 정책에서 논의되거나 채택된 적은 없고 소수 의견에 그치고 있지만 여러 가지 변형된 주장과 모습을 하고 간헐적으로 등장하고 있다. 첫째 모습은 북한의 핵무장을 정당화하려는 주장이다. 이들은 남·북 분단의 책임이 미국에 있으며 6·25 전쟁은 미국의 사주에 의한 민족의 비극이었다고 주장하며 이러한 미국의 위협에 맞서서 북한이 핵무장을 하는 것은 체제생존을 위한 정당한 행위라 주장한다. 심지어는 미국이 북한의 핵무장을 자국의 군비 확장의 도구로 이용하고 있어 미국에는 비핵화 의지가 없다고 주장한다.

핵무기의 기득권을 5대국이 독점한 NPT 체제를 비판하며 북한도 동등하게 핵을 가질 권리가 있으며 북한이 핵을 포기해야 한다면 미국도 핵무기를 모두 폐기해야 한다고 주장한다. 이러한 논리를 뒷받침하기 위해 한반도 또는 동북아 비핵지대화와 같은 주장을 하지만, 정작 북한의 핵실험과 미사일 개발에는 침묵하고 비판을 가하지 않는다.

두 번째는 '우리 민족끼리'와 같은 감성적 민족주의에 기반하여 북한의 핵은 통일이 되면 우리 것이 될 수 있으므로 북한 핵을 없애는 일에 동참하지 않거나 소극적인 자세로 일관하다 특정한 기회가 주어지면 북한이 핵보유국으로 인정받도록 도울 수도 있다는 생각이다. 이런 생각 일부에는 한반도에서의 통일이 베트남식의 공산화 통일도 나쁘지는 않다고 보는 시각을 포함하고 있다.

세 번째는 북한의 핵 개발과 핵무장이 오랜 기간 지속되어 옴에 따른 피로와 체념, 핵 위협과 도발의 일상화가 가져다주는 무감각 현상이다. 국민들은 각자의 삶에 바쁘고 저마다 행복을 추구할 권리를 누리고 싶어 한다. 혐오스럽고 끔찍한 핵폭탄과 그에 대한 해결의 복잡함은 누군가 대신해주겠지 하는 생각이다. 그 누군가는 한국 정부일 수도 있고 힘 있는 중국이나 미국이 될 수도 있다. 이러한 집단적 정서가 북한의 핵 개발과 핵무장을 억제하는데 대미 의존도를 심화시키는데 일정부분 기여해 왔다고 보인다.

포용 정책

현상 유지전략의 대표적인 정책은 '포용 정책'이다. '햇볕정책'으로 '평화와 번영정책'으로 각종 프로세스로 이름을 달리해 왔지만, 근본은 같다.

비록 북한이 체제생존을 위해 핵 개발을 하고 핵무장의 길로 들어서고 있지만, 이미 체제경쟁에서 승리한 남한이 그들을 포용하고 지속적인 관여를 해나간다면 북한의 내부에 근본적인 변화가 일어나 남·북 간에 경제 분야를 시작으로 정치·군사 분야에 이르기까지 유럽에서 이루어졌던 것처럼 기능적 통합이 평화적으로 이루어질 것이라는 믿음에 근거하고 있다.

최근 노무현 정부의 평화 체제 구상을 대부분 계승한 문재인 정부의 한반도 비핵평화체제 구축 로드맵과 추진전략이 [표 3-14]와 같이 제시되었다.[80] 이 평화 로드맵은 과거 추진되었던 모든 포용정책, 평화 프로세스를 종합하였다.

평화적인 남·북 관계의 일시적 유지와 현재의 국민을 안심시킬 수는 있으나 세부적으로 살펴보면 현실적으로 이미 실패하였고 앞으로도 이루어지기 힘든 현실의 높은 벽을 뛰어 넘었다 여기고 그다음 단계로의 진행을 강행하고 있는, 지극히 이상적이고 비현실적인 전략임을 알 수 있다.

[표 3-14] 문재인 정부의 비핵평화체제 구축 로드맵

구 분	I.준비단계 (기 실행)	II.핵활동 전면중단 (3차 북미정상회담)	III.핵시설 폐기 (트럼프임기내)	IV.핵무기 폐기
비핵화 조치	• 핵미사일시험 중단 • 군사도발 중단	• 미국 요구 3가지 – 모든 핵물질 생산시 설 (영변+α) 폐기 – 비핵화 정의 – 비핵화 로드맵 • 핵무기 생산중단, 핵 무기 위험/위협 감소	• ICBM 폐기 +검증 • 핵시설 폐기 +검증	• FFVD완성 (핵무기, 핵물질, 핵시설, 핵지식, 발사체) • NPT 복귀 • IAEA 전면안전 조치 수용 • 평화적 핵 이용
북미 관계	• 북·미 정상 회담 • 한·미연합 훈련 중지	• 제재 일부 유예 • 상응조치 로드맵 • 북·미 수교협상 개시 • 상호연락사무소 개설 • 인도지원 제공	• 제재 일부 완화 • 북·미수교협상 • 북·일수교협상	• 북·미수교 • 제재 해제 • 유엔사 조정 • 주한미군 규모/ 임무 조정
평화 체제		평화선언/종전선언	평화협정 협상	평화협정 체결
남북 관계	• 남·북 정상회담 • 남·북 군사 합의서 • 상호 연락사무소	• 남·북 기본협정 체결 • 인도지원 확대 • 남북군사회담/군비통제 • 남북경협 및 개발지원 로드맵 제시	• 남·북경협 재개(금강산) • 남·북 FTA협상	• 남·북 경제공동체 • 남·북 FTA 가동
경제 에너 지 지원		• 인도지원 제공 • 남·북·러, 남·북· 중 물류/에너지 협의 • 대북 경협 로드맵 • 중국 BRI, 북한 연결	• 북한, 국제 금융 기구 가입 추진 • 동북아 에너지 수송망 연결 • 경수로공급 협상	• 북한 국제금융 기구 가입 • 개발지원 제공 • 북·미 원자력협력, 경수로 제공

출처: 전봉근, 『비핵화의 정치』(서울: 명인문화사, 2020). pp.430-431.

먼저 이미 실행되었다고 평가한 준비단계의 핵미사일 시험 중단은 북한이 2019년도에 13차례 탄도미사일과 SLBM을, 2020년 3월에도 다시 한차례의 미사일을 발사하였다. 국방 당국자들은 초기에 탄도미사일을 '발사체'라고 칭하며 애써 북한의 도발을 부인하면서 남·북 9·19 군사합의가 지속되기를 바랐지만, 북한은 13차례 중 6차례가 신형 미사일 발사라고 주장했고 2020년 10월 당 창건 기념 열병식에서 신형 대륙간탄도미사일과 함께 공개했으며 안보 전문가들은 이를 심각하게 받아들여야 할 **핵무기 고도화의 일환이며 군사도발**로 보았다.

• 전 미국 국가안보보좌관 볼턴은 회고록에서 북한의 미사일 발사는 안보리결의를 위반하는 심각한 사안으로 여기고 이에 대한 트럼프의 대응과 태도를 비판했다. 그는 논리적으로만 보면 북한의 미사일 발사는 안보리 결의사항에는 위배되고 김정은이 트럼프에게 한 약속과는 전혀 어긋나지 않지만, 이는 김정은이 트럼프에게 대동강 물을 팔아먹은 것과 같은 것이며 그것을 모르는 트럼프가 바보가 된 것이라고 혹평하였다. 또한 트럼프가 북한 미사일 발사로 한국과의 방위비분담금 특별협정에서 유리하게 되었다는 식의 언급을 비판하였다.

출처: John Bolton, *The Room Where it Happend*, 2020. 박산호·김동규·황선역 역, 『그 일이 일어난 방』(서울: 시사저널, 2020). pp.491-496, 517-520.

• 박휘락은 북한이 2019년에 발사한 북한판 이스칸데르(Iskander)로 불리는 요격 회피 미사일 발사, SLBM과 3,000톤급의 잠수함을 조만간 결합시킬 것을 우려하였다.

출처: 박휘락, 『비핵화 협상: 위험한 실험』(서울: 북코리아, 2020). pp.43-46.; 박성수, 『북 핵 드라마: 무엇이 문제인가?』(서울: 하움, 2020). pp.48-49.

북한군의 동계훈련은 예년 수준을 유지하고 있으며 백령도 인근 창린도에서의 해안포 사격과 김정은의 현지 지도, 한국 공무원 사살 및 시신 훼손 등은 군사도발 중단이 북한에 의해 지켜지지 않고 있음을 보여주며 거액의 한국 정부 예산으로 건설한 '남·북 상호 연락사무소'는 북한에 의해 처참하게 폭파, 파괴되었다.

문재인 정부의 비핵평화체제 구축은 준비단계부터 이미 허물어지고 있음을 보여주고 있다. 이런 상황을 딛고 다음 단계인 3차 북미정상회담을 통한 핵 활동 전면 중단이 가능하고 그다음 단계인 핵시설 폐기와 핵무기 폐기가 가능하다고 볼 수 없다.

비핵화 로드맵 제시자도 김정은 정권의 경제건설과 핵무장 병진 노선 추진, 미중 간 세력 경쟁과 충돌 가능성, 중국에 북한의 전략적 가치 증가, 핵 협상 무용론 확산, 남남갈등 등의 위협요인으로 한국은 북한 비핵화와 평화 정착 목표를 달성하지 못한다고 보았다.

또한, 그는 북한 핵 사태가 지속해서 악화하고 남·북 간 군사적 대치와 긴장이 고조되는 추세에서 문재인 정부의 비핵평화체제 구상은 비현실적이며 달성 불가능한 정책과제이나 한국 정부와 국민은 반드시 비핵평화를 달성해야 하는 절체절명의 숙제를 풀기 위해 트럼프 대통령의 대북 접근을 기회요인으로 활용함으로써 달성 가능성을 찾아야 한다고 주장하였다.[81]

한국형 3축 체계 구축전략

상쇄전략은 현상유지 전략 중 북한 비핵화를 위한 군사적인 해결책으로 빈번하게 제시되고 제한된 범위 내에서 한국 정부가 취할 수 있는 가장 합리적인 방안으로 평가되고 있다. 그러나 상쇄전략은 핵 억제능력을 기본 토대로 해야 군사적 효용성을 갖는다는 점과 상쇄전략을 구현하는 데 있어서의 한계 등으로 북한 비핵화를 위한 근본적 해결책이라고 볼 수는 없다.

문재인 정부의 국방부 장관이 국방위원회 질의에서 "핵과 관련된 부분은 기본적으로 한·미 간에 맞춤형 억제 전략을 구사하고 있고 미국의 핵우산이 있다"라면서 "대한민국의 국방력은 재래식 무기로도 북한이 핵무기를 보유한다고 하더라도 대응할 수 있는 그런 수준의 국방력을 건설해 나가고 있다"라고 하여 논란을 일으킨 바 있다.[82]

이러한 시각이나 사고는 미국의 상쇄전략에서 비롯된 것으로 보인다. 미국 오바마 행정부가 추진한 3차 상쇄전략이 트럼프 행정부로 이어지면서 이 전략이 한국에 미칠 영향을 분석하면서 "지구감시－타격체계"(Global Surveillance and Strike, GSS)가 한국 킬체인의 완성도를 높여 북한 핵미사일 대비 능력을 극적으로 향상시킬 수 있다고 보았다.

또한, 그들은 미 중앙정보국(CIA) 국장이 2016년 북한의 4차 핵실험 이후 "미국은 군사 개입과는 별도로 공격적인 기술을 사용할 능력을 갖추고 있으며 북한의 핵 프로그램을 수년 뒤로 후퇴시킬 수 있는 '비운동성 무기' 기술을 보유하고 있다"라고 밝혔듯이 제3차 상

쇄전략에 접목되는 핵심기술이 전개될 경우 북한 핵 무력화 가능성을 높일 수 있다고 주장하였다.[83]

그러나 상쇄전략에 대한 비판도 만만치 않다. 만약 북한이 미국의 장거리 정밀폭격으로부터 생존할 수 있는 상당한 규모의 핵전력을 구비하고 한반도 지형상 은폐 및 엄폐시설을 구축하여 생존성을 높이면 미국의 상쇄전략은 북한의 핵무기를 효과적으로 타격하거나 억제하지 못할 것이다.

북한이 보유한 핵무기를 미국의 원거리 폭격기들이 어느 정도 파괴해도 몇 발의 남은 핵무기는 한국과 미국에 심각한 피해를 입힐 수 있다. 오히려 미국이 예산 감축과 중국 및 러시아의 군사기술 발전에 대응하기 위해 상쇄전략을 추진함으로써 전진 배치된 미군을 감축하거나 한반도 전쟁 억제에 미국의 개입 정도가 낮아질 가능성도 있다.[84]

미국의 상쇄전략을 군사 이론적으로 분석한 최근의 연구는 3차 상쇄전략을 통해 작전 능력이 비약적으로 증대한다고 하더라도, 이를 활용하여 상대에게 의지를 강요하는 것은 정치의 영역임을 잊어서는 안 된다고 경고하고 있다.[85] 즉 북한 핵을 재래식 전력으로 타격한다고 해서 미국의 정치지도자가 갖게 될 부담이 결코, 경감되지 않는다는 의미이다.

상쇄전략은 기본적으로 미국의 전략이다. 상호확증파괴가 가능한 대량의 핵을 가진 국가가 핵을 사용하지 않고 예산 문제도 해결하면서 억제를 포함한 국가목표를 달성할 수 있는 수단과 방법을 고안해 낸 것이다. 한국이 미국의 상쇄전략에 동맹국으로서 보조를 함께 해야 할 바가 있을 수 있지만, 한국이 북한 핵 대응 전략으로 채택할 기본적인 정책은 아니다.

이는 상쇄전략의 사전적 정의를 보면 더욱더 명확해진다. 상쇄전략(相殺戰略, Countervailing Strategy)은 '전면적인 핵전쟁이 일어나면 미국과 소련 모두 군사목표·정치 중추·공업시설·교통시설 등의 대부분이 파괴되어 상호 자살행위가 된다는 것을 실증하는 전략으로 1980년 8월 카터 미국 대통령의 명령 제59호로 정식 채택되었고 1980년대 미국의 기본 핵전략으로 레이건 행정부에 인계되었다'라고 정의되고 있다.[86]

상쇄전략의 변형된 형태 중의 하나가 박근혜 정부에서 본격 추진한 한국형 3축 체계 구축이다. 한국형 3축 체계는 '묵인'이나 '포용정책'보다는 북한의 핵무장 해결을 위한 근본적인 전략에 더 근접한 정책이다. 한국형 3축 체계의 구축과정이나 내용은 앞에서 살펴보았으므로 그 정책이 완성될 수 있는 것인지, 완성되었을 때 북한 핵무장을 억제할 수 있는지 그 가능성과 한계를 살펴보도록 하겠다.

한국형 3축 체계가 완성되려면 기술, 의지, 예산이 필요하다. 먼저 예산은 점증주의적인 태도로 일관하고 있음을 살펴보았다. 예산은 국가 의지로 결정되는데 한국형 3축 체계는 박근혜 정부에서 본격적으로 추진하였고 이전 정부에서는 간헐적으로 3축 체계에 포함될 수 있는 부분적 전력을 구축하였다.

문재인 정부에서 한국형 3축 체계에서 북한 전쟁지도 본부를 포함한 지휘부를 직접 겨냥하여 응징 보복하는 대량응징보복을 제외하고 '전략적 타격체계'와 '한국형 미사일 방어체계'로 변경했으며 전략사령부 창설 공약도 폐기했음은 앞서 살펴보았다. 정권이 바뀜에 따라 3축 체계 완성 의지는 변경될 수 있음을 명백히 보여주고 있다.

기술면에서 가장 큰 도전을 받는 것은 한국형 미사일 방어체계이다. 한·미 미사일 협정에 따라 사거리와 탄두 중량에서 규제를 받아 왔으며 미사일 기술 선진국인 미국과의 협력을 통해 상당한 수준에 있는 일본과 달리 중국, 북한, 러시아 등을 자극하지 않기 위해 종말 단계의 하층 방어 위주로 전력을 구비 해 왔기 때문이다. 종말 단계의 상층 방어는 국방부의 계획에 따르면 2020년대 중반에나 가능할 것으로 보인다.[87]

한국형 3축 체계 구축은 의지, 예산, 기술면에서 불완전하고 북한 핵 대응이라는 전략 임무를 달성하기까지는 요원해 보인다. 그럼에도 불구하고 이 체계가 완성되었다는 가정을 한다면 북한 핵을 억제하거나 방어할 수 있는가 하는 다음 문제에 봉착하게 된다.

미사일 방어시스템이 완벽하게 구현되는 경우를 제외하고는 재래식 전력으로 핵을 억제하거나 방어할 수 없다. 미사일 방어시스템의 완벽성이란 상대방의 핵전력이 수십 또는 수백 개의 핵미사일로 순차적 또는 분산된 공격을 가해 오는 경우까지의 방어를 포함하는 것이다. 아직까지 미사일 방어시스템은 단 한발의 핵미사일이 종말 단계에서 궤적을 변경하거나 기만 유인체(decoy)를 뿌리는 등의 방해 행위까지 시간과 기상에 구애받음이 없이 완벽하게 방어했다는 실험 결과나 데이터를 찾아보기 어렵다.

북한 비핵화에 영향을 미치는 요인들

　　미국과 중국 사이에서 북한에 대해 나름대로 독자적인 역할을
하려 했던 문재인 대통령은 취임 초기 독일에서 미·중－일 정상들
과 회담을 하고 귀국하여 그 성과를 국무회의에서 설명하는 가운데
"우리에게 한반도 문제를 해결할 힘이 있지 않고, 합의를 이끌어 낼
힘도 없다는 것을 뼈저리게 느꼈다"라고 토로하였다.[88]

　　북한보다 국력이 우세한 한국이 북한에 대해 끼치는 영향력의
크기는 제한적이고 주도적인 모습도 보이지 못하고 있다. 한반도의
지정학적 위치와 전략적 가치로 인해 세계에서 가장 힘센 나라들이
남·북 관계에도 영향력을 행사하고 있기 때문이다. 북한은 주체사
상과 자력갱생을 강조하면서 외부의 모든 정보와 영향력이 북한 주
민들에게 전달되는 것을 총력을 기울여 차단하고 있으며 남·북 문
제를 '우리 민족끼리' 해결해야 한다고 주장하면서 유독 핵 관련 논
의는 통미봉남(通美封南)을 견지하고 있다.

　　지난 30여 년간의 북한 비핵화 노력과 핵무장 과정에서 영향을
미쳤던 요인들을 살펴보면, 먼저 북한의 행동이 직접적이고 가장 큰
영향요인이었으며 국제 비확산체제와 한반도의 전략적 가치에 이해
관계를 가지고 주목하는 강대국들, 그리고 강대국들 간의 상호작용
등으로 나누어 볼 수 있다.

북한의 핵 활동

북한의 핵무장 대응 전략을 수립하기 위해 관심을 가지고 살펴야 할 북한의 행동은 크게 세 가지 분야이다. 첫째는 핵 관련 활동으로 추가 핵실험, 핵물질 생산활동, 핵물질의 이전, 추정되는 핵 병기고의 증가 여부, 핵 관련 시설의 신설 또는 증설, 운반체계 개발 및 발전 시도이다. 북한은 핵무기 운반체계의 다양화와 고도화를 추진하고 있다. 운반체계는 핵 3원 체계를 중심으로 북한이 실전 배치한 것으로 알려진 단거리 및 중거리 탄도미사일과 실험 중인 대륙간탄도미사일 발사, 잠수함 제작과 SLBM 발사, 미사일 엔진실험, 미사일 연료 기능 향상(고체연료), 미사일 기술의 판매 또는 이전, 아직 까지는 시도하지 않고 있으나 항공 전력을 핵 투발 수단으로 활용하려는 시도 등을 자세히 추적 관찰하고 분석하여 대응 전략의 조건에 반영하여야 한다.

두 번째로 북한이 과거 자행해 왔던 지상, 해상, 공중에서의 재래식 도발 행위를 주목하여야 한다. 핵 위협과 함께 재래식 도발을 하거나 도발에 대한 대응 과정에서 북한의 핵 위협은 더 중요한 요인이다. 도발의 범주에는 테러, 사이버 공격 등 4세대 전쟁 요소들을 포함해야 한다.

세 번째는 핵전략이나 교리에 해당하는 사항으로 핵 보유를 명시한 헌법과 법령의 개정을 포함한 전략과 교리의 변화 여부는 대응 전략 수립에 있어서 중요한 요인이다. 전략사령부를 비롯하여 핵전력을 담당하는 부서와 부대들에 대한 편성과 위치, 인사 등의 변화와 핵 통제 지휘체계의 변동과 이와 연관성 있는 북한 내부 정치 변동 등을 예의 주시하여 대응 전략에 반영하여야 한다.

북한 비핵화에 영향을 미치는 국제 비확산체제에는 유엔 안전보장이사회, 국제원자력기구(IAEA), 핵확산 금지조약(NPT) 등이 있다. 유엔안보리는 북한의 핵실험과 미사일 발사에 대응해 대북 제재 결의를 해 왔으며 2006년 북한의 최초 핵실험에 대한 안보리 결의 1718호에 의해 '대북 제재위원회'가 설치되었고 2009년 2차 핵실험에 대한 안보리 결의 1874호에 따라 대북 제재위원회 소속으로 '전문가 패널'이 구성되었다. UN 안보리의 새로운 대북 제재 결의나 기존 결의에 대한 이행 여부, 해제 등의 변화는 북한 핵 대응 전략의 중요한 요소이며 대북 제재위원회와 전문가 패널의 활동에도 주의를 기울여야 한다.

원자력의 평화적 이용을 위해 국제적인 공동관리를 담당하고 있는 국제원자력기구에 북한은 1974년 가입했으나 1994년 6월 탈퇴하였다. 핵확산금지조약은 1970년에 발효되어 1995년 무기한 연장되었으며 북한은 1985년 가입하였으나 1993년 3월 IAEA의 특별사찰 요구에 반발하며 탈퇴를 선언하였고 미·북 제네바합의에 따라 탈퇴를 보류하였다가 2003년 1월 재차 탈퇴를 선언하였다. 북한의 IAEA 및 NPT 복귀와 그에 따른 사찰 수용 여부는 북한이 원자력을 평화적으로 이용하겠다는 의지 표현으로서 중요하다.

한반도 지정학적 이해관계자들: 미국, 중국, 일본

한반도의 지정학적 위치와 전략적 가치에 이해관계를 가지고 북한 핵 대응 전략에 영향을 미치는 주요 강대국은 미국, 중국, 일본이 있으며 미국과 중국 간의 경쟁과 갈등은 북한 비핵화 해결을 위한 전략 수립에 복잡성을 더하는 요인이다.

북한 비핵화에 실질적이며 주도적인 역할을 하고 있는 미국의 대외정책은 국가 이익을 추구한다는 점에서 하나이나 양대 정당인 공화당과 민주당 중 어느 당이 집권했느냐에 따라 정책 기조와 사안별 정책에서 차이를 보이고 있다.

전 대통령 트럼프(Donald Trump)와 현 대통령 바이든의 외교정책 차이점을 [표 3-15]는 집약해서 보여주고 있다. 트럼프의 대외정책 기조는 미국 우선주의(America First)이며 힘을 통한 평화(Peace through Strength)를 추구한다.

바이든은 미국의 리더십 회복(Renewing American Leadership)과 자유주의적 국제주의(Liberal Internationa-lism)를 지향한다.

트럼프는 북한에 대해 초기에는 최대압박 정책과 '화염과 분노'로 군사적 옵션까지 고려했으나[89] 싱가포르 회담(2018년 6월) 이후 김정은과 좋은 관계 유지를 통해 전쟁과 도발을 억제하였다. 대통령 자신이 주도하는 탑다운식 비핵화 전략을 추진했으나 하노이 정상회담(2019년 2월) 결렬 이후 실무회담을 추진하였다.

바이든은 제재와 대화를 동시 추진하여 오바마 행정부의 전략적 인내 2.0이 될 가능성이 있으며 중국을 압박하여 북한이 핵을 포기하도록 추진하고 군비통제를 강조하면서 핵무기의 유일한 목적은

[표 3-15] 트럼프와 바이든의 외교정책 비교

구 분	트럼프(전 대통령, 공화당)	바이든(현 대통령, 민주당)
정책 기조	• 미국 우선주의(America First) • 힘을 통한 평화 (Peace through Strength)	• 미국의 리더십 회복(Renewing American Leadership) • 자유주의적 국제주의 (Liberal Internationalism)
대북 정책 (핵)	• 초기: 최대압박, 군사적 옵션 • 싱가포르 회담 이후: 김정은과 좋은 관계 유지를 통한 전쟁, 도발 억제 (하노이 회담 결렬 후 실무회담)	• 제재와 대화 동시 추진 (전략적 인내 2.0 가능성) • 중국을 압박하여 북한 핵 포기 • 군비통제 강조, 핵무기 목적 명확 (북한을 묵시적 핵보유국으로 인정할 가능성 낮지만 존재)
한 · 미 동맹	• 전작권 전환: 문재인 정부 임기중 전환 제한(한 · 미 연합연습 중단) • 방위비 분담금 특별협정: 진통 • 주한미군 현행유지 문구가 2020 SCM 합의문에서 빠짐(감축/재배치를 통한 전략적유연성) • 대중국 압박 참여 요구: Quadplus	• 동맹 회복 및 강화, 한 · 미동맹 중시 (2+2 회담 재개) • 방위비분담금 협상, 동맹 차원 해결 • 주한미군 재배치: 오바마 행정부 기조 유지 전망 • 대중국 압박 참여 요구: Quad, 대만, 인권 등

출처: 김현욱, 『바이든 대 트럼프의 외교정책 전망』(서울: 외교안보연구소, 2020. 일부 수정.

핵 공격에 대한 억제에 두는 점으로 보아 북한 핵 해결을 위한 선제 타격 등의 군사적 옵션을 고려하지 않고 있으며 북한을 묵시적 핵보유국으로 인정할 가능성이 높지 않지만 존재한다.90)

미국 우선주의에 입각한 트럼프는 한 · 미동맹 연합연습 중단을 김정은에게 일방적으로 약속했으며 이에 따라 전작권 전환이 차질을 빚게 되었고 방위비 분담 특별협정은 진통을 겪었다. 주한미군 현행 수준 유지 문구가 SCM 합의문에 매년 반영되어오다 2020년 반영되지 않아 주한미군의 감축과 재배치를 통한 전략적 유연성을 확보하려는 것으로 평가되었고 **Quad-plus를 통한 한국의 대중국 압박** 참여를 요구하였다.

　바이든은 동맹의 회복 및 강화 기조에 따라 한·미동맹을 중시하며 방위비 분담금 협상은 동맹 차원에서 해결되었고, 대중국 압박의 강도와 범위가 확대되었으며, 주한미군 재배치는 오바마 행정부의 기조를 유지할 것으로 보인다.

미국, 일본, 호주, 인도와의 4개국 협력인 Quad(Quadrilateral Cooperation among the U.S, Japan, Australia and India)는 2007년 일본 아베 총리가 제안했으나 동력을 잃었다가 트럼프 대통령의 인도·태평양 전략 제기 후 재부상하여 Quad 국가에 프랑스, 영국이 참여하면서 Quad plus가 되었고 미국은 한국과 베트남, 뉴질랜드 등의 추가 참여를 구상 중이다.

Quad는 '중국 봉쇄'를 직접 언급한 적은 없지만 '자유롭고 개방된 인도-태평양', '규범과 규칙에 기반을 둔 질서', '항해 및 항공의 자유', '국제법 존중', '핵무기 비확산' 등 역내 질서를 관장하는 규범과 원칙을 다루어 반중 연합체 성격을 띠고 있다.

출처: 이정훈·박재적, "인도·태평양 지역 '해상 상황인지' 현황과 쿼드(Quad) 국가의 기여," 『국가안보와 전략』 제20권1호(2020). pp33-6.; 연합뉴스, 2020. 11. 6.

　중국은 2003년 2차 북한 핵 위기를 해결하기 위한 6자회담에 참여하면서 북한 비핵화에 관여해 왔으며 유엔안보리 상임이사국으로서 북한의 핵실험과 미사일 발사에 대한 안보리 제재에 동참해 왔다. 그러나 유엔안보리 제재를 중국이 성실하게 이행하지 않고 있다는 지적이 미국, 일본 등에 의해 끊임없이 제기되었다.

중국은 한국이 북한 핵에 대한 대응책으로 선택한 주한미군의 사드(THAAD) 배치 허용에 강력하게 반발하면서 한한령 등을 통해 정치·경제·문화적 압박을 가하였다. 문재인 정부는 공식적으로는 부인하고 있으나 중국에 이른바 사드 추가배치, 미국 미사일 방어망(Missile Defense, MD) 체계 편입, 한·미·일 군사동맹 등 3가지를 추진하지 않겠다는 **3불(不) 약속**을 한 것으로 논란을 일으켰다.

> - 중국 정부는 2017년 12월 한·중 정상회담을 앞두고 3불 이행을 강하게 요구했다. 시진핑 국가주석으로부터 외교부 대변인에 이르기까지 사용하는 용어, 문장이 거의 똑같을 만큼 거의 매일 이를 반복했다.
> - 중국의 관영매체인 환구시보는 "한국정부는 12월 문재인 대통령의 방중이 국빈 방문임을 강조했지만 대다수 언론은 3불 문제에 주목했다"고 했으며 글로벌타임즈는 "한국이 3불 약속을 지키지 않으면 중-한 관계가 낮은 단계로 곤두박질치고 양국 관계가 치명타를 입게 될 것"이라고 보도했다.
>
> 출처: 한국일보, 2017. 11. 24.

북한과 중국은 6·25 전쟁에서 함께 싸운 혈맹이고 1961년 '조·중 우호 협력 상호원조조약'을 체결하였으나 냉전 종식과 한국의 북방정책 추진, 북한의 핵 개발과 핵무장 과정에서 북·중 관계는 변화를 겪어 왔다.

중국과 북한은 전형적인 비대칭 동맹으로 강대국인 중국이 약소국인 북한의 핵무장을 제지할 수 있을 것으로 기대되었지만 북한은 핵무장의 길로 나아갔다. 중국과 미국이 경쟁하는 구조 하에서 앞으로의 **북·중 관계의 향후 시나리오**는 방어동맹으로의 복귀, 핵을 매개로 한 결박 동맹, 동맹의 파기 등을 예상해 볼 수 있다.

• 중국이 미국과 전면적 대결을 선언하면서 북한과 손잡고 방어동맹으로 회귀할 가능성은 많지 않다. 중국이 자국의 영향력의 감소를 감수하면서 북한의 핵 국가 지위를 승인하는 것은 부담스러우며 북한 이외 다른 주변국과의 관계에서 나쁜 선례로 기능할 수 있어 결박동맹의 가능성도 낮다.

• 향후 북·중 동맹은 불완전한 제지동맹으로 머물러 있거나 동맹 파기로 이어질 가능성이 높다.

출처: 정성철, "북한 핵개발과 북·중 동맹의 변환, "윤영관 편, 『북한이 핵보유국 이 된다면 어떻게 달라지는가』(서울: 사회평론 아카데미, 2020). pp.61-129.

일본은 기술적으로 세계 3대 원자력 에너지 강국이며 핵무장을 정당화할 외부 위협에도 직면해 있어 자체 핵무장을 추진할 개연성이 충분한데 비핵화 정책을 견지하고 있으며 유엔안보리 대북 제재 결의를 적극 지지하고 자체 대북 제재를 단행하고 있다. 일본은 세계 유일의 피폭 국가로 핵무기에 대한 반감은 엄청난 것이어서 핵무장에 관한 논의 자체가 금기시되어 왔다.[91]

1964년 중국 핵실험 직후, 1970년 '핵확산금지조약(NPT)' 가입 전후, 1995년 NPT의 무기한 연장과 1차 북한 핵 위기 전후, 그리고 1998년 북한의 대포동 미사일이 일본 상공을 통과한 사건 직후 일본 정부에 의한 4차례의 핵무장 논의가 있었지만 [표 3-16]에서 보는 바와 같이 핵무장이 일본의 국익에 어긋나며 미국의 확장억제정책에 의존하는 것으로 결론을 내렸다.

이는 월츠(Kenneth N. Waltz)가 지적한 바와 같이 핵무기와 동맹

[표 3-16] 일본의 핵무장 논의

시 기	배 경	결 론
1964	중국 핵실험	• 비핵 3원칙(1967): 핵의 보유, 제조, 반입 금지 • 비핵 4대 정책(1968): 원자력에너지의 평화적 이용, 전 세계적 차원의 핵 군축 노력, 미국의 확장 억제력에 의지, 위의 3가지 조건이 일본 안보를 보장할 때 비핵 3원칙 준수
1970	핵확산 금지 조약 가입	• '1968/1970 내부보고서': 지리적 불리(높은 인구밀도, 적의 선제공격 취약/보복능력 불비), 미일동맹 훼손, 국제적 고립 등의 핵무장 불리점 지적, 미국 확장 억제 의존 결론 • NPT 가입, 미국으로부터 민간 원자력발전용 재처리 기술 개발에는 간섭하지 않겠다는 약속을 받음
1995	NPT 무기한 연장 1차 북 핵 위기	• 북핵 문제가 해결되지 않을 경우 NPT 무기한 연장 반대 표명(1993년 7월 도쿄 G−7 정상회의) • 대량살상무기 확산의 문제에 관한 비밀보고서(1995, 방위청): 핵무장이 득보다 실이 크다는 결론 → NPT 연장 동의
1998	북한 대포동 미사일 발사	• 반핵 여론 높았지만, 정부 고위관료들의 찬성 높아짐 • 미국과의 미사일방어체계(MD) 공동개발 참여

출처: 원승종, "일본의 핵무장 제한요인 연구," 『한일군사문화연구』 제24집(2017).

은 불가분의 관계로 비 핵무장국은 핵무장 동맹국이 제공하는 확장 억제에 의존하면서 자체 핵무장은 자제하는 경향을 보인 것이다. 일본은 자체 핵무장이라는 내적 균형책 보다는 동맹국의 확장억제라는 외적 균형책을 통해 외부의 핵 위협을 줄이고 있다.[92]

일본이 핵무장을 하지 않는 원인으로 미·일 동맹에 의한 확장 억제력 제공, 일본 국민들의 반핵 정서와 그로 인해 제도화된 평화 헌법 제9조, 비핵 3원칙, 원자력 기본법 등의 일본 국내 요인, 그리고 핵무기 비확산 국제규범 등을 들고 있다.[93]

그러나 일본의 핵 정책은 이중성을 갖는다는 지적이 많다. 일본인들의 반핵 정서는 아직도 강하지만 [표 3-17]에서 보는 바와 같이 북한의 1차 핵실험 이후 핵무장에 긍정 응답이 점차 상향되고 있어 변화의 조짐을 보이고 있다.

[표 3-17] 일본인들의 반핵 정서 추이(여론조사 결과)

연 도	1968	1978	1994	1999	2006	2013
핵무장에 긍정 응답	21%	15%	9%	7%	18%	27%
비 고				북한 대포동 미사일 발사	북한 1차 핵실험	북한 3차 핵실험

출처: 원승종, "일본의 핵무장 제한 요인 연구," 『한일군사문화연구』 제24집, 2017.

일본은 전체 비핵국가들의 91%에 해당하는 47.8톤의 플루토늄을 보유하고 있으며 인공위성 및 발사체의 재진입 기술 등의 기반시설과 기술을 활용하여 핵무기 개발을 결심하면 1년 이내에 핵무장을 할 수 있는 '실질적인(Virtual) 핵무기 보유국' 또는 '준핵국(準核國)'의 지위를 인정받은 것으로 분류된다.[94]

일본은 재처리공장 가동을 1977년부터 하려 했으나 1974년 인도의 핵실험으로 미국이 플루토늄 상용화를 중지하는 핵 비확산정책을 추진하게 되면서 일본에 재처리노선을 포기하고 핵연료의 공급을 미국에 의존하도록 하였다.

카터 미 대통령이 재선에 실패하면서 레이건 대통령이 집권하자 일본은 10년간에 이르는 대미 외교를 통해 미국의 대외 원자력

정책을 핵 원료 공급국의 개입을 최소한으로 하는, 일정 기간 동안 한 번 승인으로 재처리를 할 수 있는 '포괄적 사전 동의(Programatic Approval)' 제도를 허락받음으로써 1987년 재처리공장을 가동하게 되었다.95)

1955년 제정된 원자력 기본법 제2항에는 원자력 에너지의 연구, 개발, 사용은 오직 평화적 목적을 위해서만 이용되어야 한다는 제한 규정이 있었는데 일본 정부는 2012년 원자력 기본법을 개정하여 '국가안보'를 위한 원자력 에너지의 사용을 추가하였다.96)

키신저 전 미국 국무장관은 'TV도쿄'에 출연하여 "일본이 핵을 개발한다고 해도 놀랄 것이 없다. 일본에게는 선택권이 있다"라고 발언하였으며97) 월츠(Kenneth N. Waltz)는 일본의 핵무기 보유가 세력균형을 가져와 핵전쟁을 억제할 수 있다고 주장하였다.98)

『현대 핵전략』을 저술한 나랑(Vipin Narang)도 핵 대기국(待期國; a standby nuclear state)인 일본이 잠재적 확산자에서 자신의 핵 능력을 핵무장으로 끌고 가는 피할 수 없는 날이 올 것으로 예측하였다.99)

일본의 핵무장을 제한하는 요소이며 동시에 선택조건이 되는 요인은 국내의 반대 여론, 주변국의 반발, 국제 비확산체제의 제약, 그리고 군비 능력의 한계 등이며 이 선택조건과 한계에 변화를 줄 수 있는 변수들로는 북한의 핵무기 보유 또는 통일된 한국의 핵 보유, 미국 핵우산의 기능 저하 또는 소멸, 그리고 일본 내 극우 민족파의 집권 등으로100) 면밀한 관찰과 분석이 요구된다.

한반도를 둘러싼 미국과 일본, 중국의 상호작용

한반도의 지정학적 위치와 전략적 가치에 이해관계를 가진 미국의 중국에 대한 전략은 냉전 이후 '방어적 수용'의 큰 틀에서 부시 행정부에서는 적극적 협력의 시기를 보냈으나 중국의 부상이 현저해지자 미국은 안보 정책의 초점을 아시아로 전환하여 재균형 정책(Rebalancing), 아시아 회귀(Pivot to Asia), 그리고 인도-태평양 전략(Indo-Pacific Strategy)으로 발전시켜 왔다.

2008년 글로벌 금융위기 이후 중국의 부상이 가속화 하면서 미국과 중국이 '투키디데스 함정'에 빠질 것을 우려하는 목소리가 높아지고 있으며 이는 한반도 안보에 특히 북한 비핵화에 커다란 영향요인으로 작용하게 되었다.

중국과의 관계가 협력적이었던 부시 행정부는 북한에 일방적 강압 전략을 취했고 오바마 행정부는 대중국 재균형 정책과 대북한 전략적 인내를 하였다. 트럼프 행정부는 출범 초기부터 대중국 강경책을 취해왔다. 최초 무역과 경제 전쟁으로 시작했으나 코로나19 사태를 계기로 **체제 간의 대결(Systemic Competition)**로 전환되고 있다.

미국 내에서 미·중 관계를 보는 시각은 체제 간 대결(Systemic Competition), 체제 내 대결(In- Systemic Competition), 전략 경쟁(Strategic Competition), 이익 충돌(Conflict of Interest) 등 다양한 견해가 있으나 코로나19 이후로 강경한 시각으로 수렴되고 있다.

출처: 김현욱, 『바이든 대 트럼프의 외교정책』(서울: 국립외교원, 2020). p.5.

트럼프 행정부가 북한에 대해 군사옵션까지 고려하고 최대압박을 가하다 압박은 유지한 상태에서 미·북 정상회담을 통해 좋은 관계를 유지하려 했던 이유는 중국의 동맹인 북한과의 관계 개선을 통해 중국의 동북아 전략의 균열을 유도하고 중국의 세력 약화를 꾀한 것이라는 견해가 있다.[101]

미국은 대중국 세력균형을 위해 미국의 군사력을 괌을 중심으로 한국, 일본 등에 전진 배치하고 중국의 반접근 거부전략(A2AD)에 대응하기 위한 공해전(Air–Sea Battle)과 '국제 공역에서의 접근과 기동을 위한 합동 개념(Joint Concept for Access and Maneuver in the Global Commons, JAM–GC), 다영역 작전(Multi–Domain Operation, MDO) 등의 군사전략을 발전시키는 내적 수단을 강화하고 있다.

외적 수단으로 인도–태평양 지역에서의 군사협력 네트워크를 건설하여 전진 배치된 전력의 유연성을 강화하면서 한반도 및 지역 안보에 있어 한국의 역할 증대를 요구하고 있다.[102]

글로벌 시대를 맞이하였지만, 미국이 아시아지역에서 1만 킬로미터 이상 떨어진 곳에서 사활적인 미·중 간의 갈등과 경쟁을 승리로 이끌기 위해서는 지역 국가들의 협력을 통한 역외 세력균형이 긴요하다. 이러한 상황은 한국에 기회이자 위기로 북한 비핵화 대응 전략 수립에 필수적인 요인이다.

제 12 장

현상타파: 3단계 핵균형 전략

2021년 현재 한반도의 핵 관련 안보상황의 총체적 조망은 앞서 살펴 본 바와 같이 다음과 같은 3개의 문장으로 요약해 볼 수 있다.

① 김정은의 핵무장은 정책 딜레마에 빠져 있으며 지정학이 야기하는 전통적 안보 딜레마에 처해 있다. 또한 국제비확산체제라는 거대한 장벽에 부닥쳐 전략적 딜레마, 시간의 딜레마에 직면해 있다.

② 역대 한국 정부는 북한의 핵실험에도 불구하고 교류 협력, 화해, 경제 지원, 외교 등의 대안을 선택함으로써 성공 가능성이 작았던 북한의 핵무장이 성공하는 모습을 지켜보아야만 했고 이제는 값비싼 대가를 지불해야만 하는 상황에 처하게 되었다. 이러한 정책과 전략 수단은 그 행동으로부터 초래될 결과의 가치가 실제적으로 현시되었거나 증대되리라는 어떤 증거도 없고 그 결과로서 북한의 비핵화가 이루어지지도 않았고 가능성은 점차 줄어만 가고 있는데 한국 정부는 지속적으로 그 대안들을 고집스럽게 채택하고 있다.

③ 북한의 핵무장이 궁극적으로 한국을 향한 것이라는 사실에 대한 오인식과 선택적 인식은 북한 핵실험 이후에도 냉철한 방향으로 전환되지 않았고 오히려 확산되어 일반적인 견해가 되어갔고 이는 북한 핵 논의에서 한국이 외면당하는 논리 구조가 더욱 공고화되는 결과를 가져왔다.

이러한 답답한 현실을 타파하기 위해서는 근본적인 사고의 전환과 획기적인 수단의 선택이 필요하다. 즉, 패러다임의 전환이 필요하다. 패러다임은 한 시대를 지배하는 인식·이론·관습·사고·관념·가치관 등이 결합된 총체적인 틀 또는 개념의 집합체라고 정의된다. 패러다임은 전혀 새롭게 구성되는 것이 아니라 기존의 틀 또는 개념 위에서 혁명적으로 생성되고 쇠퇴하며, 다시 새로운 패러다임으로 대체된다.[103]

역대 한국 정부가 일관되게 북한의 비핵화를 목표로 대북정책을 추진해 왔지만, 북한이 핵실험을 하기 이전과 이후 모두 목표를 달성하기 위한 수단 곧 전략이 부재하였고 군사적 수단을 전략의 구성요소로 간주하지 않음으로써 소위 전략-능력의 불균형(Strategy-Capabilities Miss match)을 초래케 하였음을 살펴보았다.

한국정부의 운전자론에 대해 김정은(김여정)의 거칠고 모욕적인 언사들은 매우 단순하고 투박한 요구 하나를 담고 있다. 그것은 면허증이 없는 운전자를 인정할 수 없다는 것이다. 한국 정부가 주도해서 북한 핵 위협을 억제 또는 제거하기를 원한다면 패러다임을 전환하여 북한과 국제사회로부터 능력을 갖추었음을 인정받아야 한다.

북한 핵 해결에 현상유지를 추구해 왔던 한국 정부가 새로운 패러다임을 생성하기 위해서는 두 가지 사고의 전환과 실제적 전략 수단 마련이 필요하다. 먼저 남·북한 체제경쟁에 대한 인식을 전환해야 한다. 김정은의 핵무장이 게임체인저가 되었는데도 체제경쟁에서 승리했다는 자만감에 도취되어 일찌감치 샴페인을 터트리고 있는 것은 아닌지 겸손하고 냉철한 사고로 현실을 직시해야 한다.

두 번째 사고의 전환은 북한 핵을 바라보는 시각의 틀, 생각의 프레임을 전환하는 것이다. 북한의 핵은 궁극적으로 한국을 향한 것이다. 북한이 공개적으로 또는 은밀하게 의도를 노출시키고 있고 세계 유수의 전문가들이 객관적이고 과학적인 근거를 토대로 동일한 사안을 지적하고 있으나 정작 한국의 일부 세력들이 이와 반대되는 시각으로 국론을 분열하고 패러다임의 전환에 완강히 저항하며 북한 핵의 '미·북 프레임'을 견지하고 있다. 국민들의 상식적이고 합당한 생각을 바탕으로 북한 핵 해결을 위해 한국이 주도하는 '당사자(남·미·북) 프레임'으로 전환해야 한다.

북한 비핵화의 근본적인 해결과 실제적 전략 수단 마련을 위해서는 '핵 균형 전략'을 추진해야 한다. '3단계 핵 균형 전략'은 핵 옵션 오픈, 핵 공유 또는 전술핵 재배치, 핵무장 등을 현실적 조건에 기초하여 단계별로 추진하는 것이다. 북한 비핵화에 영향을 미치는 영향요인들을 면밀히 관찰하고 평가하여 단계적 순차 추진, 단계별 별도 추진, 단계 간 조합을 추진할 수 있으며 북한 비핵화가 달성되면 폐기절차에 돌입하는 한시적 전략이다.

한국 정부는 1단계 핵 옵션 오픈(Option Open) 전략을 시행 대안으로, 2단계 전술핵 공유 또는 재배치 전략을 예비 대안으로, 3단계 핵무장 전략을 최후 대안으로 추진함으로써 한반도에 평화를 정착시키고 후손들이 번영을 누릴 수 있도록 해야 한다.

남·북한 체제경쟁의 재인식

남·북한 국력 비교분석

문재인 대통령은 2020년 6월 25일 6·25 전쟁 70주년 기념 연설에서 "우리의 GDP(국내총생산)는 북한의 50배가 넘고 무역액은 북한의 400배를 넘습니다. 남·북 간 체제경쟁은 이미 오래전에 끝났습니다. 우리의 체제를 북한에 강요할 생각도 없습니다."라고 하였다.[104)]

이러한 정부의 기조는 1980년대 말의 공산권 붕괴와 해체, 1990년대 초 한국 정부의 북방정책 추진, 북한 고난의 행군 시기를 지나면서 한국 국민에게 일반적 시각으로 자리 잡았다. 김대중 정부가 햇볕정책을 본격적으로 추진하던 2000년부터 '북한 체제는 이미 실패했고 변화 없이는 회생 불가능하지만, 북한이 조만간 붕괴할 가능성은 희박하다는 것'으로 공식화되었다.[105)]

'북한의 체제 경쟁력은 더욱 약화되어 남·북 간 체제경쟁은 더 이상 의미가 없게 되었고 북한이 비록 병력면에서는 다소 우위에 있으나 질적인 측면을 고려할 때 한국이 충분한 억지력을 가지고 있는 것으로 평가'하였다.[106)]

한 국가의 국력은 '국가가 그 국가목표나 국가정책을 달성하기 위하여 보유하는 능력'을 말한다. 본래는 국가가 생존하고 발전하기 위하여 보유한 능력으로 주로 국제관계의 무력 외교적 관점에서 한 국가가 다른 국가에 대해 영향을 끼칠 수 있는 능력이라 할 수 있다. 국력의 가장 기초적인 요소는 인구, 영토, 천연자원이며 국제정치적

인 관점에서 일반적으로 군사력, 경제력, 정신력을 대표적인 요소로 중시한다.[107]

국력을 계량화하여 측정하기는 어렵지만, 클라인(Ray S. Cline)은 국력을 '국가가 설득, 강제, 혹은 군사력으로 타국이 원하는 일을 하지 못하게 하거나 원하지 않는 일을 하게 하는 능력'으로[108] 보고 국력 평가를 시도하여 [그림 3-4]와 같은 공식을 도출해 내었다.[109]

[그림 3-4] 클라인의 국력평가 공식

$$Pp = (C + E + M) \times (S + W)$$

Pp: 인지된 힘(Perceived Power)
C: 결정적 기초 요소로서 인구와 영토(Critical mass: Population and Territory)
E: 경제적 능력(Economic Capability)
M: 군사적 능력(Military Capability)
S: 전략적 목표(Strategic Purpose)
W: 국가 목표 달성을 위한 전략 추구 의지(Will to Purpose National Strategy)

출처: Ray S. Cline, 1980. 김석용 등 역, 『국력 분석론』(서울: 국방대학원, 1981). pp.25-26.

최근의 연구는 한국적 특수성과 시대에의 부합성 등을 고려하여 남·북한 국력을 비교하기 위한 국력 요소로 군사력, 경제력, 정부 능력을 들고 있다. 군사력은 군대의 규모와 사기, 전쟁 수행 잠재력, 무기체계의 규모 및 첨단화, 해외로부터 지원받을 수 있는 군사력 등으로 구성된다.

경제력은 경제 규모, 국민복지, 산업 구조 등으로 구성되며 정부 능력은 국가 내 제 집단을 중재하고 국민의 지지를 확보하는 능력, 그리고 해외로부터 지지와 지원을 받는 능력 등이 포함된다.[110]

남·북한 국력평가 결과 [표 3-18]에서 보는 바와 같이 군사력, 경제력, 정부 능력 모든 면에서 남한이 북한 대비 압도적인 것으로 나타났다. 국력을 구성하는 요소들에 가중치를 부여하기는 어려우나 상황에 따라 중요성은 달라질 수 있는데 분단국이나 전쟁의 위험이 있는 국가에는 (경제력 + 정부 능력) × 군사력이 적절하며 교전 중인 국가에는 군사력이 국력과 동일시될 수 있다.111)

[표 3-18] 남·북한 국력 평가 결과(2002년 기준)

구 분	내 용
군사력	• 남한이 북한 대비 5.7배 높음 • 북한 대비 10배 이상의 동맹군을 확보
경제력	• 경제규모: 북한의 27배(GNI: 북한의 13배) • 남한은 선진국 단계에 진입해 있는 상태 　북한은 산업화 단계에도 진입하지 못한 상태
정부 능력	• 남한은 사회 다원화와 지도력 경쟁의 성숙화 단계에 진입 　북한은 사회 다원화와 지도력 경쟁의 출발점에도 서 있지 못함 • 남한이 북한 대비 수교국 1.2배, 해외공관 2.4배, 국제기구 가입 3.4배, 　외교비 누계 3.5-4.3배, UN예산분담금 124.4배 높음

출처: 이재영, "국력의 구성요소와 평가방법," 경남대 박사학위논문, 2002. p.181.

게임체인저가 된 북한의 핵무기

북한은 이러한 현실을 직시하고 선군정치를 통해 비대칭 전력 개발에 매진했고 게임체인저로서 핵무장을 통해 끝나가던 남·북 체제경쟁의 불씨를 되살렸다. 전쟁의 위험이 상존하는 분단국인 남·북한의 국력 비교에서 군사력은 중요한 부분을 차지하며 핵무기는 확실한 게임체인저로 존재한다. 북한의 핵무기를 최소 20개로 추정하면 20KT 위력의 핵폭탄 19개와 50KT 위력의 핵폭탄 1개를 보유한 것이 되며 합산하면 총 430KT(19×20 + 50)의 화력을 가진 것으로 평가할 수 있다.

앞서 살펴본 대로 20KT의 기본 핵무기는 야포 400만 문이 일제 사격하는 것과 같은 위력을 지니고 있으므로 17억 2천만(400만×430)문의 화력과 같다. 현재 한국군은 야포와 다련장을 포함하여 6,300여문의 화포를 보유하고 있다.[112]

핵무기의 정치적·심리적 요소를 제외하고 단순하게 기본 화력으로만 비교를 하여도 한국은 북한의 273,016분의 1에(17억 2천만÷6,300) 해당하는 능력을 가지고 있는 것으로 평가된다. 북한의 핵 능력은 한국군 화력의 대략 25만배 이상이라는 의미이다.

최근 한·미 미사일지침이 해제[113]되면서 한국 정부가 북한 핵 능력에 대응해 상당한 역량을 갖출 수 있을 것이란 주장들이 있는데 턱없는 희망사항이다. 한국군이 북한 전역을 타격할 수 있는, 최신 개발중인 미사일인 현무4가 '전술핵급 괴물미사일'로 언론에서 소개하고 있으나 이 미사일의 중량은 2톤으로 기본 핵무기 화력 20KT(Kilo Ton)의 10,000분의 1에 해당하는 것일 뿐이다.

재래식 군사력이 2002년의 5.7배에서 57배로 상향되고 경제력과 정부 능력이 27배에서 270배로 증가했다고 현재를 가정해도 남·북한 국력을 비교 산출해 보면 핵 능력이 국력에 있어서 압도적임을 쉽게 알 수 있다.

2002년 김대중 정부가 '북한이 비록 병력 면에서는 다소 우위에 있으나 질적인 측면을 고려할 때 한국이 충분한 억지력을 가지고 있는 것'으로 평가한 것은 정확하지 않은 것이다. 김정일도 2002년 6월 남·북 정상회담 시 비공개 회담에서 주한 미군이 남·북 간에 전쟁을 막아 주는 억제의 역할을 하고 있음을 다음과 같이 분명히 밝힌 바 있다.

제가 대통령께 비밀 사항을 공식적으로 말씀드리겠습니다. 미군 주둔 문제입니다. 1992년 초 미국 공화당 정부시기에 김용순 비서를 미국에 특사로 보내 '남과 북이 싸움 안하기로 했다'고 말했습니다. 그러면서 **'미군이 계속 남아서** 남과 북이 전쟁을 하지 않도록 막아 주는 역할을 해 달라'고 요청했습니다.

김대중은 김정일에게 "그런데 왜 언론 매체를 통해 계속 미군 철수를 주장하고 있는가?" 하고 묻자 김정일이 "그것은 우리 인민들의 감정을 달래기 위한 것이니 이해해 주시기 바랍니다."고 답하였다. 김정일은 통일 이후에도 미군의 한반도 주둔에 대해서도 같은 생각이라고 말했다.
출처: 김대중, 『김대중 자서전 2』(서울: 삼인, 2010). p.290.

김정일의 아들 김정은은 2019년 8월 트럼프 미 대통령에게 보낸 서신에서 한·미 연합훈련에 대해 불만을 표시하면서 "현재와 미래에 한국군은 나의 적이 될 수 없다", "우리는 강한 군대를 갖고 있고 한국군은 우리 군의 상대가 되지 않는다"라고 주장하였다.[114]

전략이론에서 억제가 가능해지려면 상대방의 신뢰성이 중요하다는 점을 살펴본 바와 같이 한국군의 재래식 전력이 북한 대비 상당히 우월한 수준에 있다고 해서 북한의 전쟁 도발을 억제할 수 있는 것이 아님을 김정일과 김정은은 지적하고 있다. 북한이 전쟁을 결심하고 실행하고자 할 때 두려워하고 전쟁 의지를 자제하게 만드는 것은 한국군의 국방예산이 북한보다 월등히 많다거나 첨단 재래식 능력을 구비했다는 것이 아니다.

국내총생산 50배, 무역액이 400배 많다는 것은 더더욱 아니고 핵 능력으로 뒷받침되는 주한미군의 존재임을 현실적으로 입증해 주고 있다. 역대 한국 정부가 한 · 미 동맹을 통해 손자가 말한 **'상병벌모(上兵伐謀)'의 전략**을 취해 온 것이 실효성이 있었음을 증명하는 것이다.

손자는 손자병법 모공(謀攻) 편에서 적의 전쟁 의지를 초기에 꺾는 것을 싸우지 않고 승리하는 최상의 전략으로, 적을 동맹으로부터 고립시키는 전략, 적의 군대를 격파하는 전략 순으로 차등을 두었으며 적의 성을 공격하는 것을 하책으로 여겼다.(是故百戰百勝 非善之善者也, 不戰而屈人之兵 善之善者也, 故上兵伐謀 其次伐交 其次伐兵 其下攻城)

출처: 김광수, 『손자병법』(서울: 책세상, 1999). pp.92-95.; 吳九龍, 『孫子校釋』, 1990. 홍원식 역 『손자병법대전』(서울: 일중사, 2000). pp.106-108.

핵무기는 모택동이 언급한 대로 '종이호랑이'로 실제 사용할 수 없기 때문에, 혹은 북한과 한국 내 일부에서 주장하듯이 북한이 동

족인 한국을 향해서는 절대 핵무기를 쓰지 않을 것이므로 핵무기를 군사력에서 제외하고 국력을 계산하여 한국이 북한보다 우월하다는 환상적 가설을 받아들인다 해도 한국이 최종적인 승자가 된다고 장담할 수 없음을 역사적 사례들이 냉엄하게 지적하고 있다.

전반적으로 국력이 우세한 큰 나라가 군사력과 국가 의지가 강한 작은 나라에 굴복한 대표적인 사례는 과거 몽골의 중국 제패, 금나라의 송 정벌, 신라의 삼국통일, 최근의 월맹에 의한 베트남 통일 등의 사례를 꼽을 수 있다. 이렇다 할 경제적 토대도 없이 유목민 생활을 하던 몽골은 13세기 중엽에 인구 100만에 15만 군대를 이용한 기동전과 칭기즈칸의 리더십으로 당시 비교도 할 수 없이 국력이 우월했던 금(金)나라와 남송을 차례로 무너뜨렸다고 세계를 제패해 나갔다.

가장 늦게 고대 국가의 틀을 갖추고 모든 면에서 열세했던 신라는 풍요롭고 문화가 융성했던 백제, 광대한 영토와 강한 군사력으로 130여 년 이상 삼국 관계를 주도했던 고구려를 제치고 삼국통일을 이루었다. 신라는 당시 중국이 남·북조에서 수·당으로 이어지며 발생했던 고구려와 수·당의 70년 전쟁을 포함한 국제정세를 명확히 이해하고 백제와의 연합, 나·당 연합 등의 외교전략과 화랑도를 중심으로 한 응집된 군사력으로 백제와 고구려를 차례로 무너뜨렸다.

송(宋)나라는 중국 최초로 1억 명이 넘는 인구를 가지고 역사상 경제적으로 가장 번영했지만, 국방력은 허약하여 민족적 굴욕을 감수해야 했다. 100만 이하의 인구를 가진 북방 기마민족인 거란, 금, 몽골 등에 돈과 비단을 주고 평화를 구걸하는 정책을 구사하다가 북송은 금(여진족)에 의해, 남송은 몽골에 의해 결국 비참한 종말을 맞았다. 송은 군대의 지휘권을 문관에 부여하는 문신우위의 국방정책과 쿠데타 방지를 위해 황제의 친위대는 강화하고 국경과 지방 주둔의 야전군을 약화시키는 강간약지(強幹弱枝) 정책으로 체계적인 결함을 가지고 있었다.115)

냉전체제로 분단되었다가 공산화로 통일된 첫 사례인 베트남은 북베트남이 남베트남보다 인구와 면적에서 약간 컸으나 경제력에서는 남베트남이 월등히 우세했다. 미군이 철수하면서 남긴 수많은 최신무기로 무장한 남베트남군은 당시 세계 최강의 군대가 될 수 있었으나 정치지도자와 군 지도부의 부정부패와 내부 정치 불안을 극복하지 못하고 북베트남에 패하고 말았다. 북베트남은 당시의 국제정세와 미국 내의 변화들을 정확히 이해하고 이를 자신에게 유리하도록 외교 여건을 조성하고 선전 선동의 소재로 활용하면서 간첩과 베트콩들을 활용한 게릴라전으로 남베트남을 붕괴시키고 최후의 승자가 되었다.

남·북 체제경쟁의 최후 승리를 위한 태도와 결단

일제로부터 해방되면서 시작된 남·북 체제경쟁의 짧지만 긴 역사를 살펴보면 남·북 중 일방의 우세가 지속되어 오지 않았음을 알 수 있다. 분단 초기에는 북한이 우세하였으나 1970년대부터 남한이 북한에 역전하기 시작하여 1990년대에는 남한의 우세가 확실해졌으며 현재(북한의 핵무장을 제외한다면) 현격한 차이를 보이고 있고 그

격차는 더 벌어질 것으로 예상된다.

남·북 체제경쟁 과정을 자세히 살펴보면 남과 북의 우세와 열세가 엎치락뒤치락 했으며 우열의 차이가 극대화 되어 일방이 체제생존의 위험에 처하게 되었던 극적인 장면이 반복되어 왔음을 알 수 있다.

첫 번째 극적인 장면은 북한이 기습 남침으로 시작한 인민해방전쟁으로 수도 서울을 3일 만에 점령하고 불과 두 달이 채 지나기 전에 남한 대부분을 석권하고 낙동강 방어선만 남겨두었던 1950년 8월의 한반도이다.

국군은 북한군 기습공격의 충격에서 벗어나지 못한 채 전력의 열세를 극복하지 못하고 마산-대구-경주 축선을 방어선으로 편성하고 국토의 약 10%에 불과한 부산교두보를 간신히 확보한 상태로 국가의 명운이 경각에 달려있었다. 북한은 부산 점령을 목표로 전력을 집중하여 8월 공세와 9월 공세를 집요하게 펼쳤으나 유엔군의 인천상륙작전으로 패퇴하였다.

두 번째 장면은 인천상륙작전으로 승기를 잡은 유엔군과 국군이 삼팔선을 돌파, 평양에 입성하고 북진을 거듭하여 압록강에 인접한 초산군과 함경도의 청진과 혜산시까지 도달했던 1950년 11월의 한반도이다.

북한에 남은 땅은 신의주시 주변과 강계시 주변의 개마고원, 그리고 두만강 유역의 험지뿐이었고 대한민국 정부는 조국 통일기념 우표를 발행하였으며 국군과 국민들은 곧 남·북통일이 이루어질 것으로 믿었다. 유엔군 장병들도 크리스마스는 고국의 집에서 보낼 수 있을 것으로 기대하였다. 전황이 불리해지자 김일성은 만주에 망명

정부를 세우라는 스탈린의 명령에 따라 북한을 포기할 마음을 먹었으나 중공군의 참전으로 통일의 꿈은 무참히 좌절되었다.

세 번째 장면은 북한의 국력이 우세하고 한국은 체제 내부의 불안정과 안보 불안이 극에 달했으며 국제정세도 북한에 미소를 짓던 1960년대 중반부터 1980년대 초반까지의 시기로 북한 주도의 통일 가능성이 최고조에 달했다.

이 시기 북한은 경제력에서 남한보다 우위에 있었으며 4대 군사 노선 추진으로 강한 군사력을 건설하였고 내부 정적들을 제거하고 김일성 1인 지배체제를 굳혀 안정된 정치기반을 닦았고 노골적인 대남 및 대미 군사도발을 감행하였다. 미국이 베트남 전쟁에서 미군을 철수하고 새로운 미·중 관계와 데탕트를 추진함에 따라 파리 평화협정에 이어 베트남이 공산화 통일되었다.

중국은 등소평 주도하에 개혁개방을 추진하여 안정된 경제발전을 이룩하기 시작하였고 안보리 상임이사국으로 진출하여 강대국의 반열에 올랐다. 한국은 베트남의 공산화 통일을 지켜보며 체제생존의 위협을 느꼈으며 주한미군 철수를 공약한 미국 대통령의 당선으로 안보 불안은 심화하였고 박정희 정부가 군부 독재정권으로 몰려 극심한 내부 반발에 시달리다 대통령이 시해되기에 이르렀다. 한국은 한·미 동맹을 근간으로 안보 불안을 극복하고 내부 불안정을 민주화 성취로 수렴하며 발전의 토대를 마련하였다.

네 번째 장면은 한국의 국력이 북한을 초월하여 점차 격차를 벌리고 공산주의 체제의 붕괴와 해체로 북한이 피 포위 의식과 체제붕괴의 불안이 극에 달하고 독일의 자유화 통일로 한반도에서의 통일 도미노 현상이 기대되던 1980년 후반부터 2000년대 초반까지의 시기로 북한 붕괴와 흡수통일 가능성이 최고조에 달했다.

한국은 산업화와 민주화를 모두 달성한 결과들을 누리기 시작했고 1988년의 올림픽에 참석한 공산권 국가의 많은 인사들은 자유민주주의 체제하에서 발전한 한국의 모습에 강한 인상을 받았다. 한국은 경제력을 바탕으로 재래식 군사력에서 북한을 추월하였으며 유리한 국제정세를 전략적으로 활용하여 외교 면에서 북한을 압도하게 되었다.

동독 주민에 의한 결정으로 이루어진 서독으로의 흡수통일은 새로운 통일 모델로 한국에는 소망을, 북한에는 공포를 가져다주었다. 공산주의의 역사적 종언과 한국 정부의 북방정책으로 러시아와 중국, 동유럽 공산 국가들이 한국과 수교하자 북한은 극심한 고립감과 경제적 어려움에 부닥치게 되었다.

북한은 악화일로의 경제난에 기근과 홍수 등의 자연재해까지 겹쳐 수십만에서 수백만의 아사자와 탈북민이 발생하고 김일성의 사망으로 지도자를 잃자 평양의 엘리트들이 망명을 꿈꾸는 절체절명의 위기를 맞이하게 되었다. 북한은 선군정치로 체제생존을 도모하면서 핵 개발과 핵무장에 전념하여 한반도에서 주도권을 회복하고 최후의 승자가 되기 위한 야망을 드러내고 있다.

한국은 김영삼 정부 시기인 1997년 외환 부족으로 국제통화기금(International Monetary Fund, IMF)으로부터 자금 지원을 받는 뼈아픈 경제위기를 경험하였다. 당시 1인당 국민소득은 만 달러를 돌파했으며 한국은 경제협력개발기구(Organization for Economic Cooperation and Development, OECD)에 가입했고 정부는 선진국 클럽에 가입했다고 축배를 들었지만, 대외경제 조건은 날이 갈수록 악화하였고 정부의 오판과 뒤늦은 대처로 나라 곳간은 비어만 갔다.116)

IMF 경제위기에 대한 여러 가지 원인이 있겠지만 고인이 된 김영삼 전 대통령의 실책에 대한 한국 공영방송의 총괄적인 평가에 주목해야 하며 교훈으로 삼아야 할 요소가 있다. 차원은 다르지만 동일한 시각으로 국방 안보 정책에서 한국이 대북 체제경쟁에서 승리했다는 자만심에 축배를 일찍 들고 북한의 핵무장에 대한 실질적인 대책들을 강구하지 않고 있다면 국가 존망의 치명적인 안보 위기가 기습적으로 찾아올 수 있다.

북한 핵 위협의 실체를 인식하고 국제정세를 이해하여 근본적이고 올바른 판단과 대책을 세워야 한다. 남·북 체제경쟁의 최종 승패는 아직 판가름 나지 않았으며 경기가 끝날 때까지, 장갑을 벗을 때까지 우승자가 누가 될지는 알 수 없다는 태도로 북한 핵을 다루어야 한다.

또한 게임체인저가 된 북한의 핵무기에 근본적으로 대처하기 위한 군사적 대안 마련을 서두르면서 핵 균형 전략의 결단을 통해 대한민국의 헌법에 따른 통일을 완수하여 평화롭고 번영하는 나라를 후손에게 물려주어야 한다.

전략적 대응수단 마련과 프레임 전환

전략적 대응수단 마련

역대 한국 정부의 북한 핵 억제 또는 제거를 위한 정책 대응 수단은 대화를 바탕으로 경제적 지원을 포함한 교류 협력, 외교적 압박 또는 지원, 핵을 제외한 군사적 신뢰 구축과 긴장 완화, 재래식 전력 증강 등으로 요약할 수 있다. 대응 수단의 효율성을 평가하는 객관성에는 논란이 있을 수 있지만, 지금까지의 대응 수단들이 달성하고자 하는 목표의 효용 또는 가치를 극대화(비핵화 달성) 시키지는 못했다는 지적에는 이의가 없다.

북한 핵 능력이 고도화되고 실체적인 위협으로 부상한 현실을 감안하여 기존의 대안들에 대한 재검토와 새로운 대안 마련이 절실하다. 대화와 경제적 지원, 교류 협력, 외교적 지원은 지속하되 주도권 유지와 비핵화 촉진에 방향성을 두고 추진해야 한다. 대북 경제 지원과 교류 협력은 인도적 지원과 함께 북한 주민에게 초점을 맞추고 투명성 있게 실행되어야 한다.

근본적으로 군사 분야에서 새로운 대안들이 마련되어야 한다. 먼저, 재래식 전력의 확고한 우위를 유지해야 한다. 북한은 2020년 10월 노동당 창건 75주년 열병식에서 재래식 전력의 현대화를 짐작케 할 수 있는 물자와 장비, 무기들을 선보였다.

노태우 정부에서 대북 대비 전력이 71%로 평가한 이후 한국의 재래식 전력은 꾸준히 성장하였다. 병력이나 함정, 항공기 등의 수적 열세를 국방백서에는 늘 강조하지만, 그동안 투자된 국방비 규모 등을 고려할 때 첨단전력으로 무장한 한국군의 총체적 대북 전력 우위를117) 의심할 사람은 많지 않다.

지속적인 노력을 더 기울여 재래식 전력에서 북한의 수뇌부와 군부에서 인식할 정도의 초격차를 유지할 필요가 있으며 현격한 차이를 사실 그대로 북한군에 알리는 것도 중요한 하나의 사업으로 진행해야 한다.

유형 전력의 현격한 차이와 함께 무형전력의 향상 노력은 더욱 중요하다. 강도 높은 훈련과 연합연습 재개, 높은 사기와 복지, 그리고 자유민주주의 군대로서 활발한 소통과 높은 청렴도를 유지해야 한다.

전쟁이 없는 상태가 지속되면 창끝이 무뎌지는 것은 필연으로 싸우는 방법대로 훈련하고 훈련하는 방법대로 평가하여 그 결과를 개인의 인사관리에 반영하는 군의 평가시스템을 획기적으로 개선할 필요가 있다.

구조 개선과 병력 감축에 집중되고 있는 국방개혁도 이러한 방향으로 전환해야 한다. 핵을 제외한 군사적 신뢰 구축과 긴장 완화는 남·북 간에 핵 균형을 이루기 전까지는 추진되어서는 안 되며 당분간 폐기되어야 한다.

북한의 핵 능력이 고도화되고 핵 위협이 실체적이고 일상화되어가고 있어 이의 해결을 위한 새로운 전략 수단 마련이 시급하다. 먼저 박근혜 정부에서 추진하던 한국형 3축 체계를 조속히 구축하고 한·미 간의 정보공유와 상호운용성을 향상시켜118) 맞춤형 확장억제 체제의 실효성을 높여야 한다.

한국형 3축 체계의 완성도, 완성 시 목표 달성 가능성, 그리고 3축 체계는 첨단전력이나 기본적으로 재래식 전력이라는 점, 그리고 북한 핵 억제 신뢰성 등을 고려할 때 한계가 있음을 인정하지 않을 수 없다.

따라서 북한 핵을 근본적으로 해결하기 위한 새로운 수단으로서 남·북 간의 '핵 균형 전략'을 추진할 적절한 시기가 되었다고 판단한다. 핵 균형을 이루는 방법으로는 핵 옵션 오픈, 핵 공유 또는 전술핵 재배치, 그리고 핵무장이 있다.

프레임 전환: '미·북'에서 '당사자(미-남·북) 프레임'으로

역대 한국 정부의 북한 핵 위협 대응 정책에 대한 실패 원인을 설명하기 위해서는 앨리슨의 정부정치모형 분석을 통해 발견된 주어진 상황에 관한 생각의 틀, 즉 **이슈 프레임(Issue Frame)**에서 실패하지 않았는지 살펴볼 필요가 있다.

프레임은 앨리슨이 합리적 정책결정 모형에서 강조하였다. 일반적으로 세상을 바라보는 마음의 창으로 어떤 문제를 바라보는 관점이라고 할 수 있다.
프레임은 특정한 방향으로 세상을 보도록 이끄는 조력자의 역할을 하지만, 동시에 프레임을 통해 보는 세상을 제한하는 검열관의 역할을 한다.

출처: 최인철, 『프레임』(서울: 21세기북스, 2013). p.11.

한반도에서 북한 핵에 대한 프레임은 노태우 정부에서 '남·북 프레임'으로 시작하여 김영삼 정부에서 '미·북 프레임'으로, 노무현 정부에서 6자회담을 통한 '다자 프레임'으로, 그리고 다시 '미·북 프레임'으로 진행되어 왔음을 알 수 있다.

북한의 핵실험 이후에도 한국 정부의 대응 정책에 수단이 목적을 저해하는 현상이 지속된 원인은 핵실험 이전과 동일하게 북한의 핵무장을 방어적 군사목적설로 보는 견해가 여전히 상당한 영향력을 미치고 있었기 때문으로 보인다.

북한의 핵무장이 방어목적설에 기인한다는 것은 필연적으로 한반도 핵 문제를 '미·북 프레임'으로 귀착시킬 수밖에 없으며 이를 다른 측면에서 보면, 한국 정부가 지난 60여 년 동안 미국의 핵우산이 제공하는 확장억제정책에 안주하고 있었음을 보여주는 것이다. 실제로 6·25 전쟁 이후 한반도에서 전쟁이 없었음은 냉전 시기를 거치는 동안 미국의 핵우산이 안전하다는 것을 증명하고 있다.

북한 핵 위협은 북한의 의도대로 '미·북 프레임'으로 고착되고 강화되어 왔다. 북한은 일관되게 자신들의 핵 개발, 핵무장이 미국의 압살 책동에 대항하기 위한 것이라고 주장해왔다. 6·25 전쟁을 거쳐 냉전 시기에는 소위 "미제의 각을 뜨자"라는 적대 구호를 사용할 정도로 **인민의 적개심을 고취시켜** 오고 있다.

사회주의권의 붕괴와 탈냉전의 결과 미국이 유일한 초강대국이 되고 난 후, 미국이 북한 자신들의 체제와 생존 보장에 가장 큰 영향력을 가지게 된 점을 인식하고 난 뒤부터는 적개심을 고취 시키되 미국의 지도층을 '호전계층'과 대화 가능세력으로 분리하려 한다는 시각도 존재한다.

출처: 이종석, 『현대 북한의 이해』(서울: 역사비평사, 2000). pp.355-361.

북한은 자신들의 핵 개발 중지, 동결, 폐기의 협상 대상자는 당연히 미국이라고 주장한다. 그러한 주장은 벼랑 끝 전술 등을 통해 미국과 국제사회에서도 인정되어 1993년부터 시작된 1차 북한 핵 위기를 김영삼 정부의 용인하에 미·북 제네바합의로 종결시킴으로써 북한 핵 위기는 '미·북 핵 프레임'으로 자리 잡았다.

노태우 정부 시 북한은 남·북 간의 핵통제공동위원회에 꾸준히 참석하였다. 남·북 간에 핵 관련 의제를 군사적으로 논의했던 유일한 기간이었다. 이후 김영삼 정부부터 북한은 핵 관련 협의에서 한국을 배제하기 시작하여 오늘에 이르고 있다. 이는 '핵에는 핵으로만 대응할 수 있다'라는 일반적 핵전략 이론과 북한의 의도적인 프레임 전략이 복합적으로 작용한 결과라고 할 수 있다.

북한이 노태우 정부와 핵을 의제로 군사 회담에 임했던 이유는, 그들이 우려했던, **남한에 배치된 미군의 전술핵**을 철수했다는 미국과 한국의 선언에 의구심을 가지고 이를 확인하고자 했던 것으로 추정해볼 수 있다.

한국 내 미군의 전술핵은 소련을 위시한 공산권 국가의 재래식 전력의 우위에 대비한, 유럽과 아시아 지역에서 전쟁억지 차원의 미국 핵무기 전략의 일환이었다. 미국은 유럽과 달리 아시아 지역에서는 핵무기 존재 여부에 대해 시인도 부인도 하지 않는 NCND 정책을 취했다. 미국의 NCND 정책은 일본의 반핵감정과 다자간 안보협력체가 없어 발생하는 개별 국가들의 정치·군사적 인식 차이, 그리고 지역의 특수성과 냉전기 국제정치과정의 차별성으로 인한 미국의 일방주의 등이 주요인이었다.

출처: 정경두, "미국의 대한반도 핵 정책에 대한 연구-전술핵무기의 역할변화를 중심으로," 국방대학교 석사학위논문, 2011. pp.12-14.

남한 내 미군의 전술핵 철수가 확실하다고 여겨지고 따라서 한국이 핵에 대응할 수단을 가질 의지가 없음도 확인한 북한은 이때부터 대화의 대상에서 불필요한 한국을 배제하기 시작한 것으로 보인다. 이는 논리 구조상 한국이 무시당할 수밖에 없는 구조이며 북한 핵의 '미·북 핵 프레임'은 본격 가동되기 시작하였다.

한국의 국방백서와 외교백서의 전 기간에 걸쳐 전술핵에 관한 기록이 전무한 것은 미국의 한반도 전술핵 정책이 NCND(Neither Confirm Nor Deny, 긍정도 부정도 하지 않음)이었음을 방증한다.

미국이 **한반도에서 전술핵**을 철수할 당시와 1차 북한 핵 위기 시 한국 정부는 중국-북한 연합군의 공격 위협이 사라지지 않았음과 북한의 핵 개발 시도를 들어 전술핵이라는 대북 핵 억제 수단을 대안으로 삼으려고 시도했던 흔적은 보이지 않는다.

1958년 주한미군 7사단, 24보병사단에 280mm 핵 포와 지대지미사일 어네스트 존 도입을 시작으로 폭격기용 핵탄두와 핵 지뢰 등을 배치하여 1967년에는 11종류 949기의 전술핵무기가 오산, 군산, 춘천에 배치되었다.
미국은 중국-북한 연합군의 공격에 대비해 한반도에 전술핵을 배치하였다. 탈냉전으로 미국과 소련의 전략무기 감축이 본격 진행되고 소련의 해체로 핵 통제가 취약해지자 미국은 서둘러 전술핵무기 철수 및 폐기를 추진하였다.
미국은 1991년 9월 28일 공군용을 제외한 세계의 전술핵무기 철거-폐기를 선언하고 소련도 10월 5일 이에 호응하였다. 노태우 정부는 이러한 세계정세에 편승하여 북한의 핵사찰을 촉구하면서 11월 비핵화 선언을 발표하였고, 12월 한반도에서 모든 미군 전술핵무기는 철수하였다.

출처: 정경두, 앞의 글. pp.87-92.

2002년에 시작된 2차 북한 핵 위기 시 미국은 '다자(처음 4자, 후에는 6자) 프레임'으로 변환시켜 9·19 공동성명에 합의하는 등, 일정 기간 북한 핵 억제에 성공한듯 보였지만, 결국 실패하고 미·북 간의 2·29 합의로 귀결되어 결국 북한 핵 위기는 '미·북 프레임'으로 환원되었다.

북한이 핵 관련 '미·북 프레임'을 추구하는 목적과 그로 인한 장점은 여러 가지가 있을 수 있다. 첫째는 체제보장이든 한반도에서의 대남 우위 확보든 현실적으로 북한이 원하는 것을 근본적으로 담보하고 보장해 줄 수 있는 유일한 국가가 미국이라는 점이다.

둘째는 중국에도 이득이 되며 설득 가능한 프레임이다. 중국은 경제적인 발전과 병행하여 대국굴기를 꿈꾸며 우선적으로 아시아에서의 맹주가 되기 위해 반접근 지역 거부전략(Anti-Access, Area Denial, A2AD)을 추진하면서 미국에 '신형대국관계'를 요구하고 있다. 이러한 중국의 야망에 북한의 '미·북 프레임'은 부합하며 중국의 발전을 저해하는 일정 선을 넘지 않는 범위 내에서 용인되고 있다고 보아야 한다.

셋째는 핵 개발 완료 또는 핵무장 시까지 한국과 일본을 배제하거나 간섭을 최소화할 수 있는 프레임이다. 한국 내에서는 이러한 프레임에 대해 찬반양론이 격렬하며 역대 정부가 비핵화를 목적으로 했으나 그 근본적인 대안을 채택할 수 없었던 요인이기도 하며 '연미봉남(聯美封南)' 또는 '통미봉남(通美封南)'이란 용어가 자연스럽게 쓰이고 있다.

'미·북 핵 프레임'은 앞서 살펴본 몇 가지 장점과 목적 지향적인 면이 있으나 치명적인 약점과 전략적 한계를 또한 내포하고 있다. 첫째, 설정한 목적을 달성하기까지, 논리상 미국을 굴복시킬 때까지 핵 질주를 멈출 수 없다는 것이다. 북한이 현재의 핵 프레임을 고집한다면 멸망은 자명한 것이다.

둘째, '미·북 핵 프레임'은 목적달성 선상에서 일정 선을 넘어서면, 배제되었던 한국과 일본의 핵무장 동기를 강하게 자극하게 된다. 이 경우, 북한 핵은 미국에 의해 억제되기보다 중국에 의해 억제당할 가능성이 더욱 크다. 미국의 비확산정책 결정요인이 '전략적 이익'과 '핵 개발국의 역량'에 있다면,[119] 북한은 이를 충족시킬 수 없다. 오히려 부상하는 중국에 대응하기 위한 미국의 전략에 부합하는 일본 또는 한국의 핵무장을 용인할 가능성이 북한에 대한 그것보다 클 것이다.

셋째, 핵 질주를 할 수 있는 북한 체제의 내구력 문제이다. 국제사회가 현재와 같은 대북 제재 기조를 유지한다면, 궁극적으로 시간은 북한 편이 아니다. 1, 2차 핵 위기 시 두 번에 걸쳐 북한의 핵 포기 신호에 대한 국제사회의 경제적 보상으로 북한은 일정부분 학습이 되어 있다. 인민들은 핵보유국이라는 자부심도 중요하지만, 그 너머에 있는 것들, 남한의 부유함과 자유로움을 바라볼 가능성이 크기 때문이다. 고통을 감내하는 일정 기간 후에도 별 보상이 없고 희망도 보이지 않는다면 체제의 내구력은 점차 쇠약해지거나 급격한 변화를 맞이할 수 있다.

북한은 이미 헌법에 핵보유국임을 명시하였고(2005년) 강성대국 건설을 국제사회와 주민들에게 공표한 지도 오래되었다. 3부자 세습

정권이 북한 주민들에게 핵 개발과 핵무장이 일정 수준 성취되었다고 인식시킨 뒤에도 경제 상황과 생활에 향상을 주지 못한다면 극심한 공포정치도 주민들의 반발을 억누르기에 부족할 것이다.

프레임을 좌우하는 것 중의 하나가 '이름'이다. 어떤 사람을 놓고 '테러리스트'라고 이름을 붙이는 것과 '자유의 전사'라고 부르는 것은 질적으로 다른 행동과 해석을 불러오며, 낙태에 찬성하는 사람들은 낙태를 '선택의 권리'라 이름을 붙이고 반대하는 사람들은 '생명의 권리'라 부른다.120)

프레임과 이름의 중요성을 고려할 때, 북한 핵과 관련해서 한 가지 용어에 대해 살펴볼 필요가 있다. 1992년 외교백서에서 '북한 핵 문제'라는 용어를 사용하였는데121) 어느 시간이 지난 후부터 국방백서와 통일백서에도 같이 사용되고 있으며 한국 사회에서 일반적으로 통용되고 있다. 국방백서에는 최초 북한의 군사 위협의 한 항목으로 핵 위협이 언급되다가 일정 기간에 핵 문제라는 용어를 사용하다가 최근에야 다시 핵 위협으로 명기하고 있다. 최근의 외교백서에는 '북한 인권 문제', '북한 탈북자 문제'등의 **문제**가 포함된 다수의 용어도 사용되고 있다.

국어사전에 '문제'는 해답을 요구하는 물음, 논쟁·논의·연구 따위의 대상이 되는 것, 해결하기 어렵거나 난처한 대상 또는 그런 일로 정의되며 영어사전에는 질문, 해결해야 할 일, 쟁점 등으로 정의되고 있다.
반면 '위협'은 힘으로 으르고 협박함(국어사전), 안보의 위협, 핵전쟁의 위협(영어사전) 등으로 적시하고 있다.

북한 '핵 문제'라는 용어는 상황의 심각성을 중화시키고 해결 주체를 모호하게 함으로써 한국 주도의 해결 의지를 약화시켜 북한 핵 위협의 본질을 왜곡시킬 수 있다. 1차 핵 위기라고 일컬어지는 1990년대 초반과 중반, 당시의 북한 핵 위기는 남·북 간 체제경쟁의 완결점이 될 수도 있었던 심각하고도 중대한 사안이었다.

한국 정부는 충분한 해결 능력을 갖추고 있었으나 노태우 정부의 북방정책과 같은 적극적인 대북정책은 정권 교체와 함께 진지하게 인수, 연결되지 못하였고 절체절명의 체제 위기 속에서 능력은 없지만, 벼랑 끝 전술로 일관한 북한에 주도권을 상실하고 끌려갔다.

북한은 어느 시점에 전략적 판단을 하여 프레임 전환, 한반도에서의 현상 변경을 시도할 개연성이 충분하다. 미국과의 협상 결과를 '미국의 굴복'으로 포장할 수 있는 정도의 내용과 양을 설정해놓고 끊임없이 곁눈질하며 핵 질주의 속도와 방향을 조절해 나갈 것으로 예측된다.

한국 정부도 북한 핵 위협에 대한 프레임을 변경해야 한다. 남·북 간에 어느 일방이 핵무장을 한다는 것은 어떤 의미를 갖는지, 어떠한 심각한 결과가 초래될 수 있는지를 살펴보고 모든 대안과 근본적인 해결이 가능한 선택지를 올려놓고 각 대안이 가져올 기대효용을 분석한 다음, 합리적인 선택을 해야 한다.

'미·북 프레임'의 재설정은 북한이 획책하고 있는 현상 변경과는 다른 모습과 방향으로 구현되어야 한다. 북한이 전략적 딜레마 속에서 내구력이 소진되어 가는 일정 기간 동안 '미·북 프레임'을 유지하면서 한국은 북한 핵 위협을 해소할 지렛대를 마련해야 한다.

이 지렛대는 '남·북 프레임'에서 한국의 주도적 역할을 위한 인식 전환으로부터 시작하여 실질적인 해결에 필요한 수단(전략)을 마련하는 것을 포함한다. 이미 북한의 핵이 현실적인 위협이 되면서 한국 내부에서는 인식 전환이 활발하게 이루어지고 있다. 북한 핵의 완전한 해결은 '당사자(남·미·북) 프레임'으로의 전환과정에서 또는 전환의 끝에서 이루어질 것으로 예상된다.

북한도 프레임 전환을 꾀하고 한국도 프레임 변경을 추구하는 과정에는 한 가지 커다란 함정이 있을 수 있다. 그것은 한국이 전략적 수단을 마련하지 않은 상태에서 북한의 의도대로 프레임이 전환되는 것으로 한국에 재앙적 결과를 초래할 수 있다.

한국 정부가 프레임 변경을 시도할 때 반드시 고려해야 할 사항은 미국의 핵우산이 보장된 상태 아래에서 한국 자체의 전략적 대응 수단을 충분히 강구한 연후에 조건에 기초해 단계별로 추진해야 한다는 점에서 북한 핵 위협의 당사자인 미국과 한국이 함께 대응하는 '당사자(남·미·북) 프레임'을 추진해야 한다.

한반도에서 북한 핵 위협의 당사자는 당연히 북한과 한국이다. 그러나 지난 30여 년간 '미·북 프레임'이 진행되면서 미국이 자연스럽게 당사자가 되었다. 당사자는 이해관계자(Stake-holder)보다는 사건해결의 주체가 되는 사람(국가)으로 정의할 수 있으며 이러한 차원에서 6자 회담에 참여했던 3국(일본, 중국, 러시아)은 당사자에서 제외된다.

프레임을 재구성한다는 것은 대중이 세상을 보는 방식을 바꾸는 것이다. 그것은 상식으로 통용되는 것을 바꾸는 것이다. 프레임은 언어로 작동되기 때문에, 새로운 프레임을 위해서는 새로운 언어가 요구된다. 다르게 생각하려면 우선 다르게 말해야 한다.[122] '북한 핵 문제'라는 용어는 '북한 핵 위협' 또는 '북한 핵 위기'로 대체되어야 한다.

현실 조건에 기초한 3단계 핵 균형 전략

핵 균형 전략의 필요성

한반도 비핵화, 평화 정착의 로드맵을 제시한 최근의 연구는 문재인 정부 안보 여건의 변화를 강점과 약점, 기회와 도전의 틀로 분석한 후 이를 촉발조치, 단기(2020년까지), 중기(2022년까지), 장기(2022년 이후)로 구분하여 비핵화와 남·북관계 등의 진행경로를 제시하고 있다.[123]

비핵화, 평화 정착 로드맵 제시자들은 2017년도에 있었던 트럼프의 대북 군사옵션 고려, 그로 인한 '한반도 위기설' 등은 추구해서는 안 되는 잘못된 정책이며 한국이 그 길로 가서는 평화를 잃게 될 것이라고 가차 없는 비판을 한다. 이러한 주장은 두 가지 관점의 비판을 피해갈 수 없다.

첫째는 트럼프의 '화염과 분노'가 연료가 되어 문재인의 평화 정착 로드맵에 에너지를 공급했다는 사실이다. 김정은을 협상장으로 나오게 한 것은 문재인의 제안이 역할을 한 것이 분명하지만, 김정은이 비핵화 의지를 내비치도록 밀어낸 추동력은 트럼프의 '화염과 분노'였다는 것을 인정하는 것은 상식적 판단이다. 군사옵션을 통한 강압은 잘못된 정책이므로 그것을 부정하고 평화 정착 로드맵에만 매달리다 보면 어느새 에너지는 고갈되어 더는 달릴 수 없게 된다.

이와 같은 정책 태도는 마치 자동차의 엔진 내부에서 강렬히 타오르는 스파크와 끊임없는 불꽃이 제공하는 동력의 가치를 폄하하고 줄이거나 없애려 하면서 우아한 드라이빙에만 높은 가치를 부여하고 칭찬하며 목표지점까지 가는 것이 가능하다고 주장하는 것과 같다. 문재인 정부의 대북 비핵화 정책의 현 상태는 이와 정확히 일치한다고 볼 수 있다.

두 번째는 군사 옵션과 최대압박의 기획자들도 그 정책의 최종 상태가 핵전쟁이나 재래식 전쟁으로 치달아 막을 내리도록 중간과정을 설계하지 않았을 것이란 점이다. 그들은 핵전략의 억제가 가능해지려면 상대방의 신뢰를 제고해야 하고 그 신뢰를 제고하기 위해서는 어떻게 말하고 행동해야 할지를 깊이 고민한 결과를 표명했을 가능성을 간과해서는 안 된다. 즉 그들은 북한이 비난하는 '호전광들'이 아니며 그들의 정책도 전쟁계획이 아닌 평화 정착 계획이라는 것을 이해해야 한다.

미국의 주요 싱크 탱크들이 제시한 북한 핵 해법 제안들을 살펴보도록 하겠다. 스탠퍼드대학의 해커(Siegfried S. Hecker) 박사팀은 시급한 초기조치와 국면별 접근(Phased Approach)을 제시하였다. 핵실험, 중·장거리 미사일 시험, 플루토늄 및 고농축우라늄 생산, 핵무기·핵물질·핵 기술 수출금지 등의 초기조치가 시급하며 북한 비핵화 프로세스를 단기(멈춤, 1년 이내), 중기(원상 복귀, 2~5년), 장기(제거 또는 한계 설정, 6~10년)로 제시하였다.[124]

미국 과학국제안보연구소의 데이비드 올브라이트(David Albright) 소장은 2016년 유엔안보리 결의 2270호가 밝힌 "모든 핵무기와 현존하는 핵 프로그램을 완전하고 검증 가능하고 되돌이킬 수 없는 방식으로 포기해야 하며, 모든 관련된 활동을 즉각적으로 중지"하는 것이 중요함을 강조하며 북한 비핵화 3단계를 주장하였다.

1단계는 금지 대상 활동의 중지, 장비와 시설의 동결 내지 불능화 및 핵무기 프로그램의 신고서 제출을, 2단계는 핵무기와 시설들, 핵무기의 부품들, 플루토늄과 고농축우라늄 및 장비 등 핵심 요소들을 제거하거나 해체하며 검증과 상응 조치가 뒤따르는데 1~2단계는 6개월 안에 가능하다. 3단계는 북한이 NPT를 준수하고 미신고 핵 활동을 검증하는 데 18개월, 불법적 핵 거래 및 밀수 네트워크를 포함한 실질적 폐기까지 최대 30개월이 소요될 것으로 보았다.[125]

카네기 국제평화재단 핵 정책연구소는 3개 국면의 비핵화 로드맵을 제시하였다. 1국면은 비핵화 목표와 즉각적인 악화 방지 및 광범위한 협상 틀을 설정하고 2국면은 북한 핵미사일 프로그램의 포괄적이고 검증 가능한 봉인(Comprehensive Verifiable Capping)을 하며 3국면은 핵무기, 탄도미사일과 핵분열물질을 해제하고 제거함과 동시에 핵무기 관련 법과 정책을 변경하는 것을 포함한다.[126]

스팀슨 센터(The Stimson Center)의 38노스(38 North) 프로젝트는 핵실험 및 핵 탑재용 미사일 발사시험 중지, 핵분열물질 생산중단, 비핵화 이후 평화적 목적 외 핵 활동 금지, 감시·검증의 수용, 핵 프로그램 되돌리기, 핵물질·기술·노하우 수출금지, NPT 가입 및 IAEA 규정 준수 등의 기본 전제 아래 8단계(8 Stage) 비핵화 모델을 제시하였다.

핵분열물질(HEU, Pu)의 신고 및 역외반출 또는 안전프로그램에 따라 되돌릴 수 없도록 이전, 핵탄두의 점진적 감축, 미신고 핵 시설과 핵물질 확인을 위한 검증 활동, 북한의 비핵무기 국가 확인 등이

며 이에 대한 검증의 중요성을 강조하였다.[127]

　　미국 연구자들의 대안과 주장에는 북한 비핵화 과정에서 점검하고 확인해서 대응 전략에 반영해야 할 중요한 요소들이 모두 망라되어 있다고 보인다. 이들은 미국이 국제 비확산체제에서 주도적인 역할을 해 오면서 핵무장 추진 국가의 비핵화 과정을 이상적으로 처리할 수 있는 노하우를 북한 비핵화 로드맵에 빠짐없이 반영한 것으로 보인다.

　　그러나 이들의 주장에는 북한 비핵화 과정의 가장 중요한 부분인 비핵화의 궤도에 진입시킬 방법, 추동 요인 또는 비핵화 무대를 만들고 역할자들을 그 위에 올려놓기까지의 과정, 즉 시작 부분 또는 서론이 빠져 있다. 이들의 연구는 궤도를 이탈하지 않고 최종 지점까지 효율적이고 안전하게 가는 방법, 또는 역할자들이 무대를 내려올 때 박수를 받기 위해서 해야 할 일들에 초점이 맞추어져 있다.

　　북한 비핵화 영향요인들이 북한, 한반도 주변의 강대국인 미국과 중국, 일본, 미·중 관계, 국제 비확산체제임을 살펴본 바 있다. 이 영향요인들과 미국의 연구자들이 제시한 비핵화 단계와 요소들은 북한 비핵화 대응 전략의 조건이 되기에 충분하다.

　　과거의 전쟁은 공격 기술에 진보가 있으면 언제든지 방어 기술도 그에 필적하는 진보가 예외 없이 있었다. 그러나 결정적 핵 공격력 앞에는 가장 유효한 방어일지라도 괴멸적 손해를 피할 수 없다. 한국은 핵 시대에 직면하지 않으면 안 되며 유일한 선택은 핵전략(核戰略)과 무력(無力) 사이에 있다는 것을 알아야 한다.[128] 한국은 더 기다리거나 요행을 바라고 핵 위협을 비켜 갈 수 없는 상황에 직

면해 있다. 핵무장 한 북한과 일전불사를 각오해야 하는 시점이 되었다.[129]

세계의 국가들을 핵국(核國)과 비핵국(非核國)의 이분법으로 구분하는 것은 의미가 없으며 어떤 국가가 핵무장을 결심한 후 실제로 핵병기를 소유할 때까지 소요되는 시간으로 구분하는 것이 유용하다는 주장도 있다.[130] 이 기준에 따르면 원자로를 소유한 국가는 잠재적 핵보유국으로 간주 될 수 있을 것이다. 한국은 이제 북한 핵무장에 대응하기 위한 근본적인 처방으로서 '핵에는 핵으로 대응'할 수밖에 없다는 냉엄한 현실을 직시하고 제대로 된 전략 수단을 마련할 수 있는 '핵 균형 전략'을 검토할 때가 되었다.

북한 비핵화를 위한 가능성 있는 대안 중 현상 유지전략의 한계는 이미 살펴보았다. 이제 한국은 '핵 균형 전략'을 조건에 기초하여 3단계로 구분해 추진해야 한다. 조건에 기초한다는 것은 영향요인들의 움직임을 분석하여 조건이 충족될 수 있도록 영향요인들을 활용하거나 변동을 주는 정책이나 활동을 포함하는 것이다.

'핵 균형 전략'의 3단계는 순차적으로 연속 추진할 수도 있고 단계별로 각각 추진될 수도 있으며 단계 간의 조합도 가능하나 북한 비핵화라는 기본 목표가 달성되면 추진되는 모든 단계는 폐기 절차에 돌입하는 한시적 전략이다.

1단계: 핵 옵션 오픈(Option Open)

핵 옵션 오픈 전략

이 전략은 현재 핵을 가지고 있지는 않지만 급박한 상황이 전개되면 단시간 내에 핵무기를 보유할 수 있는 전략으로 인도가 과거 한동안 취했던 전략이며 파키스탄도 뒤따랐다. 인도와 파키스탄의 '옵션 오픈' 전략은 1971년 제3차 인도－파키스탄 전쟁 이래 양국 간에 전쟁이 일어나지 않아 핵 억제의 기능을 해 왔다고 평가되었다.

미국은 인도와 파키스탄이 공개적으로 핵실험을 하기 이전에 '옵션 오픈' 정책을 거론하면서 수용 의사를 표명한 바 있다. 이 정책을 통해 '핵 제조 능력 보유 핵 억제체제(Nonweaponized Deterrence Regime)'를 인도와 파키스탄에 대해서만 국제적으로 인정하면서 두 나라를 NPT와 미사일 기술 수출 통제기구(Missile Technology Control Regime, MTCR)에 가입시켜 핵 확산금지 의무를 지도록 하려 하였다.[131]

일본이 그동안 취해 온 'N-t 핵 정책'도 같은 범주의 전략이다. 일본은 1964년 중국의 핵실험, NPT 체제 가입과 연장 동의 등의 핵 관련 사안이 등장할 때마다 치열한 내부 논쟁을 거쳐 핵무장 주장과 비핵화 주장을 절충한 'N－t 핵 정책'을 채택하고 차분하고 끈기있게 추진하였다. 일본은 인도, 파키스탄, 이스라엘과 달리 NPT에 참가한 상태에서 핵병기 개발 바로 직전 단계까지의 모든 핵 개발을 '핵의 평화적 이용'이라는 명분으로 허용하고 필요 시 군사적으로 전용할 수 있는 여지를 남겨놓아 잠재적 핵보유국의 지위를 강화하고자 하였다.

일본이 이러한 정책을 추진할 수 있었던 것은 미국도 아쉬운 소리를 해야 할 정도의 경제력, 원자력 기술의 발전, 핵을 부정하는 헌법과 원자력 기본법·비핵 3원칙 준수 의지를 지속 천명하여 세계에 평화 이미지를 각인시키는 데 성공한 점 등을 들 수 있다.132)

한국은 NPT에 참가하고 있으므로 인도, 파키스탄과 동일한 '옵션 오픈' 전략을 취하기 보다는 일본의 'N-t' 정책으로 시작하는 것이 현명할 것이다. 한국 정부가 'N-t 핵 정책'을 선택하기 위해서는 먼저 치열한 내부 논의를 거쳐 정부 정책 대안을 마련하고 중국과 북한의 반발에 대응해야 하는데 이에 대한 충분한 논리와 절박성이 우리에게는 존재한다. 가장 어려운 문제는 미국의 신뢰를 얻는 것인데 이를 위해서는 평소부터 일관성 있는 태도가 중요하며 국제 전략 환경의 변화를 포착하여 적합한 대처를 해나가는 것 또한 중요하다.

일본은 중국의 핵실험과 외부의 주요 핵 체제 변화를 국내 이슈화하였고 양극단의 주장들을 절충하는 방식을 통해 통합된 대안을 마련하여 기회가 있을 때마다 점진적으로 이를 해결해 나갔다. 핵연료 재처리 공장을 가동 시킨 사례가 이를 증명해 주고 있다. 인도는 중국과의 국경전쟁 패배와 중국 핵실험에 패러다임을 전환하여 획기적인 대응 전략을 마련했다. 파키스탄은 인도와의 국경분쟁과 인도 핵실험에 생존전략을 마련하여 미국이 아프가니스탄의 탈레반과 전쟁하는 기회를 포착하여 미국의 신뢰를 획득하고 전략적인 관계를 유지할 수 있었다.

1단계 전략은 어떤 현실 조건에서 실행하는가?

북한이 문재인 정부의 선의를 계속 무시하고 비핵화에 의미 있는 진전을 보이지 않으며 핵 능력을 고도화해 나갈 때 한국 정부는 1단계 '핵 옵션 오픈(Option Open)' 전략을 시작할 수 있다. 이 단계는 북한의 추가 도발, 국제 비확산체제의 제재 해제 또는 완화, 주변국의 북한 핵 묵인 가능성, 미국과 한국의 새 정권 출범을 계기로 발아되어야 한다.

한국은 자원이 부족하여 원자력 에너지 의존율이 매우 높으며 북한의 지속적인 핵 위협 속에서도 '한반도 비핵화 공동선언'과 국제 비확산체제의 규범들을 30여 년 이상 성실히 지켜 왔으며 헌법에도 '평화통일' 원칙을 명시하고 있다. 북한의 핵 능력이 고도화되면서 한국 국민들의 불안은 날로 고조되고 있어 한국이 3단계 자체 핵무장의 전략으로 급격히 기울어질 가능성을 배제할 수 없다. 한국인 절반 이상이 독자적 핵 개발에 찬성하고 있으므로 한국이 잠재적 핵 능력을 갖춤으로써 불안정한 에너지 문제를 해결하고 북한에 대한 억제력을 제고함과 동시에 국민들도 안심시킬 수 있으며 미국이 북한과의 협상에 융통성과 지렛대를 가질 수 있게 된다.

냉전은 종식되었지만, 한국은 미국의 인도─태평양 전략의 최전선에서 중국과 북한 핵 위협 아래 무방비 상태로 노출되어 있다. 일본은 유사시 자위적 조처를 할 수 있는 최소한의 준비를 갖추고 있는데 비해 한국이 미국의 확장억제정책에만 의존하는 것은 군사적으로는 효용성을 인정받을 수 있을지 모르나 정치적, 심리적 차원에서는 불안 요소를 내포하고 있다.

　한국의 현 정부 또는 차기 정권을 원하는 대안세력은 다음 대통령 선거 과정에서 북한의 핵 능력 고도화와 비핵화에 진전이 없는 것에 대해 북한에 진지하게 경고하여야 한다. 북한 비핵화 정책의 패러다임 전환의 필요성을 정당한 논리로 미국과 주변국에 사전 선포하고 새로운 정부가 들어서면 주변국을 설득해 나가야 한다. 주변국들은 언제나 자국의 국익이 우선이므로 한국의 설득에 귀 기울이지 않을 가능성이 크다. 한국 정부나 대안세력이 2단계 또는 3단계 추진 가능성을 대선 기간 중에 강력히 선포하고 주변국과 국민반응을 고려하여 1단계 추진 전략으로 수위를 낮추는 것도 좋은 설득 방법이 될 수 있다.

　미국의 바이든 정권도 오바마 행정부의 대외정책 기조를 유지하고 이란과의 핵 협상을 원상복구 하려 할 것이다. 북한에 대해서 '전략적 인내 2.0'으로 일관하기는 어려울 것이며 당면 현안 과제로 우선순위를 높게 매기고 적극적인 비핵화 협상을 시도할 것이다. 미국이 정권 기간 내에 달성하지 못할 정도로 장기간의 단계적 비핵화 협상을 북한과 하려 한다면 한국의 안보 불안은 증폭될 것이다. 이 과정에서 한국은 미국과 1단계 전략 실행을 논의해야 한다.

2단계: 핵 공유 또는 전술핵 재배치

핵 공유 또는 전술핵 재배치 전략

미국 국방대학교는 2019년 7월, 현역 육·해·공군 장교들이 공동 작성한 '21세기 핵 억지력: 2018 핵 태세 검토보고서의 작전 운용화'라는 보고서를 발표하였다. 보고서는 "북한의 약점 중 하나는 대륙간탄도미사일(ICBM)의 숫자와 핵 투사(投射·투하하고 발사함) 가능 지역이 제한돼 있다는 점"이라며 "미국은 김정은 정권에 북한 핵 능력을 무력화시킬 수 있는 요격체계를 갖추고 있다는 점을 명백히 과시할 수 있도록 충분한 숫자의 탄도미사일 방어체계를 한국과 일본 등에 배치할 필요가 있다"라고 하였다.

또한 "미국은 위기 시 특별히 선정한 아시아태평양 파트너들과 비 전략(nonstrategic)핵 능력을 미국의 관리 아래 공유하는, 논쟁적일 수도 있는 새로운 개념을 강력히 고려해야 한다"라고 제안하면서 "핵확산금지조약(NPT) 조항을 준수하면서 핵 공유 협정을 통해 대북 추가 억지 효과를 얻고, 북한의 도발을 억제하도록 중국에 대한 압력을 증대할 수 있는 점이 가장 큰 장점"이라고 주장하였다.133)

이에 대해 브루스 베넷(Bruce W. Bennett) 랜드연구소 선임연구원은 "나토의 핵 공유 체계는 미국과 동맹국이 동시에 동의해야만 작동하는 이른바 이원체제(Dual Key system)를 통해 이뤄지며, 전쟁 발발 시 나토국의 폭격기가 미국의 전술핵 무기를 탑재해 투사하는 방식을 채택하고 있다. 이번 보고서는 전시 한반도에 재배치하게 될 전술핵 무기에 대한 한국의 공동사용 권한을 부여하되, 투사는 미국이 하는 방식을 제안한 듯하다"라고 하였다.

게리 세이모어(Gary Samore) 전 백악관 대량살상무기 담당 조정 관은 "지금도 아시아 동맹국들과의 핵 공유 체계는 실현 가능하다. 동맹국의 의지가 관건으로 북한이 계속 핵 능력을 고도화해 한국과 일본 내부의 여론이 바뀌면 핵 공유 체계에 대한 논의가 강화될 것" 이라고 하였다.134)

미 공화당 소속 제임스 인호프(James Inhofe) 상원 군사위원장은 "검토할 만하다"라고 밝혔으며 코리 가드너(Cory Gardner) 상원 외교 위 동아태 소위원장도 "미국 행정부와 한국, 일본과의 논의 하에 이 뤄져야 할 사안"이라며 검토 여지를 열어놓았다. 이 같은 미 의회의 반응은 안보 비용을 절감하면서도 중국까지 겨냥할 수 있는 다목적 포석으로 의회에서 받아들여질 여지가 있으나 비확산의 관점에서 이 에 반대하는 의견도 상존하고 있으며 "실무급 장교들이 아이디어 차 원에서 작성한 국방대 보고서가 미 행정부의 정책으로 연결될 가능 성은 현재로서는 전혀 보이지 않으며 설령 정책적 차원에서 검토가 이뤄진다고 해도 실제 집행까지는 넘어야 할 걸림돌이 너무 많다"라 는 군사 분야에 정통한 워싱턴135) 외교 소식통의 지적도 있었다.

한국에 배치되었던 미국의 전술핵에 관해서는 앞서 살펴본 바 와 같이 북한과 중국의 우세한 재래식 전력에 대비하기 위한 것이었 고 미국이 월남전에 매진하면서 북한의 도발을 억제하기 위해 전술 핵의 수량은 급증했다. 미국은 한국의 전술핵 배치에 대해 NCND 정책으로 일관했기 때문에 정책적 논쟁이 되지는 않았으나 북한은 지속해서 한반도 비핵지대화를 주장했으며 한국 내 소수의 반 핵 주의자들도 같은 주장을 하였다.

한국에 미국의 전술핵무기(비 전략핵무기)를 재배치하는 것에 대한 찬반양론이 팽팽하다. 먼저 반대론자들은 주한미군에 전술핵무기를 재배치하는 것은 미국과 구소련과의 합의를 위반하는 것이며 한반도 비핵화와 반미감정, 환경단체들의 반대 등을 우려해 미국이 받아들이지 않을 것으로 본다.

미국의 확장억제정책에 따른 현재의 핵 태세로도 전술핵을 재배치하는 것과 같은 효과가 있는데 의미와 실익이 없는 전술핵을 재배치 함으로써 중국과 러시아의 반발로 북핵을 둘러싼 역내 갈등이 증폭될 우려가 있다는 것이다. 특히 중국의 경제 제재는 사드 사태에서 보듯이 전술핵 재배치가 한국 경제에 심각한 타격을 가할 수 있음을 경고한다. 또한, 북한이 이에 반발하여 국지 도발을 감행하고 이 도발이 전면전으로 갈 수 있어 한반도 상황을 불안정하게 만들고 남·북 간의 군비경쟁이 심화할 것을 우려한다.[136]

찬성론자들은 핵과 미사일을 양손에 들고 휘두르며 한국과 국제사회를 위협하는 북한의 모험적 도발 행위가 끝을 모르고 임계점을 향해 폭주하기 때문에 "전술핵 재배치를 공론화하는 것은 결코, 한반도 비핵화를 포기하는 것이 아니라 북한의 핵 위협에 대응하는 가장 기본적인 생존권 확보의 바탕 위에서 북한의 핵 폐기를 향한 새로운 게임에 진입하는 것"이 될 수 있다고 본다. 전술핵을 재배치하는 것은 미국의 '확장억제 정책'의 신뢰성을 확고히 높이는 것이며 핵전쟁의 가능성을 증대시키기보다는 '핵 균형'을 가져와 북한으로 인한 전쟁과 도발의 가능성을 억제하고 감소시켜 평화를 보장하는 수단이 될 수 있다고 주장한다.

전술핵 재배치는 '자체 핵무장'이 안고 있는 한계와 문제점을 우회하는 전략으로 남·북한의 군사적 관계를 핵과 재래식 무기가 아닌 핵과 핵의 상태를 유지하게 하여 북한을 협상장으로 불러들이는 효과가 있으며 북한 핵 문제에 소극적인 중국을 움직이게 할 지렛대가 될 수 있다고 보고 전술핵무기 배치에 따른 위험보다는 필요성에 주목해야 한다고 주장한다.[137]

전술핵무기 배치와 핵무기 공유(Nuclear Sharing)를 동일한 사안으로 봐야 한다는 주장도 있지만, 미국이 과거 한반도에 전술핵을 배치했던 것과 달리 유럽에서 북대서양 조약기구(NATO)와 핵 공유를 구별지어 정책을 시행했던 것에서 보듯이 핵 공유에 대해 별도로 살펴볼 필요성이 있다.

NATO는 민주주의 원칙, 개인의 자유, 법에 기반한 문명화와 자유, 공동의 유산 보호라는 공통의 가치를 기반으로 탄생하여 소련과 바르샤바조약기구(Warsaw Pact)의 위협에 대처하였고 냉전 이후에도 유럽의 안보 보장자 역할을 하고 있다. NATO 안보에 있어 가장 핵심적인 역할을 담당했던 것은 핵무기의 존재로 1954년 말 NATO 사령관들에게 핵무기 사용계획을 승인했으며 1962년 아테네에서 열린 장관급 회담에서 핵보유국인 미국과 영국이 비핵보유 동맹국들과 핵무기 사용에 필요한 상황과 사용 절차 논의가 시작되었다. 이에 따라 북대서양 이사회(North Atlantic Council, NAC) 산하에 핵무기의 외교 — 정치적 조직인 방위기획위원회(Defence Planning Committee, DPC)와 핵계획그룹(Nuclear Planning Group, NPG)과 핵과 군축업무를

전담하는 상설 지원기구가 설치되었다.[138]

핵무기를 보유하지 않은 NATO 회원국들은 미국과 핵무기 공유 협정을 맺고 핵전쟁이 발발할 경우 NPT에서 탈퇴해 자국에 배치되어 있는 미국의 전술핵무기를 사용할 수 있는 권한을 부여받는 것이 기본적인 핵 공유 협의 체계이다. 처음에는 영국, 네덜란드, 벨기에, 독일, 이탈리아, 터키, 그리스까지 총 7개국에 걸쳐 다양한 종류의 전술핵무기가 배치되었으나 현재는 영국과 그리스를 제외한 **5개국에 항공기에서 투하할 수 있는 B-61 계열 160~240발을 배치**하고 있다.

미국은 냉전 종식 후 전술핵무기를 항공기에서 투하하는 B-61계열 탄두만 운용하고 있다. 현재 500여 발을 보유하고 있으며 이중 독일 뷔헬에 10~20발, 이탈리아 아비아노와 게디-토레에 70~90발, 네덜란드 볼켈에 10~20발, 벨기에 클라인 브로겔에 10-20발, 터키 인지를리크에 50발 등 유럽 5개국의 공군기지 6곳에 배치되어 있고 나머지는 미국 본토에 있다. 최근 터키가 러시아의 최신예 요격시스템인 S-400을 도입하여 미국과의 관계가 악화되면서 터키에 배치된 전술핵을 다른 국가로 옮겼다는 설이 나오고 있으나 확인되지는 않았다.

출처: 박성수, 『북핵 드라마: 무엇이 문제인가?』(서울: 하움, 2020). pp.128-129.

핵무기 공유는 2가지 방식이 있는데 이원 체계(Dual Key System) 방식은 미군과 공유국 군이 키를 동시에 돌려야 핵탄두 전원이 켜지는 방식으로 냉전이 종식되면서 사용하지 않는 것으로 알려졌다. 핵 장착 방식은 핵 공유 협정국에 미군 탄약지원대대(Munitions Support Squadron, MUNSS)가 주둔하여 전술핵을 전적으로 관리하고 통제하며 미국 대통령을 포함한 군사지도부가 핵 사용을 결정하면 워싱턴

에서 공유국의 MUNSS로 긴급행동 메시지(Emergency Action Message, EAM)을 발신하고 MUNSS는 수신 후 진위 여부를 확인하고 핵무기에 부착된 장비(Permissive Action Link, PAL)에 EAM 발사 코드를 입력하여 핵탄두를 활성화한 후 공유국 군에 인계하고 공유국 공군이 전폭기에 장착해 투하하는 방식이다. 유사시 전술핵 사용의 실효성을 향상시키기 위해 공유국 공군은 미군 MUNSS와 함께 B-61 모의 핵탄두를 이용해 인수인계와 장착, 발진 훈련을 주기적으로 진행한다.[139]

미국은 러시아의 전술핵 발전과 배치, 중국의 중장거리 핵전력 강화와 북한 핵 위협에 대비하기 위해 B-61 계열의 전술핵을 개량하고 있다. B-61-11은 가장 위력이 큰 핵폭탄으로 '미니누크(Mini-Nuke)'라 불리며 위력이 340Kt에 달한다. 미국이 차세대 전술핵 폭탄으로 개발 중인 B-61-12는 2024년까지 실전배치 완료를 목표로 하고 있다. B-61-12는 스마트 전술 소형 핵폭탄으로 지하 60m에 은거한 적 지휘부를 정밀타격할 수 있으며 폭발력을 4개 수준(0.3Kt, 1.5Kt, 10Kt, 50Kt)으로 조절하여 불필요한 살상도 막을 수 있고 원형공산오차(Circular Error Probability, CEP)가 30m에 불과하며 F-35 스텔스 전투기 장착이 가능하다.[140]

미국의 NATO 핵 공유 프로그램은 한국의 '핵 균형 전략'에 다음과 같은 몇 가지 시사점을 제공해 주고 있다. 첫째는 미국이 핵 공유 프로그램을 통해 서유럽 국가들의 독자적 핵무장 욕구를 완화시킴으로써 전 세계적 핵확산을 방지하고자 했다는 점이다. 구소련의 핵무장과 연이은 수소폭탄 실험, 대륙간탄도미사일과 최초의 인공위성 스푸트니크 발사 성공에 미국과 서유럽은 심각한 안보 위협을 느꼈다.

미국은 **맥마흔(McMahon) 법안**을 개정하고 핵 보유 우방국인 영국과의 협력을 시작으로 NATO 동맹국들 간의 과학기술 협력과 높은 차원의 집단안보체제 발전을 꾀하게 되었다.

맥마흔 법안(McMahon Act)은 미 동맹국과 핵에 대한 정보공유를 금지하여 미국의 핵 독점을 유지하기 위한 법으로 1945년 미 상원의원 맥마흔(McMahon)의 발의로 1946년 발효되었다. 아이젠하워는 이 법안을 1958년 7월 개정하여 동맹국들의 핵 기술에 대한 접근과 협력을 강화하였다.

출처: 김진호, "대서양 핵군(MLF) 핵공유 프로그램과 서독," 『군사연구』 제14집, 2015. pp.80-81.

동맹국들과 협력 과정에서 미국은 핵 능력의 독점적 지위를 유지하길 원했고 독자 핵무장을 포기하는 대가로 미국 핵무기의 사용 권한을 공유할 수 있어야 한다는 유럽 비핵국가 사이의 대립과 갈등은 프랑스의 독자 핵무장 추진과 '다자적 핵군(Multilateral Force, MLF)' 논란으로 진통을 겪었다. 1960년대 중반에 유럽 주요 국가들이 핵 사용과 관련한 작전계획 수립에 참여하는 방식으로 수렴되어 핵계획그룹(NPG)이 핵 사용에 관한 NATO 차원의 정치지침을 마련하도록 하였다. 이는 또 다른 핵무장 국가의 출현을 원치 않았던 미국의 고육지책이었다.[141]

두 번째는 미국의 NATO 핵 공유가 동맹에 대한 미국의 정치적 의지와 안보 공약을 상징하는 차원에서 이뤄졌다는 사실에 주목해야 한다는 점이다. 미국의 핵에 대한 독점적 결정권은 냉전 이후 더 강화되었고 핵 사용 작전계획 수립과 어떤 조건과 상황에서 어떤 목표물을 핵으로 타격할지 등의 주요 사안에 대해 미국 측이 일방적인 결정을 내리고 있다.

이러한 메커니즘에 대해 NATO 동맹국들은 실효성에 의구심을 제기하고 있다. 그러나 유럽의 B-61 전술 핵탄두는 군사적 실효성 면에서는 제한적일 수 있지만, 유럽 국가들에 심리적 안정감을 제공하는 '핵우산의 물리적 상징물' 혹은 '국제정치적 고려에 의한 제스처'의 의미를 담보하고 있다.

1970년대 후반 구소련이 SS-20 미사일을 전진 배치하면서 서유럽을 압박하자 핵계획그룹(NPG)이 본격 가동되어 소련과의 중거리 핵전력 감축 협상과 함께 미국 퍼싱-2 미사일과 지상 배치 순항미사일의 서유럽 배치를 동시에 추진한다는 '이중 트랙(Dual Track)'을 만장일치로 채택하였다. 이러한 미국과 NATO의 노력으로 소련의 핵전략은 크게 수정되었고 1987년 중거리핵전력조약(INF) 체결이라는 성과를 거두게 되었다.[142]

유럽 5개국에 배치된 전술핵무기가 없어도 미국의 핵전력은 유럽 지역에서 러시아에 대해 충분한 핵 억제력을 보유하고 있음에도 군사적으로는 의미와 실익이 없는 전술핵을 상당한 재정 부담을 안고 현재까지 유지하고 있는 까닭을 음미해 볼 필요가 있다.

세 번째는 제2차 세계대전 전범 국가인 서독이 전후 미국과 소련의 경쟁과 대결구조라는 국제정세와 핵무기가 국제정치에 미치는 영향력을 정확히 이해하고 영국과 프랑스, 소련의 강한 반대를 극복하고 NATO의 일원으로 미국의 핵무기를 공유하는데 이르렀다는 점이다.

전후 서독은 자체 핵무장을 할 수 없다는 절대적으로 불리한 상황 속에 처해 있었다. 미국이 주도하는 핵 공유 프로그램인 다자적 핵군(MLF) 창설방안이 제시되자 프랑스는 '미국의 유럽 내 지배력 강화와 핵 주권을 말살하려는 의도'로 보고 강하게 반발하였고 영국은 서독의 직접적 핵 운용을 절대 경계하며 연합체 방식의 다국적 핵군(Inter-Allied Nuclear Forces, IANF) 운용을 주장하였다. 노르웨이, 캐나다, 포르투갈, 덴마크 등은 불참 의사를 밝혔으나 서독의 드골주의자인 아데나워(Konrad Adenauer) 수상은 프랑스를 은밀히 돕는 대가로 핵 지분을 약속받는 방안을 포기하고 MLF 비용의 30%를 부담하겠다고 하며 적극 참여 의사를 표명하였다. 서독은 MLF를 통해 핵 접근권을 가질 수 있고 미국의 핵우산 아래 안보를 강화시킬 수 있다고 판단했다.

당시 서독 국내 정치 상황은 드골주의자들과 대서양주의자들로 나뉘어 극심한 갈등을 겪고 있었다. 서독 정부의 MLF에 대한 적극적인 입장을 프랑스 드골은 매우 우려하며 통합핵전력에 서독이 참여하는 것을 반대하였고 소련과의 회담을 통해 독일이 비핵화 국가로 남아야 한다는 데 의견을 같이하며 미국과 서독을 압박하였다.

유럽 내의 갈등과 중국의 핵실험으로 미국 정부는 한 때 서독과 양국만이라도 운용하려 했던 MLF에서 탈피하여 소련도 찬성하는 NPT 정책으로 전환하였다. 서독의 카징거(Kurt Georg Kiesinger)는 NPT가 독일의 희생을 담보로 초강대국들의 핵 독점을 위한 도구라고 혹평하며 임기 내내 NPT에 서명하지 않았고 서독 내 드골주의자나 대서양주의자들도 같은 입장을 취하였다. 독일은 MLF 논란 과정에서 패배한 듯 보였지만, 주변국들의 핵 보유에 민감하게 반응했으며 결코 NATO 내에 2등 국가로 남아 있을 수 없다는 의지를 보여주어 핵계획그룹(NPG)을 통한 핵 공유 국가의 일원으로 자연스럽게 참여하게 되었다.

- MLF는 나토 다국적군으로 구성된 핵 공유 프로그램으로 제시되어 8기의 폴라리스(POLARIS) 핵미사일을 탑재한 25척의 함선을 나토 회원국이 공동으로 운영하는 안으로 발전되었고 영국의 IANF는 미국, 영국, 프랑스가 자체의 핵전력을 가지고 연합하여 핵무기 사용을 모니터하고 핵에 대한 장기적 전략 및 작전에 대해 논의하는 안으로 제시되어 영국산 폭격기와 미국의 전략핵무기들로 구성되어 운영되는 안으로 발전하였으나 모두 폐기되었다.
- 서독의 드골주의자는 프랑스 드골의 유럽독자노선을 지지하며 미국과 소련이라는 초강대국의 냉전체제에 반발하였다. 아데나워, 스트라우스(Franz Josef Strauss), 브렌타노(Heinrich von Brentano) 등이 있다. 대서양주의는 드골주의에 부정적이며 친미노선을 견지했다. 에르하르트(Ludwig Erhard), 슈뢰더(Gehard Schröder) 등이 있다.

출처: 김진호, "대서양 핵군(MLF) 핵공유 프로그램과 서독," 『군사연구』 제14집, 2015. pp.69-113.

네 번째는 NATO의 핵 공유 프로그램이 그동안 한·미동맹이 강화되어 오면서 추진했던 확장억제 협의 체계와 유사한 부분이 많다는 점이다. 한국과 미국은 양국의 국방장관회담인 연례 안보협의회의(SCM)에서 북한의 핵 능력이 고도화되어 감에 따라 부속 기구를 설치하여 대응 방안을 협의해 왔다. 2010년에 확장억제정책위원회(Extended Deterrence Policy Committee, EDPC, 국장급), 2015년 설치된

억제전략위원회(DSC, 차관보급), 2016년 구성된 고위급 외교·국방전략협의체(EDSCG, 차관급) 등이 있다.

이들은 형태면에서 나토의 핵계획그룹과 유사한 형식을 띠고 있다. 한·미의 국장급－차관보급－차관급에 이르는 협의체 운영과 한국 내에서 핵우산에 대한 의구심이 생길 때마다 관련 협의체를 만들어 논의를 이어가는 방식은 NATO에서 미국의 패턴과 유사해 보인다. NATO의 핵계획그룹은 장관들의 테이블이며 지원하는 별도의 조직을 가지고 있다는 점과 작전을 계획 또는 기획한다(Planning)는 의미와 한·미 맞춤형 확장억제전략 협의체의 협의한다(Consulting)는 정도의 차이가 있을 뿐이다.

그러나 가장 큰 차이는 NATO는 상호확증파괴가 가능한 구소련, 현 러시아를 가상적국으로 상정한 핵 위협에 대비하기 위한 것이었고 한·미는 북한이 실존하는 적국인데[143] 북한의 핵 위협을 상대로 미국의 교리상 전술핵을 사용하거나 공유할지는 미지수이다.

2단계 전략은 어떤 현실 조건에서 해야 하는가?

북한이 핵보유국 행세를 하면서 한국 정부를 무시하는 행동을 지속하고 핵 위협 또는 재래식 위협을 하거나 국지 도발 사전 또는 도발 후 대응 과정에서 핵 위협을 한다면 한국 정부는 미국의 전술핵을 재배치하거나 핵을 공유하는 2단계 전략을 시작할 수 있다.

미국이 대중국 전략에서 인도－태평양 전략 기조를 유지하고 이 지역의 세력균형을 추구하고자 한다면 2단계 전략의 실현 가능성은 커진다고 볼 수 있다. 먼저 한국은 미국의 신뢰를 구축해야 한다. 이를 위해서는 미국이 일본, 호주, 인도와 함께 구축하고 있는 Quad plus에 참여할 필요가 있다. 중단된 한·미 연합연습을 재개하고 '자유롭고 개방된 인도－태평양', '항해 및 항공의 자유', '핵무기 비확산' 등의 규범과 원칙에 입각한 훈련에 참여하는 것을 검토해야 한다.

2단계 전략 추진, 특히 핵 공유를 위해서는 일본과의 관계 개선이 우선돼야 한다. 어렵게 마련했던 일본과의 관계 개선 노력의 결과물들을 존중해야 하며 감성이 아닌 합리적이고 일관된 정책으로 신뢰를 회복해야 한다. Quad plus 참여는 일본과의 관계 진전에도 도움을 줄 수 있다. 필요하다면 한－일 정보보호 협정을 강화하고 추가적인 군사 교류와 협의를 해나가거나 협정을 마련할 수도 있다.

2단계 전략을 추진하는 방법은 현실 조건과 연계하여 4가지를 고려할 수 있다. 첫째는 미국의 전술핵을 한반도에 재배치하는 방법이다. 이 방안은 과거와 같이 NCND로 추진하는 것이 여러 면에서 장점이 있다. 전술핵을 재배치하게 되면 북한 핵 위협 해결의 프레임을 '미·북 프레임'을 상당 기간 유지하면서(미국의 확장억제정책을 근간으로) 서서히 '당사자(미－남·북) 프레임'으로 전환함으로써 미국의 부담을 경감시키고 한국이 주도적으로 북한에 적합한 맞춤형 비핵화 과정을 추진하여 비핵화 성공 가능성을 높이고 비핵화 후의 최종상태도 한국과 동맹의 국익에 부합하도록 결실을 맺을 수 있을 것이다.

두 번째 방법은 Quad plus 내에서 핵 공유를 하되 전술핵을 한국 내에 배치하지 않고 공유하는 방법이다. 전술핵은 괌이나 호주 등지에 배치할 수 있을 것이다. 한국과 미국은 전술핵무기 공유 협정을 맺고 전쟁 발발 시 괌에 위치한 미군 탄약 지원대대(MUNSS)에서 활성화된 핵탄두를 한국군이 인수하여 한국 공군이 보유하고 있는 전투기에 장착하여 정해진 곳에 투하하는 방식이다. 이를 위해 한국 공군은 주기적으로 괌에 전개하여 미군 MUNSS와 B-61 계열의 모의 핵탄두를 이용해 인수인계와 장착, 발진 훈련을 진행하여 실효성을 높임으로써 북한에 대한 강력한 핵 억제력을 발휘하여 북한을 비핵화의 길도 인도할 수 있을 것이다.

세 번째 방법은 Quad plus 내에서 핵 공유를 하고 전술핵을 한국 내에 배치하는 것이다. 이 방법은 Quad plus에서 한국의 입지를 강화할 것이다. 한·미가 그동안 발전시켜 온 확장억제정책 관련한 부속 기구들을 확대 개편하여 나토의 '핵계획그룹(NPG)'과 같은 실무추진 조직으로 활용할 수 있다. 전술핵 재배치나 핵 공유 시 미군 MUNSS가 한국에 배치되었을 때 북한의 핵 공격 대상이 될 것을 우려하는 목소리가 있다.

북한은 단거리 탄도미사일뿐만 아니라 괌을 타격할 수 있는 중거리 탄도미사일을 실전배치하고 있다. 북한이 미국 군사력에 대해 그것이 괌에 있으면 타격 대상이 안 되고 한국에 있으면 타격 대상이 된다고 하는 논리는 본질을 외면한 주장일 뿐이다.

네 번째 방법은 한국이 미국과 단독으로 핵 공유 협정을 맺는 방법이 있다. 이것은 첫 번째 방법과 본질상 같다고 볼 수 있으나 실질적이고 디테일한 면에서 차이점이 다수 있다. 전술핵 재배치를 NCND로 추진한다면 미국은 한국 정부에 대해서도 과거와 같이 동일하고 일관된 태도를 취할 수밖에 없다. 한국 정부가 대북 주도권을 높이고 북한 비핵화 프레임을 '당사자(미-남·북) 프레임'으로 전환하고자 한다면 전술핵 재배치보다는 미국과의 단독 핵 공유가 유리하다고 볼 수 있다.

한·미 간의 확장억제정책 협의기구들을 통해 정보공유가 가능하고 나토에서의 사례를 토대로 제한되는 부분이 있겠지만, 정치지침을 마련하거나 계획을 수립하는 과정에 동참할 수 있기 때문이다. 한국 정부는 노태우 정부가 누렸던 미국 전술핵 배치의 이점보다 진전되고 향상된 핵 공유의 장점을 누릴 충분한 자격을 갖추고 북한 핵 비핵화에 주도적으로 나설 수 있을 것이다.

2단계 전략을 추진함에 있어 필연적으로 북한과 중국의 반발이 예상된다. 특히 세 번째와 네 번째 방법에 대한 반발이 클 것이다. 이에 대응하는 방법은 북한 비핵화 영향 요소의 세부 항목들을 면밀히 관찰하면서 북한의 도발이나 비핵화의 진전 없음에 대해, 중국 대북 제재의 성실성, 국제규약에 어긋나는 탈북민 처리, 한국에 대한 부당한 위협 등에 상응하는 사전 경고와 조처를 해나간다면 명분과 논리 면에서 세계의 여론은 한국을 지지하고 응원하며 한국은 북한의 핵 위협을 제거할 수 있을 것이다.

3단계: 핵무장 전략

핵무장 전략

북한은 자신을 대변한다는 비난을 받고 있는 문재인 정부의 선의에 대해 "정말 보기 드물게 뻔뻔한 사람"이라 하고 평화경제 구상에 대해서도 "삶은 소 대가리도 앙천대소할 노릇"이라며 조롱하고 있다. 이는 북한이 벌써부터 핵보유국이라는 특권의식에 취해 핵이

없는 한국을 낮춰 보기 시작했다는 증거로 볼 수 있다.[144]

'핵의 균형', '공포의 균형' 또는 '상호확증파괴(MAD)' 등의 개념은 동맹국의 전술핵 배치나 핵 공유 같은 유사(類似) 핵전략에서 나올 수 없으며 오직 핵무장을 통해서만 얻어질 수 있는 것이다. 국제정치가 갖는 무정부적인 성격과 이로 인해 생성되는 미래에 대한 불확실성 때문에 힘의 균형을 중시하는 현실주의 시각에 의하면 핵 위협에 직면한 국가는 자체 핵무장을 통해 그 위협에 대응할 것으로 기대된다.[145]

한국은 북한의 비핵화를 위해 지속해온 북한 핵 정책이 북한의 핵 보유로 와해되었음을 자각하고 이를 폐기해야 한다. 북한의 핵 보유로 조성된 전략적 취약성을 핵무장을 통해 '핵의 균형 시대'를 열어야 한다. '핵의 균형'이 회복되면 전략적 취약성이 해소되고 공포의 균형으로 안정적인 남·북관계를 관리할 수 있게 되어 평화를 유지할 수 있다. 2017년 9월 여론조사 기관의 발표에 의하면 국민의 53.8%가 우리나라도 자체 핵무기를 개발해야 한다고 생각하는 것으로 나타났다.[146]

그러나 핵무장을 위해서는 한국이 NPT에서 탈퇴하고 핵 개발에 나서야 하는데 예외 없이 적용되는 국제사회의 제재는 한국의 경제 전 분야에 막대한 타격을 입힐 것이며, 한·미동맹의 균열 및 주변 국가와의 마찰 등 국익에 심각한 손실이 예상된다.

국제사회의 제재가 단행될 경우 원유 등 에너지 수입 및 원자력 발전과 의료에 사용될 우라늄 수입 등은 불가능해진다. 한국 경제의 해외 의존도가 95% 이상이라는 점을 고려할 때 심각한 경제의 어려

움을 각오하면서 핵무장을 할 의지가 있는지 의문이다.147)

프랑스는 1956년 수에즈운하 사건으로 동맹국이지만 미국의 정책에 배치되는 독자적 이익을 추구할 경우 미국의 지원을 받을 수 없다는 국제정치의 냉엄한 현실을 경험하면서 미국의 핵우산에 대한 불신이 깊어졌으며 1958년 드골(Charles De Gaulle) 대통령의 재집권을 계기로 핵무장의 길로 달려가 1960년 2월 핵실험에 성공함으로써 4번째의 핵보유국이 되었다.

프랑스의 핵무장은 NATO와의 관계 설정에는 각각 차이를 보이지만, 갈루아(Pierre M. Gallois) 장군의 '비례 핵 억지론(Proportional Deterrence Theory)', 앙드레 보프레 (André Beaufre) 장군의 '다원적 핵 억지 이론(Theory of Multila-teral Deterrence)', 핵 시대 국제정치 일반 이론 개발에 이바지한 레이몽 아롱(Raymond Aron) 교수의 지지와 선도가 있었다.

갈루아는 핵무기가 오히려 적대국 상호 간의 균형상태를 조성하여 전쟁이 일어나지 않는다고 주장하였고 약소국과 강대국 간에도 동일하게 작용한다고 보았다. 단지, 약소국은 '핵 자살' 의지가 있어야 한다고 강조하였다. 그러나 갈루아는 합리주의에 대한 지나친 과신, 약소국의 핵 보복력이 신빙성이 없다는 점, 핵확산을 통한 평화유지의 난점, 극단적인 동맹 무용론에 대한 비판을 받았다.

NATO와의 협의를 중시한 보프레는 서유럽 국가들이 독자적 핵전력을 가지고 결정권이 다원화되어 있으면 소련의 공격 계획에 불확실성을 증대시켜 억제 효과를 증대시킬 수 있다고 주장하였다. 프랑스가 소련의 재래식 공격을 받았을 때 미국은 소련과의 핵 보복과 전면전을 고려하여 핵 공격을 주저하게 되지만, 프랑스 입장에서는 존망의 문제가 달려있어 즉각 핵 보복을 감행할 가능성이 커 소련의 재래식 공격도 억제할 수 있다고 그는 주장하였다.

아롱 교수도 "핵무기는 평화주의자 바로 그 사람들이 그렇게 혐오하는 전쟁을 아주 일어나기 어렵게 만들고 있다"라고 주장하며 핵무장을 지지하였다. 프랑스 국민은 독자적 핵 억제력에 대해 1960년대 초에는 27~29%, 중반에는 46%의 찬성을 보였고 독자 핵전력의 실질적 효능에 대해서도 31%만이 효능이 있다고 보았다.

핵무장 결과 프랑스는 자신의 독자 핵 억제력과 NATO의 핵 억제력에 의해 이중 보호를 받게 되었으며 강대국 지위 유지와 자주성과 자신감을 회복하였으나 핵무장으로 국방예산이 전체적으로 감소하여 재래식 전력의 낙후를 가져왔고 많은 나라에 독자적 핵전력 개발의 군사적 이유를 갖게 했다는 평가를 받는다.[148]

한국의 독자 핵무장 방안에 관해 미국과학자연맹 회장인 퍼거슨(C. Ferguson)은 강화된 현상 유지, 포위, 그리고 이이제이(以夷制夷) 등 [표 3-19]와 같이 세 가지 시나리오를 거론하였다. 가장 가능성이 큰 예상 시나리오는 한국이 중국과 미국이 북한 핵 위협 해소에 발 벗고 나서도록 촉발하는데 사용할 '외교적 핵'을 개발한 뒤에, 이것이 실패할 경우 연간 10개 이상의 핵무기 개발에 본격적으로 나서는 것이다.

[표 3-19] 한국의 핵무장 시나리오(퍼거슨)

구 분	시나리오 I 강화된 현상 유지	시나리오 II 포위	시나리오 III 이이제이(以夷制夷)
전략 목표	• 1단계: 외교적 핵 • 2단계: 최소 억제	최소 억제(북한/중국, 일본 핵전력 억제)	한·일 공동개발 (한·일 방위조약 체결)
전략 운용	• 최소량의 핵무기 보유 • 미·중의 북한 핵 해결 실패, 일본 핵무기 개 발, 북한 핵무력 증강 때 연간 10개 이상 핵 탄두 본격 개발	1개국 이상 핵보유국으 로부터 오는 위협에 대 처하기 위하여 제2격용 핵무기 확보	한·일 양국이 분할된 핵 지휘통제체제 구축
잠재 능력	• 핵탑재용 운반수단 (현무-2, 3 미사일, F-15S/F-16S) • 대규모 민간핵시설	• 핵무기 탑재용 (핵)잠 수함 4-5척+ 확보 • F-15S/F-16S + 공중 급유기, 조기경보기, 정 찰위성	• 한국: 첨단 탄도·순항 미사일, 첨단 핵무기용 Tritium • 일본: PUREX 재처리시 설, Monju고속 증식로

출처: Charles D. Ferguson, "How South Korea Could Acquire and Deploy Nuclear Weapons," Nonproliferation Policy Education Center, May 5, 2015. pp.5-33. 조성렬, "국내 핵무장론에 대한 평가와 확장억제력의 신뢰성 증진 방안," 『이슈브리핑 16-04』(국가안보전략연구원, 2016).에서 재인용.

다음으로 유력한 시나리오는 '포위'로 북한의 핵무장에 대한 대응뿐만 아니라 일본 핵무장에 대응하는 것으로 최소 억제를 목표로 한다. 끝으로 '한·일 공동 핵 개발'로 공동 안보 위협에 대처하기 위해 한·일 방위조약을 체결한 뒤 양국이 핵무기를 공동 개발한 다음 분할된 핵 지휘 통제체계를 구축하는 방안이다. 이와 유사한 방안으로 한국이 핵무기를 독자 개발하되 국제사회의 우려를 불식시키기 위하여 한·미의 공동관리 및 통제하에 두는 절충 방안도 있다.[149]

퍼거슨이 제시한 3가지 시나리오는 미국과 중국, 일본 등 국제사회의 용인을 받기 어려우며 핵무장이 초래할 한국 안보 환경의 불안정성으로 인해 난항이 예상되는 것이 현실이다. 그러나 북한이 핵보유국으로 묵인되고 북한의 핵 위협으로 한국이 국가 존망의 갈림길에 처하게 될 때 최후 수단으로 검토해볼 만한 것으로 여겨진다. 프랑스는 눈앞의 난관 앞에 주저앉지 않고 일어서서 자신이 가야 할 길을 갔기 때문에 강대국으로서 존재하고 있는 것이다.

3단계 전략은 어떤 현실 조건에서 해야 하는가?

북한을 국제사회가 핵보유국으로 묵인하려는 것이 확실해지거나 묵인하는 경우 또는 북한이 중대한 재래식 도발을 핵 위협하에 하거나 도발 후 대응 과정에서 심각한 핵 위협을 한다면 한국은 핵무장을 추진해야 한다.

한국의 독자 핵무장 추진에는 북한 비핵화에 영향을 미치는 요인들 모두의 반발과 비난이 예상된다. 서독이 전범 국가로 주변 국가들 모두가 반대하고 방해를 했지만, 나토를 통해 미국의 전술핵을 공유하기까지의 과정은 한국에 시사하는 바가 있다. 서독은 국론을 통일하여 자신들의 핵무기에 대한 입장을 명확히 표현하고 행동했으며 주변국의 핵 개발과 핵무장에 민감하게 대응했고 그들의 잠재력을 인정하는 하나의 힘센 국가, 미국의 지원을 받을 수 있었다.

프랑스의 경우는 미국을 포함한 주변국 모두의 반발과 비난, 강압이 있었고 오직 이스라엘만이 묵시적으로 지지하는 가운데 독자적 핵무장의 길을 걸었다. 프랑스는 자존심을 걸었고 눈앞의 불안정보다 미래 후손들의 안정과 번영을 바라보았다.

퍼거슨이 제시한 시나리오는 한국이 겪어야 할 독자 핵무장의 험로에 약간의 도움을 준다. 1단계로 '외교적 핵무기'를 개발하고 북한이 핵 무력을 계속 증강하면 한국도 연간 10개 이상의 핵탄두를 본격 개발할 수 있다. 북한과의 군비경쟁을 계속하여 2단계 최소 억제 단계로 접어들면 북한은 남·북 간의 군축 협상에 임하지 않을 수 없을 것이며 잠재력 면에서 우월한 한국은 헌법에 명시된 바와 같은 통일의 길로 달려갈 수 있을 것이다.

퍼거슨이 제시한 3시나리오인 '한·일 공동 핵 개발'은 주변국의 강력한 반발과 한국과 일본 내부의 반발로 미국 중심의 국제질서 체제하에서는 가능성이 크지 않다고 본다. 이 안을 추진하려면 1단계와 2단계, 3단계 전략을 순차적으로 추진하면서 양국 내부의 국민정서와 상호신뢰를 깊게 쌓아가면서 지역의 다자안보 체제를 확고히 해나가는 방법으로 진행해야 할 것이다.

현시대 지구에서 핵 능력을 간절히 필요로 하는 가장 절박한 나라는 한국이다. 세계도 이를 충분히 알고 있다. 한국 정부는 이러한 필요를 국제 비확산체제를 통한 평화를 위해, 동맹국의 제지를 수용하면서 30년 이상의 세월을 인내하며 살아왔다. 북한의 핵 위협이 임계점에 다가가는 것과 비례하여 한국인의 인내와 포용심도 한계를 향해 내몰리고 있다. 한국 정부가 1단계 전략부터 역점을 두고 추진하는 것이 한국의 급격한 핵무장 가능성에 제동장치를 마련하면서 북한 비핵화를 추동하는 에너지로 승화시키는 길이다. 한국의 '핵 균형 전략'의 실행은 한국과 북한, 그리고 관련자들을 비핵화 궤도에 진입시키는 확실하고 강한 추동력으로 작용할 수 있을 것이다.

"내가 북쪽 군대를 너희에게서 멀리 떠나게 하여
메마르고 적막한 땅으로 쫓아내리니
그 앞의 부대는 동해로
그 뒤의 부대는 서해로 들어갈 것이라
상한 냄새가 일어나고 악취가 오르리니
이는 큰 일을 행하였음이니라 "
(성경 요엘서 2장 20절)

1) Carl von Clausewitz, *On War* I (Trans, J.J. Graham, 1908), London: Routledge, 1966. p.165.

2) B. H. Liddell Hart, *Strategy: The Indirect Approach*, London: Faber, 1967. p.335.

3) R. E. Osgood, *Nato: The Entangling Alliance*, Chicago: University of Chicago Press, 1962. p.5.

4) R. Aron, "The Evolution of Modern Strategic Thought" in *Problems of Modern Strategy* I, Adelphi Paper 54, 1969. p.7.

5) John Garnett, "Strategic Studies and Its Assumption", in John Baylis, *Contemporary Strategy: Theories and Policies*, New York: Holmen & Mejer, 1975. p.3.

6) Alexsander A. Svechin, *Strategy*, ed., by Kent D. Lee(Minneapolis, Minnesota, East View Publications, 1992). pp.7, 68−71.

7) B. H. Liddell Hart, Ibid. p.334.

8) A. Beaufré, *An Introduction to Strategy*, London: Faber, 1965 ; *Deterrence and Strategy*, London: Faber, 1965 ; *Strategy of Action*, London: Faber, 1967.

9) 최병갑 등 편역, 『군사전략대강 I 』(서울: 을지서적, 1990). pp.295−300.

10) 윤형호, 『전쟁론』(서울: 연경문화사, 1994). pp.259−265.

11) 최병갑 등 편역, 앞의 책. pp.301−303.

12) 정준호 외, 『국가안전보장서론』(서울: 법문사, 1989). p.41.

13) 이종학 편, 『전략이란 무엇인가』(경주: 서라벌군사연구소, 2002). p.2.

14) 김홍철, 『전쟁론』(서울: 민음사, 1991). pp.316−317.

15) 윤형호, 『전쟁론』(서울: 연경문화사, 1994). p.246.

16) 지현진, 『웨폰 사이언스』(서울: 북랩, 2018). pp.359−361.

17) 이선호, 『핵무기와 핵전략』(서울: 법문사, 1982). p.205.

18) 합동참모본부, 『합동·연합작전 군사용어사전』(서울: 합동참모본부, 2010). p.473.

19) Bernard Brodie, "Implication for Military Policy", *The Absolute Weapon: Atomic Power and World Order*, (Harcourt, Brace & Co, 1946).p.79.

20) Bernard Brodie, "The Anatomy of Deterrence," *World Politics*, January 1959. p.174.; T. Schelling, The Strategy of Conflict(Cambridge, Mass: Harvard University Press, 1960). p.9.

21) B. H. LiddellHart, *Deterrence or Defense*, London: Stevens, 1960. p.66.

22) Glenn H. Snyder, *Deterrence and Defense*(Princeton: Princeton University Press, 1961). p.9.

23) 이선호, 앞의 책. p.208.

24) Robert Jervis, "Deterence Theory Revisited", *World Politics 31*(January 1979). pp.289 – 324.

25) Richard Ned Lebow, *Between Peace and War: The Nature of International Crisis*(Baltimore: Johns Hopkins University Press, 1981) ; Stein, "Deterrence and Reassuarance" in Robert Jervis, Richard Ned Lebow, and Janice Gross Stein eds., *Psycology and Deterrence*(Baltimore: Johns Hopkins University Press, 1985)

26) 이성훈, "현대 핵전략의 이론체계 정립과 적용에 관한 연구 – 핵전략 이론의 발전추세 분석을 중심으로 –", 국방대, 『국방정책 및 군사전략』(서울: 국방대, 2017) 국가안보시리즈2017. pp.3 – 10.

27) 키신저도 억제력과 보복력을 동일시하였다. Henry A. Kissinger, *The Necessity for Choice: Prospects of American Foreign Policy*, 1961. p.15.

28) Richard Rosecrance, *International Relations: Peace or War?*, 1973. 이기원, 『군사전략론』(서울: 동양문화사, 1989). p.132.에서 재인용.

29) 이선호, 앞의 책. pp.208 – 212.

30) Andrew Futter, 고봉준 역, 『핵무기의 정치』(서울: 명인문화사, 2016). pp.119 – 122.

31) Henry A. Kissinger, 1957. 최영두 등 역, 『핵무기와 외교정책』(서울: 국방연구원 출판부, 1958). pp.8 – 9.

32) 최병갑 등 편역, 앞의 책. p.189.

33) B. H. Liddell Hart, Ibid(1967). p.16.

34) 유찬열, "냉전기 미국 외교정책의 전개," 『미국의 외교정책』(서울: 박영사, 2009). pp.72 – 73.

35) 히로시마 이후 미국 사람들은 원자탄이 대소협상의 중요한 카드가 될 수 있다는 경향을 보였으나 이러한 접근방법에는 신뢰성이 결여되어 있었다. Lawlence Freedman, 최병갑 등 역, 『핵전략의 대두』(서울: 국방대학교, 1984). p.83.

36) 김진웅, 『냉전의 역사, 1945~1991』(서울: 비봉출판사, 1999). pp.23 – 34.

37) 미국 주재 소련 대사 노비코프(Nikolai Novikov)는 미국이 '세계 패권을 추구'하고 있다고 비난했다. "The Novikov Telegram, Washington, September 27, 1946," *Diplomatic History* 15(Fall 1991). p.527.; 당시 미국 상무장관은 '바루크 플랜'은 미국이 원자폭탄을 독점하겠다는 의지의 표현으로 받아들여

질 수밖에 없음을 비판했다. Henry A. Wallace, "The Path to Peace with Russia," *The New Republic 115*(September, 1946). pp.401－406.

38) Lawrence Freedman, 최병갑 등 역, 『핵전략의 대두』(서울: 국방대학교, 1984). p.82.

39) *The Economics of National Security*, Industrial College of the Armed Forces, 1964. 이선호, 앞의 책. p.229.에서 재인용.

40) David Alan Rosenberg, "The Origins of Overkill: Nuclear Weapons and American Strategy 1945－1960," *International Security*, Vol.7, No.4, 1983. p.13.

41) 유진석, "핵억지 형성기 최초의 전쟁으로서 6.25 전쟁과 미국의 핵전략," 『한국과 국제정치』 제27권2호, 2011. pp.94－101.

42) 최영, 『현대 핵전략이론－미·소·중공의 핵전략이론의 특징에 관한 비교연구－』(서울: 일지사, 1982). pp.22－23.

43) 윤형호, 『전쟁론』(서울: 연경문화사, 1994). p.268.

44) 이선호, 앞의 책. p.205.

45) Henry A. Kissinger, 1969. 이춘근 역, 『핵무기와 외교정책』(서울: 청아출판사, 1980). p.18.

46) Henry A. Kissinger, 1969. 이춘근 역, 앞의 책. p.19.

47) Henry A. Kissinger, *Nuclear Weapons and Foreign Policy*, 1957. 최영두 등 역, 『핵무기와 외교정책』(서울: 국방대학원 출판부, 1958). pp.13－15.

48) 윤형호, 앞의 책. p.269.; 스푸트니크(Sputnik) 충격과 함께 미국이 제1, 2차 세계대전 등 지금까지 누려왔던 본토의 안전은 사라졌다. 미국 공군은 소련이 미국보다 더 빨리, 더 많은 수의 ICBM을 배비하게 될 것이라고 주장하여 미사일갭(Missile Gap) 논쟁을 불러일으켰다. Lawrence Freedman, 최병갑 등 역, 앞의 책. pp.2015－213.

49) 최영, 앞의 책. pp.30－40.

50) 최영, 앞의 책. pp.41－46.

51) 이선호, 앞의 책. p.206.

52) 최영, 앞의 책. pp.47－48.

53) A. Enthoven & K. W. Smith, 이선호, 앞의 책. p.218.에서 재인용.

54) MIRV 관련해서는 Richard G. Head & Ervin J. Rokke ed, 김종휘 등 역. 『미국의 전략과 군사력』(서울: 국방대학교, 1976). pp.171－200.

55) 최영, 앞의 책. pp.54－67.

56) 이선호, 앞의 책. p.218.

57) Timothy A. Walton, "Securing the Third Offset Strategy: Priority for the

Next Secretary of Defense." JFQ, Issue 82, 3rd Quarter. pp.6−15.

58) Andrew Futter, 고봉준 역, 앞의 책. p.78−82.

59) Andrew Futter, 고봉준 역, 앞의 책. pp.82−86.

60) 이호령, "미국 비확산정책: 잃어버린 기회−북한 사례를 중심으로−," 고려
   대학교 박사학위논문, 2001. pp.50−64.; 미국과 국제비확산체제가 핵 포기
   압박을 가하여 성공한 사례로 남아공, 리비아, 우크라이나, 이라크를 들고
   실패한 사례로 인도, 파키스탄, 이스라엘을 든 연구로는 은종화, "북 핵문제
   분석을 통한 한국의 WMD 대응방안−핵 포기 압박의 성공 및 실패사례 비
   교분석−," 경기대학교 박사학위 논문, 2008. pp.169−209. 참조.

61) 정성임 등, "핵협상 조건과 북핵협상의 재검토−우크라이나, 리비아, 이란, 이라
   크, 인도, 파키스탄의 비교−," 『국가전략』 제22권 1호, 2016. pp.37−63.

62) Ward Wilson, Five Myths about Nuclear Weapons, 임윤갑 역, 『핵무기의
   다섯가지 신화』(서울: 플래닛미디어, 2014). pp.46−48.

63) 박휘락, "북핵 위협에 대한 예방타격의 필요성과 실행가능성 검토," 『국가전
   략』 제23권 2호, 2017. pp.67−89.; 예방공격과 선제타격 관련 연구로 김영
   호, "한반도 평화유지를 위한 군사안보전략−대북 억제력 강화방안을 중심으
   로−," 『국가전략』 제19권 2호, 2013. pp.39−55.; 이성훈, "북한 도발 억제
   를 위한 자위권 적용에 관한 연구−북핵 위협 대응위한 선제적 자위권 적용
   을 중심으로−," 『국가전략』 제20권 2호, 2014. pp.5−39.; 박영준, "북한의
   전쟁위협 평가와 한국 대북전략의 방향−직접접근전략과 간접접근전략의 병
   용−," 『국가전략』 제21권 1호, 2015. pp.5−37.; 박창희, "북한의 핵 위협에
   대응한 한국의 군사전략," 『국가전략』 제23권 4호, 2017. pp.5−29. 참조.

64) Andrew Futter, 고봉준 역, 앞의 책. pp.88−91.

65) Paul Bracken, The Second Nuclear Age, 이시은 역, 『제2차 핵시대』(서울:
   아산정책연구원, 2014). pp.129−130.

66) Paul Bracken, 이시은 역, 앞의 책. pp.131−134, 254−262.

67) Paul Bracken, 이시은 역, 앞의 책. pp.135−136.

68) Andrew Futter, 고봉준 역, 앞의 책. pp.87−91.

69) Paul Bracken, 이시은 역, 앞의 책. pp.143−169.

70) 나랑은 명시된(발표된) 핵태세가 아닌 관측가능한 핵태세에 중점을 두고 그
   본질이 위기상황들에서의 배치와 주장들에 따른 평시의 핵 대비로 보았다.
   Vipin Narang, 권태욱 등 역, 『현대 핵전략』(서울: 국방대학교, 2016). p.6.

71) Brad Robert, The Case for U.S. Nuclear Weapons in the 21st Century,
   (CA: Stanford University Press, 2016). pp.14−15.

72) Nick Ritche, US Nuclear Weapons Policy after the Cold War: Russians,
   Rouges and Domestic division, (NY: Routledge, 2009). p.35.

73) 이성훈, 앞의 글(2017). pp.32 – 33.

74) 이성훈, 앞의 글(2017). pp.34 – 35.

75) 2010년 미국과 러시아는 양국의 전략핵탄두를 1,550개 이하, 핵 투발 수단인 미사일은 700개 이하로 제한하는 신전략무기 감축협정(New Strategic Arms Reduction Treaty, START)에 합의했다. 이성훈, 앞의 글(2017). pp.35 – 38.

76) Hans M. Kristensen, "Falling Short of Prague: Obama's Nuclear Weapons Employment Policy", *Arms Control Today*, September 2013. p.8.

77) 이병구, "21세기 안보환경 변화와 미국의 핵전략: 제한 핵전쟁에 대한 미국의 정책변화를 중심으로," 『한국국가전략』 제8호, 2018. pp.145 – 149.

78) 이병구, 앞의 글. pp.150 – 151.

79) Voa 뉴스, 2020.6.9.; 조선일보, 2020.6.10."미 F – 15 전투기서 신형 핵폭탄 발사 성공...북핵 타격 가능."

80) 문재인 정부는 2017년까지 로드맵을 작성한다고 계획했으나 한반도정세의 유동성과 전략기획의 보안성을 위해 발표하지 않았으나 저자는 자신이 작성한 로드맵과 추진전략을 제시하였다. 전봉근, 『비핵화의 정치』(서울: 명인문화사, 2020). pp.403 – 435.

81) 전봉근, 앞의 책. pp.407 – 411.

82) 조선일보, 2020. 7.28.

83) 설인효·박원곤, "미 신행정부 국방전략 전망과 한·미동맹에 대한 함의: '제3차 상쇄전략'의 수용 및 변용 가능성을 중심으로," 『국방정책연구』 제115권, 2017. pp.32 – 33.

84) 상쇄전략은 겉으로는 그럴듯해 보이지만 실체는 없는 "요정의 가루"라는 비판도 있다. 박휘락, "미국의 제3차 상쇄전략(The Third Offset Strategy)과 한국 안보에 대한함의," 『한국군사학논총』 제7권, 2015. pp.3 – 24.

85) 박상연, "미국의 상쇄전략에 관한 군사이론적 분석: 전통주의적 관점과 체계적 관점의 이론화 방법 비교를 중심으로," 『국방정책연구』 제122권, 2018. p.98.

86) 군사용어 사전에는 '한정된 핵전쟁이 발발 할경우에는 전면전쟁으로 확대되기 전에 이것을 수습하려고 하는 전략'이라고 보완해서 설명하고 있다. 네이버 지식백과사전(https://search.naver. com/search.naver?).

87) 한국형 KAMD 관련해서는 다음을 참조. 이상현, "미국의 확장억지력 제공과 한국형 미사일방어(KMD) 정책방향 및 과제," 『전략논단』 제10권, 2009.; 박휘락, "주한미군의 사드 배치 이후 한국 BMD에 관한 제안: KAMD에서 KBMD로," 『국가정책연구』 제30권4호, 2016.; 박휘락, "오인식(誤認識)이 한국의 탄도미사일방어체제(BMD) 구축에 미친 영향," 『전략연구』 제24권 2호, 2017.

88) 채널 A 뉴스, 2017.7.11.

89) 미국 공화당 정부의 대북정책은 전통적으로 동맹을 강화하면서 북한의 군사적 도발에 단호하게 대응하는 입장을 고수해 왔다. 홍성표·정맹석, "트럼프 행정부의 대북정책 전망,"『군사논단』제88호, 2016. pp.83－85.

90) 트럼프와 바이든의 정책비교는 두 후보의 대선 정책을 정리한 다음 글을 참조. 김현욱,『바이든 대 트럼프의 외교정책』(서울: 국립외교원 외교안보연구소, 2020). pp.2－29.

91) 조양현, "일본 핵무장론의 동향 및 전망,"『주요 국제문제분석』제15호, 2009. pp.1－3.

92) K. N. Waltz, "The Emerging Structure of International Politics," *International Security* 18－2, 1993. p.73.

93) 박한규, "일본의 핵 선택: 관념, 제도, 그리고 안보정책,"『국가전략』제8권 4호, 2002.; 박영준, "국제 핵질서와 일본의 군축 및 비확산 정책,"『국방연구』제52집 3호, 2009.; 이경주, "원자력과 평화주의: 일본과 한국의 경우,"『민주법학』제54호, 2014.; 이기완, "일본 정치세력의 동학과 핵정책,"『대한정치학회보』제23집 1호, 2015.

94) 원승종, "일본의 핵무장 제한요인 연구,"『한일군사문화연구』제24집(2017). pp.123－124.; 김지연, "일본 핵에너지 정책의 이중성에 대한 분석,"『국제정치논총』제42집 2호, 2002. p.144.

95) 김지연, 앞의 글. pp.140－141.

96) 원승종, 앞의 글. p.139.; 남원수, "일본의 핵 잠재력과 핵무장 가능성 분석," 국방대학교 석사학위논문, 2002. pp.33－34.

97)『월간중앙』1999년 11월호. 1999년 10월 9일 일본 TV도쿄에 방영된 인터뷰 내용을 옮겨 기사화하였음.

98) Kenneth N. Waltz, "The Emerging Structure of International Politics," *International Security*, Vol.18 No2, Fall, 1993.

99) Vipin Narang, *Nuclear Strategy in the Modern Era*, Princeton: Princeton University Press, 2014. p.1.

100) 조성렬, "일본 핵정책의 이중성과 핵무장 옵션,"『국제정치논총』제39집 3호, 1999. pp.165－167.

101) 이원영, "미중 패권 경쟁과 북미 관계: 부시행정부에서 트럼프 행정부시기를 중심으로,"『국가안보와 전략』제18권 4호, 2020. pp.117－159.

102) 양희용, "미국의 대중국 균형전략 분석,"『국가안보와 전략』제20권 2호 (2020). pp.3－51.

103) 네이버 지식백과. https://terms.naver.com/entry.naver?docId＝1222252&cid ＝40942&categoryId＝ 31611. 검색일: 2021.7.10.

104) 청와대 홈페이지 대통령 연설문(https://www1.president.go.kr /c/president -speeches).

105) 통일부, 『통일백서』(서울: 통일부, 2000). p.6.

106) 통일부, 『통일백서』(서울: 통일부, 2002). p.9.

107) 네이버 지식백과(https://terms.naver.com/entry.nhn?docId=11 70389&cid= 31645).

108) Ray S. Cline, *World Power Trend and U.S Foreign Policy for the 1980s*, (Boulder, Colorado: Westview Press, 1980). p.12.

109) Ray S. Cline, 1980. 김석용 등 역, 『국력분석론』(서울: 국방대학원, 1981). pp.24-27.; Ray S. Cline, *World Power Assement 1977: A Calculus of Strategic Drift*(Boulder, Colorado: Westview Press, 1977). pp.33-35.

110) 이재영, "국력의 구성요소와 평가방법 −남·북한 국력비교의 활용방안−," 경남대학교 박사학위논문, 2002. pp.77-115.

111) 이재영, 앞의 글. pp.181-182.

112) 국방부, 『국방백서』(서울: 국방부, 2020). p.290.

113) 2021년 5월 21일 한·미 정상회담 후 문재인 대통령은 바이든 미 대통령과 함께 한 공동기자회견에서 한·미 미사일 지침의 종료를 선언하였다. 뉴시스. 2021.5.22.

114) 조선일보, 2020.9.14. 미국 워싱턴포스트 부편집인인 밥 우드워드의 신간 『분노(Rage)』에 나오는 내용을 취재한 것.

115) 정태순, 『송의 눈물』(서울: 조갑제닷컴, 2014). pp.6-10, 154-160.

116) KBS 뉴스, 2015.11.22. 김영삼 전 대통령 서거를 추모하며 KBS가 그의 업적에 대한 공과를 평가하였다.

117) 육·해·공군의 재래식 전력은 남한이 다소 우세하나 북한의 기습과 비대칭 전략 도발에 대한 우려가 존재한다. 홍성표, "북한의 군사도발 능력과 한·미의 연합 대응능력," 『한국방위산업학회지』 제19권 2호, 2012. p.142.

118) 정보, 정찰, 감시체계와 적의 전략적 중심 타격에 우선순위를 둘 필요가 있다. 홍성표, "21세기 전쟁양상 변화와 국방력 발전 방향," 『국방연구』 제46권 1호, 2003. pp.86-90.

119) 손한별, "미국의 선택적 비확산 정책 분석−중국과 인도의 핵무기 개발 사례를 중심으로," 국방대학교 박사학위논문, 2015. pp.227-228.

120) 최인철, 『프레임』(서울: 21세기북스, 2013). p.134.

121) 외교부, 『외교백서 1992』(서울: 외교통상부, 1992). p.72.

122) George Laykoff, *Don't think of an Elephant*, 유나영 역, 『코끼리는 생각하지마』(서울: 삼인, 2006). p.18.

123) 차두현, "한반도 비핵화와 평화체제 구축 여건의 판단", "한반도 비핵화," 윤영관 편, 『한반도 2022: 비핵화·평화정착 로드맵』(서울: 사회평론 아카데미, 2019). pp.45－104.

124) Sigfried S. Hecker, Elliot A. Serbin, Robert L. Carlin, "Total Denucleariza tion is an Unattainable Goal. Here's How to Reduce the North Korean Threat," *Foreign Policy*, June 25, 2018. 조성렬, 『한반도 비핵화』(서울: 백산서당, 2019). pp.183－185.에서 재인용.

125) David Albright, "Denuclearizing North Korea," Institute for Science and I nternational Security, May 14, 2018. 조성렬, 앞의 책(2019). pp.185－187. 에서 재인용.

126) Toby Dalton, Ariel(Eli) Levite, George Perkovich, *Key Issues for U.S.－North Korea Negotiation*, Carnegie Endowment for International Peace, June 04, 2018. 조성렬, 앞의 책(2019). pp.188－190.에서 재인용.

127) John Carson, "Denuclearizing North Korea: The Case for a Pragmatic Approach to Nuclear Safeguards and Verfication," *38North Special Report*, The Stimson Center, January 2018. 조성렬, 앞의 책(2019). pp.190－192.에서 재인용.

128) 키신저는 핵 시대 프랑스의 반응을 논하며 이와 같이 언급하였다. Henry A. Kissinger, 1957. 최영두 등 역, 앞의 책. pp.345－348.

129) 홍성표, 앞의 글(2016). p.86.

130) Thomas C. Schelling, "Who will Have the Bomb," *International Security*, Vol. 1 No.1(Summer, 1976). pp.77－79.

131) 조성렬, 앞의 글(1999). pp.164－165.

132) 박창규, 『원자력·국방 그리고 기타』(서울: 어문각, 2017). pp.166－170.

133) 한국과 일본에는 정치·군사적 제한 요소를 고려해 동맹국이 직접 비전략 핵무기를 투사하는 이른바 나토식 모델을 모방해서는 안된다고 주장했다. 조선일보, 2019.7.30.

134) VOA뉴스, 2019.7.30.

135) 동아일보, 2019.8.1.

136) 구본학, "북 핵 문제 해결 실패시 한국의 안보전략," 『KRIS 창립기념 논문집』, 2017. pp.267－269.; 김민탁, "북한 핵문제의 고찰과 전술핵 배치에 대한 연구," 『대한정치학회보』 제25집 4호, 2017. pp.67－88.

137) 박병광, "한반도 전술핵 재배치를 진지하게 검토하자," 『이슈브리핑 17－18』(국가안보전략연구원, 2017).; 박휘락, "전술핵 재배치의 필요성과 실현 가능성 평가," 『군사발전연구』 제11권 2호, 2017. pp.1－24.

138) 이수형, "NATO의 핵정책에 관한 정치적 협의," 『서유럽연구』 제3호, 1997.

pp.35 – 60.

139) 황일도, "동맹과 핵 공유: NATO 사례와 한반도 전술핵 배치에 대한 시사점," 『국가전략』 제23권 1호, 2017. pp.9 – 10.

140) 박성수, 앞의 책. p.129

141) 황일도, 앞의 글. pp.11 – 15.

142) 황일도, 앞의 글. pp.15 – 22.

143) 황일도, 앞의 글. pp.22 – 26.

144) 박성수, 앞의 책. pp.132 – 133.

145) Kenneth N. Waltz, "The Emerging Structure of International Politics," *International Security 18 – 2*, 1993. p.65.

146) 박성수, 앞의 책. pp.118 – 121, 133.

147) 구본학, 앞의 글. 266 – 267.

148) 프랑스의 핵전력 개발과 독자적 핵억제 전략에 대해서는 이호재, 『핵의 세계와 한국 핵 정책: 국제정치에 있어서 핵의 역할』(서울: 법문사, 1987). pp.49 – 78. 참조.

149) Charles D. Ferguson, "How South Korea Could Acquire and Deploy Nuclear Weapons," Nonproliferation Policy Education Center, May 5, 2015. pp.5 – 33. 조성렬, "국내 핵무장론에 대한 평가와 확장억제력의 신뢰성 증진 방안," 『이슈브리핑 16 – 04』(국가안보전략연구원, 2016)에서 재인용.

색인

[저자 소개]

최승우

육군사관학교 졸업
연세대 행정학 석사
아주대 공학(NCW 정책) 박사
육군 대령 전역

3중 딜레마에 빠진 김정은의 핵무장, 대한민국의 전략은?

초판발행	2021년 9월 10일
중판발행	2023년 2월 10일
지은이	최승우
펴낸이	안종만·안상준
편 집	최문용
기획/마케팅	손준호
표지디자인	BEN STORY
제 작	고철민·조영환
펴낸곳	㈜ 박영사
	서울특별시 금천구 가산디지털2로 53, 210호(가산동, 한라시그마밸리)
	등록 1959. 3. 11. 제300-1959-1호(倫)
전 화	02)733-6771
f a x	02)736-4818
e-mail	pys@pybook.co.kr
homepage	www.pybook.co.kr
ISBN	979-11-303-1366-5 03300

정 가   19,000원